本书由国家社会科学基金项目"语言地理学视域中的宁波方言调查与比较研究"资助出版（项目编号：13BYY052）

语言地理学视域中的宁波方言比较研究

赵则玲 著

中国社会科学出版社

地图审核号：浙甬 S(2021) 43 号
图书在版编目(CIP)数据

语言地理学视域中的宁波方言比较研究 / 赵则玲著 . —北京：中国社会科学出版社，2022.8
ISBN 978-7-5227-0187-5

Ⅰ.①语… Ⅱ.①赵… Ⅲ.①吴语—方言研究—宁波 Ⅳ.①H173

中国版本图书馆 CIP 数据核字（2022）第 079333 号

出 版 人	赵剑英
责任编辑	宫京蕾　周慧敏
责任校对	郝阳洋
责任印制	郝美娜

出　　版	中国社会科学出版社
社　　址	北京鼓楼西大街甲 158 号
邮　　编	100720
网　　址	http://www.csspw.cn
发 行 部	010-84083685
门 市 部	010-84029450
经　　销	新华书店及其他书店

印刷装订	北京君升印刷有限公司
版　　次	2022 年 8 月第 1 版
印　　次	2022 年 8 月第 1 次印刷

开　　本	710×1000　1/16
印　　张	20.5
插　　页	2
字　　数	349 千字
定　　价	118.00 元

凡购买中国社会科学出版社图书，如有质量问题请与本社营销中心联系调换
电话：010-84083683
版权所有　侵权必究

宁波市地图

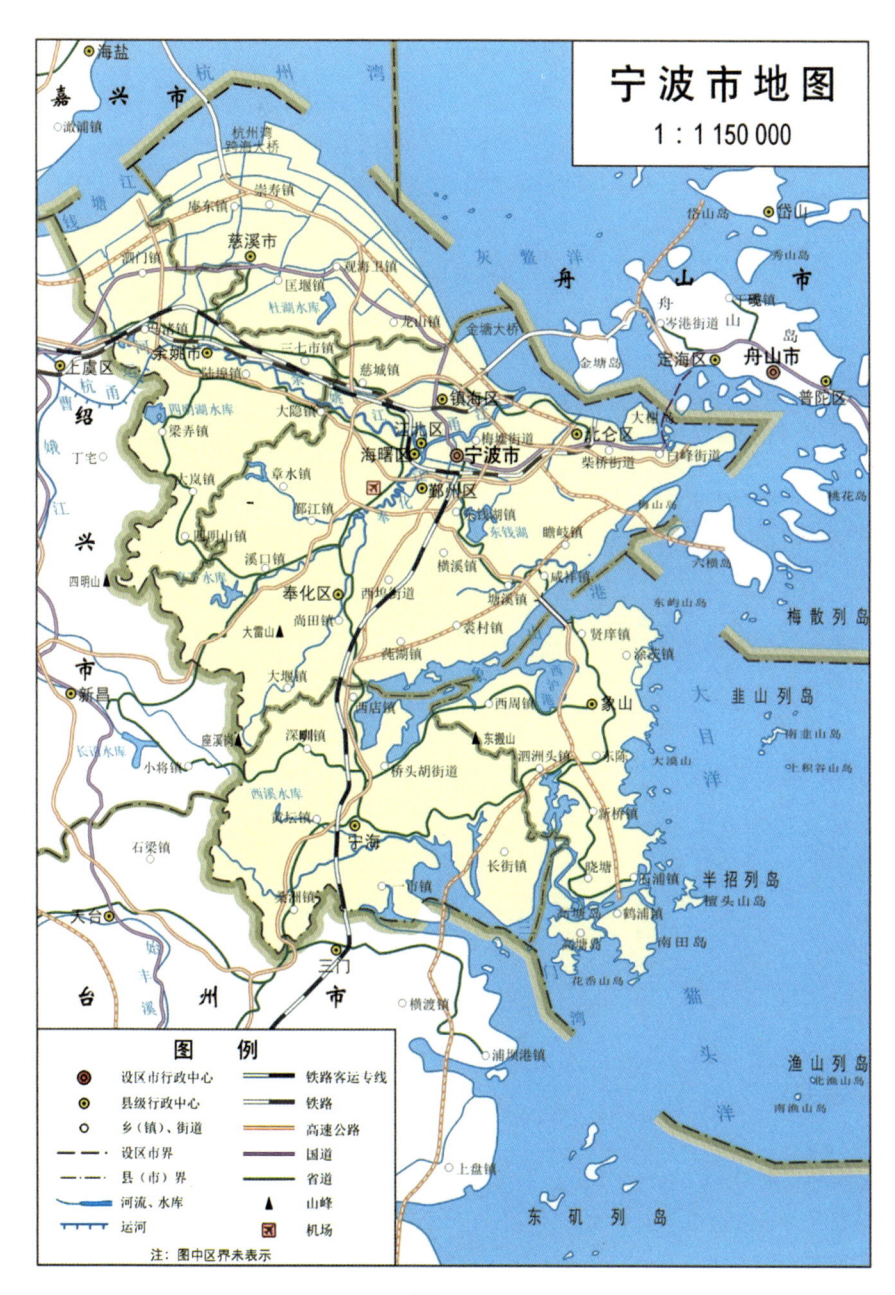

1:1 150 000

地图 0-1

序[1]

  我对宁波方言有过三次调查的经历。第一次是20世纪80年代末我作为复旦大学青年教师带领语言专业的学生调查宁波方言。第二次是鄞县方志办邀请我编写方言志。在方志办相关人员的帮助下，我走遍了整个鄞县的乡村，既领略了浙东美丽的山湖风光，也领教了鄞县方言纷繁复杂的面貌。第三次是为了编写《宁波方言词典》，这一次主要是记录词汇。这三次调查加深了我对宁波方言的认识，也加深了我对宁波方言的亲近感。第四届国际吴语学术会议在宁波大学举办，我从美国特地赶来参加会议，赵则玲老师作为该届会议的总策划和主持者，热情地接待了我，并告诉我她是许宝华先生的访学弟子，这使我们彼此之间有了更为亲近的感觉。此后的几届吴语会议，我们的交谈就更多了。赵老师敏思好学、虚心求教的样子，给我留下了较深的印象。这次她苦心经营了多年的著作即将在中国社会科学出版社出版，邀我作序，我欣然应许并表示真心祝贺。

  作为浙江为数不多的女方言学者，赵则玲是勤奋努力的，继她的第一部方言学专著《浙江畲话研究》问世后，又一部著作即将面世。2002年年初，她从浙江师范大学调到宁波大学任教，从研究金华方言掉头研究宁波方言，迄今刚好是20个年头。她先从小课题和横向课题做起，利用课余以及寒暑假，冒着严寒酷暑到宁波下属县市蹲点进行田野调查，她的这种肯吃苦的精神令我感动。这部著作就是她数十年心血的结晶。

  本书是在她的国家社科基金成果——"语言地理学视域中的宁波方言调查与比较研究"（13BYY052）的基础上，听取专家意见修改而成。我初步看了一下，本书是运用传统方言学系统研究和语言地理学理论相结合的方法开展研究的。全书共分七章，全方位地揭示了宁波方言，包括

---

[1]　陈忠敏（1962.9—　），男，上海市人，上海复旦大学中文系教授、博士生导师。

"象山爵溪军话、慈溪燕话"两个方言岛，语音、词汇、语法的基本面貌及其特点和内部差异。比较了宁波话和上海话语音词汇，阐述两地方言之间的异同及其历史成因。

我认为全书亮点主要表现在以下四点：

第一，调查点多。以宁波方言乡镇街道为地理单位的133个调查点，做了密集型田野调查。运用语言地理学方法，制作并阐释了宁波方言33幅特色词语地图、8幅语音特点地图。从语音词汇的地理分布上分为三个类型：慈溪余姚型、宁波奉化型、象山宁海型。基本厘清了甬江片与临绍片、台州片的分界线。

第二，用地图直观地阐述了宁波方言语音的内部差异。展示了"去""舌""醋""徐""鬏_胡~""山开1—4韵母""镇"等读音类型的地理分布。

第三，呈现亲属称谓词的语音层次。如"婶婶"一词中的"婶"的发音存在［ɕin⁴⁵］、［ɕi⁵³］、［sən³⁵］、［soŋ⁵³］、［sɿ⁵³］、［sʮ⁴⁵］、［ɕyn⁴²］7种，历史层次复杂。

第四，揭示了人称代词的演变路线。宁波方言的人称代词词形丰富，几乎囊括了吴语所有称说词形；语音历史层次复杂，呈现出一条比较鲜明的演变路线。完整地保留了新旧两套系统，其中第一、第二身代词较多地保留了古音。第一身声母［ŋ］为舌根后浊鼻音；第二身单数和复数保留了古"疑"母洪音［ŋ］和细音［n］两套舌根音，发展演变相对滞后；第三身发展较快，已完成舌根音［g］向舌面音［ʥ］的演变。

以上这些宁波地区方言的特点都是作者调查和研究所得，具有很高的学术价值。赵老师大作的出版，为宁波方言研究作出了新的贡献。

是为序。

2022年3月

目 录

第一章 绪论 ……………………………………………………………（1）
  第一节 宁波和宁波方言界定 ……………………………………（1）
    一 地理位置 …………………………………………………（1）
    二 地理环境和地形地貌 ……………………………………（1）
    三 宁波的建置沿革 …………………………………………（2）
    四 宁波方言界定 ……………………………………………（5）
  第二节 宁波方言研究四百年述评 ………………………………（6）
    一 记录方音、考证词语阶段（明末清初至1949年）………（6）
    二 方言普查、学术不兴阶段（1949—1979年）……………（7）
    三 辞书编撰、方家著文阶段（1980—1999年）……………（8）
    四 研究拓展、成果丰硕阶段（2000—2016年）……………（11）
  第三节 研究价值、内容方法、创新点 …………………………（18）
    一 研究价值 …………………………………………………（18）
    二 内容方法 …………………………………………………（19）
    三 创新点 ……………………………………………………（22）

第二章 宁波方言语音面貌及其特点 ……………………………（24）
  第一节 宁波六县市代表点方言的声韵调系统 …………………（24）
    一 声母系统 …………………………………………………（25）
    二 韵母系统 …………………………………………………（26）
    三 声调系统 …………………………………………………（32）
  第二节 宁波方言三片代表点的同音字汇 ………………………（34）
    一 宁波 ………………………………………………………（35）
    二 慈溪 ………………………………………………………（45）
    三 宁海 ………………………………………………………（55）

第三节　宁波方言语音特点及内部差异的地图呈现 ………… (66)
　　　一　声母特点及其内部差异 ………………………………… (67)
　　　二　韵母特点及其内部差异 ………………………………… (73)
　　　三　声调特点及其内部差异 ………………………………… (80)
　　　四　宁波方言语音音节结构特点 …………………………… (83)
　　　五　宁波方言语音异读特点 ………………………………… (83)
　　第四节　声调实验描写与分析 ……………………………… (86)
　　　一　单字调的传统描写 ……………………………………… (86)
　　　二　单字调的实验描写 ……………………………………… (88)
　　　三　实验与人工听感记录对比 ……………………………… (95)

第三章　宁波方言词汇面貌及其特点 ………………………… (97)
　　第一节　宁波方言代表点的词语面貌 ……………………… (97)
　　　一　能与普通话对应的词语对照 …………………………… (97)
　　　二　无法与普通话对应的词语 ……………………………… (118)
　　第二节　六县市代表点特色词语对照 ……………………… (122)
　　第三节　宁波方言词汇若干特点 …………………………… (152)
　　　一　代词 ……………………………………………………… (152)
　　　二　合音词 …………………………………………………… (157)
　　　三　古语词 …………………………………………………… (158)
　　　四　否定词 …………………………………………………… (160)
　　　五　语气词 …………………………………………………… (162)
　　　六　少数洋词缀及外来音译词 ……………………………… (163)
　　　七　一词多称多形现象 ……………………………………… (164)

第四章　宁波方言特色词语的地理分布和地图阐释 ………… (167)
　　第一节　女性亲属称谓词语的地理分布及地图解释 ……… (168)
　　　一　女性亲属称谓词的地理分布 …………………………… (168)
　　　二　地图阐释 ………………………………………………… (175)
　　　三　女性称谓词特点 ………………………………………… (178)
　　第二节　人称代词的地理分布及地图解释 ………………… (181)
　　　一　单数式三身代词 ………………………………………… (181)
　　　二　复数式三身代词 ………………………………………… (184)

三　三身代词的语音类型特点 …………………………………………（188）
　第三节　特色词语的地理分布类型与模式 ……………………………（193）
　　　一　动词类词语地理分布类型与模式 ……………………………（193）
　　　二　男性亲属称谓词地理分布类型与模式 ………………………（203）
　　　三　形容词类地理分布类型与模式 ………………………………（207）
　　　四　身体器官及其缺陷类词地理分布类型与模式 ………………（210）

第五章　宁波方言语法基本面貌及特点 …………………………………（215）
　第一节　宁波方言三片代表点特色语句描写 …………………………（215）
　　　一　宁波 ……………………………………………………………（215）
　　　二　慈溪 ……………………………………………………………（220）
　　　三　宁海 ……………………………………………………………（223）
　第二节　宁波方言三片代表点的词法特点 ……………………………（226）
　　　一　丰富的词缀 ……………………………………………………（226）
　　　二　重叠式构形 ……………………………………………………（228）
　　　三　少数词语仍保留古词序 ………………………………………（229）
　　　四　指示代词无远指和近指之分 …………………………………（230）
　第三节　宁波方言三片代表点的句法特点 ……………………………（230）
　　　一　常见句式对照 …………………………………………………（231）
　　　二　句法语序 ………………………………………………………（236）
　　　三　差比句 …………………………………………………………（237）
　　　四　时体句 …………………………………………………………（238）

第六章　宁波话与上海话比较及其历史成因 ……………………………（245）
　第一节　宁波话与上海话语音比较 ……………………………………（245）
　　　一　声母方面 ………………………………………………………（246）
　　　二　韵母方面 ………………………………………………………（247）
　　　三　声调方面 ………………………………………………………（250）
　　　四　腔调方面 ………………………………………………………（251）
　第二节　宁波话与上海话日常词汇比较 ………………………………（252）
　　　一　两地日常词语对照 ……………………………………………（253）
　　　二　日常词汇计量统计分析 ………………………………………（267）
　第三节　宁波话与上海话相近的历史原因 ……………………………（271）

一　历史渊源深厚 …………………………………………… (271)
　　二　宁波人在沪富商多 ……………………………………… (272)
　　三　两地水路交通便捷 ……………………………………… (273)

第七章　宁波方言地理分布格局及其成因 ………………………… (274)
　第一节　影响宁波方言地理分布格局的非言语因素 ………… (274)
　　一　自然地理环境 …………………………………………… (275)
　　二　行政地理文化 …………………………………………… (277)
　　三　人口迁徙的影响 ………………………………………… (278)
　　四　浓厚的商贸文化氛围 …………………………………… (279)
　　五　海洋文化的浸润 ………………………………………… (280)
　　六　浙东文化观念的影响 …………………………………… (281)
　第二节　慈溪"燕话"语音词汇特点简述 …………………… (282)
　　一　燕话语音对比考察 ……………………………………… (282)
　　二　燕话语音若干特点 ……………………………………… (284)
　　三　燕话调查词语若干特点 ………………………………… (286)
　第三节　象山爵溪"所里话"语音词汇特点简述 …………… (298)
　　一　"所里话"方音的几个特点 …………………………… (299)
　　二　"所里话"三组词语的特色 …………………………… (300)

附录一　上海话音系 …………………………………………… (303)

附录二　甬沪方言记音字略举 ………………………………… (304)

附录三　新派宁波人语言面貌特写 …………………………… (305)

附录四　关于民间流传宁波话故事和俗语的阐释 …………… (308)

参考文献 ………………………………………………………… (310)

后记 ……………………………………………………………… (315)

第一章

绪　论

第一节　宁波和宁波方言界定

一　地理位置

宁波位于我国海岸线中段，地处钱塘江南岸，浙江宁绍平原东端，长江三角洲南翼。东经120°55'—122°16'，北纬28°51'—30°33'。北濒杭州湾，西与绍兴市的嵊县、新昌、上虞相连，南临三门湾，与台州的三门、天台接壤，东北与舟山隔海相望。两面环海，舟山群岛为其天然屏障。全市总面积9816平方公里，常住人口571万，外来暂住人口394万（截至2012年）。

宁波是我国浙江省副省级城市，计划单列市，为浙江省经济中心，华东地区重要工业城市，宁波港是中国货物吞吐量第一大港。自从宁波开埠以来，工商业一直是宁波的一大名片。以包玉刚、邵逸夫、应昌期、叶澄忠、赵安中等为代表的宁波帮[①]享誉海内外，改革开放的总设计师邓小平曾经提出"要把全世界的'宁波帮'都动员起来建设宁波"的口号。改革开放以来，宁波经济持续快速发展，显示出巨大的活力和潜力，成为国内经济最活跃的区域之一。

二　地理环境和地形地貌

宁波地处闽浙丘陵北端，整个地势西南部高，东南部低，由西南部向东南部缓缓倾斜。境内四周的东、南、西、北面分别有太白山脉、天台山

[①] 泛指旧宁波府属的鄞县、镇海、慈溪、奉化、象山、定海六县在外地的商人、企业家以及旅居海外的宁波人，是全国四大商帮之一。

脉、四明山脉、栲栳山达蓬山脉。这些山脉峰峦叠嶂，蜿蜒连绵，森林茂密，由它们环抱围成的"三江平原"（"三江"即甬江、奉化江、姚江）便是现在的鄞州区与宁波市直辖海曙、江东、江北老三区。四明山又名句余山，是天台山脉的支脉，横跨余姚、鄞县、奉化三县（市），并与嵊县、新昌、天台三县连接。四明山，据志书记载："四明山周围八百里，二百八十峰，峰峰相次，中顶五峰，状如莲花，疑近星斗，山顶极平正，有方石如窗，中通日月星辰之光，故曰四明。"这就是四明山名称的来历。天台山，主干山脉在天台县，宁波境内为其余脉，有四大分支从宁海县西北、西南入境，经象山港延至镇海、鄞县东部诸山。

宁波有漫长的海岸线，曲折的港湾，辽阔的滩涂。全市海域总面积为9758平方公里，岸线总长为1562公里，其中大陆岸线为788公里，岛屿岸线为774公里，占全省海岸线的1/3。

宁波境内岛屿星罗棋布，有大小岛屿531个，面积524.07平方公里。占全国海岛总数的8%，全省海岛总数的13.2%。其中面积大于10平方公里的海岛有南田岛、高塘岛、大榭岛、梅山岛、花岙岛、檀头山岛等。

宁波境内拥有深水良港和丰富的海洋资源，主要有两湾一港，即三门湾、杭州湾、象山港。

甬江是宁波的母亲河，是浙江省八大水系之一。宁波河流有余姚江、奉化江、甬江，余姚江发源于上虞县梁湖；奉化江发源于奉化市斑竹。余姚江、奉化江在市区"三江口"汇合成甬江，流向东北经招宝山入海。

三 宁波的建置沿革

宁波的建置经历了几千年的沿革，纷繁复杂，从古到今，宁波的名称有"句章、鄞、鄮、明州、庆元"等，简称"甬"。现经过梳理，按照朝代先后陈述其沿革的脉络。

夏商周时期：夏禹子孙少康封地称为无馀（甬句东），周元王四年（公元前472年），越王勾践在句馀建句章城（位于今慈溪镇城山渡），属越国。

秦朝（前221—前206年）：于公元前222年，置鄞、鄮、句章三县，属会稽郡，郡治在吴（今苏州市）。鄞县包括现在宁波市镇明、海曙两区以及奉化一带，治所在奉化白杜；鄮县包括今宁波市江东区以及东乡地区，治所在鄮山同谷，旧称鄮廓；句章县包括江北区到旧慈溪、余姚一带，县治在今乍山公社城山渡。

两汉、三国至魏晋南北朝（公元前206—公元581年）：鄞、鄮、句章三县除隶属的郡、州、国名称时有变动外，其区域范围基本未变。隶属名称分别为会稽郡→荆国→吴国会稽郡→江都国会稽郡→扬州会稽郡等。

隋朝（581—618年）：589年，改会稽郡为吴州，设吴州总管府，鄞、鄮和余姚三县合并为句章县，属吴州，县治它山左（今悬磁）；605年，废吴州总管府，置越州，句章县属越州；607年，改越州为会稽郡，句章县属会稽郡。

唐朝（618—907年）：621年，置越州总管府；624年改总管府为都督府，均统辖扬、越、嵊、姚、鄞等11个州，其中的鄞、鄮、句章三县归属鄞州，设州治于三江口（今宁波市区），原余姚县归属扬州；625年，废鄞州和句章县，改称鄮县，属越州，县治置小溪（今鄞县鄞江镇）；627年，置江南道，辖越州鄮县；733年，置江南东道，辖越州；738年，置明州，辖鄮县、慈溪、奉化、翁山（今定海县）四个县，鄮县县治小溪，慈溪县治慈湖之南（今为慈城镇），奉化县治大桥西，翁山县治初在顶河之滨筑城，后徙鳌山之麓为镇；764年，明州由四县扩为五县，辖鄮县、慈溪、奉化、翁山（今定海县）、象山五县；771—821年间，浙江分东、西两道，明州归属浙江东道，东境至甬江的海口地区设望海镇，鄮县成为州治的附郭①，翁山县不再设治所，辖鄮县、慈溪、奉化、翁山（今定海县）、望海镇（今镇海区），移明州府治于三江口。

五代（907—960年）：909年，置节度使，设明州望海军，属吴越国。改鄮县为鄞县，原属鄮县东境的望海镇，升为望海县；辖鄞县、慈溪、奉化、翁山、望海五县；鄞县治三江口，望海县治招宝山麓。

宋（960—1279年）：北宋960年，置两浙路，改明州望海军为明州奉国军，辖鄞、慈溪、奉化、象山、望海、昌国六县；南宋1163年，置沿海制置司，辖区未变，翁山改为昌国县，望海县改为定海县；1194年，升明州奉国军为庆元府。

元（1271—1368年）：1276年，改庆元府为庆元路，昌国县升为州；1295年，浙江行省庆元路，奉化县升州，辖昌国、奉化二州，鄞、慈溪、

---

① 属县之意，系中国古代行政区划用语。

定海、象山四县；1303年，设浙东道都元帅府；1364年，改庆元路为明州府，隶属浙江行中书省。

明（1368—1644年）：1376年，改行中书省为承宣布政使司；1381年，明洪武十四年为避国号讳，取"海定则波宁"之意，改明州府为宁波府，宁波之名遂沿用至今，辖鄞、慈溪、奉化、定海、象山、舟山。

清（1644—1911年）：1658年，置浙江总督，设宁绍台道台衙门，以宁波府为道台治所；1687年，改舟山为定海山，次年置定海县；1688年，改定海县为镇海县；1841年，升定海县为定海直隶厅；1861年，改宁波府为宁波署；1911年，增置南田县，县治大佛头山麓，辖鄞、慈溪、奉化、镇海、象山、定海山（县）、南田7县。

中华民国（1912—1949年）：1912—1914年，废宁波府，设会稽道驻于鄞县；1927年，废会稽道，成立宁波市政府；1931年，宁波撤市归属鄞县；1932年，鄞县设为浙江省第五特区；1938年，改称浙江省第六政区；1941年，日寇成立伪鄞县乡镇联合会，之后伪鄞县乡镇联合会更名伪鄞县县政府，辖鄞、慈溪、镇海、奉化、象山、定海六县，国民党鄞县县政府驻宁海县；1945年，日寇投降，迁浙江省第六行政区驻扎鄞县，辖鄞、慈溪、镇海、奉化、宁海、象山、定海七县。

中华人民共和国建立以来：

1949年，设宁波市，为省直属市，原浙江省第六行政专署改称为浙江省第二专区，第二专区改名为宁波专区，统辖鄞、镇海、奉化、定海、象山、余姚、慈溪等七县。

1950年，宁波专区辖区增庵东特区，辖鄞、镇海、奉化、定海、象山、余姚、慈溪、庵东盐区七县一特区。

1952年，绍兴专区撤销，新昌、上虞、嵊县划归宁波专区，台州专区的宁海县划归宁波专区，辖鄞、镇海、奉化、定海、慈溪、余姚、象山、新昌、上虞、嵊县、宁海、庵东盐区十一县一特区；不久绍兴由省直属划归宁波专区，庵东盐区由专区划归余姚县属，辖区增至12个县。

1954年，庵东盐区从余姚县划归宁波专区，象山县划归舟山专区，台州专区撤销，临海、天台、三门划归宁波专区，辖鄞、镇海、奉化、定海、慈溪、余姚、宁海、新昌、上虞、嵊县、临海、天台、三门、庵东盐区13个县1个特区。

1956年，仙居县划归宁波专区，庵东盐区划归慈溪县，辖鄞、镇海、奉化、定海、慈溪、余姚、宁海、新昌、上虞、嵊县、临海、天台、三门、仙居14个县。1957年，恢复台州专区，宁海、临海、天台、三门、仙居五县划归天台专区；诸暨、萧山划归宁波专区，辖鄞、镇海、奉化、定海、慈溪、余姚、新昌、上虞、嵊县、诸暨、萧山11个县。1958年镇海县撤销，并入宁波市，舟山专区撤销，象山县仍划归宁波专区，鄞县撤销，分别并入宁波市与奉化县，新昌县撤销并入嵊县；宁波专区辖奉化、余姚、慈溪、象山、上虞、嵊县、绍兴、诸暨和萧山9个县。1959年，宁海县并入象山县，天台县划归宁波专区，萧山县划归杭州市，舟山县划归宁波专区；宁波专区辖奉化、余姚、慈溪、象山、上虞、嵊州、绍兴、诸暨、天台、舟山10个县。1960年10月，慈城镇及余姚城关区划归宁波市。1961年，象山县划分为象山、宁海2个县，嵊县划分为嵊县、新昌两个县，鄞县从宁波市划出，仅下辖镇海1个县；宁波专区辖绍兴、鄞县、奉化、余姚、慈溪、象山、宁海、上虞、嵊县、新昌、诸暨、天台、舟山13个县。1962年，舟山县从宁波专区划出，恢复舟山专区；天台县从宁波专区划出，归台州专区，宁波专区辖11个县。1963年，恢复镇海县建制，归宁波专区；宁波专区辖鄞、镇海、绍兴、奉化、余姚、慈溪、上虞、嵊县、新昌、诸暨、象山、宁海12个县。1964年，绍兴、上虞、嵊县、新昌、诸暨五县划归绍兴专区，宁波专区统辖宁波、镇海、鄞县、奉化、慈溪、象山、宁海7个县。1978年宁波地、市分开，镇海划归宁波市。1983年7月，撤销宁波地区行政公署，设立宁波市，将原有四个城区、一个郊区，合并为海曙、江东、江北三区，新建滨海区（辖镇海县城关、俞范、新碶三镇和清水浦、青峙两乡）；宁波市辖滨海区、鄞、奉化、慈溪、余姚、宁海、象山。2002年，撤销鄞县，设立鄞州区；宁波市辖海曙、江北、江东、鄞州、镇海、北仑六区，代管奉化、宁海、象山、慈溪、余姚五县。2016年，撤销江东区，划归鄞州区管辖；将鄞州区所属的集士港镇、古林镇、高桥镇、横街镇、鄞江镇、洞桥镇、章水镇、龙观乡、石碶街道划归海曙区管辖；撤销县级奉化市，设立奉化区；宁波市辖奉化、海曙、江北、鄞州、镇海、北仑六区，代管宁海、象山、慈溪、余姚四县。

四　宁波方言界定

本书研究对象为宁波的方言，是指吴语区甬江片宁波市为代表的方言。甬江片的宁波方言行政区划①为现辖宁波的海曙、江东、江北、镇海、北仑、鄞州六个市辖区，宁海、象山2个县，慈溪、余姚、奉化3个县级市所说的地方话。全区共有57个街道、80个镇、11个乡，共计148个行政单位。它们既是一个行政单元，又是一个方言地理单元。宁波方言开展的密集型田野调查的选点以及绘制方言地图，均以这148个行政单位为参照并作适当调整。

第二节 宁波方言研究四百年述评

宁波境内通行吴语宁波方言外，还存在"慈溪燕话""象山爵溪军话"等方言岛。自明末清初宁波被开辟为通商口岸后，记录和收集整理宁波方言便进入了人们的视野，几百年来一直受到学者们高度关注，研究成果也较丰富，在吴语方言中具有较高的学术地位和研究价值。为了进一步推动宁波方言研究向更深层次发展，本项目在所能收集到的文献资料基础上，依据成果记载的内容和历史背景进行整理归纳，拟将宁波方言研究历程分为：第一阶段从最早的记载到1949年以前；第二阶段新中国成立（1949年）到"文化大革命"结束（1976年）；第三阶段改革开放（1979年）到20世纪末；第四阶段21世纪到如今这四个阶段。对其加以论述并作适当点评，并以第四阶段为要。

一 记录方音、考证词语阶段（明末清初至1949年）

传统的方言研究以方言词语的搜集和考证为主，宁波方言研究也不例外。这一阶段的成果撰写者有中国人和外国人之分。中国撰写者以记录方音、考证词语为主，成果多见于志书、稿本、手册一类。

（一）中国人

在宁波天一阁藏书楼查询到最早（明末清初，具体时间不详）记录宁波方言语料的稿本是应钟的《甬言稽诂》和鄞县人高宇泰编撰的《敬止录》。其中《敬止录》专列一类"方言考"，考证了宁波方言词语111

---

① 宁波市行政区划仍按照2002年公布的辖六区代管五县，即2012年12月国家社科基金项目申报时间为准。

条。清代雍正年间，宁波人仇廷模编撰的《古今韵表新编》收字约9000个，可大致归纳出古代宁波方言音系。清代同治光绪年间编撰的《鄞县志》、《镇海县志》以及民国时期的《象山县志》，均专辟方言章节记录。其中《鄞县志》记录了700多条宁波方言词语，1951年刊印的《鄞县通志》在此基础上，还增加了语音和谣谚等，并运用现代方言学方法，即用注音符号标注字词，具有较高的语料价值。民国陈训正的《甬谚名谓籀记》（1924年），收录了宁波俗语1268条。樊恭烜《浙江象山方言考》（《人文月刊》1936年），运用训诂学方法考证了若干象山方言词语的本字和出处。寒涛撰写的《宁波方音和国音比较的札记》（1922年），是最早从语音角度将方言与标准语进行对比的论文。

这个阶段特别值得一提的是被学界誉为现代方言学开山鼻祖的赵元任于1928年撰写的《现代吴语研究》一书，运用现代语言科学理论、技术和方法进行田野调查和研究，描述了33个方言点包含宁波市区、余姚两个点在内的语音、词汇和语法。是第一部吴方言综合性的调查报告，也是第一部研究现代汉语方言的代表性著作。

（二）外国人

1844年，清政府把宁波开辟为通商口岸后，大批西洋传教士涌入宁波。1850年，美国人丁韪良来到宁波，为了传教便利，他学会了宁波话并为其设计罗马字方言拼音方案，开了传播宁波话的先河。为了顺利传教克服语言障碍，部分传教士编写出版了多本宁波方言读本，主要有：一是佚名《宁波土话初学》（上海美华书局，1868年）；二是美国传教士睦里逊的《宁波方言字语汇解》（1876年）；三是德国人穆麟德的《宁波方言音节》和《宁波方言手册》（1901—1910年）等。为了推行教会罗马字，还出版了宁波方言圣经全译本，其中1853年出版的马太传福音书和约翰传福音书流传最广。这些读本，基本上是用拉丁字母对宁波方言日常字词句进行标注，用比较科学的方法记录了当时宁波方言的基本面貌，对于了解宁波方言的历史和演变情况具有一定的参考价值。例如出版于1901年的《宁波方言音节》，是德国人穆麟德1897年调至宁波海关任职后编写的。该书以罗马拼音记音，是19世纪末期宁波语音的宝贵资料，从对宁波语音描写与分析的科学程度上看，是当时西方研究者中水平较高的。

二 方言普查、学术不兴阶段（1949—1979年）

现代汉语方言调查研究受到国家政府的重视，普遍走上科学轨道。

1955年始全国范围内开展了以寻求方言与普通话对应关系为主要目的汉语方言普查。继承了赵元任先生率先使用国际音标①进行田野调查的科学记音方法。浙江省先后组织了多次方言普查，最有影响的当推1965年由傅国通、郑张尚芳等五人组成的浙江省方言组，对省内72个方言点的语音、词汇、语法作了实地田野调查，其中调查了宁波（宁波市区、镇海、奉化、象山、宁海）5个点。其调查成果见于《浙江方音集》（1959，油印）、《浙江吴语分区》（1985内部刊印）、《浙江方言词》（1992，内部刊物）。成果中列出了浙江省72个方言点的202个方言词语对照，对了解这个阶段宁波5个方言点词语的异同及其内部差异具有重要的参考价值。其间经历了"文化大革命"，学术一派萧条，许多调查材料束之高阁30多年。直到2000年初，浙江省方志办组织了以郑张尚芳、傅国通为总编，颜逸明为顾问，方松熹、傅佐之、徐越、赵则玲为分卷主编的编委会，着手对这些已经发黄了的方言调查材料进行梳理、核对、补充，并将浙江畲族语言纳入编写范围，独立成卷。全书定名为《浙江省语言志》，已于2015年11月，由浙江人民出版社分上下两册出版。

这个阶段刊发的研究成果比较少，能查询到的只有3篇：1970年出版的陆九渊《象山话要》；汤强、张行周1972年台湾民主出版社出版的会议论文《宁波乡谚浅解》；施文涛在《方言》1979年第3期发表的《宁波方言本字考》。其中最有学术价值的当属《宁波方言本字考》一文，该文依据语音的古今对应方法来考求本字，考证了宁波方言166个口语词的本字用字字形。

三 辞书编撰、方家著文阶段（1980—1999年）

1979年我国实行改革开放政策以后，学术界迎来了百花齐放的春天。此阶段的宁波方言研究较之上阶段研究内容更加深广，成果类型更加丰富，尤其在辞书编撰上成绩显著，发表的论文数量达到30篇，研究人员基本上是宁波籍专家学者。

（一）宁波方言词典

宁波籍朱彰年等编写出版了《阿拉宁波话》（华东师范大学出版社

---

① 记录语音的一种符号体系。由国际语音学协会在1888年制定初稿，后经多次修改，为各国所采用。多数符号采用拉丁字母及其变形，少数采用别种字母和特创的符号。在各种音标中，是通行范围较广的一种。

1991年版),收录宁波市区日常词语4000条,短语276条,谚语2007条,歇后语70条,谜语93条,绕口令13条,歌谣110首。1996年又出版了《宁波方言词典》(汉语大词典出版社),收录词语约4800条。随后复旦大学汤珍珠教授等,参编中国社会科学院方言大家李荣主编的《现代汉语方言大词典》分卷《宁波方言词典》,并于1997年12月由江苏教育出版社出版。该词典收录了8976个词语,不仅记述了宁波方言音系、语音特点以及内部差异,而且将调查和收集到的词语进行科学分类,按照事物属性将词语为天文、地理、时令、农业、植物等29类,条目按首字音序排列,以国际音标注音,声调用五度标记法记录本调和变调,传承现代汉语方言学创始人赵元任先生开创的科学研究方法,比较全面科学地反映了宁波市区方言词语的面貌,较之前两部宁波方言词典,所调查记录的词语,准确性和科学性更强,具有更高的学术和研究价值。

1992年上海大学钱乃荣教授沿着当年赵元任先生33个方言调查的足迹,编纂出版了《当代吴语研究》(上海教育出版社),全面描述了33个方言点包括宁波2个点在内的语音、词汇、语法特点以及60年间方言语音的演变规律。对于宁波方言历史演变规律的认识具有重要的学术价值。

(二) 地方志方言卷

宁波与全国各地一样,开展了新中国成立后第一轮大规模编修志书工作。从1980年到1995年,宁波各县市编辑出版了《宁波市志》(上中下,中华书局1995年版),《镇海县志》(含镇海区、北仑区,中国大百科全书出版社上海分社1994年版),《慈溪县志》(浙江人民出版社1992年版),《余姚市志》(浙江人民出版社1993年版),《象山县志》(浙江人民出版社1988年版),《宁海县志》(浙江人民出版社1993年版),这些志书中均设专编或专章,详略不等地记载了当地方言语音、词汇、语法的基本面貌,为宁波方言对比研究提供了重要的史料。

(三) 期刊论文

这一阶段在公开发表的期刊上可以查询到的单篇论文有30篇。内容涵盖宁波方言语音、词汇、语法,其中语音14篇,词汇11篇,语法5篇。语音研究主要涉及方言音系、语音特点、声调变异等方言的核心内容,大多发表在语言学界高级别刊物《中国语文》《语言研究》《方言》上,而且大多出自宁波籍大家之手,如徐通锵(宁海)、汤珍珠(宁波)、陈忠敏(宁波女婿)、汪维辉(北仑)等,还有钱乃荣、汪平等名家。其中对于声调系统，多家论著均有记录，但调类调值各异，有的相差较大，如表1-1所示。

表1-1　　　　专家学者1928—1992年记录的调值调类

	阴平	阳平	阴上	阳上	阴去	阳去	阴入	阳入	声调数
赵元任（1928）	53	233	434		44	35	5	23	7个
施文涛（1979）	42	213	424		55	313	4	2	7个
徐通锵（1982）郊区	42	24	435	313		44	5	23	7个
徐通锵（1982）城区	42	24					5	23	4个
陈宁萍（1985）	53	35	424	313	33	213	55	34	8个
汤珍珠等（1990）	53	22	34		44	13	5	12	7个
陈忠敏（1990）	53	22	34		44	13	5	12	7个
高志佩等（1990）	42	233	445		44	13	5	12	7个
钱乃荣（1992）新派	52		325			113	55	33	5个

表1-1是诸位专家学者在不同时期所记录的宁波方言调值调类，声调4—8个不等，调值差异较大，其差异不仅表现在年龄和地域上，还表现在个体记录的差异上，给今后的音系研究留下了很大的空间。

这个阶段有一个引人注目的现象，在时任宁波师范学院校长朱彰年的带领下，除了编辑《阿拉宁波话》《宁波方言词典》词典外，《宁波师院学报》上发表了一系列有关宁波方言研究的论文，在查询到的30篇论文中有11篇，占37%。影响较大的有朱彰年等的《宁波方言的虚词》（1990年），汪维辉的《宁波方言阴阳对转考》（1988年），周志峰的《宁波方言古词语拾遗》（1988年），朱东丰《宁波话中的异读字》（1988年），刘瑞明的《宁波方言词汇面面观》（1997年）等文。宁波籍学者陈国恩的《巴人作品使用宁波方言得失略论》（1994年），对宁波籍作家巴人作品中使用的宁波方言词语作了简要评议，是最早关注宁波籍作家作品中使用宁波方言的学者。此外，游汝杰、徐波撰写的《浙江慈溪的一个闽语方言岛——燕话》（《语言研究》1998年第2期），是第一篇从方言学角度研究宁波境内燕话方言岛的论文，学术价值较高。

四 研究拓展、成果丰硕阶段（2000—2016年）

这个阶段的宁波方言研究不仅涉及面广，成果丰富，而且研究人员除了专家、学者、研究生、科研人员等专业人士外，还有退休编辑、语言爱好者等非专业人士。研究内容可分为方言本体研究包含语音、词汇、语法以及与他方言、普通话比较等；非本体研究，涵盖地域文化、宁波方言使用现状及认知调查等。成果类型主要有著作、期刊论文、方言志、俗语汇编等。具体表现在：一是出版了多部宁波方言辞书及志书、俗语等；二是以单个方言点为田野调查对象，研究更加深入细致；三是在国家级和省级核心刊物上发表了上百篇研究论文；四是创建了首个宁波方言数据库；五是研究方法更新，从地理语言学角度研究宁波方言。

（一）书籍类研究成果丰盛

进入21世纪，全国各地方志办纷纷开展了第二轮修志工作。浙江省二轮修志倡导"专家修志"，方言卷章聘请方言学专家教授编纂，在地方志中以卷章形式专辟方言，有的县市专志记载方言，大大提升了地方志的学术水平。目前已经出版的地方志涉及宁波方言内容的有：《余姚方言志》（肖萍，2011年10月）；《慈溪市志（1988—2011）·方言卷》（赵则玲，2015年4月）；《宁波市江北区志·方言卷》（赵则玲，2015年12月）；《象山方言志》（叶忠正，2010年）；《宁海县志（1987—2008）·方言卷》（赵则玲，2019年12月）等。

宁波人本土意识较强，素有收集整理民间宁波俗语的传统，新世纪以来，由非专业人士编辑的书籍就达8本，仅宁波出版社就有6部：周时奋《活色生香宁波话》（2000年第1版、2005年第2版），袁志伟的《宁波方言顺口溜》（2008年），林江云的《宁波老故事》（2008年），董鸿毅的《宁波俚语漫谈》（2009年），赵德闻的《宁波谚语》（2010年），乐建中的《宁波方言读本》（2013年）；浙江大学出版社出版的潘莉《宁波民俗与宁波人》（2013年）和开明出版社的颜军岳《石骨铁硬宁波话》（2013年）两部。对于宁波地域文化、地方史、民俗史研究具有重要的参考价值。此外还有七旬老人邵启龙《鄞方言正字考注》（2015年），花费5年，整理出鄞州方言生僻字词2000多个，并自创一套注音符号系统，取名为《鄞方言拼音方案》，宁波网、光明日报网、新民网等多家媒体作了报道。

2006年张济同出版《实用宁波话》（黑龙江教育出版社），书中自创"宁波话拼音方案"，试图用为宁波方言标注读音，实现拼音与方言汉字之间的对接，以便宁波话的推广和传播。初衷是好的，但这种拼音方案，由于缺乏科学基础，学习推广起来比较困难，没有世界通用的国际音标记音准确科学。2007年李建树、贾军推出了一本《贾军教你学说宁波话》（宁波出版社）实用教材，应该是宁波所有学习宁波话教材中，第一本运用现代科技方法研制的学习宁波日常用语的教材并配有语音光盘，因缺乏先进的国际音标注音，通俗性强而学术性不足。此外，2008年10月，镇海籍方言爱好者徐春伟，历时两年建了我省第一个民间宁波话教学网站，名曰"宁波闲话"。网站里有专门的学习宁波话拼音软件，使宁波话贴近更多人，对于传承和保护宁波方言起到了积极作用。

（二）以单个方言点为调查对象，研究更加深入细致

自2000年高校中文专业语言学科设立方言学研究方向以来，以单个方言点的某个方面为选题对象，研究更加深入细致，仅宁波方言研究的硕博论文就达18篇（按照时间先后排列）：

1. 阮桂君《宁波方言的有标被动句》，2004年华中师范大学硕士论文，导师汪国胜。

2. 陆铭《19世纪末20世纪初的宁波方言》，2004年上海大学硕士论文，导师钱乃荣。

3. 阮桂君《宁波方言语法研究》，2006年华中师范大学博士论文，导师汪国胜。

4. 袁圆《余姚方言语音的内部差异》，2006年浙江大学硕士论文，导师陈忠敏。

5. 蒋艳《宁波话中的虚词"勒"及其语法化过程》，2006年福建师范大学硕士论文，导师林华东、马重奇。

6. 郑晓芳《宁波方言中与数量成分有关的动词重叠》，2006年苏州大学硕士论文，导师李明。

7. 戴红霞《镇海方言塞擦音—擦音音位系列的调查研究——现状及演变》，2006年广东外语外贸大学硕士论文，导师王桂珍。

8. 张琼《宁波话动结式谓语句中主谓间的前置受事》，2007年上海师范大学硕士论文，导师左思明。

9. 钱萌《宁波方言的语法》，2007年上海大学硕士论文，导师钱

乃荣。

10. Whitehead Douglas Fraser "Phonation types and speaker variation in Ningbo Chinese", 2007 年 The Hong Kong University of Science and Technology, 导师朱晓农。

11. 王淼《慈溪方言语音研究》, 2009 年宁波大学硕士论文, 导师赵则玲。

12. 李封《宁波方言语气词研究》, 2009 年浙江师范大学硕士论文, 导师孙宜志。

13. 何文婷《象山方言语音研究》, 2011 年宁波大学硕士论文, 导师赵则玲。

14. 朱妮娜《宁波方言"头"字后缀研究》, 2012 年渤海大学硕士论文, 导师王世凯。

15. 胡需恩《宁海方言特点及其文化探析》, 2012 年宁波大学硕士论文, 导师赵则玲。

16. 杜福强《方言数据库建设初探——以吴语甬江片方言数据库建设为例》, 2012 年宁波大学硕士论文, 导师赵则玲。

17. 翁顺顺《余姚方言几种动词谓语句》, 2014 年宁波大学硕士论文, 导师肖萍。

18. 林碧芸《"宁波方言音节"所记的 19 世纪末宁波方音》, 2015 年南京师范大学硕士论文, 导师孙华先。

(三) 以科研项目为立足点, 论著数量较历年之最

进入新世纪以来, 学术研究呈现一派繁荣景象, 申报科研项目, 著书立说, 成为高校以及科研机构晋升职称的必备条件。有关宁波方言研究的论文著作数量较历年之最。从研究者和研究内容看, 属于专家学者对宁波方言本体研究。2000 年 1 月至 2016 年 12 月的 16 年间, 出版了 5 部学术专著: (1) 崔山佳《宁波方言词语考释》, 2007 年 11 月巴蜀书社; (2) 胡方、周志锋《北仑方言》, 2007 年中国文史出版社; (3) 阮桂君《宁波方言语法研究》, 2009 年 11 月华中师范大学出版社; (4) 胡方《宁波话元音的语音学研究》, 2014 年中国社会科学出版社; (5) 肖萍、郑晓芳《鄞州方言研究》, 2014 年 11 月浙江大学出版社。

阮桂君的《宁波方言语法研究》成为宁波方言语法研究的第一部专著。胡方的《宁波话元音的语音学研究》运用声学采样、发音生理、空

气动力学实验等科学手段对宁波方言的元音产生进行了全面的语音学分析，并揭示了宁波方言特有的圆唇特征。崔山佳的《宁波方言词语考释》是一本对宁波方言词语进行系统疏证的专著。胡方、周志锋合著出版的《北仑方言》，对宁波北仑方言语音和词汇作了比较全面系统的描写和研究。肖萍、郑晓芳合著出版的《鄞州方言研究》，是一本系统研究了鄞州方言语音、词汇、语法并附有记音语料的著作，记音比较科学，语料充实，研究比较细致深入，有一定的学术新见。此外，宁波籍学者周志锋的《周志锋解说宁波话》（语文出版社2012年版），是一本解说宁波话的论文集。全书分上中下三编，大部分散论短文在本书出版前，已在宁波晚报等刊物上发表。该书亮点为宁波方言散论部分，通俗地解说了宁波方言中的特色字词，表达形式活泼，写法独特。

论文大多是课题研究成果，或者硕博论文的章节或延伸，或者是学术会议报告论文。从中国知网等数据库查询到宁波方言研究论文达123篇。下面分本体与非本体研究进行阐述。

1. 宁波方言的本体研究

宁波方言本体研究论文99篇，占74%，内容涵盖宁波方言语音、词汇、语法研究等各领域。

（1）语音方面

研究热点主要有：一是宁波方言声母系统，有四位专家学者撰文探究。最早宁海籍专家徐通锵提出"百年前宁波方言声母系统的塞擦音和擦音三套共存：舌面音 tɕ 组+舌尖音 ts 组+舌叶音 tʃ 组"（《百年来宁波音系的演变》,《语言学丛论》1996年第16期）。之后，胡方和袁丹两位学者挑战前贤，对百年来的声母系统演变现象作了深入探究，提出了各自的新见。胡方认为宁波方言的见组字还未腭化为舌面音 tɕ 组，而 tʃ 组和 ts 组互补，并非对立，实际上只有一套，而并非徐通锵提出的三套。（《试论百年来宁波方言声母系统的演变》,《语言研究》2001年第3期）。袁丹通过对传教士文献进行重新解读分析后，认为百年前宁波方言中的精组字已经腭化，读为 tɕ 组；-yn 韵前的舌叶音 tʃ 并未经历 tʃ-> ts-> tɕ- 的演变。tʃ- 和 tɕ-是传教士和赵元任以后的方言学者记音处理的不同所致（《从传教士文献和现代方言再论百年来宁波方言声母系统的演变》,《东方语言学》，2015年，第85—101页）。戴红霞的《镇海方言塞擦音—擦音音位系列的调查研究：现状及演变》（《吴语研究》，上海教育出版社

2007年版),对宁波镇海区方言声母系统也作了深入探讨,还有日本学者平田直子,镇海方言爱好者徐春伟也撰文探讨过舌叶音声母问题。二是语音特点和音系的描述。赵则玲的《宁波方言的语音特点及其内部差异》(《吴语研究》,上海教育出版社2009年版)一文,阐述了宁波方言具有吴语的一般特点外,还揭示了宁波市六区普遍存在舌面高元音舌尖化以及古开口三等韵读音有差异等现象。汤珍珠的《宁波话的一、二等群母字》(《吴语研究》,上海教育出版社2005年版);方松熹的《甬江片吴语语音内部的共时比较》(《吴语研究》,上海教育出版社2005年版);徐波的《宁波、鄞州和舟山方言山摄合口阳声韵的读音》(《吴语研究》,上海教育出版社2009年版)等文,从不同的侧面揭示了宁波方言语音的特点。音系描写方面除了黄晓东的《浙江象山县爵溪"所里话"音系》外,还发表了奉化、慈溪、余姚、象山、宁海音系论文。三是语音实验研究。宁波籍专家胡方在共时描写的基础上,引进先进的实验语音学理论,运用实验仪器对方言语音进行分析研究。发表了系列宁波方言实验语音研究的论文,有《宁波方言元音的声学语音学研究》(《吴语研究》,上海教育出版社2005年版);《论吴语宁波方言和苏州方言的前高元音的区别特征——兼谈高元音继续高化现象》(《中国语文》,2007年第5期);《电磁发音仪与宁波方言的元音研究》(《中国语音学报》第1辑,商务印书馆2007年版);《宁波话元音的语音学研究》(中国社会科学院文库·文学语言研究系列,2008年)等。香港科技大学外国留学生硕士论文"Phonation types and speaker variation in Ningbo Chinese"(2007),从发声学角度描述了宁波方言发生类型及其变化,拓展了宁波方言语音研究领域,令人耳目一新。

(2) 词汇语法方面

过去的方言研究主要侧重于语音方面,随着学界对词汇语法研究的重视,宁波方言研究也涌现出不少词汇语法研究的论文。词汇研究主要沿袭传统的文献考证法,发表本字考证和方言词语溯源的论文9篇。如汪维辉的《宁波方言词语札记三则》(《吴语研究》,上海教育出版社2003年版);周志锋的《江苏教育版〈宁波方言词典〉词目用字问题》(《方言》2008年第1期);崔山佳的《宁波方言词语溯源》(《宁波大学学报》2001年第4期)等。赵则玲的《宁波方言的三身代词》(《宁波大学学报》2008年第6期)一文则通过三身代词语音类型的比较,探讨其读音层次的形成以及词目用字的语源理据。宁波籍青年学者谢蓉蓉以《英话注解》模因,则从模因论角度探析宁波方言外来词汇的产生及其传播规律,富有新意。

语法方面,余姚籍学者阮桂君《宁波方言语法研究》(华中师范大学出版社2009年版),是第一本系统研究宁波方言语法的著作,作者在撰写著作前后发表的10篇系列论文,分析考察了宁波方言特色词法和句法:形容词重叠式、物量词、通用量词"隻"、"勿"字句、特殊被动句、有标被动句、非受事主语被动句、时体句(进行体、持续体、完成体、尝试体标记"看")、"莫"字句,构成了专著的主要内容,也是专著的主要学术亮点。宁波籍青年学者郑晓芳在完成了有关宁波方言词法研究的硕士论文后,在词法研究的基础上,进一步探究宁波方言句式和主题句,进而涉猎话题结构和功能,并发表了《宁波方言的主题句》(《语言研究》2004年增刊);《宁波方言中"动词重叠+结果补语+(有)+数量成分"句式研究》(《吴语研究》,上海教育出版社2008年版);《从宁波方言看汉语的话题结构》(《宁波大学学报》2014年第1期)等5篇语法论文。

过去宁波方言研究基本上局限于宁波市区,本阶段宁波下属五个县市的方言也开始受到专家学者的关注,其研究成果如表1-2所示。

表1-2　　　　　　　宁波属下五县市方言研究成果

余姚	慈溪	象山	宁海	奉化
硕士论文1篇,期刊论文6,书籍1部	硕士论文1篇,期刊论文5篇	硕士论文1篇,书籍1部,期刊论文1篇	硕士论文1篇,期刊论文3篇	期刊论文2篇

(3) 综合比较

综合比较类的论文主要涉猎宁波方言与其他方言以及普通话的比较。主要有薛才德的《上海话与苏州话、宁波话的音系比较——兼论方言接触对上海话的影响》[《中国方言学报》(第二期),商务印书馆版2010年版],将老中新三派上海话同苏州话和宁波话在声母、韵母和声调三个方面作了全面的比较。凌锋《"最大对立"还是"充足对立"——苏州话与宁波话、北京话和英语元音系统的比较》[《中国语音学报》(第3辑),商务印书馆2012年版],从声学角度比较了苏州话与宁波话、北京话和英语的元音系统。赵则玲的《宁波话与上海话比较及其历史成因》(《浙江社会科学》2012年第12期），通过对宁波话与上海话的语音以及语气腔调的比较，阐述两种方言之间的异同及其历史成因。胡建华等的《宁波话与普通话中话题和次话题的句法位置》（徐烈炯、刘丹青主编《话题与焦点新论》，上海教育出版社2003年版）等等。宁波方言研究专著的书评，如郑晓芳《余姚方言研究之力作——评肖萍〈余姚方言志〉》（《宁波大学学报》2012年第2期）等。此外，还有综合介绍宁波方言的，如韩光智《"石骨铁硬"宁波话的"软"和"硬"》（《宁波通讯》2010年第3期）；徐春伟《晚清西洋汉学家与宁波方言（上）（下）》（《宁波通讯》2015年第5期和第7期）等。

2. 宁波方言的非本体研究

宁波方言非本体研究论文有24篇，内容主要涉及：一是宁波方言地域文化，如周志峰《宁波方言的文化解读》（2005）、王苹《宁波方言社交称谓的文化意韵和语言表达》（2011）、赵则玲《宁波俗语中的地域文化特色探析》（2016）等；二是宁波方言使用现状及认知调查，如邵健《宁波方言使用及认知调查问卷的编制和信效度检验》（2016），盛柳柳、严建雯、李静《社会文化适应：他乡人对宁波方言态度和城市归属感的关系》（2015）等；三是宁波方言对英语学习的影响，如陈乾峰《宁波方言对英语语音学习的负迁移及对策》（2008）等；四是学术会议综述，如赵则玲的《中外学者甬江之畔共话"吴语"》（2006）等。非本体研究，开阔了我们观察语言的视野，为我们提供了更广阔的研究空间。

（四）创建了首个宁波方言数据库

2010年7月，由赵则玲主持的浙江省教育厅批准立项的省高校数字图书馆特色库建设项目《甬江片方言数据库》正式启动。本数据库依托方言学硕士点的学科优势，依照ZADL建设标准和规范，调查和采集吴语太湖片甬江小片（旧称明州小片）原汁原味的方言口语资源，包括宁波、象山、宁海、余姚、慈溪、奉化、舟山7个县（市）方言语音、词汇、语句、俗语、歌谣等口语语料，经过分析整合，将原来分散无序的方言口语资源系统化、有序化，实现特色资源的数字化，从而构建一个主题鲜明、特色突出、内容充实、方便快捷、可实现跨库检索的特色数据库。

特色库建设以宁波、舟山大市7个方言点为线，以字、词、句、段、篇为纲,以"有声"的形式,编织组成特色库的内容框架,包括文字、音符、声音、图片、相片、录像等几种资源形态,将为后续方言数据库的研制和应用,提供一种可资借鉴的样式。由于本项目在浙江属于首个方言数据库,没有可资借鉴的样式和范本,许多方言学专业上的特殊技术尚未突破,至今尚处在摸索和研发之中。期待后续项目经费到位后,音标符号和视频等技术难题得到攻克和完善,早日能够上网运行。该数据库研究成果主要有杜福强、赵则玲《试论方言数据库的建设过程及意义——以吴语甬江片方言数据库为例》(2011);杜福强《方言数据库建设初探——以吴语甬江片方言数据库建设为例》(2012年宁波大学硕士论文)。

综上所述,宁波方言研究从明末清初截至2016年12月的四百余年,从最初的记录方音、考证词语到现今,无论是成果的数量、研究的范围、研究人员的队伍都呈现出前所未有的繁荣景象。总体上看,宁波方言共时描写比较成熟,但在研究方法和调查点的量上还显得比较单薄,基本限于单点方言的调查研究,研究方法基本限于传统的结构主义描写,几乎没有运用绘制方言地图的方式研究方言现象和特征的。如影响较大的《宁波方言词典》,取材范围也仅限于宁波市区老派方言。运用绘制方言地图的方式研究方言现象和特征的方言地理学,在国外已有100多年的发展历史,而在我国,虽然也是语言学下面的二级学科,但一直没能得到充分发展。从2007年开始,笔者带硕士生以及接手二轮修志方言志撰写的需要,对宁波市区以及所辖各县市开展了大范围的田野调查。从中发现宁波方言不仅存在年龄差异,而且具有复杂的地域差异以及悠久的历史和丰富的社会文化背景。经过前期比较丰厚的语料积累,期望能运用方言地理学方法,进一步推动宁波方言研究向更深层次发展。

第三节 研究价值、内容方法、创新点

一 研究价值

我国的方言研究,长期以来以历史比较为主要取向,注重方言系统的归纳和描写,利用方言地图的研究成果比较少,与西方以方言地图为基础的语言地理学研究有着很大的不同。过去对于宁波方言研究,基本限于单

点。也有少数大家如赵元任、钱乃荣、游汝杰等在他们的论著中，也涉及宁波、余姚等方言点的调查描写和论述。其中《浙江吴语分区》（傅国通等，1985）中涉及宁波大市方言的有宁波、镇海、奉化、象山、宁海等点，是所见研究成果中涉及方言点最多者，但也仅限于字词句列表呈现，研究方法基本限于传统的结构主义描写法，几乎没有从方言地理学角度对宁波方言进行密集型调查研究的，给本项目的研究留下了很大空间。本项目研究运用语言地理学的方法对宁波方言进行调查与比较研究。在前人研究基础上，以宁波方言乡镇街道133个调查点的语料，采用方言地图的方式研究方言现象的地理分布状况，结合非语言因素解释这些地理分布及方言演变的原因、过程和机制。既发挥传统方言学系统研究的长处，又吸取语言地理学简明、直观的优点。其价值和意义主要表现在以下五个方面：

（1）宁波方言历史悠久，具有深厚的文化底蕴和复杂的地域差异以及丰富的社会文化背景，为方言地理学研究提供了良好的语料素材。

（2）从方言地理学角度对宁波方言作密集型调查与比较研究，不仅为语言学界提供大量的第一手方言语料，而且可以较精确地反映其在地理空间上的变化及其过程，便于直观立体地搞清楚各地方言点信息的地理分布现状，同时还可以为宁波方言内部的分类以及丰富语言地理学理论提供有力的佐证。

（3）从语言学角度解释方言地理分布的历史和现实价值，可以为语言演变理论提供强有力的支撑。

（4）结合宁波地域文化等非语言因素解释方言地理分布的原因、过程和机制，可以为汉语史研究提供学术参考。

（5）上海话是在以宁波方言为主的周边吴语影响下形成的一种柯因内语，对宁波方言作系统全面的研究并与上海方言作比较，对于新上海话形成的研究具有重要的参考价值。

二　内容方法

（一）材料来源

研究的材料均来自实地调查采集到的鲜活方言语料。主持人从2006年暑假开始，以编撰地方志方言卷为契机，对宁波下属各县市政府所在地开展语音词汇语法调查。发音人合作人主要为中老派，年龄在40—70岁，小学至中师文化程度，世代居住该地，能说比较地道的当地方言，普通话说得不标准。

调查地点的遴选遵循以下原则：

1. 重点调查点与一般调查点相结合

宁波方言内部存在很大的差异，大致分为宁波奉化（甬江小片）、慈溪余姚（临绍小片）、象山宁海（宁象小片）三小片。本项目选取六个县市政府所在地：浒山、兰江、海曙、西坞、丹城、跃龙为代表点，进行语音词汇语法的重点调查。通过比较分析重点调查点所得到的调查材料，归纳总结出共性和差异，遴选出调查条目，作为编制调查表格并用来调查一般调查点的依据。

一般调查点以乡镇和街道为单位，重点调查 80 个存在差异的词语。除宁波市六区 60 个乡镇选择 43 个点外，其余五县市的调查涉及每一个乡镇，共计 133 个点。

2. 重视方言小片交界地点的调查

方言交界地点的方言状态能够反映方言的接触和影响。本研究充分重视方言交界地点的调查。一般调查点调查条目的遴选遵循的原则：一是反映方言重要的地域差异；二是反映方言重要的新老差异；三是反映方言的接触和影响；反映方言重要的历史演变。

所用的调查表格有：中国社会科学院语言研究所《方言调查字表》，自制的《连读变调调查表》《儿化调查表》《特征词汇调查表》《语法调查表》《语音内部差异调查表》《宁波上海两地词汇对照表》《语法句式调查表》等。

（二）研究内容和目的

1. 进行方言间的共时比较，揭示内部差异

（1）宁波方言的内部差异和区别性特征

宁波大市境内方言十分复杂，不仅有地域和年龄的差异，而且还有"慈溪燕话""象山爵溪军话"等方言岛存在，词汇是揭示方言内部差异和区别性特征最直接的成分。在基本词汇中，选出一定量在词形或字音方面表现出共同地域分布差异的特征词，密集型调查 133 个方言点的基本词汇。

（2）宁波六县市区语音、词汇、语法的调查与比较研究

调查宁波、奉化、象山、宁海、慈溪、余姚 6 个县市权威方言点语音、词汇、语法，描写其面貌，通过比较分析，揭示其特点。研究宁波方

言地域差异和地理分布的类型及方言词汇演变的内部机制，并阐释影响宁波方言地理格局分布的非言语因素。

（3）宁波话与上海话代表点语音词汇比较研究

宁波人善于经商，在上海是一个庞大的群体，社会地位较高，其方言对新上海话的形成影响较大，两者语音的相似程度较高。全面详细调查宁波话代表点，即宁波市老三区为核心，归纳其语音词汇语法特征。并与上海话代表点作对比研究，通过两地29类1612个日常基本词汇的比较研究，从地理学角度考察宁波话与上海话常用词语异同，进而揭示上海移民型柯因内语形成的原因和机制。

2. 进行地理上的分类划片，厘清分界线

（1）绘制方言特征词地图

重点考察宁波各方言点间形成鲜明对立、可作为内部划片标准的"鉴别词"。选取若干条常用的、各地差异较大的方言词，如：起床（爬起/挖起/蜡起）、中饭（晏饭/接力/点心）、姑妈（阿姑/阿伯/孃孃）、菜肴（下饭/糕过）、妻子（老侬/内客）、明天（天亮/明朝）、早晨（苦醒头/天亮头）、厕所（东司间/茅坑）等等。以这些"鉴别词"为参照，A地与B地之间显著不同的说法，也即为各自的特征词。对每个特征词制作成地图，简明直观地显示方言特征的地理分布，为宁波方言进行地理上的划片，厘清其与临绍片、台州片的分界线。

（2）合理解释方言特征词及分布格局

通过宁波方言地理上的共时分布解释其历时演变过程、原因和机制。宁波位于浙东沿海，是我国最早的通商口岸之一。海洋渔业、北仑良港、河姆渡遗址、传教士方言传教、"无宁不成市"的商业气息、西方文化较早介入、副省级城市辐射力等非语言因素，是解读宁波方言地理分布现状及其历史演变的重要因素。

（三）研究方法

主要以传统方言学系统研究和方言地理学的理论相结合。

1. 田野调查描写法

调查选点以宁波148个行政单位为依据，遴选一般调查点条目重点考虑：A. 地域差异；B. 新老差异；C. 历史演变；D. 方言的接触和影响等四个因素。田野调查的原则，一是重点调查与一般调查相结合；二是重视方言交界点的调查。通过鲜活的田野调查语料，着重描写和阐述宁波方言语音、词汇、语法面貌及特点。

2. 方言地图呈现法

通过方言地图方式，采用最新的现代化技术手段，如 TFW 方言调查专用软件，数码录音，地理信息系统（即 GIS 手段 MapGIS：是中地数码集团的产品名称，是中国具有完全自主知识版权的地理信息系统，是全球唯一的搭建式 GIS 数据中心集成开发平台，实现遥感处理与 GIS 完全融合，支持空中、地上、地表、地下全空间真三维一体化的 GIS 开发平台。），绘制地图软件等。绘制若干语音词汇特征的地理分布图，把共时层面的方言语料直观清晰地呈现在地图上，为跨方言比较以及语言演变的历史研究提供可靠的材料。

3. 历时和共时比较相结合。

比较方法的价值取向在于寻找异中之同和同中之异。运用共时性描写的田野调查语料，通过宁波各县市基本词汇以及宁波与上海代表点的历时与共时比较，从古、今、方三维视角解读宁波方言的地理分类和历史演变的过程、原因和机制。

4. 定性与定量分析相结合。

通过定性与定量分析相结合，来确保研究过程中的可操作性和研究结果的信度与效度，进而增强方言事实描写深度和解释力度。

三 创新点

1. 研究手段和内容新颖

方言地理学是一种通过在地理上连续、密集调查活语言来研究语言演变及其成因的研究方法。本项目运用方言地理学的研究方法，绘制方言地图，展示宁波方言现象的地理分布状况；比较宁波话与上海话日常词语异同，揭示上海柯因内语形成的原因和机制，是宁波方言研究的扩展和深化，目前尚无学者涉猎。

2. 田野调查布点密集

以宁波乡镇街道为地理单位的密集型田野调查，相对于过去以县市为地理单位的调查研究，对于揭示方言特点以及方言分类划片研究中观察和解释方言关系将更为详细和准确。

3. 研究技术先进

以计算机技术取代传统手工操作：运用 TFW 方言调查专业软件，此软件不仅具有录音而且还有校音功能，极大地提高了方言调查的科学性和时效性；采用计算机软件绘制地图，提高研究效率。绘制宁波方言地图使用 ARCGIS 软件的地图格式进行更新，从天地图中导出获得地名信息，然后将这些数据合成中国地图，再在中国地图的基础上截取宁波地图进行个性化编辑，为了清楚地显示地图上的宁波街道、乡镇地名信息，重新进行了摆放和精心设计。

4. 调查语料鲜活丰富

提供了大量的第一手方言调查鲜活语料，为语言学界深入研究作出了一定的贡献。记录的大量方言词汇中相当一部分词汇蕴含了丰富的地域文化内涵，不仅对方言学界有价值，而且在弘扬地方文化方面也具有不可替代的价值。

第二章

宁波方言语音面貌及其特点

方言语音面貌的核心内容主要由该方言声韵调系统和同音字汇构成。本章以田野调查为基础，记录描写宁波六区、奉化、慈溪、余姚、宁海、象山方言权威代表点的语音面貌，并在此基础上着重归纳和阐述除吴语共性以外的宁波方言语音特点及其内部差异。田野调查点主要选取各市县政府所在地的方言点：宁波选取海曙为代表点；奉化选取江口为代表点；慈溪选取浒山为代表点；余姚选取兰江为代表点；宁海选取跃龙为代表点；象山选取丹城为代表点。

字音标注凡例：（1）零声母用阿拉伯小写"0"标记。（2）入声韵喉塞尾用"ʔ"符号表示。（3）声调调值采用"五度标记法"，用数字标于音节右上角，如：[pa^{53}]，轻声不标调，变调在两个调值中间用短横表示，如：[kua^{35}]、[kua$^{35-22}$]。（4）送气符号用[ʰ]表示，如：[kʰ]。（5）鼻化元音用"~"表示，如：[ã]是[a]的鼻化音。（6）用"ɦ"代表阳调类零声母或同部位半元音（如j、w、ɥ）等的浊擦成分，零声母0配阴调类字。（7）有文白两读的，白读用下划单线"—"表示，文读用下划双线"="表示。（8）有音韵地位而写不出本字的音节用"◇"表示。

第一节　宁波六县市代表点方言的声韵调系统

田野调查是方言研究的基础，从2007年初开始着手宁波方言的调查工作并完成了宁波、慈溪、宁海三卷地方志方言卷撰写工作。发音合作人主要选取世代居住该地年龄为45—70岁之间的中派，男女不限，小学至中师文化程度，归纳整理同音字汇、语音特点及其内部差异时兼顾老派（70岁以上）和新派（20—35岁）。重点调查了宁波方言代表点的语音、词汇和语法,整理归纳了同音字汇、语音特点及其内部差异。

一 声母系统

宁波方言各代表点声母,除象山丹城声母28个,少一个[ʑ]外,其余各点声母相同,数量均为29个,包括零声母在内。虽然声母及数量相同,但字的归属有所不同。

（一）宁波六区29个声母

p 表饼百	pʰ 漂骗匹	b 婆病白	m 秒命麦	f 虎翻发	v 饭佛服	
t 鸟东搭	tʰ 天偷脱	d 电糖达	n 男嫩糯			l 来冷辣
ts 资醉桌	tsʰ 雌抄出	dz 茶柱闸		s 书选色	z 柴船十	
tɕ 酱帐浙	tɕʰ 称超吃	dʑ 钱桥直	ɲ 肉耳业	ɕ 写手削	ʑ 徐袖席	
k 街姑割	kʰ 铅考哭	g 葵共轧	ŋ 硬眼额	h 蟹海黑	ɦ 夜胃合	
0 碗矮屋						

（二）奉化29个声母

p 搬拜北	pʰ 漂潘匹	b 爬朋白	m 尾巴蚊麦	f 夫呼发	v 微饭服	
t 租啄搭	tʰ 坍醋脱	d 锄助达	n 嫩娱悟			l 冷茸辣
ts 盏资桌	tsʰ 穿拆出	dz 盛姓蛇闸		s 施产宣色	z 聚船十	
tɕ 酱展浙	tɕʰ 千超吃	dʑ 钱赵直	ɲ 耳语人	ɕ 仙烧削	ʑ 射徐席	
k 街扛割	kʰ 舰铅哭	g 绞葵环耳轧	ŋ 鹅芽岳	h 蟹烘黑	ɦ 咸雨合	
0 冤碗屋						

（三）慈溪29个声母

p 杯拜百	pʰ 泡譬拍	b 朋步别	m 晚味麦	f 浒翻发	v 奴胡伏	
t 鸟带答	tʰ 坍太塌	d 隶瘃夺	n 炉男捺			l 漏游力
ts 账浙桌	tsʰ 鼠窗出	dz 茶肠闸		s 岁手杀	z 柴坐入	
tɕ 酱帐浙	tɕʰ 菌雀吃	dʑ 跪桥习	ɲ 耳藕热	ɕ 死癣削	ʑ 徐袖十	
k 街嫁国	kʰ 去铅确	g 葵搞轧	ŋ 硬眼额	h 虾苋霍	ɦ 夜雨合	
0 烟湾鸦姨						

（四）余姚29个声母

p 表饼泊	pʰ 拍偏劈	b 防病蹩	m 网命蜜	f 肺虎福	v 万湖物	
t 鸟赌跌	tʰ 天听踢	d 痰徒敌	n 南嫩捺			l 来兰蜡
ts 猪醉竹	tsʰ 拆齿触	dz 慈茶镯		s 诗书室	z 贼善实	
tɕ 酱帐浙	tɕʰ 称超吃	dʑ 钱详局	ɲ 牛藕孽	ɕ 写休削	ʑ 徐袖席	

k 肝嫁割　kʰ 铅考哭　g 葵茄共轧　ŋ 硬眼额　h 蟹火黑　ɦ 汗胃活
0 衣矮恶

（五）宁海 29 个声母

p 秘畈毕　pʰ 配泡匹　b 肥办鼻　m 味马袜　f 肺虎火　v 奉妇罚
t 胆东滴　tʰ 褪太铁　d 汏稻特　n 奶脑糯　　　　　　　　　l 来冷辣
ts 鸡章作　tsʰ 趣醋尺　dz 棋财侄　　　　　　　s 须甥杀　z 裳字贼
tɕ 酱帐脚　tɕʰ 翘签吃　dʑ 舅郑习　ȵ 绒元月　ɕ 酸双雪　ʑ 蚕晴嚼
k 军讲菊　kʰ 块糠客　g 轴拳局　ŋ 牙癌额　h 蟹花喝　ɦ 盐夏学
0 碗哑鸭

（六）象山 28 个声母

p 布帮笔　pʰ 铺拼泼　b 抱部拔　m 尾米袜　f 飞夫福　v 饭妇服
t 戴鸟答　tʰ 太汤贴　d 徒动毒　n 男脑糯　　　　　　　　　l 来冷辣
ts 猪蔗浙　tsʰ 枪去辑　dz 除曹闸　　　　　　　s 扫选杀　z 船徐石
tɕ 酱帐脚　tɕʰ 称超吃　dʑ 茄虫直　ȵ 肉娘热　ɕ 笑新雪
k 哥高国　kʰ 块糠客　g 跪拽轧　ŋ 胡~须 硬鹤　h 蟹虎黑　ɦ 谢袖合
0 烟阴一

二　韵母系统

宁波方言各代表点韵母数量 42—49 不等，字的归属也各不同，较声母系统差异要大。

（一）宁波

韵母 45 个，包括 m̩、ŋ̍、l̩ 三个自成音节在内。其中单元音 11 个，复元音 11 个，后鼻音 6 个，鼻化音 6 个，入声韵 8 个，自成音节 3 个。如表 2-1 所示。

表 2-1　　　　　　　　　　宁波市区韵母表

ɿ 纸资四字	ʮ 树世嘴水	i 皮肺被面烟	u 醋款搬	y 贵卷跪女园
a 拜外鞋矮		ia 谢家	ua 拐筷娃	
ɔ 宝爪敲咬		iɔ 表烧		
ɛ 饭眼鸭小称			uɛ 关慧乖还	
o 把蔗茶虾			uo 划巷(地名) 挂	

续表

ø 短酸叛丸			
e 胎看呆		ie 日雁便	
		iʏ 酒手	
œʏ 亩狗厚牛			
ɐ 杯妹队罪寒			uɐ 胃块
ɘu 菠暮多歌河			
ɤŋ 粉灯村孙		iŋ 信瓶城针	
			uəŋ 温婚
	ʮŋ 准镇笋肾		
oŋ 棒蜂东狲			yoŋ 军穷浓
ã 朋冷硬打		iã 梁墙账	uã 梗横
ɔ̃ 帮巷床			uɔ̃ 光黄	yɔ̃ 降~落伞
ɐʔ 百突特黑		iɐʔ 帖略脚着~火	uɐʔ 骨阔活挖
oʔ 博北木六绝绿粥壳角			
		ieʔ 笔跌药浙	yeʔ 缺镯浴血
	ɥoʔ 雪刷十习		
m̩ 姆呒 ŋ̍ 鱼芋 l̩ 饵儿				yɤʔ 菊吃月肉

（二）奉化

韵母42个，包括自成音节的 m̩、ŋ̍、n̩、l̩ 在内。其中单元音11个，复元音10个，后鼻音5个，鼻化音5个，入声韵7个，自成音节4个。如表 2-2 所示。

表 2-2　　　　　　　　奉化县韵母

ɿ 支鼠师丝	ʮ 水猪除树	i 皮烟眉旅	u 布乌	y 软拳疏女
a 拜鞋矮外		ia 谢家	ua 快娃	
ɔ 宝爪敲咬				
ɛ 饭眼鸭小称监			uɛ 关慧乖筷	3u
o 菠茶蛇牙		io 表烧霞		

ø 短酸碗搬			
e 害感甜岁	ie 念耶		
ɛɯ 亩狗厚	iy 酒手		
ɿɜ 杯妹队罪		uɜɪ 胃块	
əu 婆歌火牛			
əŋ 粉灯村孙		uəŋ 温婚	
	iŋ 信瓶针城		
oŋ 准镇东翁			yoŋ 军穷浓
ã 朋冷硬打	iã 梁墙账	uã 梗横	
ɔ̃ 帮巷床降~投~		uɔ̃ 光黄	
ɐʔ 百突特黑	iɐʔ 帖略脚药	uɐʔ 骨活挖核~桃~	
oʔ 博北出六绝绿粥刷实壳角			
	ieʔ 笔跌律浙		yeʔ 菊月镯疫
			yoʔ 肉玉吃
m̩ 姆 n̩ 尔你 ŋ̍ 芋鱼 l̩ 儿			

(三)慈溪

韵母46个，包含自成音节 m̩、ŋ̍、l̩ 在内。其中单元音10个，双元音6个，后鼻音6个，鼻化音12个，入声韵9个，自成音节3个。如表2-3所示。

表2-3　　　　　　　　　慈溪县韵母

ɿ 字水猪	i 女肥徐嘴须胡~	ɯ 布虎裤	y 贵齿~饭；盛饭
a 抓街惹	ia 谢夜驾	ua 怪拐娃	
ɔ 宝觉麻~将胶	ɔi 表鸟		
ɛ 饭摔			
ø 把车茶虾牙花			

续表

e 杯腿来去		ue 桂胃块	
ɤ 狗亩	iɤ 牛酒游手		
ɔu 婆多颗大			
ã 朋硬打账	iã 梁墙	uã 横	
ɛ̃ 班三伞咸	iɛ̃ 面店烟全	uɛ̃ 关还~钱	
ɔ̃ 帮床讲		uɔ̃ 黄光	yɔ̃ 降~落伞
ø̃ 搬短囡官			yø̃ 软劝县
ẽ 南扇看			
oŋ 梦东翁			yoŋ 穷浓
en 瓶林本村萌			
ən 镇妹等准		uən 婚温	
	iŋ 信宁人军		
aʔ 百杀直袜特贼	iaʔ 药帖脚鹊	uaʔ 挖滑	
oʔ 博北毒六绿角八学粥桌壳			yoʔ 肉吃浴缺
eʔ 铁出室脱刷		ueʔ 阔骨	yeʔ 月
iiʔ 笔十雪舌杰律轴			
m̩ 姆~妈 ŋ̍ 鱼芋 l̩ 儿			

(四) 余姚

韵母 48 个，包括自成音节的 m̩、ŋ̍、n̩、l̩ 在内。其中单元音 9 个，复元音 9 个，前鼻音 2 个，后鼻音 9 个，鼻化音 7 个，入声韵 8 个，自成音节 4 个。如表 2-4 所示。

表 2-4　　　　　　　　　　余姚县韵母

ɿ 猪纸资鼠水	ʮ 朱须胡~醋	i 医肺二尿姐	u 布虎和碰:~臺	y 女鬼靴喂椅
a 拜鞋外洒		ia 谢惹佳	ua 怪拐娃	
ɔ 宝觉胶爪				
o 把车茶虾牙		iɔ 表饶	uo 花瓜	

e 腿炊去杯来		ie 艾呆	ue 桂胃块	
ou 哥多婆				
əu 狗亩手		iəu 酒牛肉~猪		
ɛ 饭单姓伞			uɛ 关还~钱	
ø 短搬酸			uø 官碗	yø 软县拳
ẽ 南看砖		iẽ 面店烟全眼		
ən 本孙瓶寻准城			uən 婚温	
		iŋ 轮领信宁迅		
aŋ 朋硬打账		iaŋ 梁墙	uaŋ 横梗	
ɔŋ 帮讲床窗		iɔŋ 降~下来	uɔŋ 黄光	
oŋ 东梦翁端~午		ioŋ 穷军供		
aʔ 百杀袜盒石额		iaʔ 药鹊帖甲	uaʔ 挖豁~开括	
əʔ 贼物刷出室舌		iəʔ 雪笔杰七勒剧		
oʔ 博北六绿脱觉竹粥桌角落壳		uoʔ 核活骨		yoʔ 肉菊血吃
m̩ 姆~妈 ŋ̍ 鱼 n̩ 芋~艿头 l̩ 儿				

（五）宁海

韵母48个，包括自成音节的 m̩、ŋ̍、n̩、l̩ 在内。其中单元音11个，双元音8个，后鼻音6个，鼻化音9个，入声韵10个，自成音节4个。如表2-5所示。

表2-5　　　　　　　　宁海县韵母

ɿ 纸资鼠祭猪	ʮ 朱水尿须胡~	i 医肺二	u 醋破颗播	y 去女鬼靴喂
ɯ 哥个				
a 拜鞋外洒		ia 谢佳	ua 怪拐娃	

续表

ɔ 宝麻~将胶爪觉	iɔ 表烧		
ɜ 饭浮耳~朵伞		uɛ 关还~钱	
o 把车茶虾牙花			
e 杯来腿眼炊	ie 片廿二+燃	ue 桂胃	
əu 多亩狗河	iəu 酒手牛		
ã 朋硬打	iã 梁墙账	uã 梗横	
ø 短搬南		uø 官碗我	yø 软酸全县
ɔ̃ 帮讲床		uɔ̃ 黄光	yɔ̃ 窗双
			yn 准军身迅
oŋ 东梦翁			yoŋ 穷中供~奉
əŋ 粉亲孙宁		uəŋ 婚温	
	iŋ 信瓶城针寻		
aʔ 百杀袜盒石贼	iaʔ 药鹊着穿	uaʔ 阔挖	
ɔʔ 角壳勺学落毒			
əʔ 只七勒		uəʔ 骨猾	
	ieʔ 笔帖律杰额舌甲十		yeʔ 出剧室决轴
oʔ 博北六绿福脱活觉核			yoʔ 肉菊竹粥血刷吃桌雪
m̩ 姆~妈呒~没:没有 ŋ̍ 鱼芋 n̩ 蚁花 l̩ 儿			

（六）象山

韵母43个，包括自成音节的 m̩、ŋ̍、n̩、l̩ 在内。其中单元音11个，双元音11个，后鼻音11个，入声韵6个，自成音节4个。如表2-6所示。

表 2-6　　　　　　　　　　　象山县韵母

ɿ 纸资梳	ʮ 知猪趣	i 维片肺医去	u 醋须过哥	y 贵圆鬼权椅
a 拜鞋外拖		ia 谢家	ua 怪拐夸	
ɔ 宝麻~将胶觉爪				
ɛ 饭眼害炊猫			uɛ 关还	
o 把车茶虾多		io 表烧	uo 花所挂	
ø 短酸搬全			uø 官碗	
e 杯来腿		ie 廿二十雁	ue 桂胃	
ou 破河				
əu 亩狗厚牛		iəu 酒手		
aŋ 朋冷硬打		iaŋ 梁墙账	uaŋ 梗横	
ɔŋ 帮巷床降~投			uɔŋ 黄光	yɔŋ 窗掌巴~
oŋ 准针东梦迅		ioŋ 军穷中		
əŋ 捧粉顶头~吨亲			uəŋ 婚温	
		iŋ 信瓶城政		
aʔ 百杀秃盒脱七做头~			uaʔ 骨阔活挖	
ɛʔ 陌只贼额黑				
		ieʔ 笔脚帖律鹊闪药舌		
oʔ 博北出六绿粥壳角十刷雪				yoʔ 肉菊决竹粥桌吃血
m̩ 姆~妈呒~没:没有ŋ̍ 鱼尾~巴~n̩ 芋 l̩ 耳

三　声调系统

(一) 单字调系统

宁波方言各代表点老派单字调数量在 5—8 个不等，不含轻声和连读变调。如表 2-7 所示。

表 2-7　　　　　　　　　　　六县市单字调系统

调类 字例+调值 方言点+声调数	阴平 高东天听	阳平 穷床桥平	阴上 小短手纸	阳上 五女坐社	阴去 笑信戴醉	阳去 树病饭豆	阴入 急黑湿缺	阳入 月局食白
宁波六区/7 个	53	23	324	213	44	213	5	2
奉化/8 个	53	23	324	213	44	31	5	2
余姚/6 个	44	23	34	23	53	23	5	2
慈溪/5 个	324	23	324	23	44	23	5	2
象山/7 个	55	31	324	213	53	213	5	2
宁海/8 个	44	213	53	31	34	13	5	2

说明：1. 宁波六区及象山阳上归去。

2. 余姚①阳上和去上一般归阳平；②不能单说或文读音的上声和去声字词，声调不稳定，经常读作阴平调44。

3. 慈溪①阳上和去上一般归阳平；②阴上归阴平。

（二）连读变调系统

人们的语言活动通常不是孤立地使用音节的，而是把音节组合成一连串自然的语流来使用。在这种动态的使用过程中，声调与声调之间便会产生互相影响，从而产生连读变调现象。处在语流动态之中的声调调值，是语言中最难以总结规律的。不同人群（包括不同职业、不同性别等），不同年龄，不同地域，有时同一个人在不同时段的发音都存在着差异性。吴语以连读变调复杂而著称。赵元任先生认为"吴语连读变调情况是汉语诸方言中最多样的，比福州、厦门还复杂"[①]。下面仅列举宁波江北区方言新老派两字组连读变调中较有规律的几种变调情况。

1. 前字为阴调类

（1）舒声阴调类

老派舒声阴调有"阴平、阴上、阴去"3个，与其他音节组合后，置于两字组前面的，都变读为调值是44的声调，阴去调本身就是44调，只有置于两字组后面，才发生变调的情况。如：

阴平+阴去　花店 huo$^{53\text{-}44}$ti$^{44\text{-}55}$

---

① 引自赵元任《现代吴语的研究》，科学出版社1956年版，第53页。

阴平+阳平　刁蛮 tio⁵³⁻⁴⁴ mɛ²³⁻⁵³
阴上+阳去　鸡蛋 tɕi⁴²⁴⁻⁴⁴ dɛ²¹³⁻⁵³　绞链 kɔ⁴²⁴⁻⁴⁴ li²¹³⁻⁴⁴

（2）入声阴调类

新老派阴调入声都只有 1 个，置于两字组前的新老派从短促的 5，变调为弱短促的 44。如：

阴入+阴去　客气 kʰɐʔ⁵⁻⁴⁴ tɕʰi⁴⁴　吃相 tɕʰyoʔ⁵⁻⁴⁴ ɕia⁴⁴⁻²¹
阴入+阳去　漆匠 tɕʰiɪʔ⁵⁻⁴⁴ zia²¹³⁻⁴⁴　阿弟 ɐʔ⁵⁻⁴⁴ di²¹³⁻³⁵

2. 前字为阳调类

（1）阳平和阳去变为 22

阳平+阴平　床单 zɔ²⁴⁻²² tɛ⁵³
阳去+阳去　豆腐 dœɤ²¹³⁻²² vu²¹³⁻⁴⁴

（2）阳上变为 23

阳上+阴平　雨衣 ɦy²¹³⁻²³ i⁵³⁻²¹
阳上+阳去　妇女 vu²¹³⁻²³ ŋy²¹³⁻²¹

说明：单字调中，阳上并入阳去，调值都为 213，但它们两者作为两字组前字，有着不同的变调规律，上列豆腐的"豆"字，妇女的"妇"字。

（3）阳入变为 22：

阳入+阳去　白眼 bɐ²⁻²² ŋɛ²¹³⁻³⁵
阳入+阴入　蜡烛 lɛ²⁻²² tsoʔ⁵⁻⁴⁴

两字组的后字变调，由于语流末尾语气的作用，较之前字还要复杂得多，光是后字舒声阴阳调类，变调调值就有 53、55、44、31、35 等五种。后字是阴阳入声的，变调调值大致也有 44、22、55 三种，而且调值时常出现不稳定现象，故词例从略。

第二节　宁波方言三片代表点的同音字汇

宁波方言同音字汇记录了宁波三片代表点方言的单字音。甬江小片以宁波海曙为代表，临绍小片以慈溪浒山为代表，宁象小片以宁海跃龙为代表。以韵母为序，按开尾韵→鼻尾韵→鼻化韵→塞尾韵的顺序排列，同韵的字以声母为序，声母相同的字以声调为序，声调相同的字以古平、上、去为序。声调调值用阿拉伯小写数字表示。又读、训读音、小称变调、词性等现象，在本字的右下角用小号字注明。只有文读或白读一种读音的，则不标注，如文读专用韵字均为文读音，都不标明。释义、组词、举例用下标字表示，用"~"代替本字，写不出来的字用音标标注。

一　宁波

ɿ

ts　53 资姿咨兹滋梓锱滓蜘智制翅 324 支~树~肢栀纸只~子紫脂旨指至之芝止趾址志痣煮致

tsʰ　53 差~参~此刺疵次粲~饭厕嗤鼠 324 雌

dz　23 瓷 213 慈磁嗣饲辞词恃池~堂滞侍伺嗜

s　53 梳筛~子施斯厮撕赐私师狮尸矢屎司丝思诗始使史驶 44 四肆试死

z　213 誓逝匙是氏豉~豆示视时鲥士仕柿俟市寺事

ʯ

ts　53 诸拄注朱株珠 324 猪诛蛛株主嘴 44 褚著蛀铸知炷~~香

tsʰ　53 初处趋侈痴耻鼠 324 娶取趣 44 楚础

dz　23 柱住痔雄稚槌◊li2~:洗衣棒(旧时) 厨治除

s　53 书舒暑黍絮~被庶恕枢输 324 水 44 须需戍输~运~世势岁

z　23 序叙绪殊儒竖乳擩娶骤 213 储如汝薯署聚树自

i

p　53 蓖臂婢鄙秕鞭编边蝙遍秘~书 324 扁匾 44 闭比泌庇变

pʰ　53 批披譬篇偏片 324 屁骗

b　23 蔽币弊毙敝皮疲脾琵枇痹篦婢又 213 陛算鼙被避便辨辫辩汴肥~皂

m　53 抿~一口老酒秘~密脒~嘴 23 谜糜弥绵棉眠尾味~道 213 迷米靡免勉娩缅面渑麵

f　53 翡非妃匪榧~香~子 44 废肺痱费沸

v　23 未尾味吠维惟 213 微肥~料唯

t　53 低抵颠 324 底掋点 44 帝店典

tʰ　53 体天 324 添舔掭 44 替涕剃屉沭~邋;脏

d　23 田甜 213 题提蹄啼堤弟第递地电殿奠佃垫填簟隶

ɲ　23 年谚

l　23 例犁黎礼丽廉镰联怜莲脸荔离篱璃 213 厉励练楝链恋吕旅虑滤梨履利帝敛殓连痢鳢狸李里理鲤吏泪

tɕ　53 姊饥肌基己纪讥尖兼搛艰谏涧铜煎剪笺肩坚茧姐 324 鸡记几~乎;~个棘荠 44 鉴剑祭际稷挤济稽计继系~鞋带寄冀机既瞻占检间展甄箭建笕见

tɕʰ	53 溪奚姓启欺杞岂谦迁牵犀 324 妻砌起籤签浅千歼 44 契企器弃气遣虔祈欠去		镀渡
		n	23 奴努怒悟觉~
dʑ	23 迟潜钳渐俭钱践乾捐犍键 213 脐荠剂池驰奇骑岐技妓齐鳍持痔其他棋期旗祈忌缠件贱饯健腱	l	23 卢鸬鲁橹澜 213 炉芦路露鹭庐
		ts	53 租阻 324 祖组
		tsʰ	53 粗措初 44 醋楚础
		dz	23 锄助雏
ŋ	23 艺刈倪泥宜阎仪毅染~头发严俨 44 蚁研 213 谊义议二腻疑拟沂谚碾莩砚	s	53 苏酥交关~ 疏蔬 324 数~学 44 素诉数~~ 酥~饼
		k	53 姑孤古估股故固官棺观冠 324 鼓 44 雇顾管馆贯灌罐
ɕ	53 西兮牺嬉熙喜希稀仙鲜搧絮棉花 324 洗笔~死险先 44 扇细胥系戏陕闪枕癣线宪献显	kʰ	53 枯库箍宽从~ 324 款苦 44 裤
		g	23 跍蹲
		h	44 焕
ʑ	23 徐齐前贱犯~蟮鳝 213 自~家羡~慕	ɦ	23 无巫悟误巫父傅蜈吾梧胡湖壶 213 抚武舞侮鹉附务雾符扶芙伍午狐户沪互护瓠喉
ɦ	23 移易夷姨饴异盐櫩艳焰焉言忆余姓 213 矣肄已以腌~菜延筵演贤弦现沂谚乂		
		0	53 乌焐污坞恶可~杌~子熰火~掉唻
0	53 衣医依厌腌暴~嫌焉烟燕亿 44 伊意淹阉掩餍堰咽宴		y
		tɕ	53 居车马炮~拘驹矩句捐贵鬼龟枢 324 捲举 44 据卷眷绢
	u		
p	53 搬 324 补怖 44 谱布半	tɕʰ	53 区驱犬 324 圈 44 劝券
pʰ	53 潘铺设~脯杏~潽出唻~ 44 普浦铺判	dʑ	23 渠瞿具惧拳权颧倦俱家~ 213 巨拒距跪
b	23 蒲菩脯孵小鸡~ 213 部簿步捕埠	ŋ	23 语御愚虞寓元原源阮 213 愿女遇
f	53 敷俘斧虎浒 324 夫肤府腑甫富副 44 釜辅付赋傅姓赴讣呼戽~水	ɕ	53 墟梅~:地名虚嘘 324 许 44 靴楦鞋~
t	53 都首~肚鱼~ 324 堵~~墙赌 44 妒堵~住	ɦ	23 渔余于姓盂榆逾愉雨宇禹羽俞喻裕圆园员玄~色悬袁辕远 213 与誉预豫院县眩
tʰ	324 土吐 44 兔唾溚~水:口水		
d	23 塗 213 徒屠途图杜肚皮~度	0	53 冤渊 324 于~是淤迂 44 怨

a

p 53 爸 324 摆 44 拜
pʰ 44 派
b 23 排牌排~竹~罢 213 败
m 44 妈 213 买卖
t 44 带戴
tʰ 44 太泰
d 213 大~学~埭~去一~
n 22 奈 213 奶~娘~嬲~◇[u44]：玩耍 淖~泥~：泥土
l 213 赖癞刺~开
ts 53 斋爪~鸡~子抓渣 324 债
tsʰ 53 差~出~44 蔡
dz 23 屋~肚皮~：拉肚子
s 44 洒晒
z 23 豺柴寨~主
k 53 街介 324 解戒 44 阶~地名~界 芥~菜~尬疥茄~番~
kʰ 53 揩楷
h 324 蟹
ɦ 23 鞋也
ŋ 213 外
0 53 埃~及~鸦~片~揞~扔掉~324 挨矮

ia

t 53 爹
tɕ 53 阶假贾姓家加嘉傢 324 姐解 44 借界芥届价假~放~架
tɕʰ 44 笡◇~落：丢失
dʑ 213 茄~子
ɕ 324 写 44 泻卸
ʑ 23 斜 213 谢

ȵ 23 惹染~拨我；传染给我
ɦ 23 邪耶野涯爷 213 夜
0 53 雅霞瑕暇遐 44 亚

ua

k 324 拐 44 怪
kʰ 53 跨夸 44 快筷蒯~姓~
g 213 ◇：大衣襟里的口袋
ɦ 213 坏怀淮
0 53 歪坏ㄨ44 娃

ɔ

p 53 褒保 324 宝 44 堡报
pʰ 53 泡抛 44 炮
b 23 袍跑刨鲍 213 抱暴菢刨
m 55 猫 23 毛茅卯 213 帽冒貌 茂贸
t 53 刀叨 44 祷岛倒到
tʰ 53 滔讨涛 44 套
d 23 逃萄陶 213 桃淘道稻盗~强~导
n 213 铙挠闹脑恼
l 53 捞 213 牢唠涝劳老
ts 53 爪~脚~遭糟 324 早枣找 44 灶罩
tsʰ 324 草抄钞吵 44 操糙炒
dz 23 糟曹巢漕
s 53 骚臊 324 扫嫂 44 扫~帚~
z 23 皂 213 造
k 53 交教郊高膏羔糕篙搞 ㄨ~运动~44 稿告
kʰ 53 敲 324 考 44 烤靠犒
g 213 搞~脑子~
ŋ 213 熬傲咬
h 53 蒿 324 好~坏~哮孝~戴~44 耗好~爱~
ɦ 23 豪壕毫号~儿~213 浩号~码~

0	44 祆懊奥	tsʰ	53 叉杈差~不多 车钗 324 扯 44 岔
	ci	dz	23 茬查~检 蛇射麝茶搽 213 社
p	53 标膘 324 表	s	53 啥沙纱奢赊 324 捨 44 赦舍
pʰ	53 飘漂~白粉 44 票漂~亮	z	22 佘姓 213 惹又
b	23 瓢嫖	k	53 家加嘉傢瓜寡剐 324 假 44
m	23 苗描藐渺秒 213 庙妙		假~放~架嫁价挂卦
t	53 刁貂雕掉 324 鸟 44 钓吊	kʰ	44 抲抓 夸跨
tʰ	53 挑 44 跳	ŋ	23 我牙芽衙 213 砑瓦
d	213 条调藋灰~菜;宁波特产	h	53 花 324 虾 44 化
l	23 燎疗 213 聊辽撩寥了~解瞭	ɦ	213 下夏厦华铧桦画话
	料尥	0	53 丫桠哑划蛙洼
tɕ	53 焦蕉椒朝~今 昭招沼诏娇骄		uo
	矫浇缴侥 交郊胶教狡铰绞 44	0	53 划~船巷(地名) 挂
	照叫教~育 校~对 较窖觉睡~		e
tɕʰ	53 锹缲悄超敲 324 窍 44 俏巧	f	53 勿要不要
dʑ	23 樵醮朝~代 潮赵乔侨桥荞 213	t	53 獃 44 戴
	剿轿	tʰ	53 胎台~州 态贷
ȵ	23 饶绕尧鸟	d	23 台抬待怠殆苔 213 代袋贷又
ɕ	53 消宵霄硝销烧萧箫器 324 小	n	213 耐 44 奶~奶;乳房
	晓 44 笑稍蛸孝~子	l	23 来
z	23 召 213 韶绍邵	ts	53 灾栽皆 44 宰载再
ɦ	23 摇谣窑兆耀鹞~子;风筝 扰 213	tsʰ	53 猜彩採 44 菜
	姚舀肴淆效校~学~	dz	23 才财材 213 在
0	53 妖邀腰要 44 吆杳	s	53 腮鳃膻~味44 赛
	o	z	213 裁
p	53 巴芭把 44 疤霸壩	k	53 干~静 肝竿杆甘柑泔 324 该改
pʰ	44 怕		感敢赶 44 概溉盖丐橄干~部
b	23 爬琶杷罢薄~荷213 耙稗	kʰ	53 开凯慨 44 看
m	44 嬷 23 麻蟆摸 213 马码骂	g	23 噶打~隑靠
t	53 朵躲	ŋ	23 呆皑礙 213 艾岸
n	53 挪	h	53 憨憾蚶酣鼾罕 324 海 44 汉
ts	53 查山 渣又 诈遮 44 榨炸乍蔗	ɦ	23 孩亥 213 害寒韩汗焊翰

0	53 哀庵安鞍 44 爱	0	44 晏鸭_{小称}暗按案

ie

tɕʰ	44 且
ŋ	213 念廿_{二十}验
ɦ	23 谐雁 213 也冶械懈

ε

p	53 班斑颁板扳 44 扮般绊
pʰ	44 盼攀襻
b	23 爿 213 瓣办
m	23 漫埋晚_{~娘;后妈}213 猫_{小称}蛮慢幔蔓万_{~~麻将语读音}
f	53 藩翻番 324 反 44 泛贩
v	23 凡帆范犯烦樊矾_明213 繁晚饭万_{~~钞票}
t	53 耽胆丹旦 324 单掸 44 担
tʰ	53 坍滩摊 44 毯坦炭叹
d	23 痰檀弹但 213 潭谭谈淡诞弹_{~子}蛋
n	23 乃南男难_{~易}213 难_{患~}
l	23 兰篮览揽缆拦栏 213 懒烂
ts	53 斩盏 44 蘸_{醋~~吃}赞瓒溅孱
tsʰ	53 参惨搀 324 铲产 44 餐灿
dz	23 惭残谗 213 暂站赚谗馋绽栈
s	53 三杉衫珊山删疝 44 散伞
z	213 蚕
k	53 尴监_{督~}奸 324 减裥揀 44 鉴监_{牢~}
kʰ	53 堪龛嵌舰 44 勘刊坎
ŋ	44 岩 213 眼颜
h	44 喊苋_{~菜}
ɦ	23 咸_{~卤}馅衔闲含函旱还_{~有}213 陷限

	uε
k	53 鳏关 44 惯
kʰ	44 筷
h	53 慧_{乖~}甩_{~尾巴}
ɦ	23 顽幻还_{~钞票}患怀淮援 213 宦外玩
0	53 弯湾挽娃_{小~;男孩}
	iɤ
t	53 丢
l	23 柳溜馏 213 流刘留榴硫琉
tɕ	53 周舟州洲肘昼鸠纠 324 酒九久韭灸 44 帚救究
tɕʰ	53 秋鞦抽丘穿 44 丑臭
dʑ	23 囚泅纣宙泉橡传篆 213 仇酬求球仇臼舅咎旧
ȵ	213 揉软
ɕ	53 修收休朽嗅 324 手首守兽 44 羞秀绣锈
ʑ	213 袖受寿售
ɦ	213 尤邮又油游犹有友酉莠右佑柚釉
0	53 忧优悠幽 44 幼
	ø
b	23 盘 213 伴拌叛
m	23 瞒馒 213 满
t	53 端 324 短 44 断_{决~}锻
d	23 团 213 断段缎
n	213 暖
l	23 鸾 213 乱卵
ts	53 钻纂专砖锥 324 转展 44 钻_{~木工具}溅战颤

tsʰ	53 佘窜篡川喘串穿	t	53 堆 44 对
dz	23 撰全传~又	tʰ	53 推贪探 324 腿 44 退蜕
s	53 酸宣闩拴栓 44 算蒜选	d	213 队兑
z	23 蝉禅善然燃羡膳单~姓 船 213 旋	n	213 内
h	53 欢 44 换	l	23 雷儡 213 累
ɦ	23 桓完丸 213 缓换	ts	53 最缀赘追 324 簪 44 醉
0	53 剜豌 324 碗皖	tsʰ	53 催崔吹炊 44 脆翠
	œY	dz	213 践
m	23 谋矛模~子 213 亩牡母拇茂贸	s	324 水岁 44 碎税虽绥
f	53 否	z	23 睡锤罪 213 随垂瑞粹隧遂穗坠谁锐骤
v	213 负		
t	53 兜斗 324 抖 44 斗~战	ɦ	213 寒韩汗焊翰
tʰ	53 偷 44 透		uaI
d	23 头投	k	53 规诡龟归鬼贵 44 刽桧鳜圭闺桂轨癸愧会~计
l	213 楼䁖漏陋鸾		
ts	324 走 44 奏	kʰ	53 盔魁傀蒯~姓 块亏窥 324 块~又 筷奎
tsʰ	44 凑		
s	53 搜飕馊锼 324 叟 44 嗽瘦擞	g	23 溃逵葵 213 柜
z	213 愁	h	53 灰恢贿悔晦麾毁挥辉徽
k	53 勾钩沟 324 狗苟 44 够构购 勾~当	ɦ	23 惠慧卫为纬 213 桅回茴汇会绘槐危伪位魏违围伟胃谓猬 荆~ 苇蛔
kʰ	53 抠眍 324 口 44 叩扣寇	0	53 秽萎威 44 煨委畏慰
ŋ	23 牛 213 藕偶		əu
h	44 鲎①虹②一种海生动物鱼	p	53 波菠跛簸玻 44 畚~箕
ɦ	213 侯猴瘊后厚候	pʰ	53 颇坡 44 破 324 剖
0	53 欧瓯呕怄~殴讴~叫	b	22 婆
	Iə	m	23 磨摩谋 213 馍磨~石 蟇暮慕幕某
p	53 碑卑彼悲辈 324 杯 44 背	t	53 多
pʰ	53 丕 44 辔~头 胚坯配	tʰ	53 拖妥椭唾
b	23 培陪赔陪倍 213 备裴佩焙	d	23 驼扡~拿 舵 213 大惰垛
m	23 楣梅枚媒煤每埋迈 213 妹美媚寐昧		

n	324 挼揉 213 糯侬~你	kʰ	324 肯 44 恳垦龈~牙
l	23 罗锣箩骡螺腡裸瘰 213 脶搂篓	h	44 很狠
ts	44 左佐做	ɦ	23 恒衡 213 痕恨
tsʰ	53 搓 44 锉错	0	53 恩
s	53 蓑梭 324 锁琐所		iŋ
z	213 坐座	p	53 禀彬宾槟殡鬓冰兵秉 324 丙饼并合~ 44 柄
k	53 歌锅戈果 324 哥个裹馃油~ 44 过	pʰ	53 品妍拼 44 聘
kʰ	53 可科窠棵 324 颗 44 课	b	23 贫频凭平坪评瓶屏并~且 213 病
ŋ	23 俄蛾讹又 213 鹅饿卧	m	23 闽鸣明皿铭 213 悯敏命名
h	53 荷薄~ 324 火夥 44 货	t	53 钉动 疔澄水~~ 丁姓顶好 324 顶屋~ 44 鼎钉名 订
ɦ	23 河何荷贺和禾 213 祸和又:~面	tʰ	324 艇挺 44 听厅汀
0	53 阿~胶 倭踒窝	d	213 亭停廷庭蜓锭定
	ɛŋ	l	23 林淋临邻鳞燐陵凌菱灵零铃伶翎赁 44 拎 213 领岭令另
p	53 奔 44 本~~书 324 本忘~	tɕ	53 针今金襟锦枕津珍巾筋劲蒸京荆惊精晶睛贞经径 324 紧斤拯井整正~负 政 44 枕禁浸进晋征证症境景警敬竟镜颈劲侦真
pʰ	53 喷		
b	23 盆 213 笨		
m	23 门蚊萌盟 213 闷问		
f	53 芬纷 324 分粉粪 44 奋		
v	23 焚坟愤忿文纹闻吻刎 213 份		
t	53 敦墩顿扽登灯 324 等 44 凳镫		
tʰ	44 褪	tɕʰ	53 侵钦亲卿清轻青蜻倾顷称相~秤 324 请 44 寝揿称~重量庆蛏磬
d	23 屯住 豚饨臀囤沌腾臇藤 213 钝遁邓		
n	23 能 213 嫩	dʑ	23 沉琴禽擒秦陈岑姓尘臣大~仅勤芹近澄又 惩橙乘承丞诚成城仍擎鲸情 213 尽阵剩竞靖逞呈程郑
l	53 轮车~ 23 论峇沦伦轮~盘 论楞		
ts	53 榛臻尊遵曾姓斟憎增		
tsʰ	53 村庄参~差 324 忖 44 衬蹭	ȵ	23 壬任吟银迎宁人 213 凝恁
dz	23 存曾~经岑 213 赠	ɕ	53 心深辛新薪身申衅升胜~利 声星腥 324 婶 44 沈审信讯欣馨胜~败 醒兴圣省~亲 姓性
s	53 孙损逊僧森参人~ 44 渗~水		
z	23 层		
k	53 耿跟根	ʑ	23 寻葚甚绳晴盛 213 慎静净

盛~茂~赢

ɦ 23 淫寅引塍~田~蝇盈形茎型刑陉营颖萤行~为

0 53 音阴饮荫因姻殷应鹰英婴缨鹦尹~姓324 影 44 饮~马印映~反熨

uen

k 324 滚 44 棍

kʰ 53 坤困昆崑睏 324 捆

h 53 昏婚荤

ɦ 23 魂馄浑混

0 53 温瘟 324 稳

ɥɛŋ

ts 53 俊肫准 324 镇振震

tsʰ 53 椿~树~春 44 蠢

s 53 荀榫~头~旬 324 笋殉 44 舜

z 23 神辰晨肾人仁循巡唇 213 慎忍刃认韧纯莼醇顺润

oŋ

p 44 迸~裂

pʰ 324 捧

b 23 篷蓬棒

f 53 风枫疯讽丰封峰蜂锋

v 23 冯逢 213 凤奉俸缝~条~

t 53 东冬端~午 324 懂 44 董冻栋

tʰ 53 通捅 324 统 44 痛

d 23 桶同铜桐筒童瞳 213 动洞

n 53 齈~鼻头 213 农脓侬~你弄~~好

l 23 笼聋拢冗 213 弄~堂

ts 53 钟盅供~口 ia23;上供 宗鬃中忠终 324 总众踪纵肿 44 种综粽纵~放~冢

tsʰ 53 聪匆葱囱充铳舂~米从~容 44

宠皴~tsʰaʔ25;皮肤开裂

dz 23 丛虫崇 213 仲颂讼诵重

s 53 松申~请书狲~猻~猴子 44 宋送嵩叔~小称变韵

z 23 娠

k 53 公蚣工功汞弓躬宫恭 324 拱巩 44 攻贡

kʰ 53 空控孔~浦;地名 324 孔~姓恐

g 213 共

h 53 烘轰哄~起~324 哄~小人

ɦ 23 红洪鸿虹宏弘

0 53 翁瓮

yoŋ

tɕ 53 迥均钧君军

tɕʰ 324 窘菌

dʑ 23 琼穷 213 裙郡

ɲ 23 娘~老~;妻子尹~又;姓戎绒 213 浓

ɕ 53 兄胸凶熏 44 嗅训勋薰

ɦ 23 荣融容蓉熔庸匀允云运 213 用闰韵晕

0 324 永泳咏雍痈拥勇甬涌 44 壅~肥

ã

p 53 浜棚~棕~伯~伯~;大伯

pʰ 53 乓碰~杯

b 23 棚彭膨朋 213 蚌

m 23 猛孟

t 324 打

d 213 趟~马路

l 213 冷

ts 53 争睁

tsʰ 44 撑掌~脚;脚崴了

dz	23 铛~亮 盛姓	b	23 旁螃庞 213 榜防
s	53 生甥牲 324 省	m	23 忙芒茫莽蟒亡盲虻蒙懞蠓 213 芒网惘梦忘妄望
k	53 耕更打~粳庚羹	f	53 方肪 44 放芳妨仿彷访
kʰ	53 坑揢又	v	213 房忘妄望
g	23 梗 213 哽	t	53 挡当~店;当铺 324 党 44 当相~
ŋ	213 硬	tʰ	53 汤 44 倘躺烫
h	53 亨	d	23 堂棠螳唐糖塘 213 荡宕
ɦ	23 行~鱼 杏	n	23 囊
0	53 樱鹌	l	23 郎廊狼螂 213 朗浪
	iã	ts	53 庄装章樟掌障瘴藏西~脏 44 葬壮
l	23 良凉量粮梁樑两 213 亮~灯 谅辆量数~	tsʰ	53 仓苍疮闯昌菖窗 44 创唱倡
tɕ	53 将蒋张疆姜胀 324 奖 44 浆桨涨僵薑繮酱帐账江讲雀麻~	dz	23 藏捉谜 常 213 撞
tɕʰ	53 枪羌腔 324 抢厂 44 畅呛咳嗽 䴖~蟹;盐浸渍的螃蟹	s	53 桑丧磉嗓揉霜孀商伤偿赔~ 324 爽赏响双
dʑ	23 墙祥详长~短 肠场强 213 丈仗杖	z	23 床尝裳偿补~ 213 上状尚
ɲ	23 娘瓤穰仰 213 壤攘嚷酿让 亮天~头;早晨	k	53 刚钢纲缸扛豇 324 江讲港 44 冈岗杠
ɕ	53 相湘襄镶香乡 324 箱厢想鲞 享响 44 相~貌 向	kʰ	53 康糠慷抗 44 炕园
ʑ	23 墙匠 213 象像~不~ 橡	g	23 戆
ɦ	23 羊洋烊扬阳杨疡 213 痒样 养~小人	ŋ	23 昂
0	53 央秧殃映 324 养童~媳	ɦ	23 行银~航杭降投~项巷
	uã	0	53 肮
k	53 梗树~		uɔ̃
ɦ	23 横	k	53 光 44 广
	ɔ̃	kʰ	44 旷匡筐眶
p	53 帮谤邦 324 绑磅 44 榜	g	23 狂 213 逛
pʰ	53 滂 44 胖	h	53 荒慌谎晃况
		ɦ	23 黄簧皇蝗王 213 旺
		0	53 汪往 44 枉

	yõ		
tɕ	23 降~落伞	tɕʰ	5 雀~百~灵 鹊却恰洽
		dʑ	2 着~火
	ɐʔ	ȵ	2 虐捏镊
p	5 八钵拨不百柏伯~父 迫擘~大拇指 檗黄~		uɐʔ
pʰ	5 泼拍帕魄掰~开 泊~船	k	5 聒䐃骨刮虢掴~耳光
b	2 拔钹勃白帛	kʰ	5 阔宽~度
m	2 抹末沫袜没默麦脉陌	h	5 豁~嘴 忽
f	5 法发佛仿~	ɦ	2 活滑猾划核桃~
v	2 乏伐筏罚佛~教 物勿	0	5 挖
t	5 答搭掇得德		oʔ
tʰ	5 贴塔塌獭脱忒	p	5 博剥驳北
d	2 沓踏达夺突特	pʰ	5 扑朴仆
n	2 纳捺	b	2 卜雹薄仆曝瀑◇~鞋带
l	2 捋肋勒腊鑞辣癞	m	2 莫寞摸墨木目穆牧么
ts	5 札卒则扎窄摘责只	f	5 福幅蝠腹覆复
tsʰ	5 插擦察测侧拆策册斥尺赤	v	2 服伏
dz	2 杂泽择宅	t	5 笃督陡剁跺
s	5 涩萨杀瑟蝨率蟀色啬塞	tʰ	5 托
z	2 闸炸铡贼石寨	d	2 铎踱独犊毒
k	5 蛤鸽夹胛挟割葛格革隔胳甲~村;宁波地名	n	2 诺匿
kʰ	5 磕恰掐渴刻克客	l	2 落烙骆洛络乐鹿禄六陆绿录略
g	2 轧	ts	5 作桌卓捉竹筑祝粥足烛嘱
ŋ	2 额讹	tsʰ	5 猝戳促绌撮畜~牲
h	5 喝瞎郝黑赫嚇	dz	2 浊族俗续蜀绝拙琢逐轴着瞓~ 浞~雨
ɦ	2 合盒匣辖核		
0	5 鸭~蛋 押压扼轭谒抑	s	5 索朔速束缩叔~大 粟塑肃宿~夜 嗍嗽;吸;~螺蛳肉
	iɐʔ	z	2 昨凿勺芍熟淑赎属辱褥
tʰ	5 帖贴	k	5 郭角觉~着 谷穀各搁阁
d	2 叠碟牒蝶谍	kʰ	5 扩廓确壳哭酷窟
l	2 劣略掠猎	ŋ	2 鄂岳鹤
tɕ	5 爵甲酌脚挟		

h	5 霍		翼逸叶页偕_{白头~老}
ɦ	2 学镬	0	5 约益乙一噎揖
0	5 恶屋沃握		yɔʔ
	ieʔ	ŋ	2 肉
p	5 别_{区~}鳖笔毕必逼碧壁襞	tɕ	5 菊
pʰ	5 撇匹劈僻	tɕʰ	5 吃确
b	2 别_{~针}弼蹩	ɕ	5 畜_{~牧}蓄_{~储}
m	5 ◇_{:没有(呒没的合音)} 2 灭蔑蜜密觅	ɦ	2 悦阅月越曰粤乐育穴跃
t	5 跌的_{~目}滴嫡	0	5 郁
tʰ	5 踢铁剔		yeʔ
d	2 敌笛狄叠碟牒蝶谍	tɕ	5 厥蹶决橘觉
l	2 力历律率栗列烈裂立笠粒劣略掠猎	tɕʰ	5 缺屈曲
		dʑ	2 掘倔镯局
ȵ	2 疟逆日捏_又孽业溺	ɕ	5 血
k	5 该_{又;这}	ŋ	2 玉狱
tɕ	5 即鲫绩戟质吉洁结锲_{镰刀}节辙哲汁执急级挟劫接折_{打~}浙甲炙织职	ɦ	2 浴欲慾
			ɥoʔ
		tsʰ	5 出
tɕʰ	5 戚七漆切彻撒缉泣妾辑	s	5 刷雪说失室
dʑ	2 寂籍藉屐极殖值直植术_{白~}姪疾秩蛰及捷集	z	2 集习十什入实日术拾肉
ɕ	5 屑歇蠍薛泄湿吸锡析惜昔识式饰息熄膝悉摄	m̩	2 姆_{阿~;妈妈}呒_{~告;没关系}
z	2 席夕截习袭舌折_{~本}食	ŋ̍	2 五鱼渔儿午尔_{;你}耳芋_{~奶头}
ɦ	2 钥跃协学峡药侠亦译易液腋	l̩	5 而耳饵儿

二 慈溪

	ɿ		子梓痴淄志
ts	324 租祖组猪著阻诸煮诛蛛株朱硃珠主注紫知蜘支枝肢栀纸翅妓资姿致脂指旨至置滓之芝址趾痣 44 拄蛀铸制智咨姊滋	tsʰ	324 粗初楚礎处鼠取娶雌此差_{参~}侈次耻吹 44 醋刺疵赐粢厕嗤齿
		dz	23 除储苎箸锄助驻厨橱柱住滞

	池驰迟雉稚兹嗣持治止	dʑ	23 具惧跪渠巨拒距聚俱柜骑旗鳍忌脐齐奇歧技妓祁其棋期祈
s	324 苏酥素疏书舒暑署墅数枢输斯厮筛施师狮鲫尸屎矢思丝司史使驶诗始试水 44 诉塑梳蔬世势私四肆鬚~胡~	ɕ	324 许虚嘘婿西希死絮栖犀细奚兮系~联~係牺熙喜嬉稀靴需 44 须墟戏洗玺徙嬉~玩~
		ʑ	23 徐序~秩~叙绪齐
z	23 褚恕薯如殊竖树儒乳誓逝柿匙是氏瓷自示视慈磁字伺辞祠词似巳祀寺饲峙痔士仕事时鲥市恃侍	ɦ	23 于余与~给~誉豫预娱吁盂逾愉愈喻渔余宇禹羽榆雨姨异以宜移夷肄沂遗围~身布襕:围裙
		0	324 於淤迂椅衣倚易伊医矣依忆亿 44 意
	i		ɯ
p	324 比臂鄙庇荜 44 闭泌秘	p	324 补 44 布佈怖讣
pʰ	324 批披譬 44 屁	pʰ	324 谱铺普浦甫潽~水出来哉
b	23 币皮陛被~头~婢肥蔽敝弊毙疲脾避琵枇痹	b	23 蒲菩脯葡部簿步捕埠孵稗
m	23 米糜靡弥微尾味迷谜眉	f	324 泭夫肤斧傅敷俘孵麸赴芙 44 呼虎乎府腑俯付咐赋麸富副
f	324 吥非飞妃匪榧费 44 肺废痱翡		
v	23 肥微维惟唯未味	v	23 奴怒芦橹滷路~又~露伍午胡糊湖狐壶葫瓠蝴户互护抚符扶父釜腐辅附无巫武舞侮鹉务雾妇
t	324 底低抵帝		
tʰ	324 体屉 44 剃替涕		
d	23 第地题提蹄啼弟递隶	t	324 都堵赌肚~猪~44 妒
ȵ	23 女遇泥语寓芋御愚虞艺义二儿耳疑毅	tʰ	324 土吐唾 44 兔
		d	23 途徒塗图杜肚~皮~度渡镀涂
l	23 吕礼离利缕丽梨痢李里理鲤旅虑滤屡厉励犁黎篱璃荔履鳌狸吏	n	23 努卢炉鲁房路鹭泸庐
		k	324 姑孤古估股鼓故固 44 辜锢雇顾
tɕ	324 举鬼龟据驹矩句鸡基嘴姐济剂稽计继系~鞋带~髻寄肌冀己纪记机讥饥既脊几~茶~拘 44 际祭季挤	kʰ	324 枯苦库箍 44 裤
		0	324 乌坞 44 污诬
			y
		ȵ	324 女
tɕʰ	324 妻溪启契欺杞岂讫企起 44 去器气汽弃取趣	tɕ	44 贵车~马跑~鬼
		dʑ	23 橱~大衣~

0	44 ◇~饭:喂小儿食		

a

p	324 爸摆 44 吧拜
pʰ	44 破派
b	23 排牌罢败爬徘
m	23 埋买卖迈
t	44 带
tʰ	44 太泰态
d	23 大
n	44 那哪 23 拿奈奶
l	23 赖癞
ts	324 抓 44 债
tsʰ	324 差~评绰 44 蔡
s	324 洒傻耍 44 厦晒帅
z	23 豺柴寨惹
k	324 街解 44 界芥尬疥戒介届疖~厨
kʰ	324 揩楷
g	23 茄辣~
ŋ	23 外伢
h	324 蟹
ɦ	23 鞋
0	324 埃挨矮◇挤

ia

t	324 爹
tɕ	324 嘉家傢稼架阶秸畍佳 44 贾驾借皆偕介届
tɕʰ	324 笡斜
dʑ	23 藉茄~子懈
ɕ	324 写谐 44 泻卸
ɦ	23 斜邪谢耶爷野夜械
0	324 霞鸦亚涯崖椰

ua

k	324 寡枴拐 44 怪褂
kʰ	44 夸侉垮快
ɦ	23 怀槐坏淮
0	324 娃歪

ɔ

P	324 褒保宝堡包胞饱 44 报豹
Pʰ	324 抛 44 泡炮脬卵~;女阴
b	23 袍暴抱爆跑刨鲍鉋曝瀑
m	23 毛冒帽猫茅锚卯貌茂贸矛长~
t	324 刀倒掏 44 岛祷到
tʰ	324 滔讨 44 套
d	23 叨桃逃淘陶萄涛稻道导盗蹈
n	23 脑恼挠闹
l	324 捞 23 劳牢唠痨老姥涝
ts	324 糟遭早爪枣澡找朝今~昭招 44 蚤灶罩照
tsʰ	324 草糙抄钞炒吵超 44 躁操
dz	23 巢潮朝~代兆召沼诏曹
s	324 骚臊嫂扫燥捎稍哨烧少 44 梢
z	23 槽造皂赵韶绍邵扰
k	324 高膏篙糕羔稿交胶茭绞搅 44 告觉教
kʰ	324 考拷铐敲 44 烤靠犒燺
g	23 搞~七廿三
ŋ	23 熬傲咬鳌
h	324 蒿好耗
ɦ	23 毫豪壕号浩
0	324 袄凹坳拗 44 懊奥澳

ɔi

P	324 膘标表錶彪

p^h	324 飘 44 漂票	k^h	324 可科窠棵颗 44 课
b	23 瓢嫖鳔	ŋ	23 蛾鹅俄饿卧梧误悟
m	23 苗描秒渺藐庙妙谬	h	324 火伙 44 荷~薄 货
t	324 刁雕貂鸟 44 吊钓	ɦ	23 何河荷~花 贺祸和禾
t^h	324 挑 44 跳	0	324 祸倭莴
d	23 凋调掉条		o
ȵ	23 淆饶绕鸟尿尧	P	324 巴芭疤笆把 44 簸霸坝
l	23 燎疗辽聊寥廖撩镣了~解 瞭僚料◇面色白~~	p^h	44 怕
		b	23 爬琶杷钯耙
tɕ	324 郊狡较校~对 焦蕉椒交骄娇 矫浇缴侥 44 教窖叫	m	23 麻蟆马码骂
		t	324 朵躲剁
$tɕ^h$	324 敲撬缲~边 44 巧悄俏翘 窍跷~脚	n	23 挪
		ts	324 渣遮蔗 44 诈榨炸蚱~蠊 蝉
dʑ	23 剿樵瞧荞侨桥乔轿	ts^h	324 叉权差~不多 车钗 44 岔
ɕ	324 酵哮消宵霄硝小逍肖器箫 晓鞘 44 孝销笑萧	dz	23 茶搽查乍蛇佘社
		s	324 娑襄沙纱痧砂赊舍 44 赦
ɦ	23 肴校~学 效摇谣姚窑舀遥耀鹞	z	23 麝
0	324 妖邀腰要夭幺吆杳	k	324 家加花落~生 痂假嘉瓜寡 44 架嫁价挂卦
	ɔu	k^h	44 坷抓
P	324 波菠播玻	ŋ	23 我牙芽衙蚜瓦砑
P^h	324 坡剖 44 颇	h	324 化花红~
b	23 婆薄~荷	ɦ	23 下夏厦~门 华画话
m	23 魔磨摩模摹暮慕墓募某膜馍	0	324 丫桠哑蛙
t	324 多		ɛ
t^h	324 拖妥敨~口气	m	23 晚万蔓
d	23 驼驮舵大惰拕拿	f	324 泛反 44 贩藩
l	23 罗箩螺啰腡锣裸摞	v	23 凡帆饭范犯烦繁晚万
ts	44 左佐做	s	324 摔衰
ts^h	324 搓措 44 锉错	ŋ	23 ◇靠
s	324 蓑梭唆锁琐所		e
z	23 坐座	P	324 悲贝狈杯辈碑卑 44 背~东西
k	324 歌哥锅戈果裹粿 44 个过		

pʰ	324 胚坯配 44 沛		危伪为位帷魏讳围违伟苇纬胃谓蝟
b	23 备培陪赔裴倍佩背~焙	0	324 煨 44 萎委餧巍威畏慰
m	23 楣美梅枚媒煤玫莓每昧 44 媚寐		ø
t	324 堆 44 戴对	m	23 谋矛牟~山亩牡母拇戊茂贸
tʰ	324 胎梯推腿 44 退	f	324 否
d	23 贷台臺苔抬待怠殆代袋颓队	v	23 浮负
n	23 耐馁内	l	23 萝楼搂篓漏陋
l	23 来雷儡累擂垒类泪	t	324 兜抖陡 44 斗
ts	324 者灾栽宰载斋缀赘嘴追锥 44 醉	tʰ	324 偷 44 透蜕
tsʰ	324 猜彩采踩睬催摧揣 44 菜崔脆炊翠	d	23 骰头投豆痘逗
s	324 奢腮鳃岁髓虽绥粹 44 舍赦赛碎税悴	ts	324 走奏
		tsʰ	44 凑
z	23 缠才材财裁在罪锐随垂睡瑞蕊遂隧穗锤坠谁	s	324 馊嗽
		h	324 虾 44 吼鲎~虹,又称马蹄蟹
k	324 该改概 44 鋸溉慨盖丐	ɦ	23 侯喉猴后厚候
kʰ	324 开凯 44 去	0	324 欧瓯区~姓呕殴怄 44 阿~胶
ŋ	23 猷碍呆~头		Y
g	23 渠~他	ts	324 邹掫周舟州洲帚 44 肘纣昼皱绉咒
h	324 海		
ɦ	23 孩害	tsʰ	324 抽丑 44 臭
0	324 哀 44 爱	dz	23 绸稠筹宙愁骤酬仇
	ue	s	324 搜飕馊漱收手首守兽 44 瘦
k	324 龟鬼圭规轨归 44 会~计刽桧鳜闰桂诡癸贵	z	23 受寿授售柔揉
		k	324 勾钩沟狗苟构购 44 够
kʰ	324 魁傀奎亏窥 44 块	kʰ	324 抠口叩 44 扣寇
g	23 瑰溃愧葵柜跪		iY
h	324 盔恢诙灰贿悔晦毁挥辉徽卉 44 秽	t	324 丢
		ȵ	23 藕偶纽牛扭
ɦ	23 桅回茴徊汇会~开绘卫惠慧	l	23 流留刘榴硫琉柳溜馏游
		tɕ	324 酒鸠阄九久韭灸究纠 44 救咎

tɕʰ	324 锹秋鳅丘	0	324 央秧殃
dʑ	23 就囚泅求球<u>仇</u>臼舅旧柩		uã
ɕ	324 修休 44 羞秀绣锈宿朽嗅	ɦ	23 横
ɦ	23 袖尤邮有友右祐由油犹酉诱柚釉		ɔ̃
		P	324 帮榜谤邦绑
0	324 优幽 44 尤又悠幼	Pʰ	44 胖
	ã	b	23 蚌滂旁螃傍防棒庞
p	324 绷浜	m	23 忙芒茫莽蟒<u>望</u>网忘盲虻蒙
b	23 朋彭膨棚蚌	f	324 方坊肪仿纺彷访 44 放芳妨
m	44 妈 23 猛蜢孟	v	23 房亡<u>望</u>忘妄
t	324 打	t	324 当党挡 44 档
d	23 宕	tʰ	44 倘躺烫汤
l	23 冷	d	23 堂棠螳唐糖塘盪荡
ts	324 张长_生_ 44 涨帐胀账仗争筝睁	n	23 囊
tsʰ	324 畅厂撑	l	23 郎廊狼螂朗浪
dz	23 长_短_肠场丈杖橙_甜_	ts	324 装章樟蟑掌障 44 赃脏葬妆壮
s	324 省 44 产_姆;产妇_生甥牲笙		
k	324 更庚羹梗埂耕	tsʰ	324 仓苍舱疮闯昌菖娼窗 44 创唱倡
g	23 哽_喉咙~去哉_		
ŋ	23 硬	dz	23 藏脏_内~_常撞
ɦ	23 杏	s	324 桑丧磉嗓霜孀爽商伤赏晌偿双
0	324 樱		
	iã	z	23 状床尝裳上尚嚷
ȵ	23 娘让仰壤酿	k	324 刚岗钢冈缸纲江扛豇讲港
l	23 粮两亮谅辆良凉量梁粱	kʰ	324 糠 44 康慷抗炕囥
tɕ	324 将姜浆蒋桨疆僵缰奖 44 酱	ŋ	23 昂
tɕʰ	324 枪腔抢羌强_勉~_	h	324 夯
dʑ	23 墙_又_象_又_详祥强_~大_	ɦ	23 行_银~_航杭降_投_项巷
ɕ	324 箱厢湘镶襄想鲞香乡响饷向享 44 相	0	44 肮鮟_~鱇鱼_
			ẽ
ɦ	23 墙象痒像养羊洋烊杨阳扬疡匠样	tʰ	324 贪探
		d	23 ◇_棕绷~嘞。_

n	23 男南		iɛ̃
ts	324 展转撰	p	324 贬鞭边蝙扁匾遍编 44 变
tsʰ	324 参惨穿	pʰ	324 篇偏 44 片骗
dz	23 谗蝉禅	b	23 便辨辩汴辫
s	324 陕闪闩拴氊 44 扇搧~巴掌	m	23 面免勉缅渑
z	23 蚕船缠膳善单姓禅然燃	t	324 典掂颠腆点 44 店
k	324 甘柑泔敢橄干乾肝竿杆秆擀赶间	tʰ	324 添天舔
		d	23 甜簟佃田填电殿奠垫
kʰ	324 坎 44 看	ȵ	23 岩染验念岸眼碾年研阎俨砚辇谚拈严 44 粘
h	324 蚶憨酣齁罕 44 撼憾汉		
ɦ	23 含寒韩旱捍汗焊翰	l	23 恋帘连莲脸怜廉镰簾殓敛
0	324 庵安鞍按 44 暗案	tɕ	324 尖歼搛简柬艰拣犍检俭煎剪建荐肩坚茧 44 兼谏建键鑑占见剑涧箭
	ɛ̃		
p	324 扮班斑扳颁板版		
pʰ	324 襻 44 盼攀	tɕʰ	324 谦歉遣虔牵签迁笺千浅 44 欠
b	23 办瓣爿:①手帕②一~店		
m	23 蛮慢漫	dʑ	23 钱乾件键腱健全旋潜渐饯前泉羡钳乾
t	324 耽担胆丹单掸疸旦		
tʰ	324 坍毯滩摊瘫 44 坦炭叹	ɕ	324 鲜仙显先轩掀宪癣◇~带:饭具 44 线献宣
d	23 潭谭谈痰淡坛檀诞但弹~子~蛋		
n	23 难淖~泥:泥土	ɦ	23 盐现沿衔炎延言筵演艳焰酽贤弦
l	23 婪蓝篮览揽榄滥缆兰拦栏懒烂		
ts	324 斩沾盏展 44 簪占蘸瞻赞潸战颤	0	324 烟淹阉掩 44 嫌雁晏焉鄢堰燕宴厌
			uɛ̃
tsʰ	324 搀铲 44 忏餐灿产	k	324 关惯
dz	23 惭暂站赚馋残绽栈践蝉	g	23 环
s	324 三衫珊散撒删山 44 衫伞疝	ɦ	23 还环宦幻顽玩
k	324 尴减碱监裥奸	0	324 弯湾
kʰ	324 堪砍勘嵌铅 44 龛舰槛刊		ø̃
h	44 喊荚	p	324 搬 44 半
ɦ	23 函咸陷馅闲限	pʰ	324 潘 44 判

b	23 盘伴拌叛蟠~桃		iŋ
m	23 瞒馒鳗满	ȵ	23 人银迎宁
t	324 端短 44 锻	tɕ	324 均津金紧斤惊精经军今襟锦筋谨京荆境景警晶睛井 44 进晋敬竟镜径腈_肉
d	23 断团糰_糕 段缎椴		
n	23 暖囡_女儿		
l	23 鸾卵_~子;男阴 乱	tɕʰ	324 亲轻青侵寝钦卿庆请清蜻顷 44 菌倾揿寠
ts	324 钻_~研 砖 44 钻_~头		
tsʰ	324 蹿窜篡	dʑ	23 尽秦近静琼裙芹勤擎鲸竞情晴靖
s	324 酸栓选 44 算蒜		
k	324 官棺管馆 44 冠观贯灌罐	ɕ	324 辛薪新心荀勋星欣荀旬迅性姓腥醒馨 44 信讯兴笋
kʰ	324 宽款		
h	324 欢 44 唤焕	k	324 跟根
ɦ	23 桓完丸缓皖换	kʰ	324 啃肯垦 44 坑
0	324 碗豌剜腕	h	44 很
		ɦ	23 痕行_~为 寻引闰允云幸净_~面;洗脸 静赢形营萤淫寅润尹匀韵晕运盈型刑茔颖
	yø		
ȵ	23 软元原源阮愿		
tɕ	324 卷绢捐眷	0	324 鹰蝇音阴因姻殷隐应影英婴缨 44 饮印影映
tɕʰ	324 圈犬券 44 劝		
ɕ	44 楦		en
dʑ	23 权拳颧	p	324 彬本冰兵丙秉柄饼 44 宾滨槟鬓殡奔畚崩并
ɦ	23 圆员院缘玄悬县渊袁辕园援猿远		
		pʰ	324 喷品拼 44 烹聘
0	324 冤	b	23 贫频苹盆笨进贫平坪评病瓶屏凭
	uɔ̃		
k	324 光广	m	23 闽民悯敏抿泯门闷萌明盟命鸣皿名铭瞑蚊
kʰ	324 筐匡眶旷 44 矿		
h	324 谎况_情 荒慌	t	324 敦墩顿丁钉顶叮鼎订
ɦ	23 黄狂晃皇蝗簧王旺	tʰ	324 汀挺艇吞 44 听厅
0	324 往汪枉	d	23 豚饨臀盾亭停庭廷蜓定
	yɔ̃	l	23 鳞磷邻吝菱凌陵岭领令灵零铃龄另林淋临玲
tɕ	44 降		

tsʰ	324 村 44 忖寸秤	f	324 风丰蜂枫疯讽封峰锋
ɦ	23 恨衡	v	23 冯奉俸凤逢缝
0	324 恩	t	324 东冬董懂冻栋端_(又:~午)_

ən

m	44 妹 23 问	tʰ	324 通统捅
f	324 分粉芬纷 44 粪奋	d	23 动桶铜桐筒童瞳洞
v	23 问焚坟份文纹闻吻	l	23 笼隆龙聋拢弄陇垅
t	324 等	ts	324 宗中终鬃综忠仲众踪纵钟盅种肿粽 44 种总
d	23 屯囤庑_(居住)_ ◇_(鸡~:鸡塍)_		
n	23 嫩能农	tsʰ	324 春聪匆葱囪充宠冲
l	23 论轮仑伦沦	dz	23 虫崇从重丛
ts	324 枕真肫增蒸争珍榛臻诊疹尊准正_(方)_ 整政 44 镇振震拯证症贞侦正_(~月)_ 征	s	44 送
		k	324 公蚣工功攻贡汞弓躬恭巩拱 44 供宫
		kʰ	324 空孔控 44 恐
tsʰ	324 春蠢称_(~重量)_ 44 衬趁称_(相~)_	g	23 共
dz	23 陈尘沉呈程郑阵存城成诚乘_(~法)_ 丞承	h	324 轰掏烘 44 哄
		ɦ	23 红弘宏洪鸿虹
s	324 森深身孙生声圣升胜_(~利)_ 剩申伸娠损沈婶审	0	44 翁

yoŋ

z	23 任人认顺忍刃韧绳塍_(田~)_ 仍仁神唇纯莼盛_(茂~)_	ȵ	23 绒浓戎
		ɦ	23 荣熊用雄融壅容蓉镕庸茸
k	324 梗	dʑ	23 琼穷

uən

k	324 滚 44 棍	ɕ	324 兄凶胸熏薰
kʰ	324 困昆坤捆	0	324 永雍廱拥甬涌泳咏勇
h	324 昏婚荤		

ɑʔ

ɦ	23 魂馄浑混	p	5 百柏伯迫
0	324 温瘟稳	pʰ	5 拍珀魄泊 ◇_(脚~开:两脚分开)_

oŋ

pʰ	324 捧	b	2 拔铍白
b	23 蓬篷	m	2 袜陌麦脉
m	23 梦懵蠓	f	5 法发
		v	2 伐乏罚筏
		t	5 搭答得_(弗~了)_ 德 ◇_(地名:王家~)_

tʰ	5	塔塌忕獭遢		
d	2	特踏沓达		
n	2	纳捺		
l	2	蜡腊~塞:垃圾鑞辣劣勒拉		
ts	5	扎着织摘则铡仄侧职酌责眨		
tsʰ	5	插测擦察撤彻澈尺拆册策赤		
dz	2	涉札直值植殖宅择泽秩		
s	5	摄杀色塞涮啬式识饰适释晒眨也		
z	2	杂涉又食石贼植又		
k	5	挟~菜葛夹甲隔胳格骼袷~里:衣无棉絮		
kʰ	5	掐客咳渴胛肩~头:肩膀		
g	2	轧		
ŋ	2	额		
h	5	喝赫瞎黑吓		
ɦ	2	合狭核骇		
0	5	压鸭押		

iɐʔ

tʰ	5	贴帖
d	2	叠碟牒蝶谍迭
l	2	猎略掠
ȵ	2	捏虐
ɦ	2	嚼挟协侠药钥跃
tɕ	5	甲脚雀
tɕʰ	5	恰怯却鹊雀
ɕ	5	削
0	5	约

uɐʔ

k	5	括刮掴~耳光
ɦ	2	滑猾划
0	5	挖

iɪʔ

p	5	秕逼碧拨鳖憋瘪笔毕必不壁璧滗去渣取汁.
pʰ	5	僻霹撇劈匹
b	2	别鼻蹩
m	2	抹末沫灭没篾蔑蜜密觅默
◇		~螺丝
f	5	沸
t	5	跌滴嫡滴水滴慢慢滴下来
tʰ	5	裼
d	2	夺突凸笛狄涤翟特又
ȵ	2	聂镊蹑业热孽月日疟逆匿溺
l	2	立笠粒裂栗律力率历劣又
tɕ	5	接訾劫急节结橘积菊鞠掬洁激击即脊迹绩决诀觉~悟
tɕʰ	5	辑缉切乞訖迄窃七漆膝戚
dʑ	2	捷集习袭杰绝极剧疾截籍掘局逐轴夕又席
ɕ	5	胁歇雪削又血锡昔惜夕屑悉蟋薛蝎析恤戌熄息蓄畜
ʑ	2	舌十什拾
ɦ	2	叶逸月又越席译液腋亦
0	5	一乙益噎抑郁嗌

oʔ

p	5	八剥北驳博
pʰ	5	泼泊又
b	2	薄脖勃雹帛卜仆袱
m	2	墨木目莫摸寞沐
f	5	福幅腹复辐覆蝠
v	2	服伏袱
t	5	戳督笃掇
tʰ	5	托託拓

d	2 毒独读牍啄	s	5 湿设刷虱失索~话率室
n	2 诺	z	2 杂乂入术述实日折~本
l	2 落烙酪洛骆乐络鹿禄六绿	k	5 给割革蛤鸽嗝
ts	5 作桌卓啄捉竹粥祝筑足烛嘱琢	kʰ	5 克刻磕
		0	5 呃
tsʰ	5 撮促触戳畜~牲		ue?
dz	2 浊逐轴	k	5 骨
s	5 肃宿缩叔粟硕速束塑乂	kʰ	5 阔
z	2 凿勺芍若弱镯射族淑熟属俗辱褥蚀续赎	h	5 忽霍藿
		ɦ	2 活
k	5 各阁搁郭国角谷廓		ye?
kʰ	5 确酷壳扩哭	ɦ	2 月
ŋ	2 鹤岳鳄		yo?
h	5 豁~开;裂开	ȵ	2 肉玉狱
ɦ	2 镬学或域惑获	tɕ	5 菊乂
0	5 握恶屋沃	tɕʰ	5 缺佢屈确吃曲
	e?	ɕ	5 血
f	5 勿佛仿佛	ɦ	2 穴学役疫育浴欲悦阅曰乐音~
v	2 佛~教物	0	5 ◇书角~起哉
tʰ	5 铁脱踢剔	m	44 姆呒~告
l	2 肋	ŋ̍	55 午端~ 23 五伍鱼芛~艿头
ts	5 执汁折打~浙質卒		◇~ 伢;婴儿儿~子
tsʰ	5 出	l̩	23 耳而儿幼
dz	2 侄		

三 宁海

ɿ

ts	44 猪诸鸡知蜘支枝肢奇~数资姿咨脂饥肌滋之芝箕机 ◇~鼻头;擤鼻涕 53 齿~饭 主纸姊指几茶~子止址趾纪挤煮紫旨
	虮虮子卵 34 注祭际制济系智寄致置痣志记季鲫计继至稽
tsʰ	44 妻溪雌痴欺 53 鼠取启企齿起杞 34 去契刺赐翅次器弃厕气汽

dz	213 除厨齐脐池驰奇~怪 骑瓷迟慈磁辞词祠持鲥棋旗其期 31 褚储聚痔其他 苎 及来勿 13 箸助滞豉技妓治忌	◇	~蒸笼中的草垫:蒸~
			u
s	44 梳书舒西犀斯筛施牺私师狮蛳尸思丝司诗嬉玩 熙嘻希 53 玺死史使驶始禧喜髓洗 34 絮世势细婿系关 戏四肆试隙	p	44 波菠播玻 53 补 34 布
		pʰ	44 坡铺~开 剖 53 普浦谱 34 破铺店~
		b	213 婆蒲菩脯葡 31 部簿瓠孵~小鸡 荸 13 步埠缚~鞋带
z	213 耛时锄 31 绪墅乳匙士柿荠祀 13 是自示视字事市誓侍寺饲	m	213 魔磨~刀 摩按~ 模~子 摹 31 母 13 磨~石~ 墓募
		f	44 夫肤敷麸麦~ 53 火虎府斧 34 付赋傅咐富副
	i	v	213 符扶 31 父辅武 13 附妇
p	53 比鄙 34 币毖蓖闭臂秘泌蔽	t	44 都~ 53 堵赌肚猪~ 34 妒
pʰ	44 批披 34 譬庇屁	tʰ	53 土吐~痰 34 吐~出 兔
b	213 皮疲脾琵枇肥~皂 31 被 13 弊鼙~刀 避痹篦◇~水:出来:溢出	d	213 途屠徒涂图 31 杜肚~皮 13 度~温~ 渡镀
m	213 迷谜靡糜弥眉楣 31 米尾 13 味	n	213 奴 31 努 13 怒
		l	213 卢炉芦庐 31 鲁橹虏卤 13 路露鹭
f	44 妃菲飞非 53 榧翡匪 34 废肺柿痱沸费	ts	44 租~金 53 祖组
v	213 维惟唯肥~肉 微薇 13 未味	tsʰ	44 粗初 53 楚础 34 醋措
t	44 低 53 底抵 34 帝渧蒂堤	dz	213 锄
tʰ	44 梯 53 体 34 替涕剃	s	44 苏酥蔬鬚胡~ 34 素诉塑又:~像 数
d	213 题提蹄啼 31 弟 13 第递地		
l	213 犁黎离~合器 璃梨厘狸里~面 31 礼李里─~路 理鲤 13 例厉励丽莉荔利痢吏泪桐	k	44 箍锅姑孤辜估 53 果裹古股鼓 34 过故固雇顾
		kʰ	44 窠棵颗枯箍 53 苦胭又 34 课库裤
k	44 ◇ 我~:我们	g	23 跍~落去:蹲下
ŋ	213 泥倪宜仪尼呢疑 13 艺义议易容~ 二贰腻毅	h	44 呼 53 伙火又 虎又 浒 34 货屏~水:淡水
ɦ	213 移姨饴 31 以已 13 肄		
0	44 伊医衣◇~糟:脏 34 意忆亿	ɦ	213 吴梧胡湖糊狐壶葫瓠蝴娱

第二章 宁波方言语音面貌及其特点

	蜈 31 <u>午</u>_{中~} 祸妇伍_{队~} 舞鹉 13 误悟户互护腐务雾	t	34 戴带
0	44 倭窝芮乌呜污巫浼 _{~牢:脚陷在泥里,拔不出}	tʰ	44 拖_{~过来} 34 太泰
		d	23 汏_{~浴:洗澡} <u>大</u>_{~蒜} ◇_{一~缝:一条缝}
	y	n	213 拿 31 奶
l	213 驴 31 吕旅铝 13 虑滤	l	44 拉垃 13 赖癞
ɕ	34 毁_{~牙:小孩换牙}	ts	44 斋煤_{又:食物在油里弄熟} 34 债寨
ɲ	31 女语蕊 13 遇	tsʰ	44 差_{~出} 34 蔡
k	44 居车_{~马炮}拘驹龟 53 举矩鬼锯 34 据句贵	dz	23 屋_{~屑:拉大便}
kʰ	44 区 34 去	s	53 洒撒
g	213 瞿衢 31 渠拒距跪 13 俱具柜惧	z	213 豺柴◇_瘦
h	44 靴虚嘘 53 许	k	44 阶街 53 解 34 介界芥届戒隘阶_{~橱:食品柜}
ɦ	213 余虞盂榆愉俞围_{~裙} 31 雨宇禹羽 13 誉预寓裕芋_{洋~艿}	kʰ	44 揩 53 楷
0	44 淤 53 于机_{~子:椅子} 34 喂_{~饭}	g	213 锯_{又:~木头}
		ŋ	23 外
	ɿ	h	53 蟹
ts	44 朱珠蛛株追 53 拄嘴阻 34 蛀醉铸	ɦ	213 鞋
tsʰ	44 吹 53 处_{~理}娶 34 处_{人事}趣	0	44 倭_又挨埃◇_{:脾气固执}53 矮
dz	213 橱雏殊槌 31 柱 13 住穗坠垂_{~面:宁海特产}		ia
s	44 租_{~屋:租房子} 输尿舒须_{~必}需 53 水暑 34 岁税疏恕	t	44 爹_{背称}
		tɕ	44 嘉家_{~长}佳 53 驾姐者贾阶 34 稼借
z	213 徐如 31 序竖 13 薯树	tɕʰ	53 笡_斜
	a	dʑ	213 茄◇_{遮住}31 僾_{傻子}
p	44 巴_{~黎}芭_{~蕾}吧_{~网}53 跛摆 34 爸拜	ɕ	53 写 34 卸下_{~降}
pʰ	34 派	ʑ	213 霞邪斜 13 谢厦_{大~}夏_姓
b	213 排簰_{:竹排}牌 31 罢 13 稗败	ɦ	213 徛霞耶爷 31 也野 13 夜械
m	44 <u>马</u>_{~虎}妈 213 埋 31 买 13 卖	0	44 鸦椰讶_叫53 雅 34 亚
			ua
		k	53 拐 34 怪
		kʰ	44 夸 34 快
		ɦ	213 淮

0	44 哇娃蛙~泳 坏	ɦ	44 慧乖,听话
	ε	ɦ	213 槐玩顽还~钱 环
p	44 班斑扳颁般 53 板版 34 扮绊畈	0	44 歪弯湾
			ɔ
pʰ	34 攀盼	p	44 包胞 53 保宝堡饱 34 报豹趵油溅起来
b	213 ◇跨过 爿 31 办瓣		
m	213 摩~擦 埋谋矛蛮馒又 31 晚 13 慢漫万麻将子	pʰ	44 抛脬 34 泡~茶 炮
		b	213 袍刨 31 抱 13 暴爆曝
f	44 帆藩翻番 53 反否 34 泛贩	m	213 麻~雀 毛茅锚 53 猫 13 贸冒帽貌
v	213 浮凡烦矾繁 31 负范犯 13 饭万数字		
		t	44 刀 53 倒打~ 岛祷捣 34 倒~车 到
t	44 耽丹单堆担负~ 53 胆掸疸 34 担重~,旦		
		tʰ	44 滔涛 53 讨 34 套
tʰ	44 坍滩摊瘫叹 53 毯坦 34 叹炭	d	213 桃逃淘陶萄◇挖地 31 稻蹈 13 道导盗
d	213 谈痰檀坛弹~琴 苔~藓 大又;发~水 31 淡 13 弹原子 蛋	n	31 脑恼 13 闹◇踩,踏
		l	213 劳唠牢痨 31 佬老姥 13 涝
n	213 难~过 13 难~逃		
l	213 蓝篮兰拦栏 31 篓览榄懒 13 烂	ts	44 糟遭沼招搔 53 早枣蚤爪找笊 34 灶罩搔~痒
ts	53 斩盏 34 剷~肉 蘸赞濽溅;水~起来	tsʰ	44 操抄钞 53 草炒吵 34 躁糙
tsʰ	44 餐 53 铲产 34 灿颤	dz	213 曹槽漕
dz	213 馋残 31 赚 13 暂站◇谷粒饱满 栈	s	44 骚臊梢筲~箕;竹制盛剩饭工具 53 嫂扫~地 34 燥扫又;~帚 哨
s	44 三杉衫珊山删 53 散鞋带~了 伞	z	31 造皂
ŋ	213 耳又;~朵	k	44 高膏糕羔交胶教~书 茭饺~饼筒,宁海特色春卷 53 稿绞搞搅校~手表 34 告教又;~育 觉睏 窖
h	44 鼾 34 汉熯苋		
ɦ	213 含函咸寒韩闲限 31 旱 13 陷馅汗焊		
0	44 庵安鞍 34 揞手覆 暗按案晏晚,迟	kʰ	44 敲 53 考烤拷 34 靠犒铐
	uε	ŋ	213 熬獒 31 咬 13 傲
k	44 关 34 惯	h	44 蒿 53 好 34 耗酵孝
g	13 掼扔,摔	ɦ	213 毫豪壕爊嚎~哭 13 浩号
		0	44 ◇~;大声喊叫 53 祅凹坳拗 34 奥

澳傲

cɔ

p	44 标彪 53 表_手~ 13 婊
pʰ	44 飘 53 漂_白~ 34 票
b	213 嫖 31 瓢藻
m	213 苗描 31 秒 13 庙妙
t	44 刁雕貂 53 鸟◇:狡猾 34 吊钓
tʰ	44 挑 34 跳
d	213 条调~动 笤 13 调~解
l	213 撩_捞 疗辽 13 廖了~解 料镣
tɕ	44 交郊焦蕉椒召昭招骄娇浇 53 较沼矫缴饺_水~ 34 校~对 照叫教
tɕʰ	44 锹悄缲 53 巧 34 俏翘窍
dʑ	213 潮朝荞侨桥乔 31 赵兆撬 13 轿
ȵ	213 饶 13 绕
ɕ	44 消宵硝逍销烧萧嚣箫 53 少_多~ 晓小 34 哮笑肖
z	213 韶 31 绍 13 邵
ɦ	213 摇谣姚窑尧 31 肴 13 校_又_ 效耀鹞_风筝_
0	44 妖邀腰要~求 幺 34 要~弗~ ◇~嗽;咳嗽

o

p	44 巴_掌 芭_蕉 疤笆 53 把_一~刀 34 欛_刀柄 坝
pʰ	34 怕
b	213 爬琶杷钯耙 13 鲍
m	213 摩_又;~托车 麻_又;~袋 蟆魔模 31 马_骑 码 13 骂

ts	44 楂渣遮 34 诈榨炸乍_~浦;地名 蔗
tsʰ	44 搓_麻将 叉杈车_汽~ 钗 53 扯 34 岔错
dz	213 茶搽查
s	44 蓑梭唆沙纱痧砂赊奢 53 舍_弗~得 所 34 晒赦舍_宿~
z	213 蛇佘_姓 31 社 13 麝射
k	44 家_什 加瓜挂 53 假_真~ 寡剐 34 假_暑~ 架嫁价卦
kʰ	34 抲抓
ŋ	213 牙芽蚜 31 我瓦
h	44 花 53 虾 34 化
ɦ	213 华 31 下~面 13 厦~门 夏_立~ 画话
0	44 丫桠蛙_蟆 53 哑 34 挜_拨伊;硬给他

e

p	44 杯碑悲 34 贝辈
pʰ	44 胚坯 34 配
b	213 培陪赔裴 13 倍背_书~ 备
m	213 梅枚媒煤玫莓霉 31 每美 13 妹
t	44 堆 34 戴对
tʰ	44 胎台_州 苔_舌~ 推煺~毛;热水去毛 53 腿 34 态退
d	213 台_湾 抬苔_藓 31 待 13 贷代袋队兑
n	31 耐 13 内
l	213 来雷 31 累~计 垒 13 类
ts	44 灾 53 宰 34 再
tsʰ	44 猜催崔炊 53 彩采踩睬 34 菜脆翠

dz	213 财垂		13 验念廿
s	44 鳃新~妇;媳妇 34 赛碎帅	ɕ	44 纤化~仙鲜新~先 53 陕闪险鲜朝~癣显 34 线扇宪献
z	213 才材财又裁随 31 罪 13 遂隧	ʑ	213 燃 31 善 13 贱
k	44 该甘柑泔尴监干天~;地支肝竿间房~奸 53 改感敢橄减碱舰杆秆赶祠拣 34 概盖鉴干~部	ɦ	213 炎盐咸~阎檐嫌延言贤弦沿 31 演 13 焰腌现宴
		0	44 阉掩蔫焉烟胭 53 扊餍 34 厌燕咽
kʰ	44 开看~守刊铅 53 凯槛 34 嵌		ue
g	13 隑~靠 轧拥挤 锯拔木头~落咪	k	44 规归 53 轨 34 瑰会~计刽桧桂贵
ŋ	213 颜癌 31 眼 13 艾~草 岸雁	kʰ	44 盔亏 34 块愧
h	44 蚶毛~ 憨~头;呆头呆脑 53 海	g	213 奎逵葵
ɦ	13 害	h	44 恢灰挥辉徽 53 贿悔 34 晦
0	34 爱艾~滋病	ɦ	213 回茴危为围违 31 伟苇 13 汇会开~卫惠位魏讳卉胃
	ie	0	44 煨~番薯 威 53 委 34 慰
p	44 鞭编边蝙 53 贬扁匾 34 变遍		ɯ
pʰ	44 篇偏 34 骗片	k	44 歌哥 34 个~体户
b	213 便~宜 31 辩辨辫 13 便方~		au
m	213 绵棉眠 31 免 13 面~粉	ɦ	13 ◇落~;丢;丢失
t	44 掂颠癫 53 点典 34 踮店		əu
tʰ	44 添天 53 舔	m	31 某牡母拇 13 亩茂贸
d	213 甜田 31 簟垫~钞票 13 电殿奠佃垫~座	t	44 兜多 53 斗~~米 抖朵躲 34 斗又~;地主
l	213 廉镰帘连联怜莲 31 脸 13 练炼栋恋	tʰ	44 偷敨展开 拖又~鞋 53 妥椭 34 透
tɕ	44 尖兼艰煎毡肩坚 53 检简俭柬剪展茧 34 占剑箭战建犍见	d	213 头投驼拕拿 31 舵惰堕 13 大豆痘逗
tɕʰ	44 签~字扦~花;插花 谦迁牵纤~拉 53 浅 34 欠	n	213 糯◇孬平 揉~眼睛
dʑ	213 潜钳钱乾前 31 践 13 件健	l	44 搂抠 楼 213 罗锣箩萝骡螺胧手指纹 31 瘰疮疖 擂叠 拇 13 漏
ȵ	44 黏 213 严鲶年研 31 染碾捻	ts	53 左走 34 做奏

tsʰ	44 搓~手 34 锉凑	ts	44 争踭肘关节 睁
s	44 梭搜 53 锁 34 嗾	tsʰ	44 撑~船
z	31 坐座	dz	31 绽衣服脱线 橙
k	44 勾~引 钩沟 53 狗 34 垢够构购勾	s	44 生牲甥 53 省
		k	44 更羹粳耕
kʰ	44 科 53 口叩可 34 扣寇	kʰ	44 坑
ŋ	213 蛾鹅俄卧 13 饿	g	213 田亢水~；~水沟 31 哽埂
h	31 鲎：①虹（统称）②一种生活在海中的节肢动物，肉可食，甲壳类，尾坚硬，形状像宝剑。	ŋ	13 硬
ɦ	213 侯喉猴何河荷~花 和~平 31 后皇 厚 13 候荷薄~ 贺	ɦ	213 行 31 杏
		0	44 樱
0	44 阿~弥陀佛 屙大便 欧瓯		iã
	iəu	l	213 良凉量~体 梁粮粱 31 两 13 亮谅辆量气~
l	213 流刘留榴硫琉 31 柳 13 溜馏	ȵ	213 娘 31 仰 13 酿让壤
tɕ	44 揪邹周舟州洲鸠阄究 53 酒帚九久韭灸 34 昼纣宙皱咒救	tɕ	44 浆张疆僵姜缰 53 蒋奖桨雀长~大 涨 34 酱将帐胀账仗
tɕʰ	44 秋鳅抽丘 53 丑 34 臭	tɕʰ	44 ◇格~：现在 枪羌腔 醃蟹~：盐浸渍的螃蟹 53 抢厂 34 畅呛
dʑ	213 囚绸稠筹愁酬求球仇 31 舅 13 就臼旧	dʑ	213 详长~短 肠场强 31 象像丈仗炮~ 杖
ȵ	44 扭妞 213 牛 31 藕偶纽	ȵ	213 仰
ɕ	44 修羞搜收休 53 手首守 34 秀绣锈兽	ɕ	44 箱厢湘襄镶香乡 53 想鲞饷享响 34 相向
ʑ	31 受 13 袖寿授售	ʑ	213 墙 13 匠
ɦ	213 尤邮由油游 31 有友诱莠 13 又右祐柚釉蚰泥~螺：蜗牛	ɦ	213 羊洋烊杨阳扬疡 31 痒 13 样
0	44 优幽 34 幼	0	44 央秧殃 53 养
	ã		uã
p	44 绷	k	34 梗
pʰ	44 ◇电线短路	ɦ	213 横~直
b	213 彭膨棚朋 31 蚌 13 碰	0	44 横蛮横无礼
m	31 猛蜢 13 孟		ɔ̃
t	53 打	p	44 帮邦 53 榜谤绑磅
l	31 冷		

pʰ	34 胖	ɦ	213 黄簧皇蝗蟥凰妄王 31 往 13 旺
b	213 旁螃防庞 31 棒 13 傍	0	44 汪 53 枉
m	213 忙芒茫盲 31 莽蟒网泯 13 忘望		yɔ̃
f	44 方坊肪芳 53 仿纺访 34 放	tɕ	34 壮
v	213 房亡	tɕʰ	44 窗 53 闯
t	44 裆 53 党挡 34 当档	dʑ	13 撞幢~房子
tʰ	44 汤 53 躺 34 烫趟	ɕ	44 双
d	213 堂棠螳唐糖塘 31 盪洗碗 13 荡		ø̃
n	213 囊	p	44 搬 34 半绊
l	213 郎廊狼螂◇~籽:蕨菜 31 朗 13 浪哴晾晒	pʰ	44 潘 34 判
		b	213 盘鳖~头发 31 伴拌 13 叛
ts	44 赃脏庄装妆章樟蟑桩 53 掌 34 葬障	m	213 瞒馒鳗颟~裆裤 31 满
		t	44 端 53 短 34 锻
tsʰ	44 仓苍舱疮昌菖娼 53 闯 34 创唱倡	tʰ	44 贪 34 探
		d	213 潭谭 31 断团 13 段缎
dz	213 常偿 13 藏脏	n	213 南男
s	44 桑丧霜商伤 53 爽赏	l	31 卵 13 乱
z	213 床尝 31 上 13 状裳尚		uø̃
k	44 刚纲钢罡缸江扛肛豇 53 讲港 34 岗降~落伞杠	k	44 官棺观冠~衣 53 管馆 34 灌罐观道~冠~军
kʰ	44 康糠筐框眶 34 抗炕圄藏况矿	kʰ	44 宽 53 款
		h	44 欢
g	13 戆	ɦ	213 完丸 13 换
ŋ	213 昂	0	53 碗我 34 腕
ɦ	213 行航杭降投 31 项 13 笐晾衣服竹竿		yø̃
		tɕ	44 簪钻~洞专砖捐 53 转 34 钻电~
	uɔ̃	tɕʰ	44 参川穿 53 惨喘 34 氽踳窜串
k	44 光 53 广	dʑ	213 全泉橼 31 篆 13 传
kʰ	44 筐框匡 34 旷况矿	ȵ	213 元原源袁 31 软阮 13 愿
g	213 狂	ɕ	44 酸闩拴宣轩楦 53 选 34
h	44 荒慌		

第二章 宁波方言语音面貌及其特点

算蒜

ʐ　213 蚕旋~转船悬蝉 13 旋头~

k　44 捐 53 卷 34 眷

kʰ　44 圈 34 劝券

g　213 权拳

ɦ　213 圆员缘园援猿悬 31 远 13 院县

0　44 冤渊 34 怨

iŋ

p　44 彬宾槟滨冰兵 53 丙饼 34 鬓柄

pʰ　44 拼 53 品 34 聘姘

b　213 贫频苹凭平评坪瓶屏萍 13 病并

m　213 民明名 31 闽敏抿 13 命

t　44 登灯丁钉图~叮 53 等顶鼎 34 凳澄钉~牢订

tʰ　44 听厅汀 53 挺艇

d　213 藤亭停庭廷蜓 31 邓 13 淀定

tɕ　44 针今金襟津巾斤筋征蒸京荆惊精鲸晶睛贞侦正~月征经 53 枕锦紧谨景警井整颈 34 浸禁晋证症境敬镜正政径

tɕʰ　44 侵钦亲~眷称秤卿清蛏轻青蜻倾 53 寝请 34 揿庆

dʑ　213 沉岑琴禽秦尘臣勤芹惩乘承擎情呈程成城诚 31 尽近 13 劲剩竞净郑盛姓

ȵ　213 任姓人银凝迎宁蝇 13 认韧

ɕ　44 心芯深伸参人~辛薪欣升兴纪~声星腥猩 53 沈婶审省反~醒 34 信讯胜兴旺~性姓圣

ʐ　213 寻绳晴城又31 静 13 任~务

k　44 根跟

kʰ　53 啃肯恳垦

ɦ　213 行盈赢形刑型营 31 寅引尹颖

0　44 音阴因姻洇液体渗开殷应鹰莺樱鹦英婴缨 53 饮隐瘾影 34 印应答~映萤

əŋ

p　44 奔 53 本畚

pʰ　44 喷 34 捧

b　213 盆朋 13 笨

m　213 门蚊盟 34 闷问~人家

f　44 分吩芬 53 粉 34 奋

v　213 坟文纹闻 13 份问~题

t　44 敦墩蹲 34 顿

tʰ　44 吞褪~戒指

d　213 屯豚饨吨臀 13 钝盾

n　213 能宁 31 暖 13 嫩

l　44 拎 213 论~语仑伦轮林淋临鳞磷邻棱凌陵灵零铃龄 13 论令另 31 领岭

ts　44 砧珍真诊疹臻榛尊遵增曾姓征~兵 34 镇进

tsʰ　53 亲又~家村 53 忖想34 衬寸

dz　213 陈存阵层澄~清

s　44 森新孙僧 53 损醒又 34 渗

z　213 辰神

ɦ　213 恒衡 13 恨

0　44 恩

uəŋ

k	53 滚 34 棍	tɕʰ	44 充 53 宠 34 铳 放~:麻将用语 冲
kʰ	44 坤昆 53 捆 34 困睏 觉:睡觉	dʑ	213 虫祡 13 仲
h	44 昏婚荤	k	44 供 又:~奉
ɦ	213 魂馄浑	g	213 琼穷
0	44 温瘟 53 稳	h	44 兄胸凶匈
	oŋ	ɦ	213 荣熊雄茸容溶蓉熔 13 用
pʰ	53 捧	0	44 雍臃拥庸 53 永泳咏勇甬
b	213 篷蓬		yn
m	213 蒙梦	tɕ	44 胗 53 准 34 震振圳
f	44 风疯枫丰封蜂峰锋 53 讽	tɕʰ	44 春 53 蠢
v	213 冯逢缝 ~纫机 31 奉 13 凤缝 门~	ɕ	44 身申 53 笋榫吮 34 迅殉
t	44 东冬 53 董懂 34 冻栋	z	213 人仁循巡唇纯 31 肾忍 13 慎认顺
tʰ	44 通 53 捅统 34 痛		
d	213 同铜桐童瞳 31 桶筒动 13 洞	k	44 均君军
n	13 弄 ~勿灵清 农脓	kʰ	53 菌
l	213 笼聋胧哝隆龙 31 拢垄 13 弄~堂	g	213 群裙
		h	44 熏勋 34 嗅训
ts	44 鬃棕宗综 53 总 34 粽纵种	ɦ	213 匀云耘 31 允 13 闰润韵运晕孕熨
tsʰ	44 葱聪匆囱		
dz	213 丛从重~复 31 重~量		aʔ
s	44 嵩松怂 34 送宋诵	p	5 八百柏伯
k	44 公工功攻蚣弓躬宫恭龚 53 汞拱巩 34 贡供	pʰ	5 魄拍擘迫
		b	2 拔白
kʰ	44 空~气 53 孔恐 34 空 有~ 控	m	2 抹袜脉麦
g	13 共	f	5 法发
h	44 轰烘 53 哄~小孩 34 哄 起~	v	2 乏筏罚
ɦ	213 弘宏虹红洪鸿	t	5 搭答褡 肚~:肚兜
0	44 翁	tʰ	5 塔遢獭
	yoŋ	d	2 踏沓达
ȵ	213 绒浓	n	2 纳捺
tɕ	44 中~国忠衷终钟盅 53 种 谷~肿 34 中~奖众	l	2 腊蜡镴辣
		ts	5 扎则侧窄摘责

第二章 宁波方言语音面貌及其特点

tsʰ	5 插擦察测拆册策赤斥尺	k	5 各阁搁郭角谷
	◇:捡;拾	kʰ	5 确壳酷
dz	2 杂宅择泽	ɦ	2 学
s	5 萨杀塞色栅		yoʔ
z	2 煠食物放在水里长时间煮 铡贼石	ȵ	2 揉~面 月肉玉
k	5 革隔	tɕ	5 桌竹筑粥祝
kʰ	5 磕掐客	tɕʰ	5 戳吃触畜~牲
ŋ	2 额	dʑ	2 绝逐轴镯浊
h	5 喝瞎吓	ɕ	5 刷雪说血缩叔蓄畜~牧
ɦ	2 合盒狭峡核~对 阿~哥	ʑ	2 续术熟淑赎属辱
0	5 鸭押压	k	5 菊鞠
	iaʔ	kʰ	5 屈曲
tɕ	5 着穿 脚觉自~	g	2 掘又
tɕʰ	5 洽鹊却	ɦ	2 阅越粤穴乐姓 域育狱浴
dʑ	2 着火~	0	5 郁
ɕ	5 削		ieʔ
ʑ	2 嚼弱	p	5 鳖憋瘪笔滗按住渣滓滤汁 毕必弼逼碧壁
ɦ	2 药钥跃	pʰ	5 撇匹僻辟霹劈
	uaʔ	b	2 鼻别蹩
k	5 刮括聒	m	2 灭篾密蜜
kʰ	5 阔廓扩	t	5 跌德特的滴嫡
h	5 豁	tʰ	5 帖贴铁剔踢
ɦ	2 划滑还又:~有 核桃~	d	2 叠碟蝶谍狄笛敌籴~米
0	5 挖	l	2 猎立笠粒列烈裂劣栗律率略掠力历肋~骨
	ɔʔ		
tʰ	5 脱秃独读	tɕ	5 接汁急级蜇折打~浙揭节结镢吉洁即织职脊迹积绩激击
d	2 夺突凸毒		
n	2 诺	tɕʰ	5 缉~鞋底 撤彻窃切戚
l	2 赂落烙洛骆乐~惠 络	dʑ	2 集习蛰及杰截疾秩直值植殖极籍席局
ts	5 作		
s	5 索硕	ȵ	2 聂镊业热孽捏日箬虐疟匿逆
z	2 凿勺		

	易又额~角头		
ɕ	5 摄湿吸设歇蝎悉息熄式识饰惜适释析锡		əʔ
		b	2◇ 呒~:没有
ʑ	2 十折~本食蚀	f	5 弗
k	5 蛤鸽夹铗甲胛割葛◇~蜢:蚱蜢	l	2 勒肋
kʰ	5 咳掐又:~虱子渴克刻	ts	5 质只
h	2 黑	tsʰ	5 七漆
ɦ	2 叶页协侠舌逸翼液亦译	dz	2 侄
0	5 噎乙一约益	s	5 虱
		z	2 实
	yeʔ	k	5 个
tɕ	5 蕨~菜		
tɕʰ	5 出		uəʔ
dʑ	2 剧浊	k	5 骨活
ɕ	5 薛失室恤	ɦ	2 猢~狲:猴子
ʑ	2 尤白~	m̩	44 姆 13 呒
k	5 决橘抉~噱:给	n̩	213 蚁花~:蚂蚁 34◇ 肉肉~:小猪
kʰ	5 缺	ŋ̍	213 鱼渔儿~子你 31 五午端~
g	2 掘局轴	l̩	213 儿~童而耳

第三节 宁波方言语音特点及内部差异的地图呈现

综合分析宁波六县市三片方言代表点语音的同音字汇，并在此基础上归纳宁波方言语音特点及其内部差异的地图①呈现。用地图直观展示宁波方言地域差异的语音类型和地理分布模式。其分布模式用 ABC 表示：A. 宁波 A1，奉化 A2；B. 慈溪 B1，余姚 B2；C. 象山 C1，宁海 C2。

宁波方言语音大致可分为四个层次，一是上古层次，在现代日常口语中仅留存个别字例，音系上已没有地位；二是中古层次，两晋时北方战乱，望族南迁，其语言与本地方言结合，形成现在的白读系统；三是近代层次，南宋建都临安，北方望族再度涌来，本地方言与北方方言杂糅，形成现在的文读系统；四是现代层次，随着普通话的大力推广，语音有逐渐

---

① 本书所制作的地图仅作为示意性用图，范围线不作为行政区划标准。

向普通话靠拢的趋势,发生了一些语音变异现象。

一　声母特点及其内部差异

（一）保留古全浊声母,呈"三分"格局

声母保留中古"帮滂并""端透定""见溪群"三分格局,既有送气与不送气之分,又有清浊音对立。如:"鞭[pi]片[pʰi]便[bi]""刀[cɔ]涛[tʰɔ]桃[dɔ]""尖[tɕi]牵[tɕʰi]键[dʑi]"。声母系统中的这种"三分"格局,宁波市区以及所属各县市基本一致,但在全浊清化的程度上存在年龄差异,这不仅是宁波方言的共同特点,也是吴语区最重要的普遍特点。部分单字音清音浊流,连读后字弱读时浊音(杨秀芳1989),而普通话声母中古全浊声母全部已经清音化,"刀、掏、桃"在普通话中,"掏、桃"读[tʰ],"刀"读[t],声母只有送气与不送气之分,没有清浊的对立。声母系统中的这种"三分"格局,宁波市区以及所属各县市基本一致,但在全浊清化的程度上存在年龄差异,这不仅是宁波方言的特点,也是吴语最主要的特点之一。

（二）古精见晓组字声母,尖团分混

尖团音是揭示汉语方言声母特点的一个重要方面。中古精组和见晓组字,在细音（齐撮两呼韵母）前读音是有分别的。尖音是指精组（精清从心邪）声母在细音前的读音,一般而言,读ts、tsʰ、s、dz、z;团音是指见晓组字（见溪群晓匣）声母在细音前的读音,一般而言,读tɕ、tɕʰ、ɕ、dʑ、ʑ。宁波方言古精见晓组字声母在三四等韵前,今读撮口呼时声母分尖团,如遇合三鱼虞韵字:絮 s（尖音）≠ 去 tɕʰ（团音）,趣 tsʰ（尖音）≠ 句 tɕ（团音）;今读齐齿呼时,声母不分尖团音,读舌面音（即团音）。但内部存在差异,宁海少数调查点,絮 s（尖音）= 去 tsʰ（团音）。如下所示:

1. 流开三尤韵字,前后字读音完全相同,如酒(精母) = 九(见母),秋(清母) = 丘(溪母),就(从母) = 旧(群母),修(心母) = 休(晓母)。

2. 山开三等仙韵字,前后字读音完全相同,如践(从母) = 件(群母);四等先韵字,前后字读音基本相同,如千(清母) = 牵(溪母),先(心母) = 显(晓母)。

3. 宕开三阳韵字,前后字读音完全相同,如浆(精母) = 姜(见母),箱(心母) = 香(晓母)。

普通话中,古精组和见晓组字,与齐撮两呼韵母相拼时声母尖团音已经合流,读音已没有分别,都读舌面音 tɕ、tɕʰ、ɕ（团音）,只有京剧唱词中还有中古音残留现象。宁波方言百年前没有 ʑ 声母的,是在尖团音合流中产生的（胡方 2001）。但象山方言中，如今仍没有 ʑ 声母。

（三）k 组拼细音

中古时期，见晓组字声母在细音（齐撮两呼韵母）前，读 k 组（即 k、kʰ、x、g）；而普通话中，由于受 [i] 和 [y] 韵头影响发生了腭化，腭化后舌位前移，演变成 tɕ 组（即读 tɕ、tɕʰ、ɕ）。宁波方言大多数调查点，古见晓组字，在细音撮口呼前，声母读为 tɕ 组；宁波镇海、慈溪余姚、宁海象山少数方言调查点，在合口三等鱼、虞、祭、齐、支、脂、之、微、仙、元、先、阳、东、钟等韵前，声母读为舌根音 k 组，体现"k 组拼细音"的特点。

据传教士对台州方言材料的记载，"k 组拼细音"的语音特点，在历史上宁波以及宁波以南与台州地区地理上是连成一片的。因为宁波开埠早语言发展快，现在宁波方言大部分调查点，这个特点已经基本消失，腭化演变为 tɕ 组舌面音，但台州片大多数点至今仍保留。

下面以"去"（遇合三鱼韵溪母）字为例，用地图 2-1 展示其语音特征的地域差异。

地图 2-1

"去"地图呈现了宁波方言见晓组字声母读音类型的地理分布，有①kʰ ②tɕʰ ③tsʰ 三个读音类型。类型 kʰ 主要分布于慈溪余姚，类型 tɕʰ 主要分布于宁波奉化象山，类型 tsʰ 主要分布于宁海，大致构成 A-B-C 地理分布模式。

三分之一调查点的声母仍读舌根音：kʰ→tsʰ→tɕʰ，声母尚未完成腭化的演变韵母；所有点的韵母读不圆唇元音：e→ɿ i，韵母尚未走完圆唇化 y 的演变。

(四) 古知庄章三组字声母的读音特点

中古知庄章三组字声母的读音是体现汉语方言特点的重要方面。古知庄章三组字，普通话绝大部分演变合流为翘舌音 tʂ、tʂʰ、ʂ 一套。宁波方言多数调查点的知庄章三组字，除果摄外的 15 摄声母读为二分型：存在舌尖音 ts、tsʰ、s、dz、z 和舌面音 tɕ、tɕʰ、ɕ、dʑ、ʑ 两套；少数调查点留存舌叶音 ʧ 组声母。考察各地调查点各摄的读音具体分布如下：

1. 效流两摄开三等字前，宁波六区、奉化、宁海、象山代表点读为 tɕ 组，慈溪、余姚代表点读为 ts 组。

2. 深摄开三等字前，宁波六区、奉化、宁海代表点读为 tɕ 组，慈溪、余姚、象山代表点读为 ts 组。

3. 山摄开三等字前，各地代表点 tɕ 组和 ts 组混读，舒声基本上读 ts 组，入声基本上读 tɕ 组。开二与开三入声字 tɕ 组和 ts 组分立，开二入声读 ts 组，开三入声读 tɕ 组。各地还存在读音差异，如："扇"字，宁波六区、奉化、宁海、象山读 ɕ，慈溪、余姚读 s；"战展善"等字，奉化、宁海老话，仍读 tɕ 组，其他各代表点均读 ts 组。在合口呼二、三等四声字前，各地代表点均读 ts 组。

山摄开口三等字各地存在读音差异，下面以"舌"字为例，用地图 2-2 展示其语音特征的地域差异。

地图 2-2

"舌"地图，呈现了宁波方言山摄开口三等薛韵船母字声母读音类型的地理分布，存在①z②z③ɦ三个读音类型。类型 z 主要分布于宁波奉化，类型 z 主要分布于慈溪余姚，类型 ɦ 主要分布于宁海象山，显现 A-B-C 地理分布模式。声母仍保留古浊音，z/ɦ→z→s 尚未完成浊音清化的演化过程；韵母带喉塞尾的-ʔ，ie→e→ə 今读 tɕ 组声母的韵母仍带 i 介音，尚未完成向单元音转化的演变。

4. 臻摄开三与合三等字前，各地代表点无论舒声和入声 tɕ 组和 ts 组均混读。宁海老城关话不仅声母混读现象突出，而且韵母读音尤为复杂。

5. 宕摄开三等字前，无论舒声和入声，宁波、奉化、象山、宁海知组与庄章组声母读音分立：知组读为 tɕ 组，庄章组读为 ts 组；慈溪、余姚知庄章三组字均读为 ts 组。

6. 江摄开二等字前，无论舒声和入声，宁波、奉化、慈溪、余姚三组字声母均读 ts 组，象山、宁海均读 tɕ 组。

7. 曾摄开三等字前，宁波、奉化、象山、宁海知章两组字声母，无论舒声和入声，均读 tɕ 组；庄组入声字读 ts 组。慈溪、余姚，无论舒声和入声，知庄章三组字声母均读 ts 组。

8. 梗摄开二三等字前，宁波、奉化、宁海、象山，二等与三等分立，二等无论舒声和入声，均读 ts 组；三等舒声字读 tɕ 组，入声字 tɕ 组和 ts 组混读。慈溪、余姚，无论二等和三等，舒声和入声均读 ts 组。

9. 通摄合三等字前，宁波、奉化，无论舒声和入声，均读 ts 组；慈溪、余姚舒声字读 ts 组，入声字 ts 和 tɕ 声母混读；象山、宁海，除个别入声字外，无论舒声还是入声，都读 tɕ 组。

由上可见，对于知庄章三组声母字，各地读音完全一致的几乎没有，宁波和奉化，余姚和慈溪，读音基本一致；象山和宁海除了深摄外，读音基本一致。基于此，甬江片内基本上可以划分为三小片。此外个别字读为舌尖前塞音，如曾开三澄母"澄"字，在"水澄澄清"中，各地均读 [d]；假开三知母字"爹"，慈溪余姚读 [t]；应该是"古无舌上音"的遗留。另外还有宁波大榭、白峰、柴桥、梅山，象山高塘、鹤浦等沿海岛屿，仍存留百年前西方传教士记载宁波方言的舌叶音，如章组书母字与合口呼相拼的"水（止合三书母）、税（蟹合三书母）"等字，读 [ʃ]。(据郑张尚芳老师所言，北方方言租房子叫租房；南方方言，"租"应该写作"税"，说文解字：税，租也。~屋：租房。)

各地还存在音值上的差异,古知庄章三组字声母在宁波方言中发展得不平衡性,反映了历时层次的"共时投影"。

(五) 鱼模两韵精庄组字声母存在多种读音

古遇摄鱼模两韵精庄组字声母,各地读音差异较大,存在古音遗留现象。如精组的"租、组、醋"等字,庄组的"初、助、锄"等字,宁波城区主要读 ts 组;鄞州、奉化等调查点读舌尖塞音 [t、t^h、d],留存上古音现象;象山、镇海等地则读舌叶音 ʧ 组。下面以"醋"字为例,用地图 2-3 展示其语音特征的地域差异。

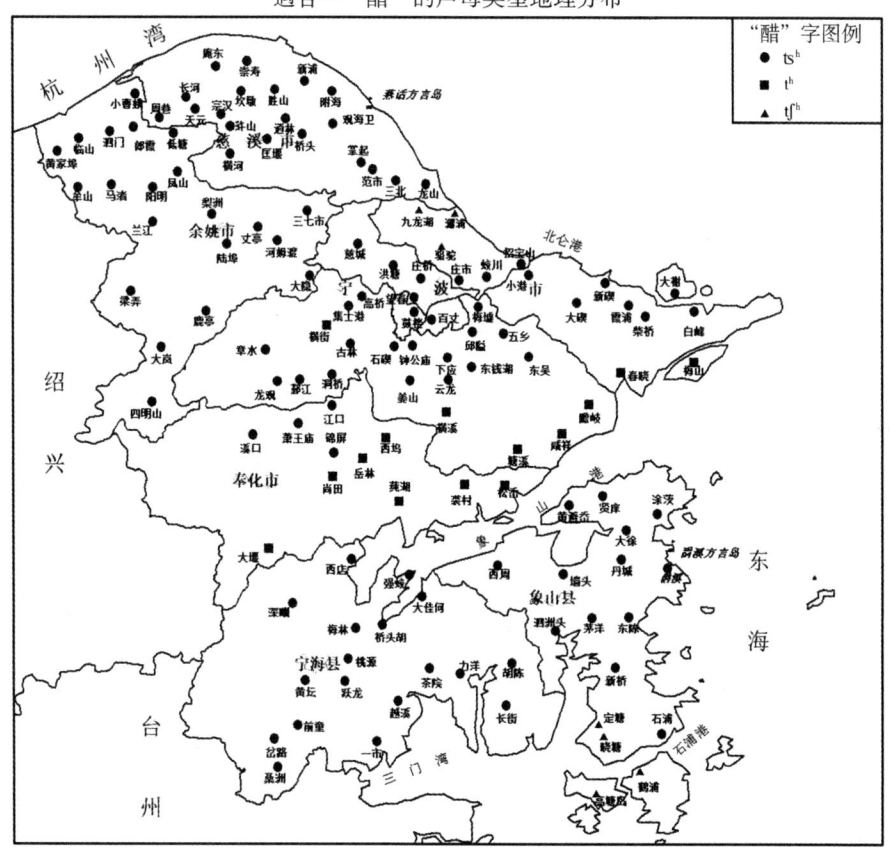

遇合一"醋"的声母类型地理分布

地图 2-3

"醋"地图,呈现了宁波方言遇合一模韵清母字声母读音类型的地理分布,存在①t^h②$ʧ^h$③ts^h 三个读音类型。类型 t^h 存在于宁波鄞州区八个点和奉化市五个点;类型 $ʧ^h$ 存在于象山五个点和宁波镇海区三个点;类型 tsʰ 是主要今读类型，分布于宁波六县市境内大多数调查点，显现出点状式地理分布特点。少数调查点声母留存上古音和舌叶音，反映了精庄组声母 t→ʃ→ts，尚未完成"舌头音"向"舌上音"演变的过程。

遇合三鱼虞两韵的精组字，各地读音也存在差异。如鱼韵的"徐、序、絮"等字，音韵地位相同，读音不同。宁波、奉化"徐絮"基本读 tɕ 组，"序"读 ts 组，慈溪、余姚读 tɕ 组，象山、宁海读 ts 组。虞韵的"聚、趣、鬚"等字，宁波、奉化、象山、宁海读 ts 组，慈溪、余姚读 tɕ 组。下面以读音更为复杂的"徐"字为例，用地图 2-4 展示其语音特征的地域差异。

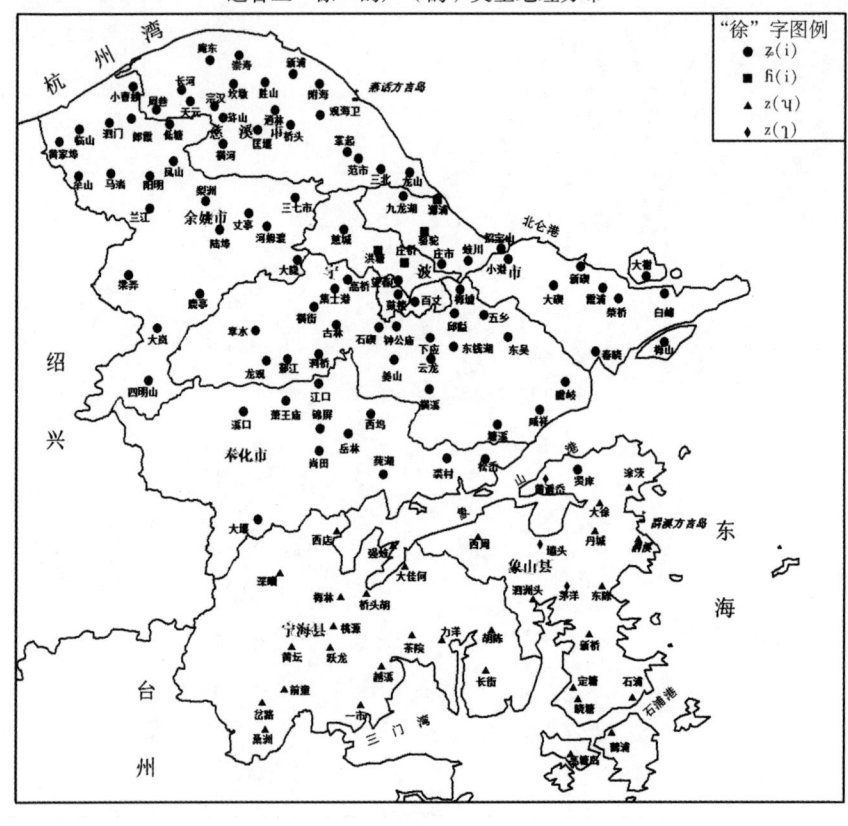

遇合三"徐"的声（韵）类型地理分布

地图 2-4

"徐"地图，呈现了宁波方言遇合三鱼韵邪母字声母读音类型的地理分布，存在①z②z③ɦ 三个读音类型。"z"为主要今读类型，分布于宁波奉化慈溪余姚绝大多数调查点；类型 z 分布于象山宁海调查点，两地韵母略有差异；类型 ɦ 存在于宁波江北区四个调查点。显现出 A-B+点状地理分布模式。声母仍保留古浊音，ʑ/z/ɦ→ɕ 尚未完成浊音清化的演化；韵母正在从舌面元音向舌尖元音的转变过程，i→ɿ/ɥ→y 尚未完成圆唇元音的演化。

二 韵母特点及其内部差异

按照韵母的内部成分，我们将宁波方言各代表点韵母，分为单韵母、复韵母、带鼻音（包括鼻化和鼻尾）韵母、带塞音韵尾的入声韵、自成音节五类，表 2-8 除自成音节外，就前四类韵母和数量进行对照：

表 2-8　　　　　　　　　六县市代表点韵母对照

方言点＼韵母	单韵母	复韵母	鼻韵母	入声韵
宁波江北 42 个	ɿ i u y ɥ a ɔ o ɜ ɔ ø	ia ɔ ie iY ua au iau ou ɜu iɐ Yœ ai	ã iã uã ɔ̃ uɔ̃ ɜŋ əŋ iŋ oŋ uəŋ ŋ̍ yoŋ	ɔʔ iaʔ uaʔ ieʔ yeʔ yoʔ yʔ ɜʔ ioʔ uoʔ
奉化西坞 38 个	ɿ i u y ɥ a ɔ o ɜ ɔ ø	ia iɔ ie iY ua au iau ɜu iɐ	ã iã uã ɔ̃ uɔ̃ əŋ mɐ ne uən iŋ oŋ yoŋ	ɔʔ iaʔ uaʔ yoʔieʔyeʔ
象山丹城 39 个	ɿ i u y ɥ a ɔ o ɜ ɔ ø	ia ɔ ie uei ua au iau ou ɜu no ue ən	aŋ uŋ oŋ əŋ iɐŋ uɐn uɔŋ iŋ yoŋ	aʔɔʔieʔuaʔ uoʔ yoʔ
宁海跃龙 44 个	ɿ i u y ɥ a ɔ o ɜ ɔ ɯ	ia ɔ ie uei ua au iau ue ən	ã iã uã ɔ̃ uɔ̃ õ uõ yõ ø̃ əŋ iŋ oŋ yn yoŋ	aʔɔʔoʔiəʔ ieʔuaʔ yeʔyoʔ
慈溪坎墩 43 个	ɿ i y a ɔ ɜ ə ø ɯ ɤ	ia ɔ iY ua uɔ ən	ã iã uã ɐ̃ 3ĩ ɜu ɔ̃ uɔ̃ yø̃ ø̃ ẽ əŋ iŋ oŋ yoŋ	aʔiaʔuaʔ yoʔeʔueʔyeʔ iʔ
余姚兰江 44 个	ɿ i u y ɥ a ɔ o ɜ ɔ o e	ia ɔ ie uei ua uo ue ou ne	ẽ 3 ɜu ø̃ uø̃ yø̃ 3 iẽ ien ue uən ən iŋ ɐŋ uɐŋ iɐŋ uɐŋ ioŋ	aʔiaʔuaʔ əʔ iʔ ieʔ oʔuoʔyoʔ

各地都存在 3—4 个自成音节，共同的是［m̩、ŋ̍、l̩］3 个，除了宁波和慈溪ŋ和 n̩ 没有分别，只有 3 个外，其余各点均有［m̩、n̩、ŋ̍、l̩］4 个，

只拼舒声阳调。

（一）共性特点及其演化

宁波方言各代表点韵母具有吴语的一般共性特点：

1. 保留的古入声韵，合并为一个带喉塞尾的-ʔ

宁波方言各县市代表点仍保留古入声韵，入声韵数量 8—10 个不等，字例见上述音系表。但 3 个古入声韵尾"-p、-t、-k"，已经从清塞音韵尾演变合并为 1 个带有喉部肌肉紧张的喉塞韵尾-ʔ，元音韵母发音短促，舌位比舒声韵里的稍后些。而普通话中入声韵已消失，一律读作舒声韵。

2. 只保留了 1 个古鼻音韵尾"-ŋ"

古鼻音韵尾有-m、-n、-ŋ 三个。宁波方言古咸山两摄舒声字的"-m"和"-n"尾，均已脱落，古深摄字的"-m"尾和臻摄字的"-n"尾均读如曾梗通韵尾"-ŋ"。可见，基本上已无法区分古代收"-m、-n、-ŋ"的字。古鼻音韵尾只保留了 1 个"-ŋ"，实际音值既不是前鼻音的"n"，也不是后鼻音的"ŋ"，而是舌面中音"ɲ"。而普通话中，三类古鼻音韵尾，除了"-m"尾并入"-n"尾，仍保留"-n、-ŋ"两个鼻音韵尾，存在前后鼻音的分别。如"金(深摄)、斤(臻摄)、京(梗摄)"三个字的古今方鼻韵尾：中古音分别为［-m、-n、-ŋ］；宁波方言均为［-ɲ］；普通话分别为［-n、-n、-ŋ］。

3. 咸山两摄鼻韵尾基本脱落，今读口元音或鼻化音

宁波各代表点方言，古咸山两摄舒声字鼻韵尾已经脱落。宁波、奉化、象山大部分调查点读［i］或［ɛ］口元音；宁海、慈溪、余姚大部分调查点读［ẽ］或［ɛ̃］鼻化音。各方言调查点读音略有差异。现列举咸山两摄开口字的读音对照，如表 2-9 所示。

表 2-9　　　　　　　　六县市咸山两摄鼻韵尾对照

字例 方言点	男 咸开 一泥	感 咸开 一见	赚 咸开 二澄	剑 咸开 三见	店 咸开 四端	蛋 山开 一定	肝 山开 一见	山 山开 二生	间 山开 二见	鲜 山开 三心	肩 山开 四见
宁波市区	ɛ	e	ɛ	i	i	ɛ	e	ɛ	i	i	i
奉化	e	e	ɛ	i	e	ɛ	e	ɛ	i	i	i
象山	ɛ	e	ɛ	ie	ie	ɛ	e	ɛ	ɛ	ie	ie
宁海	ø	e	ɛ	ie	ie	ɛ	e	ɛ	e	ie	ie
慈溪	ẽ	ẽ	ɛ̃	iɛ̃	iɛ̃	ɛ̃	ẽ	ɛ̃	ẽ	iɛ̃	iɛ̃

续表

字例 方言点	男 咸开 一泥	感 咸开 一见	赚 咸开 二澄	剑 咸开 三见	店 咸开 四端	蛋 山开 一定	肝 山开 一见	山 山开 二生	间 山开 二见	鲜 山开 三心	肩 山开 四见
余姚	ẽ	ẽ	ɛ	iẽ	iẽ	ɛ	ẽ	ɛ	ɛ	iẽ	iẽ

山摄合口一等韵母存在［ø］和［u］两读；端组、泥组和晓组多读［ø］韵；帮组、见组多读［u］韵；合口二等庄组字读［ø］韵，见系字多读［uɛ］韵。宁波鄞州和奉化各调查点读［e］和［ø］；有个别发音人读音带有鼻化色彩，如"欢、换、碗~盏、冠~军、宽从~、款"等字。

4. 单元音韵母比较丰富

宁波各代表点方言存在10—11个单元音韵母，与吴语代表点上海方言具有相似性，上海市区中派方言有10个单元音。六个代表点共有的单韵母有9个［ɿ i u y a ɛ ɔ o e］，主要分布于果、假、遇、蟹、止、效、咸、山八摄的舒声。普通话读为复韵母的，如蟹效两摄开一、二等的"排、来、街、报、敲、道"等，宁波话和上海话均读为单元音韵母。虽然宁波方言单元音韵母中有6个"a、o、e、i、u、y"与普通话相同，但大部分字的归属不同。如"社车"字，普通话读"e"韵，宁波方言读"o"韵；"履"字，普通话读"y"韵，宁波方言却读"i"韵。

(二) 个性特色及其演化

1. 舌面高元音韵母读如舌尖化

古遇蟹止三等字中的部分精、知、章组和日母字，普通话读舌面高元音［i］［u］［y］的，宁波方言各代表点，普遍存在［ɿ］和［ʮ］两读，这种现象语音学上称作舌面高元音"舌尖化"，也叫"摩擦化"。同时，与［i］［y］相拼的［tɕ］组声母，也相应读为［ts］组。如遇摄鱼韵字"猪储锄书煮如鼠"和虞韵字"需娶聚株蛛厨数朱珠乳"等，读［ʮ］；蟹摄祭韵字"滞誓"读［ɿ］，"制世势岁"读［ʮ］；止摄支脂之三韵字"知池驰迟视置市痣"读［ɿ］。各代表点虽普遍存在［ɿ］和［ʮ］两韵，但内部存在差异。下面以"鬍胡~"字为例，用地图2-5展示其语音特征的地域差异。

"鬍胡~"地图，呈现了宁波方言遇摄虞韵字韵母读音类型的地理分布，存在①ʮ②ɿ③u三个读音类型。"ʮ"是主要今读类型，分布于宁波

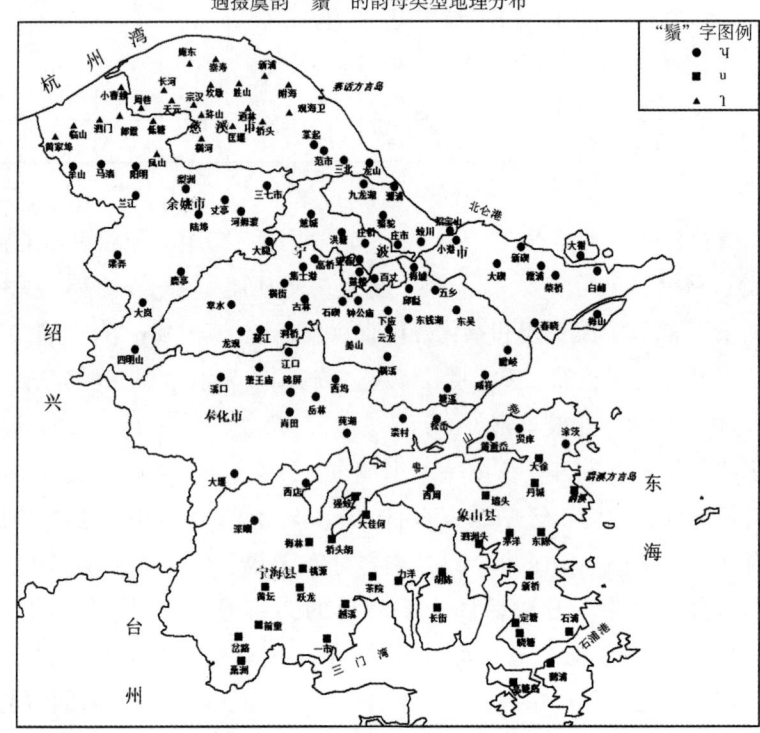

遇摄虞韵"鬚"的韵母类型地理分布

地图 2-5

奉化以及三小片交界地带；类型 ɿ 分布于慈溪余姚大多数调查点；类型 u 分布于象山宁海大多数调查点，显现 A-B-C 地理分布模式。

ʅ/ɿ→u→y 韵母尚未完成圆唇撮口化，仍处在舌尖化向圆唇撮口化的过渡阶段。

2. 咸山两摄开口舒声字韵母读音有别

宁波方言中宁波和宁海代表点，咸山两摄开口一等字，舒声见组与非见组韵母有别。咸摄：宁波见组的"感"读 [e]，非见组的"男"读 [ɛ]；宁海见组的"肝"读 [e]，非见组的"蛋"读 [ɛ]。从宁波和宁海各调查点语料看，两者韵母的分布具有较强的规律性。

山摄开口 1—4 等字韵母，各地读音存在差异。一等字："干、肝、竿、看；二等字：艰、间、谏、雁"；三等字"乾、虔、件、建、健、键"；四等字"肩、坚、牵、研、见"。下面用地图 2-6 展示其语音特征的地域差异。

山开1-4等字的韵母类型地理分布

韵母类型图例
- ● e(1-2)i(3-4)
- ■ i(1-4)
- ▲ ẽ(1-2)iẽ(3-4)
- ● ẽ(1-2)iẽ(3-4)
- ★ e(1-2)ie(3-4)
- ◆ ɛ(1-2)ie(3-4)

地图 2-6

该地图呈现了宁波方言山摄开口1—4等字韵母读音类型的地理分布，存在六种今读形式：A.1—4等均读[i] B.1—2等读[e]，3—4等读[i] C.1—2等读[ẽ]，3—4等读[iẽ] D.1—2等读[ẽ]，3—4等读[iẽ] E.1—2等读[ɛ]，3—4等读[ie] F.1—2等读[e]，3—4等读[ie]。可以归纳为四个①i（1—4）② e（1—2）i（3—4）③ẽ（1—2）iẽ/iẽ（3—4）④e/ɛ（1—2）ie（3—4）类型。①②分布于宁波奉化；③分布于慈溪余姚④分布于象山宁海。构成 A_1A_2-B-C 地理分布模式。

宁波方言山摄开口1—4等字韵母，与普通话相比鼻韵尾均已脱落，慈溪余姚仍留存鼻化，尚未完全脱落。其中主要存在于宁波鄞州区老派的1—4等字，均读舌面前高元音[i]韵的，在吴方言中很有特色。

3. 古假摄开合二等麻韵

古假摄开二与合二部分麻韵字，宁波大市各方言点读[o]韵，开合同韵。如：家=瓜、假=挂、虾=花、牙=瓦。开二见组大部分字还存在文白两读，如"家加假架价"等，白读［o］韵，文读［ia］韵，文读韵与普通话一致。各代表点除个别点外，内部一致性程度较高。

4. 古开口三等部分韵摄的精知章见四组字同声韵

宁波方言中的宁波、奉化、象山、宁海代表点，效流咸深山五个摄的部分开口三等韵精知章见四组字，声母韵母读音相同。韵母均读作细音［io］或者［iɔ］，声母均读为舌面音 tɕ 组，慈溪和余姚代表点，精母和见母读细音，知母和章母读洪音。这在浙北吴语中较为独特，字例如下所示：

效开三宵韵　　　　　　　　　　流开三尤

宁波：椒_精=朝_知=招_章=娇_见［tɕio］　　秋_精=抽_知=臭_章=丘_见［tɕʰiɤ］

奉化：椒_精=朝_知=招_章=娇_见［tɕio］　　秋_精=抽_知=臭_章=丘_见［tɕʰiɤ］

象山：椒_精=朝_知=招_章=娇_见［tɕiɔ］　　秋_精=抽_知=臭_章=丘_见［tɕʰiu］

宁海：椒_精=朝_知=招_章=娇_见［tɕiɔ］　　秋_精=抽_知=臭_章=丘_见［tɕʰiu］

慈溪：椒_精=娇_见［tɕiɔ］/朝_知 招_章=［tsɔ］　秋_精=丘_见［tɕʰiɤ］/抽_知=臭_章=［tɕʰɤ］

余姚：椒_精=娇_见［tɕiɔ］/朝_知=招_章=［tsɔ］　秋_精=丘_见［tɕʰiø］/抽_知=臭_章=［tsʰəu］

5. 古开口三等韵今读存在差异性

宁波方言各代表点的开口三等字韵母存在较大差异，少数韵摄仍保留上古读音。如流摄的"酒"字：宁波、奉化读［tɕiɤ］，慈溪读［tsəu］，余姚读［tsø］，宁海、象山读［tɕiuɛl］。深摄书母的"湿"字：宁波、奉化、象山、宁海读［ɕieʔ］，慈溪读［səʔ］，余姚读［saʔ］。山摄的"扇"字：宁波、奉化读［ɕi］，慈溪、余姚读［sẽ］，象山、宁海读［ɕie］。臻摄的"镇"和深摄的"沉"字，宁波读［ɥɛŋ］，慈溪余姚读［ən］，宁海读［əŋ］，奉化、象山，读"［oŋ］"。宕摄知母的"张"，宁波、奉化、宁海读［tɕiã］，象山读［tɕiaŋ］，慈溪、余姚读［tsaŋ］。反映了宁波开口三等字韵母，从上古到中古再到现代，元音韵母经历了：a→ɛ→o/ø/ə→ɤ→i，舌位不断高化的演变过程。

此外，各调查点内部还存在一定的差异性，如"周"：宁波洪塘、庄桥读［tɕy］，慈城读［tsuɛ］。"沉"：宁波新马路、洪塘、庄桥读［tɕiŋ］，慈城读［tsəŋ］。"湿"：宁波新马路读［ɕieʔ］，洪塘、庄桥读［ɕiʔ］，慈城读［saʔ］。"扇"：宁波洪塘、庄桥、慈城读［sø］，老派读［ɕi］；"张"：宁波新马路、洪塘、庄桥读［tɕiã］，慈城读［aŋ］。

下面以"镇"字为例，用地图 2-7 展示其语音特征的地域差异。

臻开三"镇"的韵母类型地理分布

地图 2-7

"镇"地图，呈现了宁波方言臻开三震韵字韵母读音类型的地理分布，存在①ɥɛŋ②oŋ③en④əŋ四个读音类型。"ɥɛŋ"类型主要分布于宁波六区；"oŋ"类型主要分布于奉化象山；"en"类型主要分布于慈溪余姚；"əŋ"类型主要分布于宁海，构成 $A_1-A_2C_1-B-C_2$ 地理分布模式。

ɥɛŋ→oŋ→en→əŋ，大部分调查点的韵母正处在向开口洪音演化的过渡阶段，慈溪、余姚、宁海大多数调查点已完成演变，与普通话趋同。

宁波各调查点读音更为复杂多样的当推深摄开口三等字"婶"，下面用地图 2-8 展示其语音特征的地域差异。

"婶"地图，呈现了宁波方言深开三侵韵字韵母读音类型的地理分布，存在①in/i②ɿ/ʮ③yn④oŋ⑤ən 五个读音类型。"in/i"是今读主要类型，宁波六县市都有分布的调查点；"ɿ/ʮ"类型，分布于象山大部分调查点；"yn"类型，分布于象山石浦、鹤浦两个调查点；"oŋ"类型，分布于象山爵溪、定塘、晓塘、新桥四个调查点；"ən"类型，主要分布于

深开三"婶"的(声)韵母类型地理分布

"婶"的(声)韵类型图示
● (ç)in
■ (ç)i
▲ (ç)yn
✦ (s)ɻ
+ (s)ən
★ (s)ʮ
◆ (s)oŋ

地图 2-8

慈溪、余姚、宁海大部分调查点。整体看地理分布比较复杂，尤其是象山境内存在 ɻ/ʮ- yn-oŋ 三个读音类型，"oŋ"应属于小称变韵类型。

深开三侵韵书母字"婶"音节，拥有 [çin]、[çi]、[çyn]、[sən]、[sɻ⁵³]、[sʮ⁴⁵]、[soŋ] 七个读音形式，语音历史层次比较复杂，存在层级叠置现象，演化路径至少有三条：①çin→çyn→çi→sən；②sɻ→sʮ→sən；③sən→soŋ（小称变韵）。其中 [sən]，最接近普通话的读音，已基本完成演化。

三 声调特点及其内部差异

宁波方言单字声调，具有吴语的共性特点：保留古入声调，阴阳分明。在地域和年龄方面有其自身的个性特点。但需要说明的是，不能单说的字，其声调十分复杂，常常是不同的发音人读同一个字，声调调值各不相同，跟中古音调类的对应关系也不整齐，窜调现象比较严重；能单说的字，则声调比较稳定，跟中古音调类的对应也较整齐。

（一）地域的差异

宁波方言各代表点老派单字声调，奉化和宁海 8 个调，完整保留古代平上去入各分阴阳的，但调值调型除入声外不相同；宁波市区和象山保留7个调，除阳上归阳去外，基本保留"四声八调"格局；余姚和慈溪只保留5—6个调，平上去调类已经不太分明，只有舒声和入声对立，仍保留阴阳分明。

从调值调型看：宁波和奉化，象山和宁海，余姚和慈溪虽然声调的个数不一样，但调值调型却比较相似。详见表2-7。

（二）年龄的差异

宁波方言声调除了地域差异外，还有年龄的差异，现以宁波市海曙区为例。如表2-10所示。

表2-10　　　　　　　　　　　老中新三派的声调对照

	阴平 东边	阴去 冻变	阴上 懂扁	阴入 笃笔	阳平 铜桃	阳上 动道	阳去 洞盗	阳入 毒白	声调数
老派	53	44	325	5	22	24		2	7个
中派	44		325	5	22	24		2	6个
新派	44		325	5	24			2	5个

宁波市区70岁以上讲比较纯净方言的老派声调是7个，基本保持中古"四声八调"的格局，按声母的清浊分阴阳，浊上归浊去，"买"和"卖"同音。年龄在41—69岁的中派声调，一般有6个。除阳上和阳去同调外，少数阳平与阳去调也呈合流的趋势，如扶=妇=附、晨=肾=慎、人=忍=认，但少数仍能分。阴平和阴去调也表现出同调现象，而且字的归属不太稳定，时常出现两读或混读的情况，如遍=变、非=肺、斧=辅，但少数仍能分。年龄在35—40岁的新派，因受普通话影响大，处在不断变动之中，调类越来越趋向简化，一般有4—5个声调，阳平、阳上和阳去合为一个调，阴平与阴去也基本合流；有的年轻人，存在4个调，舒声2个调，入声2个调，都各分阴阳两调。一般来说能够单说的字，调值比较稳定；不能单说的字，调值不太稳定，时有串调现象。

阴平、阴上、阴去合并为一个声调（夫=斧=傅），阳平、阳去合并为一个声调（扶=父）。

三派共同的特点是仍然保留古入声，舒声与促声对立分明。从古代的8个调到现今的4个调，声调调类是沿着方言自身发展的演变规律趋于简化，与以普通话为代表的北方方言走的不是同一条简化线路。4个调尽管与普通话一样多，但并没有打破传统的按声母清浊分阴阳、舒声与促声对立的调类特点。而普通话随着入声的整体消失，已经失去了舒声与促声对立的特点，只保留了平、上、去三类舒声调，而且只有平声一个调类还分阴阳两调，"上、去"两类已不分阴阳，所以声调名称自成一体，称为"阴、阳、上、去"，如果沿用传统说法，其声调从古代的"四声八调"演变到现今的普通话，已经简化为"三声四调"。

（三）古今方差异

古今方即指古代、现代（普通话）、方言之间的差异，体现了宁波方言历时和共时的演变。

从历时演变情况看，老派除了阳上归入阳去外，平、去、入三声，仍旧依声母的清浊分阴阳；中新两派基本保持依声母的清浊分阴阳，舒声与促声界限分明。舒声的阳调类合为一调，阴平与阴去趋向合流，向普通话靠拢的趋势明显。

从共时角度看，普通话的古入声已消失，体现出："平声仍旧分阴阳、浊上归去、去声阴阳合流、入派三声"的特点。宁波市方言声调比普通话多了一大入声类，体现出："声调分阴阳、舒促分明、调类存古"的特点。方言的阴平、阳平，相当于普通话的阴平、阳平，方言里的阴上字与普通话的上声相当，阳上字基本上读普通话的去声，但调值都不相同，普通话没有入声，方言中的入声字分别归入到普通话的四声中。宁波方言的声调尽管与普通话差别较大，但调类和调值与普通话有较整齐的对应关系，如表 2-11 所示。

表 2-11　　　　　　　　古今方的声调对照

方言调类 \ 普通话调类		阴平	阳平	上声	去声
平声	清	包高山朱多听			
	浊		平橱从龙床桥		
上声	清			口煮手小碗短	
	浊				抱舅稻厚幢动
去声	清				戴信戏笑呛对
	浊				豆漏蛋共亮洞
入声	清	拍发压托哭黑	菊节急福竹国	曲铁北法百谷	速客浙恰阔式
	浊		白植敌达局学		月绿日木力叶

四 宁波方言语音音节结构特点

宁波方言声韵调之间的拼合有较强的规律性，现以宁波市区的声韵拼合特点为例，如表2-12所示。

表2-12　　　　　　　　　宁波市区方言的声韵拼合

	开口呼		齐齿呼	合口呼		撮口呼
	ɿ ʮ	其他		u	u-	
pp^hbfvtt^hdl		+	+	+		
m		+	+			
n		+		+		
tsts^hdzsz	+	+		+		
tɕtɕ^hdʑȵɕʑ			+			+
kk^hgh		+		+	+	
ŋ		+				

说明：1. 声母与韵母能拼合的用"+"，不能拼合空白表示。

2. 宁波镇海、北仑区少数点以及宁海一些点，还存在k组与撮口呼相拼合的现象。

五 宁波方言语音异读特点

汉语的各种方言中都存在异读现象。异读指的是在某种方言中，同一个字存在两个或两个以上不同的读音。

李如龙先生《论汉语方音异读》一文就汉语方言里的各种异读现象分析并归纳出文白异读、别义异读、新旧异读、借用异读、正误异读、同义异读、小称异读和词内变读等八种类型的异读现象①。宁波方言中存在许多异读现象，如"头"字，与不同词素组合，产生7—8种异读音：额髁头（额头）ŋaʔ² koʔ⁵ dou²³/眼角落头（眼角）ŋɛ²³ koʔ⁵ loʔ² tɐɪ ⁴⁵/下巴头（下巴）ɦo²² po⁵⁵ tɐe⁴⁵/耳朵宕头（耳垂）ȵi²³ tɔu⁵⁵ dɔ̃²¹³ dɤ²³/肚肠骨头（肠子）du²² dʑiã²³ kuɐʔ⁵ tɐɪ ⁴⁴/聚头（一起）zi²² de²³/塞暗亮头（行贿）saʔ⁵ ai⁵³ liã³³ dɛɪ²³等，有的"头"是虚语素，有的"头"是实语素，但与李先生总结归纳的八种异读并无多大关系。在宁波方言调查的过程中也发现了一些与李先生总结归纳的异读相类似的现象。现依据上述分类方法，归为以下几种。

---

① 李如龙：《论汉语方音异读》，《语言教学与研究》1999年第1期。

(一) 小称异读

李如龙先生将方言中因为小称音变而形成的异读称为小称异读。他认为:"小称音变是由轻声而合音,合音后又引起声韵调的变化……"① "小称"最初是用来指称"小"的事物,在指称"小"的过程中渐渐带上了喜爱、亲昵或是戏谑的感情色彩,于是"小称"除了"指小"的功能外,还衍生出表示喜爱、亲昵、戏谑等的功能。因此,从这一意义上来看,小称异读实际上是语音、语意和语法的复合异读的现象。

宁波方言与其他吴语方言一样存在许多与普通话的儿化音变相类似的语言现象,主要有两种,一是变韵,二是变调,且称之为"小称变音"现象。小称的基本功能是"指小",进而衍生出表示喜爱、亲昵、戏谑等功能。

1. 小称变韵

小称变韵是指在"指小"的过程中,韵母发生与本音不一致的情况。吴语中的小称异读主要以变韵为主要形式,常见的主要为"促韵尾舒化变韵",或"韵母鼻尾化",或"韵母声调变化",或"音节全变"等。下面列举宁波、象山两地方言的小称变韵如表 2-13 所示。(打 * 的系象山方言字例)

表 2-13　　　　　　　宁波和象山方言的小称变韵

字例	本音	组词	变韵	组词	变韵形式
鸭	aʔ⁵	鸭蛋、鸭毛	ɛ⁴⁴	小鸭、鸭儿	促韵尾舒化变韵
雀	tɕʰieʔ⁵	孔雀、百雀灵	tɕie⁵⁵	麻雀、麻将	促韵尾舒化变韵
脚	tɕiaʔ⁵	溻脚、镬脚水	tɕiaŋ⁵⁵	拐脚	促韵尾舒化变韵
*伯	paʔ⁵	大伯、伯伯	paŋ⁴⁴	阿伯_{伯父}、伯伯_{伯父}	韵母促变舒+鼻尾化
叔	soʔ⁵	叔伯弟兄	soŋ³⁵	阿叔	韵母促变舒+鼻尾化
镬	ɦoʔ²	镬盖、镬铲	ɦoŋ²¹³	镬墨灰	韵母促变舒+鼻尾化
狗	kəu⁵⁵	狼狗、狗尾巴	ki⁵⁵	吭郎黄狗_{(小傻瓜的昵称)}	韵母全变
猫	mɔ⁵⁵	野猫、家猫	mɛ³³	伴幽猫_{(捉迷藏)}	韵母+声调变
*婶	soŋ⁵⁵	婶婶、婶娘	sʅ⁵³	阿婶	韵母+声调变
奶	na²¹³	奶娘	ne⁴⁴	奶奶脯	韵母+声调变

---

① 李如龙:《论汉语方音异读》,《语言教学与研究》1999 年第 1 期。

续表

字例	本音	组词	变韵	组词	变韵形式
*大	do²¹³	大小、蛮大	ta⁴⁴	阿大爸爸、小大叔叔	音节全变
牌	ba²¹³	门牌、名牌	pɛ⁵⁵	扑克牌、打牌	音节全变

2. 小称变调

在"指小"的过程中，单字音的声母韵母不变，只发生纯粹的声调变音，称为小称变调。单字调与小称调之间存在对应关系，因单字调的不同而不同。象山方言只残留中古极少数的小称变调，不像南部吴语那样丰富多样，如"鸡、猪、虾、妹"等。"鸡猪"本调是阴平 55 调，表示喜爱、亲昵时，读成阴上调 324；"虾"，本调是阴平 55，小称时，变为阴去调 53；"妹"，本调是阴去 213，小称时，变为阴平调 55。曹志耘先生认为"儿缀是小称的源头"①。"鸡、猪、虾、妹"这四个字词，小称变调后可以加儿缀 [ŋ̍]，读作鸡儿、猪儿、虾儿、妹儿。这些名词后面的"儿"只表示"指小"功能，并不表示喜爱或者其他的功能，可以称作"准小称"。因"儿"发声化韵 [ŋ̍]，"当它处于词尾时，容易跟前面的音节产生合音"②，成为前面音节的鼻音韵尾而发生音变。

以上小称变音现象，与符合语音演变常例的本音一样都是宁波方言地道的口语，各地代表点除声调调值外，差异不大。

(二) 文白异读

文白异读是汉语方言中的一种特有的现象，通常表现为一个字有文读音（读书音）和白读音（口语音）两种不同读法。宁波市区方言语音的异读情况比较复杂。声母的文白异读如：（斜杠前为白读音，斜杠后为文读音。）奉母字的肥 [bi] / [vi]；微母字的问 [mən] / [vən]、尾味微 [mi] / [vi]、网 [maŋ] / [ɦuaŋ]；日母字的儿耳 [n̠i] / [əl]、柔 [n̠iY] / [ʑiY]、仁人 [n̠iŋ] / [ʑyŋ]；见母字的家 [ko] / [tɕia]，解 [ka] / [tɕia]，江 [kɔ̃] / [tɕiã]，交教郊 [kɔ] / [tɕiɔ]，鬼贵 [tɕy] / [kuaɪ] 等等。韵母的文白异读如：山开一寒曷韵中的寒韩汗焊瀚 [ɦie] / [ɦiɐŋ]，遇合三鱼韵中的初础楚 [tsʰɿ] / [tsʰu]，止合

---

① 曹志耘：《南部吴语的小称》，《语言研究》2001 年第 3 期。
② 曹志耘：《南部吴语的小称》，《语言研究》2001 年第 3 期。

三脂韵中的水［sʮ］／［səɿ］等。

白读音是宁波方言里自古音演变而来，本身固有的方音；文读音大多是受北方方言影响而来的音。微母日母和见系二等字存在文白异读，以宁波海曙区为例，如下所示：

白读	文读	白读	文读
味道［mi²¹³］	味精［vi²¹³］	耳朵［n̠²³］	捏耳［ɚ²³］
尾巴［mi²¹³］	末尾［vi²¹³］	交作业［kɔ⁵⁵］	交通［tɕio⁵⁵］
问问看［məŋ²³］	问号［vəŋ²³］	自家［ko⁵⁵］	家具［tɕia⁵⁵］
一个人［n̠iŋ²³］	人民［zʮɐŋ²¹³］		

（三）别义异读

同一个字，用不同的读音来表示不同的意义，这便是别义异读。宁波方言中也有一些异读现象属于别义异读。如下所示：

还有［ɦiɛ²³］／还钞票［ɦuɛ²³］　好坏［hɔ³²⁴］／喜好［hɔ⁴⁴］
秘书［pi⁵³］／秘密［mi⁵⁵］　　学校［ɦio²¹³］／校对［tɕiɔ⁴⁴］
弄堂［loŋ²¹³］／弄弄好［noŋ²¹³］　戴帽子［ta⁴⁴］／姓戴［te⁵³］
大小［dəu²¹³］／大学［da²¹³］　　余数［y²³］／姓余［ɦi²³］

以上列举的别义异读，有的两种读音之间在音义上有一定的联系，有的只是文字上相同。

（四）词内变读

一个字的读音在某个特定的词里读成另一个音，离开这个词，该读音便不再使用，这便是词内变读。宁波方言中这一类音变异读现象较少，一般在地名词中出现。下面列举宁波、象山两地方言的小称变韵如下所示（打＊的系宁波市区方言字例）：

本读音	变读音	本读音	变读音
大象［ɦiaŋ²¹³］	象山［dʑiaŋ²¹³］	石头［zaʔ²］	白石［ɦieʔ²］
着力［dzoʔ²］	着衣亭［tɕie⁵］	＊狭隘［a⁵³］	邱隘［ka⁵³］
寨主［tsa⁵³］	寨里［dza²¹³］	＊诏书［tsɔ⁴⁴］	宋诏桥［tʰe⁴⁴］

第四节　声调实验描写与分析

一　单字调的传统描写

宁波方言因"宁波帮"的影响力，在吴语中具有较强的代表性，受到过不少专家学者的关注和研究,仅描述和探讨宁波方言语音的论文,就有十多篇。在描述宁波方言语音面貌时,不少专家学者谈到宁波方言声调的复杂性问题。在调查研究中我们也发现了宁波方言声调与吴语甬江片其他方言点声调相比较显得尤为复杂多变。归纳起来主要表现在:一是单字调除了阴平和入声比较稳定外,其余各调串调现象比较严重,许多字调变幻不定,无法与古调类对应;二是单字调内部差异相当大,多的有7个,少的只有4个;三是两字组声调组合,绝大部分都有两个以上的调型,看不出明显的规律。如此复杂现象在吴语其他方言中也是少见。表 2-14 是多家论著对宁波话单字调的传统描写。

表 2-14　　　　多家论著对宁波方言调类调值的记录

	阴平	阳平	阴上	阳上	阴去	阳去	阴入	阳入	声调数
宁波方言的变调现象	53	35	424	313	33	213	55	34	8
现代吴语研究	31	231	435		323	13	4	23	7
宁波方言本字考	42	213	424		55	313	4	2	7
宁波方言(老派)的单字调和两字组变调	53	24	35		44	213	55	12	7
鄞县方言同音字汇	53	22	34		44	13	5	12	7
百年来宁波音系的演变(郊区)	42	24	435	313	44		5	23	7
宁波方言同音字汇	42	233	445		44	13	5	12	7
当代吴语研究(新派)	52		325			113	55	33	5
百年来宁波音系的演变(城区)	42	24					5	23	4

表 2-14 描写了宁波方言老派新派和城区郊区声调 4 至 8 个不等。老派 8 个调出自《宁波方言的变调现象》(《方言》1985 年第 1 期) 一文；记录老派郊区 7 个调的，占 2/3 多数，分别出自专著《现代吴语研究》(《清华学校研究院丛书》第四种，1928 年) 以及《宁波方言本字考》(《方言》1979 年第 3 期)、《宁波方言 (老派) 的单字调和两字组变调》(《语言研究》1990 年第 1 期)、《鄞县方言同音字汇》(《方言》1990 年第 1 期)、《百年来宁波音系的演变》(《语言学丛论》1991 年第 16 辑)、《宁波方言同音字汇》[《宁波大学学报》(人文科学版) 1991 年第 1 期] 五篇期刊论文中。

赵元任的 7 个声调调值，是徐通锵将其乐谱所记的调值换算折合而成的调值。徐通锵还在论文中，提到自己 1980 年至 1982 年间，对宁波市区方言作了大量的田野调查。所调查的发音人 24—46 岁，调查区域主要是城区以及郊外，记录了 4—7 个调。城区 4 个调阴平、阴上、阴去合流均读 42 调，阳平、阳上、阳去合流同读 24 调，入声分阴阳与郊区同。西门和江东区 5 个调，南门外 6 个调。

施文涛在其论文第 161 页中提到："宁波市区内二十岁左右的青年人大都只有 4 个声调，跟 7 个声调不同的是：阴平、上声、阴去合并为一个声调 (夫＝斧＝傅)，阳平、阳去合并为一个声调 (扶＝父)"。

汤珍珠在《宁波方言词典》(江苏教育出版社 1997 年版) 引论中，提到宁波鄞州韩岭有 6 个调，阴平 53、阴上 35、阴去 44、阴入 <u>55</u>、阳入 <u>12</u>，阳平阳上阳去合并为一个调，调值为 13；鄞州樟村 5 个调，与 6 个调相比，阴平阴上合并为 1 个调，调值为 53，其余调值相同。

钱乃荣在专著《当代吴语研究》中，记录了宁波市区中学生 5 个单字音声调外，又说明老派声调比新派多了阳平和阴去 2 个调，中派有 6 个调，比新派多了 1 个阴去调，阳平并入阳去。

可见，各家论著对宁波方言声调的描写，一方面体现了其复杂多样性，另一方面存在较大的差异性。传统方言声调描写普遍采用"听音笔录、人工听辨、五度标记"的方法，带有较强的主观性。本节运用实验语音学的方法，对其声调特征进行描写和分析。

二 单字调的实验描写

语音的物理属性包括音高、音长、音强和音色。其中，音高和音长是描述声调的重要参量。声调的音高主要决定于基频，声调调型的物理基础是语音的基频变化轨迹，即 F0 变化曲线，它是随着时间和基频高低不断变化的。单字调是声调的静态形式，是声调动态变化的基础，其格局根据声调的数目、声调的调型以及它们的分布关系不同表现各有差异。然后采用 Praat 语音分析软件进行声学分析，用 Praat 脚本和 Excel 软件提取和处理数据，采用 SPSS 软件对数据进行相关度分析，运用 T 值法归一数据，获得宁波方言声调的五度值。

从音高和时长两个角度研究宁波方言单字调。首先获取单字调的基频、时长等声学数据，然后归一化。下面以中老年单字调基础字 F0 数据图为例。

（一）发音人：俞萍萍，女，70 岁，宁波市区江东潜龙，发音风格自然

1. 阴平调实验描写

调查有效字共 24 个，符合读音规律的字 24 个，占总数的 100%；特殊字 0 个，占总数 0%。F0 曲线图是一条总体呈下降趋势线条，位于调域的中部，呈中降趋势。其基频分布从 0% 时刻的最大值 270HZ 至 40% 时刻处之间走平，后一直下降至 100% 处的 196HZ。跨度为 74HZ，时长 207ms。

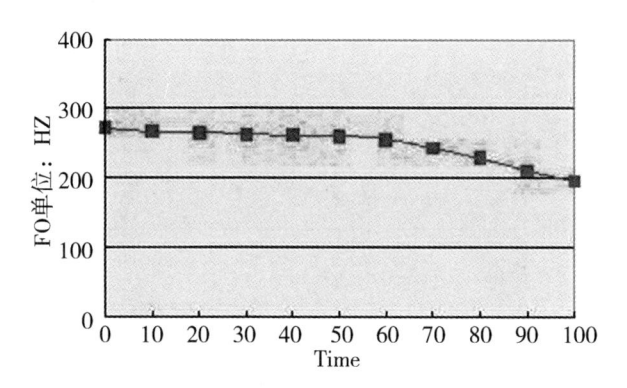

图 2-1　俞萍萍阴平基频数据图

2. 阳平调实验描写

调查有效字共 20 个，符合读音规律的字有 20 个，占总数的 100%；特殊字 0 个，占总数 0%。F0 曲线图是一条上升的线条，位于调域的中部，呈中升调。其基频分布从起始处的最小值 160HZ，开始走平，直至

20%时刻处开始上升,于100%时达到最大值为248HZ,跨度为86HZ,时长为355ms。

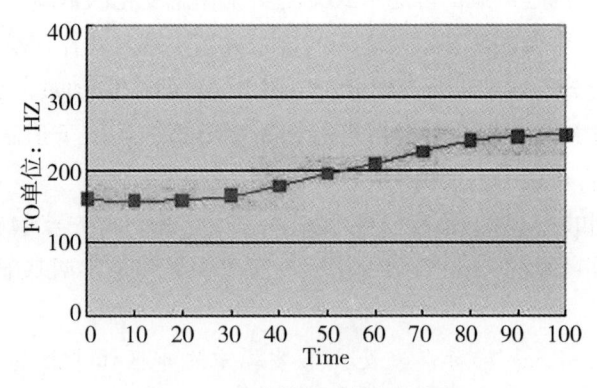

图2-2 俞萍萍阳平基频数据图

3. 阴上调实验描写

调查有效字共19个,符合读音规律的字有18个,占总数的94.7%;特殊字有1个,占总数5.3%。F0曲线图是一条总体呈转升趋势的线条,头部微翘,位于调域的中上部。其基频分布从起始处的245HZ开始下降,于10%时刻处达到最小值229HZ,之后一直上升至100%处达到最大值276HZ,跨度为31HZ,时长为306ms。

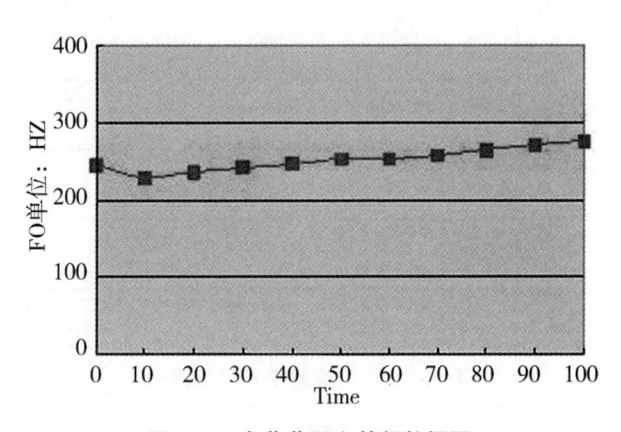

图2-3 俞萍萍阴上基频数据图

4. 阳上调实验描写

调查有效字16个,符合读音规律的字有16个,占总数的100%;特殊字有0个,占总数0%。F0曲线图是一条总体呈缓慢上升趋势的线条,位于整个调域的中下部。其基频分布由0%时刻的159HZ开始下降至40%时刻，达到最小值145HZ，之后开始上升，直至100%时刻处达到最大值218HZ。跨度为73HZ，时长为369ms。

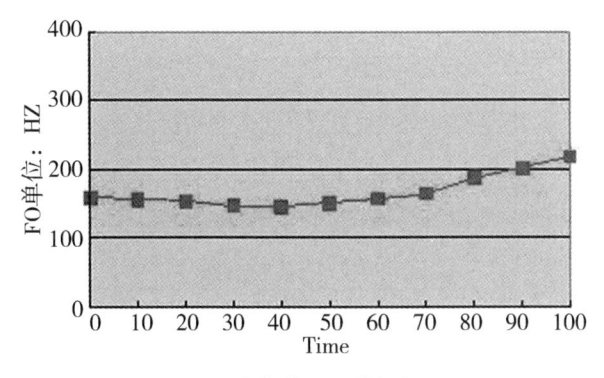

图2-4 俞萍萍阳上基频数据图

5. 阴去调实验描写

调查有效字共20个，符合读音规律的字有20个，占总数的100%；特殊字有0个，占总数0%。F0曲线图是一条下降的线条，位于调域的中部，呈中降调。其基频分布从起始处的最大值247HZ开始逐渐下降，至100%时刻达到最小值200HZ。跨度为47HZ，时长为402ms。

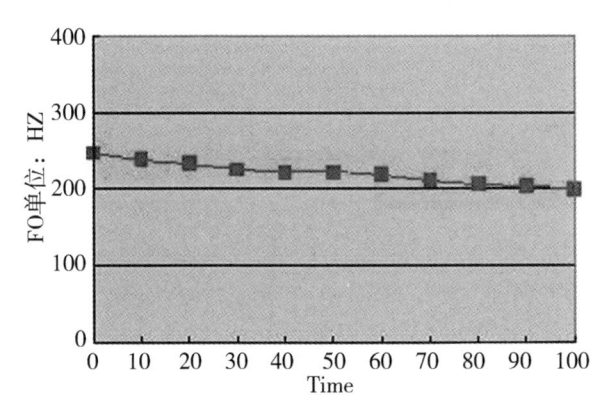

图2-5 俞萍萍阴去基频数据图

6. 阳去调实验描写

调查有效字共17个，符合读音规律的字17个，占总数的100%；特殊字0个，占总数0%。F0曲线图是一条总体呈上升趋势的线条，头部，位于调域的中下部,呈低升调态势。其基频分布从起点 0%时刻 163HZ 至 20%时刻之间一段走平,于 20%时刻处达到最小值 155HZ,之后开始上升,到 100%时刻达到最大值 226HZ。跨度为 60HZ,时长为 362ms。

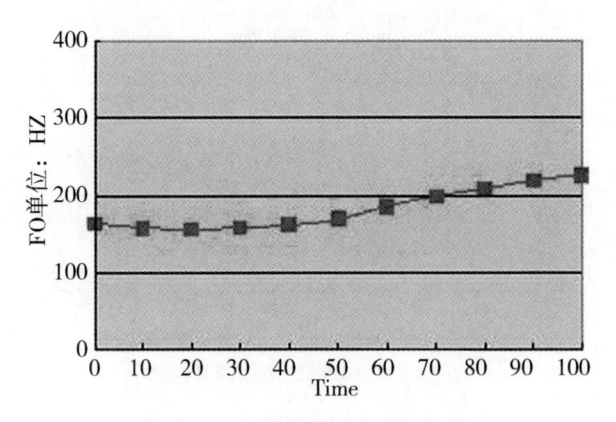

图 2-6　俞萍萍阳去基频数据图

7. 阴入调实验描写

调查有效字共 17 个,符合读音规律的字有 17 个,占总数的 100%;特殊字有 0 个,占总数 0%。F0 曲线图是一条总体上呈下降趋势的曲线,位于调域的中上部,呈中降调。其基频分布从起始处的最大值 335HZ 一直下降至 60%处时达到最小值 250HZ。跨度为 85HZ,时长为 75ms,是八个调中时长最短的调。

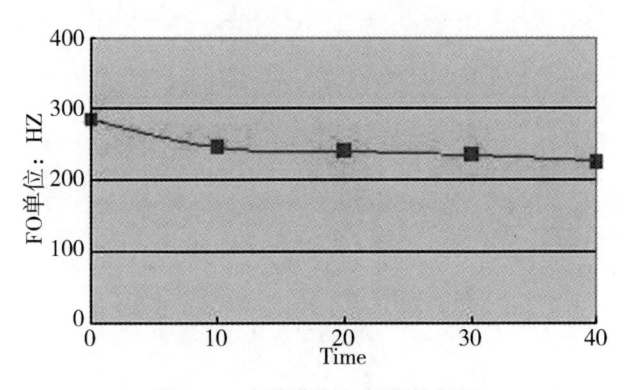

图 2-7　俞萍萍阴入基频数据图

8. 阳入调实验描写

调查有效字共 16 个,符合读音规律的字有 16 个,占总数的 100%;

特殊字有0个，占总数0%。F0曲线图是一条总体低升趋势的线条，位于调域的低部，呈低微升态势。其基频分布从0%时刻的最小值105HZ逐渐上升至70%时刻最大值181HZ，跨度为76 HZ，时长为168ms。

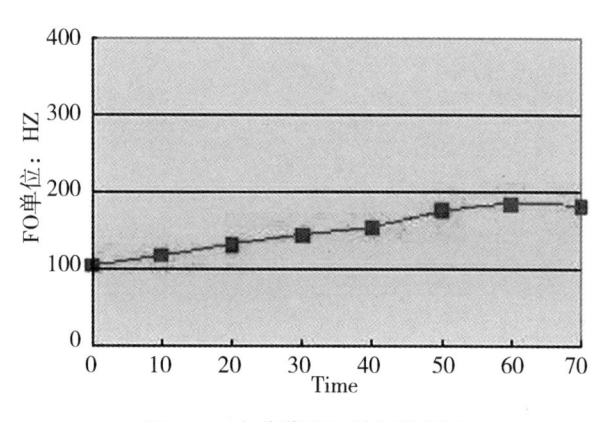

图2-8 俞萍萍阳入基频数据图

八个单字调F0曲线变化描写如表2-15所示。

表2-15　　　　　　　　俞萍萍基础字基频数据　　　　　F0单位：赫（Hz）

时刻 调类	0	10	20	30	40	50	60	70	80	90	100	ms
阴平	272	267	265	263	262	260	255	243	229	211	196	207
阳平	160	158	159	165	178	195	209	225	240	246	248	355
阴上	245	229	236	242	247	253	253	258	264	271	276	306
阳上	159	156	153	147	145	151	157	165	187	201	218	369
阴去	247	238	233	225	222	222	219	211	206	204	200	402
阳去	163	157	155	158	161	169	185	199	209	219	226	362
阴入	285	246	241	236	226							75
阳入	105	117	131	144	154	175	184	181				168

（二）发音人：中年组 徐锡良，男，44 岁，海曙西门口，发音风格自然

1. 徐锡良 F0 数据图

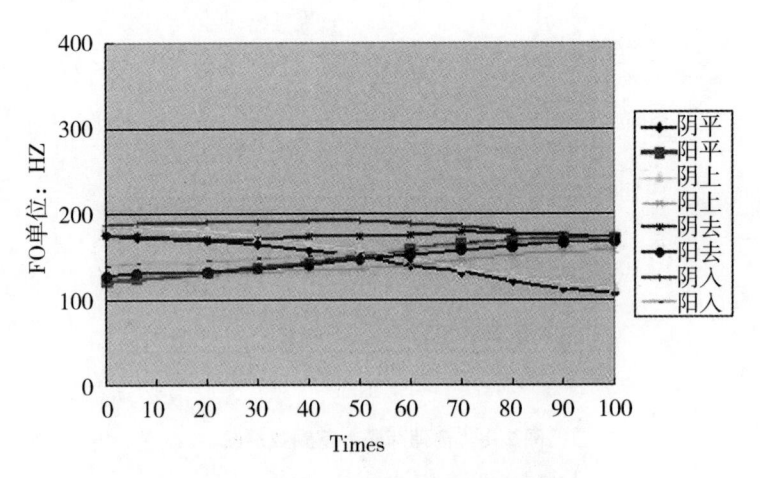

图 2-9　徐锡良声调均值基频数据图

2. 八个单字调 F0 曲线变化描写如表 2-16 所示。

表 2-16　　　　　　　徐锡良基础字基频数据　　　　F0 单位：赫（Hz）

时刻 调类	0	10	20	30	40	50	60	70	80	90	100	ms
阴平	174	172	168	164	158	148	130	123	113	107	105	325
阳平	117	124	131	138	143	152	161	169	174	177	176	418
阴上	206	201	192	183	175	167	158	144	135	124	114	354
阳上	125	127	129	133	136	137	141	146	150	154	154	341
阴去	186	182	177	178	179	182	187	192	193	190	189	360
阳去	133	135	137	141	145	151	158	164	167	173	172	360
阴入	187	190	194	195	197	197	193	186	181			87
阳入	137	139	142	145	149	153	157	161	166	169	173	120

用实验方法研究声调需要解决的一个关键问题是将实验中所提取的基

频数据转换为符合人耳听感的声调调值的五度标记。目前,学术界最常使用T值法和LZ法来处理声学实验的数据,得出声调格局和变调模式。T值法是石锋分析天津话声调时采用的方法,具体的公式是T=5(lgx-lgb)/(Iga-lgb)。其中,a为调域上限,b为调域下限,x为a和b之间的测量点,所得T值就是x点的五度值参考标度。

在实验中我们选择石锋的T值归一法对基频进行归一化。具体做法是:首先将基频值转换成对数值,其次找出对数值的最大值和最小值,然后将最大对数值和最小对数值的差值作为分母,将所测点的对数值与最小对数值的差值的五倍为分母,计算所得结果即为该点T值。

归一化后得出中老年实验组的调类调值,如表2-17所示。

表2-17　　　　　　　　中老年男女实验的调类调值

调类	阴平	阳平	阴上	阳上	阴去	阳去	阴入	阳入
俞萍萍	42	23	324	23	44	23	44	22
徐锡良	44	23	213	23	33	23	33	11

三　实验与人工听感记录对比

实验方法采用Cool Edit Pr02.0进行录音并剪辑,使用Praat4.4.16进行数据分析,并通过基频和数据图的方式,直观地描述各个声调的音高和音长,进而确定宁波方言单字声调的调值。实验结果显示,中老年男女的调类归并相同,调值略有差异。主要表现在阴平调女声读为降调42,与人工老派53基本一致;男声读为平调;阴上调男女均为转降调,但调值略有差异,女声位于调域中上部,男声位于调域中下部;阳平、阳上归阳去合为一个声,男女调值一致。阴去调男女调值一致,皆为中平调;入声仍有高低阴阳之分,但时长短促程度有所趋缓,相比较而言,阴入比阳入调要短促些。男女实验结果基本相近,主要区别在年龄以及性别差异上。女声年龄在70岁以上,除了阴平调保留老派降调外,其余调值趋向中派;男声为比较典型的宁波方言中派6个调,阴平44与阴去33调值接近,皆为平调,发音只有细微差异,有合并向5个声调发展的趋势。人工听感记录的中派也是6个调,阴平与阴去合并,记为44调,阳上与阳去合并,记为213调,平声和入声分阴阳,而且入声读音与老派一致,仍然比较短促。实验与人工记录的调类调值对照如表 2-18 所示。

表 2-18　　　　　　　实验与人工记录的调类调值对照

	阴平 东边	阴去 冻变	阴上 懂扁	阴入 笃笔	阳平 铜桃	阳上 动道	阳去 洞盗	阳入 毒白	声调数
实验女	42	44	324	44		23		22	6个
实验男	44	33	213	33		23		11	6个
人工中派	44		324	5	23		213	2	6个

第三章

宁波方言词汇面貌及其特点

方言词汇有两个含义，狭义的方言词语，是指一个方言中说法与普通话不同的词；广义的方言词语，指一个方言中所使用的全部的词，既包括与普通话不同的词，也包括与普通话相同的词。本章论述的宁波方言词汇，专指狭义的方言词语，重点描写宁波六区、奉化、宁海、象山、慈溪、余姚各县市代表点词语面貌并揭示其特点。首先，在广泛深入的田野调查基础上，通过归纳对比选择了 2000 个左右的日常特色词语，来展示宁波方言代表点与普通话词语的差异。分为两大类，一类为能与普通话对应的；另一类为不能与普通话对应的。其次，挑选出吴语中比较有特色的词语 400 余个，进行六县市代表点列表对比展示。最后，从代词、合音词、古语词、否定词、语气词等方面揭示宁波方言词汇在整个吴语中的特点。

第一节 宁波方言代表点的词语面貌

本节主要展示宁波市代表点中说法与普通话不同的特色词语的基本面貌。所谓特色词语，是相对于普通话来说的，不一定是宁波方言独有的词语，也可能是与吴语方言共有的词语。大致上分为两大类：一类是能与普通话对应说法特别的词语，词义与普通话基本相同，但语音和词形差异较大；另一类是音形义都无法与普通话相对应的词语。每个词语的上标数字表示连读时实际声调的调值（有的是本调，有的是变调），有的词语写不出本字的，使用方言同音字，没有同音字的用"◇"替代。

一 能与普通话对应的词语对照

词语描写展示方式为方言词语在前，与普通话对应的词语在后。有几个说法的，均用斜杠标示。

（一）自然地理

日头 ȵieʔ²dou²³/太阳菩萨 tʰa⁴⁴ɦiã³³bu²³sɐʔ⁵：太阳

兜风 tœɤ⁴⁴foŋ⁵³：逆风

闪龙光闪 çi⁵⁵loŋ²³kuɔ⁵⁵çi⁵³：闪电

落山 loʔ²sɛ⁵³：下山（太阳~）

太阳菩 tʰa⁵⁵ɦiã²²bu²³：阳光

天狗吃太阳 tʰi⁵³kœɤ⁴⁵tɕʰyɔʔ⁵tʰa⁴⁴ɦiã³³：日蚀

月亮 ɦiyɔʔ²liã²³：月亮

天狗拖月亮 tʰi⁵³kou⁴⁵tʰa⁵³ɦiyɔʔ⁵liã²¹³：月食

鹅毛月 ŋəu²¹³mɔ³³ɦiyɔʔ²：月牙儿

阴凉所 in⁴⁴liã³⁵səu⁴⁵：背阴（阳光照不到的地方）

响雷 çiã⁴⁵lɐɪ²³：打雷

动雷豁闪 doŋ²²lɐɪ²³huɐʔ⁵çi⁴⁵：电闪雷鸣

天河 tʰi⁴⁴ɦiəu²³：银河

做风水 tsəu⁵³foŋ⁵⁵sʅ⁴⁵/做风潮 tsəu⁵³foŋ⁵⁵dʑiɔ²³：刮台风

起风 tɕʰi⁵⁵foŋ⁵³：刮风

起露 tɕʰi⁵⁵lu²¹³：下露

落霜 loʔ²suɔ̃⁵³：下霜

落雨 loʔ²ɦy²³：下雨

赶狗阵 ki⁵⁵kœɤ⁵³dʑiŋ²³：雷阵雨

雪子 sɥoʔ⁵tsʅ⁴⁵：霰

园地 ɦy²²di²³：菜地

田塍 di²²ziŋ²³：田埂

沙泥地 so⁵⁵ȵi²³di²³：沙土地（土质松散，宜于耕种）

地皮 di²²bi²³：土地

半山腰 pø⁵³sɛ⁴⁴io⁴⁵：山腰

山顶 sɛ⁴⁴tiŋ⁵³：山峰

溪坑 tɕʰi⁵⁵kʰã⁵³：山涧（山间的溪流）

河 ɦiəu²³：大河（较大的水道）

耘地 ɦiyəŋ²¹³di²³：耘田

小溪 çiɔ³⁵tɕʰi⁴⁴：溪

池塘 dʐʅ²²dɔ̃²³：池塘

鬼头风 tɕy³²⁴dœɤ²³foŋ⁵⁵：旋风

乌风猛暴 u⁴⁴foŋ⁵⁵mã²³pɔ⁴⁵：暴雨

鲎 hœɤ⁴⁴：①虹②一种海产品，鲎形似蟹，身体呈青褐色或暗褐色，包被硬质甲壳

烊雪 ɦiã sɥoʔ⁵

天家 tʰi⁵⁵ko⁵³：天气

还潮天家 ɦiuɛ²²dʑiɔ²³tʰi⁵⁵ko⁴⁵：春夏之交暖和、潮湿的天气。

秋扼伏 tɕʰiɤ⁵⁵ɐʔ⁵voʔ²：秋老虎

祖基 tsu³²⁴tɕi⁵³：故乡

坞垱 u⁵⁵tɔ⁴⁵：地方

地脚印 di²³tɕiɐʔ⁵iŋ⁵³：地址

埲灰 boŋ³¹huɐɪ⁴⁵/埲尘 boŋ³¹dʑiŋ²³：灰尘

阴暗天家 in⁴⁴e⁴⁴tʰi⁴⁴ko⁵³：阴天

村 tsʰəŋ⁵⁵：村庄

做大水 tsəu⁵³dəu²³sʅ³²⁴：涝了

落潮 loʔ²dʑiɔ²³：退潮

闷闷动 mɛŋ²²mɛŋ²³doŋ³¹：闷热

沉溏 dʑiŋ²²dɔ̃²³：冰锥

大水 dəu²³sʅ³²⁴：洪水；月经

夜红 ɦia³³ɦoŋ³¹/胭脂红 i⁵⁵tsʅ⁴⁵

ɦoŋ²³：晚霞
水明堂 sʯ⁴⁴miŋ³³dɔ̃²³：水坑
转晴 tsø⁵⁵ziŋ²³：天转晴
风凉 foŋ⁵⁵liã²³/阴凉 iŋ⁵⁵liã²³：凉快
阴煞煞 iŋ⁵⁵sɛʔ⁵sɛʔ⁵：阴冷

（二）时间/节气

日脚 ȵieʔ²tɕiɛʔ⁵：日子
今密子 tɕie⁵⁵mieʔ²tsʯ⁴²：今天
明朝子 miŋ³³tɕiɔ⁵⁵tsʯ⁴⁵：明天
后日子 ɦœɣ²¹³ȵieʔ²tsʯ⁴²：后天
昨密子 zo²²mieʔ²tsʯ⁴²：昨天
天亮头 tʰi⁵⁵ȵiã²³dœɣ⁴⁵：早晨
上半日 zɔ̃²¹³puʔ⁴⁴ȵieʔ²：上午
早半上 tsɔ⁴⁴puʔ³³zɔ̃²¹³：午前
昼过 tɕiɣ⁵³kəu⁴²：中午
下半日 ɦo²³puʔ⁴⁴ȵieʔ²：下午
夜快 ɦia²³kʰua⁴⁵：黄昏
朦胧亮 moŋ³³loŋ³³liã²³：黎明时
乌龙松 u⁵⁵loŋ³⁵soŋ⁵³：黎明前
大天白亮 dəu²³tʰi⁵⁵bɛʔ²liã⁴⁵：黎明后
日里 ȵieʔ²li²³：白天
夜到 ɦia²³tɔ⁴⁵：晚上
夜到晚头 ɦia²³tɔ⁴⁴mɛ³³dœɣ³¹：夜里
今年子 tɕiŋ⁴⁴ȵi²³tsʯ³²⁴：今年
旧年子 dʑi²¹ȵi³³tsʯ⁴⁵：去年
前日（子）zi²¹ȵieʔ²(tsʔ⁴⁵)：前天
半夜过 puʔ⁴⁴ɦia²³kəu⁵³：深夜
夜快边 ɦia²²kʰua⁴⁴pi⁵⁵/黄昏头 ɦuɔ̃²²huəŋ⁵⁵dœɣ⁴⁵：傍晚
一日到夜 ieʔ⁵ȵieʔ²tɔ⁴⁴ɦia²³：整天
正月半 tɕiŋ⁴⁴ɦiɔ²³puʔ⁴⁴：元宵节

八月十六 paʔ⁴ɦiɔʔ²zoʔ²³loʔ²：中秋节
三十年夜 sɛ⁵³zɥoʔ²³ȵie²²ɦia²³：除夕
啥辰光 səu⁵³(soʔ⁵)zɛŋ²³kuɔ̃⁵³：什么时候
礼拜日 li²³paʔ⁴⁵ȵieʔ²：星期天
一礼拜 ieʔ⁵li²¹³paʔ⁴⁵：一星期/一周
上枪 zɔ̃²³tɕʰiã⁵³：上一段时间
等尚 tɛŋ³²⁴zɔ̃³³：等一下
一尚 ɿiʔ⁵zɔ̃²³：一会儿
晏 ɛ⁵⁵：迟；晚
晏眼 ɛ⁵⁵ŋɛ²³：迟一点；晚一点
节肯 tɕieʔ⁵tɕʰɛŋ³²⁴：节气
春天家 tsʰɥɛŋ⁵⁵tʰi⁵⁵ko⁵³：春天
东午 toŋ⁵⁵ŋ̍²³：端午节
一够昼 iʔ⁵kœɣ⁴⁴tsiɣ⁴⁴：一昼夜
该尚 kieʔ⁵zɔ̃²¹³/难朝 nɛ²³tsɔ⁵⁵：现在；这会儿
头冒 dəu²³mɔ³³：刚才
头起家 dou²³tɕʰi⁴⁴ko⁴²：起先；刚才
顺埭过便 zɥɛŋ²³da³³kəu⁴⁴bie²³：顺便

（三）农业

沙沙 so⁴⁴ȵi²³：沙子
淖泥 na²²ȵi²³：土（统称）
淖泥污浆 na²³ȵi²³uʔ⁴⁴tɕiã⁴⁵：烂泥
下秧子 ɦo²³iã⁵⁵tsʯ⁵³：撒种
削田 ɕieʔ⁵di²³/削草 ɕieʔ⁵tsʰɔ⁴⁵：锄草
掘淖泥 dʑyoʔ²na²²ȵi²³：挖土
浇肥 tɕio⁵⁵bi²³：浇的是液体肥
撒焦泥 tsɛʔ⁵tɕio⁵⁵ȵi²³/壅田 ɦyoŋ²¹

di²¹³：施肥

车水 tsʰo⁵⁵sɿ³²⁴：引水浇地

肥桶 bi²³doŋ²³：粪桶（浇粪用的，可以挑）

料勺 lio³¹³zoʔ²：粪勺（浇粪用的，有长柄）

牛嘴套笼 ŋœɤ²³tsɿ⁵³tʰɔ⁵⁵loŋ⁴⁵：牛笼嘴

犁腕 li²³ø³²⁴：犁镜（安在犁铧上方，用铸铁等制成的一块弯板）

犁镜头 li²²zɛ³³dəu²³：犁铧（安在犁下端的铁器，略呈三角形）

大木桶 dəu³³muʔ²doŋ²³：稻桶（旧时收割稻子脱粒用的）

米筛 mi²³sɿ⁵⁵：筛子（眼儿较大，用于筛稻、米等）

箩筛 ləu²³sɿ⁵⁵：箩（眼儿较小，用于筛粉末状细物）

石捣臼 zɐʔ²tɔ⁵⁵dʑy²³：石臼（舂米等的器具）

鎠子刀（割稻用，有齿）tɕieʔ⁵tsɿ⁵⁵dɔ²³／沙鎠 so⁴⁴tɕieʔ⁵：大镰刀

倭刀（割草用的）ɔu⁵⁵tɔ⁵³：小镰刀

马嘴 mo²³tsɿ⁵³：小簸箕（三面有边沿，一面敞口，用来簸粮食等）

土筲 tʰu⁵⁵sɿ⁵³：粪箕（形状像簸箕，有提梁或绳儿，两边挑）

夹箩（挑米）kɐʔ⁵ləu²³／箪笱箩（挑谷子）tɐ⁵³sɿ⁵⁵ləu²³：筐（用竹篾、荆条等编的容器）

篾垫 mieʔ²di²¹³：簟（摊晒粮食等的竹席）

团匾 dø²³pi⁵³：竹器（篾条编的圆形浅帮的，用于晒年糕片、米等）

傯 tsʰoŋ⁵³：尖担（两头尖的扁担，用来挑柴草）

（四）植物

地作货 di²³tsoʔ⁵həu²³：农作物

稻 dɔ²³：水稻（总称）

秧苗 iã⁴⁴mio³⁵：水稻苗

谷 koʔ⁵：稻谷（果实）

稻头 dɔ²¹³dəu²⁴：稻穗

早稻米 tsɔ⁵⁵dɔ³³mi²³：早稻

夜稻米 ɦia³³dɔ³³mi²³／晚稻 mɛ³³dɔ²³：晚稻

六谷 loʔ²koʔ⁵：玉米

粟 soʔ⁵：小米

麦秆 mɐʔ²ki⁴⁴：麦秆

蚕豆 zɛ²¹³dəu²³：豌豆

芦穄 lu²²tɕi⁵³：高粱

倭豆 ɔu⁵³dəu²³：蚕豆

朝日头花 dʑio²³n̠ieʔ²dəu²³ho⁵³：向日葵

香瓜子 ɕiã⁵³ko⁴⁴tsɿ⁴²：葵花籽

菠薐 pɔ⁴⁴leŋ³³：菠菜

洋芋艿 ɦiã²³ŋ³³na³¹：马铃薯

芋艿头 ŋ³³na²³dəu³¹：芋头

山芋 sɛ⁵³ɦy²³：山药

茄 dʑia²¹³：茄子

紫胡萄 tsɿ³²⁴ɦiu³³dɔ²³：葡萄

夜开花（长的）ɦia²³kʰe⁴⁴ho³²⁴／蒲（圆的）bu²³：瓠子（表皮淡绿色，肉白色，又叫蒲瓜）

香泡 ɕiã⁴⁴pʰɔ⁴⁵：柚子

饭瓜 ve²³kø⁵³：南瓜

莲蓬 li²³boŋ²³：莲藕

豆芽 dəu²² ŋo²³：豆芽菜

苋菜 hɛ⁴⁴ tsʰɛ⁵³：苋菜

天萝（圆的、粗的）tʰi⁵⁵ləu²³/丝瓜（细的、长的）sɿ⁴⁴ko⁵³：丝瓜

大蒜 da²¹³sø⁵³：蒜（整株的）

番茄 fɛ⁴⁴ka⁴⁵：西红柿

辣茄 laʔ²ga²³：辣椒

灯笼辣茄 tɛŋ⁵³loŋ³³lɐʔ²ga²³：青椒

辣火酱 lɐʔ²həu³²⁴tɕiã⁵³：辣椒酱

荠菜 tɕio⁴⁴tsʰɛ⁵³：大白菜

包心菜 pɔ⁴⁴ɕiŋ⁵⁵tsʰɛ⁵³：（球形的）圆白菜；洋白菜

洋红萝卜 ɦiã²³ ɦoŋ²² ləu³³ boʔ²：胡萝卜

生菜 sã⁵⁵tsʰɛ⁵³：油菜（做蔬菜用）

菜籽 tsʰɛ⁵³tsɿ⁴⁵：油菜籽（榨油用）

树根株 zʯ²³kɛŋ⁵⁵tsʯ⁵³/树掌枝头 zʯ²³tsã⁵³tsʯ⁴⁴dɐɪ⁴⁵：树根

树叶瓣 zʯ²³ɦieʔ²bɐ²³：树叶

树丫杈 zʯ²³o⁵⁵tsʰo⁵³：树枝

树脑头 zʯ²²nɔ³³dɐɪ⁴⁵：树梢

晾杆 lɔ̃²¹³ki⁵³：竹竿儿（晾衣用）

箬壳 ȵiaʔ²kʰɔʔ⁵：箬（竹笋上一片一片的皮）

篾白 miɪʔ²bɐʔ²：篾黄（外皮以内，质地较脆）

生梨 sã⁵⁵li²³/梨头 li²³dɛ³¹：梨

吊红（小的、圆的）tio⁵⁵ɦoŋ²³/铜盆柿子 doŋ³³bã²²zɿ²³tsɿ⁴⁵：柿子

金猛 tɕiŋ⁵⁵mã²³：石榴

桂圆 kuɛ⁵³ɦiy²³：龙眼

胡桃 ɦu²²dɔ²³：核桃

小胡桃 ɕio⁴⁴ɦu²²dɔ²³：山核桃

长生果 dʑiã²³sã⁴⁴kəu⁵³：花生

核 ɦuɐʔ²：核儿（龙眼、荔枝的）

蒲荠 bu²²dʑi²³/骆驼蒲荠（宁波地方特产）oʔ²bu²³bu²²dʑi²³：荸荠

喇叭花 laʔ²³pa⁴⁴ho⁵³：牵牛花

柴白绛花 zaʔ²baʔ²tɕiã⁴⁴ho³¹：杜鹃花

刺蓬蓬 tsʰɿ⁴⁴boŋ²²boŋ²³/狗角刺（刺长而尖锐）kœɤ⁴⁵kɔʔ⁵tsʰɿ⁵³：荆棘

青果 tɕʰiŋ⁴⁴kəu⁵³：橄榄

瓢 bio²³：浮萍

老酵 lɔ²³kɔ⁵³：酒曲

烧酒 ɕio⁴⁴tɕiɤ⁴⁵白酒

猪油 tsʯ⁴⁴ɦiɤ³¹/肉油 ȵyoʔ²ɦiɤ²³：猪油

生油 sã⁴⁴ɦiɤ³¹：花生油

肺头 fi⁴⁴dəu³¹：（猪的）肺

槽头肉 dzɔ³³dəu²²ȵio²³：猪颈部的肉

赚头 dzɛ²³dəu³¹：猪舌头

闲食 ɦiɛ²²zieʔ²：零食

棒冰 bɔ̃²³piŋ⁵³：冰棍儿

桂圆 kuɛ⁵³ɦiy²¹³：龙眼

青衣 tɕʰiŋ⁵⁵i⁵³：青苔

（五）动物

众牲 tsoŋ⁴⁴sã⁵³：牲畜

犅 ã³²⁴：牛犊

猫 mɛ²¹³：小猫儿（小称音变）

老猪娘 lɔ²³tsʯ⁴⁴ȵiã⁴⁴：母猪（专指生猪崽的）

牯猪 ku⁴⁴tsʅ³⁵：公猪（做种的）
羯猪 tɕieʔ⁵tsʅ⁴⁵：公猪（阉割）
羯鶼娘 tɕieʔ⁵kɔ⁴⁴ȵiã⁵⁵：母猪（阉割）
猪猡 tsʅ⁴⁴lǝu³¹：小猪
生蛋鸡 sã⁵⁵dɛ²³tɕi⁴⁵：下蛋鸡
草鸡 tsʰɔ⁴⁴tɕi⁴⁵：小母鸡（未生过蛋的）
赖孵鸡 la²¹³bu²³tɕi⁵⁵：抱窝鸡（正在孵蛋的母鸡）
骟鸡 ɕi⁵⁵tɕi⁵³：阉鸡（阉割过的公鸡）
雄鸡 ɦiɣoŋ²³tɕi⁵³：公鸡（做种的）
娘乌猫 ȵiã²³u⁴⁴mɛ⁵⁵：母猫
雄猫 ɦioŋ²³mɛ⁵⁵：公猫
鸭 ɐʔ⁵：鸭
小鸭 ɕio²¹³ɛ⁵⁵：小鸭儿
雄鸭 ɦioŋ²³ɐʔ⁵：公鸭
鸭娘 ɐʔ⁵ȵiã²³：母鸭
猢狲 ɦiɐʔ²sɐŋ⁴⁵：猴子
老鸦 lɔ²¹³o⁴⁴：乌鸦
狮子狗 sʅ⁴⁴tsʅ⁴⁵kœy³⁵：狼狗
雁鹅 ŋa³³ŋeu²³：大雁
丫鹊 o⁴⁴tɕʰiɐʔ⁵：喜鹊
麻将 mɔ²³tɕiã⁴⁴：麻雀
鸟 tiɔ³²⁴：鸟儿
逐魂 dzoʔ²ɦiuǝŋ²³：猫头鹰
蛛蛛 tsʅ⁴⁴tsʅ⁴⁵：蜘蛛
蝙蝠老鼠 piʔ⁵³foʔ⁵lɔ²¹³tɕʰʅ⁵⁵：蝙蝠
蛐蟮 tɕʰyʔ⁵zø²³：蚯蚓
四脚蛇 sʅ⁵⁵tɕiɐʔ⁵dzo²³：蜥蜴
壁老虎 piʔ⁵lɔ²³fu⁵³：壁虎
蜢蚣 mɛŋ²³koŋ⁵³：蜈蚣
斧头蟑螂 vu³³dǝu²³tsɔ⁴⁴lɔ²³/契发螂 tɕʰi⁴⁴faʔ⁵lɔ³⁵：螳螂

蜓蚰螺 ɦi²²ɦio²²lǝu³⁵：蜗牛
乌龟头虫 u⁴⁴tɕy⁵⁵dǝu⁴⁵dzoŋ²³：蝌蚪
促织 dʑiɛ²³tɕieʔ⁵：蟋蟀
灶沿头虫 tsɔ⁵³ɦi²³dǝu³²⁴dzoŋ²³：灶蟋蟀
蚊虫 mɛŋ³³dzoŋ²³：蚊子
苍蝇 tsʰɔ⁴⁴iŋ⁴⁵：苍蝇
蚕蛾 dzæ²²ŋǝu²³：蚕茧
谷蜢 koʔ⁵mã³¹：蝗虫
蚂粉 mo²³fɛŋ³⁵：蚂蚁
火萤虫 hǝu³²⁴ɦiŋ²²dzoŋ²³：萤火虫
蚱蠊 tso⁴⁴li⁴⁵：蝉
黄蜂窠 ɦiuã²³foŋ⁵³kʰǝu⁴⁵：蜂窝
鱼泡泡 ŋ̍²³pʰɔ⁴⁴pʰɔ⁵³：鱼鳔
河鲫鱼 ɦiǝu²¹³tɕi⁵⁵ŋ̍²³：鲫鱼
乌鲤鱼 u⁵⁵li³³ŋ̍²³：黑鱼（圆柱形，头扁，口大，有齿）
扁鱼 pi³²⁴ŋ̍²³：鲳鱼（身体短而侧扁，又叫平鱼）
鱼胶 ŋ̍³³kɔ⁵³：鱼鳔（鱼腹内白色的囊状器官）
鳖 bieʔ²：甲鱼
乌龟 u⁴⁴tɕy⁵³：龟
蛎黄 li²¹³ɦuã²³：牡蛎（又称海蛎子）
田鸡 di²³tɕi⁵³：青蛙（人可以吃的）
癞斯 la²³sʅ⁵³/癞蛤蚆 la²³kɐʔ⁵po⁵³：癞蛤蟆（人不能吃的）
蛳螺 sʅ⁵⁵lǝu²³：螺蛳（通称）
田钻 di²³tsø⁵³：水蛭（形状与体色如蛆，稍大，人被咬后感到剧痛，有红肿，但不会流血）
翼柖 ɦieʔ²zɔ²³：翅膀

（六）饮食

米醋 mi²³ tsʰu³¹：醋
酱油 tɕiã⁴⁴ ɦiɣ²³：酱油
夜点心 ɦia²³ ti⁴⁴ ɕiŋ⁵³／半夜餐 pu⁴⁴ ɦia³³ tsʰɛ⁵³：夜宵
天亮饭 tʰie⁵⁵ ȵiã³³ vɛ²³：早饭
昼饭 tsiɣ⁴⁴ vɛ²³：午饭
夜饭 ɦia²² vɛ²³：晚饭
白米饭 bɐʔ² mi³³ vɛ²³：米饭
薄粥 boʔ² tsoʔ⁵：稀饭
米饮汤 mi²³ ɦiŋ³⁵ tʰɔ̃⁴⁴：米汤
冷饭酿 lã³³ vɛ²² ȵiã²³：剩饭
镬焦 ɦoʔ² tɕio³²⁴：锅巴
汤果 tʰɔ̃⁴⁴ kəu⁵³：糍粑
下水 ɦo²³ sʅ⁴⁴：肚里货
芡浆粉 tɕʰi³²⁴ tɕiã⁵⁵ fɛŋ⁴⁵／淋粉 liŋ³³ fɛŋ³⁵：芡粉
豆豉 dəu³³ zʅ²³：豆豉
胖脯 pʰɔ̃⁵⁵ bu³¹：爆米花
下饭 ɦo²² vɛ²³：菜肴
荤下饭 huəŋ²² ɦo²² vɛ²¹³：荤菜
素下饭 su⁴⁴ ɦo²² vɛ²¹³：素菜
咸齑 ɦiɛ³³ tɕi⁴⁵：咸菜
灰蛋 huɐi³³ dɛ²³：咸鸭蛋
卤滞 lu²¹³ dzʅ²³：盐卤
老醅 lɔ²³ kɔ⁵³：酒曲
豆豉 dəu³³ zʅ²¹³：豆豉
点心 ti⁴⁴ ɕiŋ⁵³：茶点
料作 lio²² tsoʔ⁵：作料
茴香 ɦue³³ ɕiã⁵³：八角
老酒 lɔ²³ tɕiɣ⁵³：缸米酒（糯米加曲酿做成的食品）

泔脚水 ki⁵³ tɕiəʔ⁵ sʅ⁵⁵：泔水；潲水
面 mi²³：面条
榨面 tso⁴⁴ mi²¹³：粉干
淡包 dɛ²³ pɔ⁴⁴：馒头（无馅）
馒头 mɔ³³ dəɣ²³／米馒头 mi²³ mɔ³³ dəɣ²³：包子（糖馅儿）
包子 pɔ⁴⁴ tsʅ⁴⁵：包子（除糖馅儿以外所有馅儿的）
豆腐 dəu²³ vu²¹：豆腐
油煤烩 ɦiɣ³³ zɐʔ² kuɐi⁴⁵：油条
黄糖 ɦuɔ̃³³ dɔ̃²³：红糖
冷水 lã²³ sʅ⁵³：凉水
茶 dzo²³：开水
茶叶茶 dzo²³ ɦieʔ² dzo³¹：茶水
香烟屁股 ɕiã⁴⁴ i⁴⁴ pʰi⁴⁴ ku⁵³／香烟蒂头 ɕiã⁴⁴ i⁴⁴ ti⁴⁴ dɐi⁵³：烟头儿
滚水 kuəŋ³⁵ sʅ⁵³：沸水（沸腾的）
温吞水 uəŋ⁴⁴ tʰɛŋ⁴⁴ sʅ⁵³：温水（洗脸的）
瀜面水 dziã²³ mi³³ sʅ⁵³：洗脸水

（七）房舍

祖基 tsu⁴⁴ tɕi⁵³：老家
屋落 oʔ⁵ loʔ³⁵：家里
房屋 vɔ̃²³ oʔ⁵：房子
睏觉间 kʰuəŋ⁴⁵ kɔ⁵⁵ kɛ⁵³：卧室
坐起间 zəu²¹³ tɕʰi³⁵ kɛ⁵³：客厅
墙壁 ʑiã²² pieʔ⁵：墙
枪笆 tɕʰiã⁴⁴ po⁵³：篱笆
弄堂 loŋ²¹³ dɔ̃²³：巷子
堂沿 dɔ̃³³ ɦi²³：堂屋（厅堂；正厅）
门槛 məŋ³³ kʰɛ⁴⁵：门槛儿
道地 dɔ²² di²³：场院（屋前平坦的空地）

路梯 lu²³tʰi⁵³：楼梯（固定的）
稻场地 dɔ²³dʑiã³³di²³：晒谷场
屋檐 oʔ⁵ɦi²³：房檐儿
磉磐石 sɔ̃⁵⁵bo²³zʅʔ²：柱下石
打土墙 tã⁵⁵tu⁴⁵ʑiã²³：筑土墙
阶沿 ka⁵⁵ɦi²³：台阶
窗门 tsʰɔ̃⁵⁵mɛŋ²³：窗子；窗户
灶根间 tsɔ⁵³kɛŋ⁵⁵kɛ⁴⁵：厨房
茅坑间 mɔ²³kã⁴⁵kɛ⁵⁵：厕所
牛厩间 ŋœɤ²³dʑi²³kɛ⁵⁵：牛棚
猪厩间 tsʅ⁴⁴dʑi²³kɛ⁵⁵：猪圈
狗窠 kœɤ³²⁴kʰəu⁵³：狗窝
邻舍隔壁 lin²³so⁵³kɐʔ⁵pieʔ⁵：邻居
窗头 tsʰɔ̃⁵⁵dɐɪ⁴⁵：窗台

（八）器具用品

柜 dʑɤ²¹³：柜子（卧式，有掀盖）
差板桌 tsʰa⁵⁵pɛ⁵³tsoʔ⁵：方桌（比较简陋的）
桌凳 tsoʔ⁵tɛŋ⁵³：桌子
八仙桌 pɐʔ⁵ɕi⁴⁴tsoʔ⁵：大方桌
圆台面 ɦyŋ³³dɛ²³mi³¹：圆桌
薄刀 boʔ²tɔ⁵⁵：菜刀
筷 kʰuɛ⁵⁵：筷子
筷箸笼 kʰuɛ⁵⁵dʑɤ²³loŋ⁵³：筷筒
砧板 tɕin³³pɛ⁴⁴：砧板
碗盏 ø³²⁴tsɛ⁵³：碗
调羹 dio²³kã⁵³：勺子（小的，喝汤的）；羹匙
饭臬 vɛ²³tɕʰiɔ⁵³：饭勺
水勺 sʅ⁴⁴zoʔ²：瓢（舀水的）
供桌 koŋ⁴⁴tsoʔ⁵：条案（狭长的桌，用做神案）

抽斗 tsʰəu⁵⁵təu⁵³：抽屉
矮凳 a⁴⁴tɛŋ⁴⁵：凳子
小矮凳 ɕiɔ³²⁴a⁴⁴tɛŋ⁴⁵：小板凳儿
杌子 u⁵⁵tsʅ⁴⁵：椅子（有靠背的）
眠床 mi²¹³zɔ̃⁵/床铺 zɔ̃³³pʰu⁵³：床
被头 bi²²dəu²³：被子
被夹里 bi²²kɐʔ⁵li²³：被里
被花絮 bi²²ho⁴⁴ɕi⁴⁵：棉花胎
被窠 bi²³kʰəu⁵³：被窝儿
枕头毛巾 tɕin⁴⁴dəu²³mɔ³³tɕin⁵³：枕巾
手巾 ɕiɤ³²⁴tɕin⁵³：毛巾
棉花絮 mi²¹³ho⁴⁴ɕi²³：棉花胎
尿瓶 sʅ⁴⁴biŋ²³：夜壶
汤婆子 tʰɔ̃⁴⁴bo²³tsʅ⁴⁴：汤壶（放在被窝里取暖的）
自来火 zʅ²³lɛ³³həu⁵³/洋火 ɦia²²ɦəu²³：火柴
火头 həu⁴⁴dəu²³：火苗
蜡柴火把 lɐʔ²za²³həu⁴⁴po⁵³：松明
电光灯 di²³kuɔ̃⁵⁵tɛŋ⁵³：手电筒
亮 liã²³：灯
敤槌 li²¹dʑɤ³⁵：棒槌（洗衣用的）
澣衣裳搓板 dʑiã²³i⁴⁴zɔ̃³⁵tsʰo⁴⁴pɛ⁴⁵：洗衣板
火油灯 həu³²⁴ɦiɤ²³tɛŋ⁵³：煤油灯
耳朵挖 ŋ²³to⁵³ʁɐʔ⁵：挖耳勺
鸡毛掸帚 tɕi⁴⁴mɔ²²tɛ⁴⁴tɕiɤ⁴⁴：鸡毛掸子
镬 ɦoʔ²：锅子
镬铲 ɦoʔ²tsʰɛ³⁵：锅铲
镬灶 ɦoʔ²tsɔ³⁵：灶
筅帚 ɕi⁵⁵tɕy⁵³：炊帚（刷洗锅碗用具）

铜茶壶 doŋ²³dzo²¹³ɦu³¹：水壶（烧开水用）

酒盅 tɕiɤ³²⁴tsoŋ⁵³：小酒杯

米升 mi²³ɕiŋ⁵³：量杯（专用于量米的）

亮眼勺子 liã²¹³ŋɛ³³zoʔ²tsɿ⁴⁵：笊篱

瓶盖头 biŋ²³kɛ⁵⁵dəu²³：瓶盖儿

瓶塞头 biŋ²³sɐʔ⁵dɐɪ²³：瓶塞

吃食缸 tɕʰieʔ⁵zɐʔ²kɔ̃⁵³：水缸

米瓮 mi²³bã²³：陶器（盛米的）

泔脚桶 ki⁴⁴tɕiɐʔ⁵doŋ²³：泔水桶

揩桌布 kʰa⁴⁴tsoʔ⁵pu⁵³：抹布

拖畚 tʰɔ⁴⁴foŋ⁵³：拖把

绳 ziŋ²¹³：绳子

洋钉 ɦiã²³tiŋ⁵³：钉子

钢皮尺 kɔ̃⁵³bi²³tsʰɐʔ⁵：钢卷尺

凿 zoʔ²：凿子

斧头 fu⁵⁵dou²³：斧子

榔头 lɔ̃³³dəu²³：钉锤

铁榔头 tʰieʔ⁵lɔ̃⁵⁵dəu²³：大铁锤（双手使，一般重达十几斤）

铰链 kɔ⁴⁴li²³：合叶

瓦爿 ŋo²³pɛ⁴⁴：瓦

泥镘 n̠i²¹³mø²³：抹子（瓦工用来抹泥灰的器具）

剃头刀 tʰi⁵³dəu²³tɔ⁴⁴剃刀（理发工具，刮脸用的刀子）

轧头刀 gɐʔ²dəu²³tɔ⁴⁴：推子（理发工具）

布机 pu⁵³tɕi⁵⁵：织布机

大脚桶 dəu²¹³tɕiɐʔ⁵doŋ²³：澡盆

滑子 ɦuɐʔ²tsɿ⁴⁵：席子

脚桶 tɕiɐʔ⁵doŋ²³：脚盆

面盆 mi²¹³bəŋ²³：脸盆

香肥皂 ɕiã⁵⁵bi³³zɔ²³：香皂

皮夹 bi²³kɐ⁵：钱包

揩脚布 kʰa⁴⁴tɕiɐ⁵pu⁵³：擦脚布

图输 du²³sʮ⁵³：图章（私人的）

抵针 ti⁴⁴tɕiŋ⁵³：顶针

针屁眼 tɕiŋ⁴⁴pʰi⁴⁵ŋɛ³¹：针鼻（穿线孔）

擦眼 tsʰɐʔ⁵ŋɛ²¹³：眼镜

拎包 liŋ⁵⁵pɔ⁵³：手提包

草纸 tsʰɔ³²⁴tsɿ⁵⁵：手纸

照相 tɕiɔ³⁵ɕiã⁵³：相片儿

脚踏车 tɕiɐʔ⁵dɐʔ²tsʰo⁵³：自行车

黄鱼车 ɦuɔ̃²²ŋ²³tsʰo⁵³：平板车（人力运货的）

黄包车 ɦuɔ̃³³pɔ⁵⁵tsʰo⁵³：人力车（旧时载人）

独轮车 doʔ²lɛŋ²³tsʰo⁵⁵：鸡公车（独轮手推车，南方多用）

小包车 ɕio³²⁴pɔ⁴⁴tsʰo⁵³：小轿车

拘鱼船 kʰo⁵⁵ŋ³³zø²³：渔船

弄堂 loŋ²¹³dɔ̃²³：胡同

（九）称谓

毛头奶花 mɔ²²dəu²³na³³hø⁵³：婴儿

小顽 ɕio³³uɛ⁴⁴：男孩子

小娘 ɕio³²⁴n̠iã⁵⁵/小娘婢 ɕio³²⁴n̠iã³³pi⁵³：女孩子；小姑娘

小后生 ɕio⁴⁴ɦœɤ²³sã³⁵：未婚男子

大姑娘 dəu²³ku⁴⁴n̠iã²³：未婚女子

老头邦 lɔ²²dəu²³pã⁴⁴：老头儿

老公公 lɔ²³koŋ⁴⁴koŋ³⁵：老大爷

老婆婆 lɔ²²bɔ²³bɔ³¹：老大娘

后生 ɦœɤ²³sã⁴⁴：小伙子

后生家 ɦœɤ²³sã⁴⁴ko⁵³：成年男子

城里厢人 dzin³³li²³ɕiã⁵⁵ȵin²³：城里人
乡下头人 ɕiã⁴⁴ɦo²³dəu²³ȵin²³：乡下人
里山角落头人 li²³sɛ⁴⁴koʔ⁵loʔ²dəu²³ȵin²³：山里人（带有贬义的）
自家人 zɿ²¹³ko⁴⁴ȵin²³：自己人
同乡人 doŋ²⁴ɕiã⁴⁴ȵin²³：本地人
外头人 ŋa²²dəu³³ȵin²³：外人（不是自己人）；外地人
种田人 tsoŋ⁴⁴di²²ȵin²³：农民
人客 ȵin²¹³kʰɐʔ⁵：客人
男人家 nɐɪ²²ȵin²³ko⁴⁴：男人
女人家 ȵy²¹³ȵin²³ko⁴⁴：女人
老大小姐 lɔ²³dəu²³ɕio⁴⁴tɕia⁵³：老姑娘
养生新妇 ɦiã²³sã⁴⁴ɕin⁴⁴vu²³：童养媳
孤孀老㚢 ku⁵⁵sɔ̃⁵³lɔ²³ȵyoŋ³¹：寡妇
贼骨头 zɐʔ²kuɐʔ⁵dəu³⁵：小偷
小气肥 ɕio³⁵tɕʰi⁴⁴pʰieʔ⁵：吝啬鬼
败家精 ba²³ko⁴⁴tɕin⁵³：败家子
牢监犯 lɔ²³kɛ⁴⁴vɛ²³：囚犯
抢犯 tɕʰiã³⁵vɛ²³：强盗
对头人 tɛ⁵⁵dəu²²ȵin²³：仇敌
野老公 ɦia²²lɔ²³koŋ⁵³：情夫
偷生爿 tʰəu⁴⁴sã⁴⁴bɛ²³：私生子
挠手 tsʰoŋ⁴⁴ɕɪ³²⁴：扒手
叫花子 kɔ⁵³huo⁴⁴tsʅ⁴⁵：乞丐
花佬 ho³³lɔ²³：妓女
脚板 tɕiɐʔ⁵pɛ⁴⁵：搬运工
教书先生 kɔ⁴⁴sʅ⁴⁵ɕi⁴⁴sã⁵³：私塾先生
厨工师傅 dʐu²³koŋ⁵³sʅ⁴⁴vu²³：厨师
学堂老师 ɦoʔ²dɔ̃²³lɔ²³sʅ⁵³：教师
阿大先生 ɐʔ⁵dəu²³ɕi⁴⁴sã⁵³：管家
郎中先生 lɔ̃³³tsoŋ⁵³ɕi⁴⁴sã⁵³：医生
汽车夫 tɕʰi⁵³tsʰo⁴⁴fu⁴⁵：司机
祸消头 ɦiəu²³ɕio⁴⁴dəu²³：调解人（民间）
杀猪屠 sɐʔ⁵tsʅ⁴⁴du²³：屠户
泥水师傅 ȵi²³sʅ⁵³sʅ⁴⁴vu²³：泥水匠
丫头 o⁴⁴dɐɪ⁴⁵：婢女；（丫鬟）
娘姨 ȵiã³³ɦi²³：保姆
接生老娘 tɕieʔ⁵sã⁴⁴lɔ³³ȵiã²³：接生婆
长年 dʑiã³³ȵie²³：长工
泥水师傅 ȵi²³sʅ⁴⁴sʅ⁵³vu²³：泥工

（十）亲属称谓

太公 tʰa⁴⁴koŋ⁵³：曾祖父
太婆 tʰa⁴⁴bɔ²³：曾祖母
阿爷 ɐʔ⁵ɦia²³：祖父
阿娘 ɐʔ⁵ȵiã²³：祖母
外公 ŋa³³koŋ⁵³：外祖父
外婆 ŋa³³bɔ²³：外祖母
阿伯（面称）ɐʔ⁵pɐʔ⁵/阿爹（背称）ɐʔ⁵tia⁵³：父亲
姆妈（面称）m̩²³ma³¹/阿姆（背称）a⁴⁴m̩²¹³：母亲
丈人老头 dʑiã²³ȵin³³lɔ²²dəu²³：岳父
丈姆 dʑiã³³m̩²³：岳母
阿公 ɐʔ⁵koŋ⁵³：公公
阿婆 ɐʔ⁵bɔ²³：婆婆
晚爹 mɛ²³tia³⁵：继父

晚娘 mɛ²³n̩iã³⁵：继母
继拜阿爹 tɕi⁴⁴pa⁴⁵ɐʔ⁵tia⁵³：干爹
继拜阿姆 tɕi⁴⁴pa⁴⁵ɐʔ⁵m̩²³：干妈
伯伯 pɐ⁴⁴pɐ⁴⁵：伯父
大阿姆 dəu²³a⁴⁴m̩³¹/大大姆妈 dou³³dəu²³m̩²²ma²³：伯母
阿宋 ɐʔ⁵soŋ⁵⁵：叔叔
阿婶 a⁴⁴ɕiŋ⁴⁵：婶婶
娘舅 n̩iã²²dʑiɤ³⁵：舅舅
舅母 dʑiɤ²³m̩³³：舅母
阿姑 a⁴⁴ku⁴⁵：姑妈
姑丈 ku⁴⁴dʑiã²³：姑夫
阿姨 ɐʔ⁵ɦi²³：姨妈
姨丈 ɦi²²dʑiã²³：姨夫
姑婆 ku⁴⁴bɔ²³：姑奶奶（父之姑母）
姨婆 ɦi²²bɔ²³：姨奶奶（父之姨母）
两公婆 liã²³koŋ⁴⁴bɔ²³：夫妻
两老头 liã²³lɔ³³dœɤ³¹：老夫妻；两老公婆
两爹 liã²³tia⁴⁴：父子俩或父母俩
老娘 lɔ³³n̩yoŋ²³：妻子；泛指已婚妇女
老公 lɔ³⁴koŋ⁵³：丈夫
小老娘 ɕio⁴⁴lɔ²³n̩yoŋ²³：小老婆
大邦邦 dəu²³pã⁴⁴pã⁴⁵：大伯子
小阿宋 ɕio⁴⁴ɐʔ⁵soŋ⁴⁵：小叔子
大阿姑 dəu²³aʔ⁵ku⁴⁴/姑嬷头 ku⁴⁴mo³³dɐ⁴⁵：大姑子
小阿姑 ɕio³²⁴ɐʔ⁵ku⁴⁴/小姑 ɕio³²⁴ku⁴⁴：小姑子
大阿舅 dəu²³ɐʔ⁵dʑiɤ²³：大舅子
小阿舅 ɕio³²⁴ɐʔ⁵dʑiɤ²³：小舅子

阿哥 ɐʔ⁵kəu⁴⁵：哥哥
阿嫂 ɐʔ⁵sɔ³²⁴：嫂子
阿姐 ɐʔ⁵tɕia⁵³：姐姐
姐夫 tɕia⁴⁴fu⁵³：姐夫
阿弟 aʔ⁵di²³：弟弟
弟新妇 di²³ɕiŋ⁴⁴vu²³：弟媳妇
叔伯姆 soʔ⁵pɐʔ⁵m̩²³：妯娌
囡 nø²³：女儿
女婿 n̩y²¹³ɕi⁵³：女婿
儿子 ŋ̍²³tsɿ⁴⁵：儿子
新妇 ɕiŋ⁴⁴vu²³：儿媳妇
孙囡 sɛŋ⁴⁴nø²³：孙女
阿侄 ɐʔ⁵dʑieʔ²：侄子
侄囡 dʑieʔ²nø²³：侄女
外甥娃 ŋa²²sã⁴⁴uɛ⁵⁵：外孙；外甥
外甥囡 ŋa²²sã⁴⁴nø⁵⁵：外孙女；外甥女
儿子囡 ŋ̍²³tsɿ⁴⁴nø²³：子女
末头儿子 mɛʔ²dəu²³ŋ̍²³tsɿ⁴⁵：最小的儿子
领子 liŋ²³tsɿ⁴⁴：养子
继拜儿子 tɕi⁴⁴pa⁴⁵ŋ̍²³tsɿ⁴⁵：干儿子
慧孙子 huei⁵³sɛŋ⁴⁴tsɿ⁴⁵：重孙子
慧孙囡 huei⁵³sɛŋ⁴⁴nø²³：重孙女
亲眷 tɕʰiŋ⁴⁴tɕy⁵³：亲戚

（十一）人体器官

条子 dio²³tsɿ⁴⁵/身段 ɕiŋ⁴⁴dø²³：身材
骷颅头 kuɐ⁴⁴lu²²dəu²³：头
面孔 mi²²kʰoŋ⁴⁵：脸
巴掌肉 po⁴⁴tsɔ⁴⁵n̩yɔʔ²：脸颊
头颈 dəu²²tɕiŋ⁴⁴：脖子
后思颈 ɦɐɤ²³sɿ⁵⁵tɕiŋ⁴⁵：后脑勺

褪头发 tʰɛŋ⁴⁴dəu²³faʔ⁵：掉头发
陧丝 ŋe²³sɿ⁵⁵：刘海儿
头顶心 dəu²³tiŋ⁴⁵ɕiŋ⁴⁴：头顶
额髁头 ŋɛʔ²koʔ⁵dəu²³：额头
眼角落头 ŋɛ²³koʔ⁵loʔ²³dɐɪ⁴⁵：眼角
眼乌珠 ŋɛ²³u⁴⁴tsɿ⁵³/仙人 ɕie⁴⁴ȵiŋ¹³⁵：瞳人
眼睭毛 ŋɛ²³saʔ⁵mɔ²³：眼睫毛
鼻头管 bɐʔ²dəu²³kø⁴⁵：鼻子
浓鼻头 noŋ²³bɐʔ²dəu²³：鼻涕（稠）
鼻头亮水 bɐʔ²dəu²³liã³³sɿ⁴⁵：鼻涕（稀）
鼻头屙 bɐʔ²dəu²³əu⁴⁵：鼻垢
烂唾水 lɛ²³tʰu⁴⁵sɿ⁵³：口水
馋唾 zɛ²³tʰu⁵³：唾沫
馋唾水 zɛ²³tʰu⁴⁴sɿ⁵³：唾液
下巴头 ɦo²²po⁴⁴dɐɪ⁴⁵：下巴
舌头 ziɪʔ²dəu²³：舌头
胡咙管 ɦu²²loŋ²³ku⁴⁴：喉咙
嘴唇皮 tsɿ⁵³zɥɛŋ³³bi²³：嘴唇
耳朵皮 ȵi²³toʔ⁴⁴bi²³/耳朵宕头 ȵi²³toʔ⁴⁴dɔ²¹³dœɣ²³：耳垂
讲面聋 kɔ⁴⁴mi³³loŋ²³：耳背
耳朵伞 ȵi²³tuʔ⁴⁴sɛ⁴⁵：耳环
牙子 ŋo³³tsɿ⁴⁵：牙齿
牙肉 ŋo³³ȵyoʔ²：牙龈
牙须 ŋo³³sɿ⁵³：胡子
面前牙 mi²³zi²¹³ŋo²³：门牙
大牙 dəu²³ŋo³³：槽牙（臼齿）
大胡嘴 dəu²³ɦu³³tsɿ⁴⁵：络腮胡子
肩胛 tɕi⁴⁴kaʔ⁵：肩膀
肋棚骨 lɐʔ²baŋ²³kuaʔ⁵：肋骨

背脊骨 pɛ⁵³tɕieʔ⁵kuaʔ⁵：脊梁骨
后背 ɦou²³pɐɪ⁴⁴：背
背脊心 pɐɪ⁴⁴tɕiɪʔ⁵ɕiŋ⁵³：背脊
肋膈肢下 lɐʔ²kɐʔ⁵tsɿ⁴⁴ɦo²³：腋下；腋窝
手膀 ɕiɣ³²⁴pʰɔŋ⁴⁴：胳膊
手脺肢头 ɕiɣ³²⁴tsã⁴⁴tsɿ⁴⁵dou²³：胳膊肘儿
肚脐眼 du²³dzi³³ŋɛ³¹：肚脐
屁眼 pʰi⁴⁴ŋɛ³¹：肛门
肚肠骨头 du²²dʑiã²³kuɐʔ⁵dɐɪ⁴⁵：肠子
手梗 ɕiɣ³²⁴kuaŋ³⁵：手
脚梗 tɕiɐʔ⁵kuaŋ³⁵：脚
借手 tɕiɐ⁵³ɕiɣ³²⁴：左手
顺手 zɥɛŋ²³ɕiɣ³²⁴：右手
手指末头 ɕiɣ³²⁴tsɿ⁴⁴mɐʔ²dæɪ⁴⁵：手指
大指末头 do²³tsɿ³⁵mɐʔ²dæɪ⁴⁵：大拇指
小指末头 ɕiɔ³²⁴tsɿ⁴⁵maʔ²dæɪ⁴⁵：小拇指
指掐 tsɿ⁴⁴kʰɐʔ⁵：指甲
脶 ləu²³：斗（圆形的指纹）
笸 ɕiɔ⁵³/笸箕 sɔ⁴⁴tɕi⁵³：箕（簸箕形的指纹）
手天爿 ɕiɣ³²⁴tʰi⁴⁴pɛ⁴⁵：手掌
手天心 ɕiɣ³⁵tʰi⁴⁴ɕin⁵³：手心
手板面 ɕiɣ³²⁴pɛ⁴⁴mi²³：手背
手膀 ɕiɣ³²⁴pʰɔ̃⁵³：手臂
脚面 tɕiɐʔ⁵mi²³：脚背
脚板 tɕiɐʔ⁵pɛ⁴⁴/脚底板 tɕiɐʔ⁵ti³²⁴pɛ⁴⁴：脚掌
脚娘肚 tɕiɐʔ⁵ȵiã³³du²³：腿肚儿

脚馉头 tɕieʔ⁵kʰou³²⁴dou²³：膝盖
碰胜 bã²³tsã⁵³：踝子骨
背脊骨 pɐɪ⁴⁴tɕi⁴⁴kuɐʔ⁵：脊柱
食包 zieʔ²pɔ⁵³：胃
肚皮 du²¹³bi³¹：肚子
腰包 iɔ⁴⁴pɔ⁵³：腰
腰子 iɔ⁴⁴tsɿ⁴⁵：肾
大脚髈 døu²³tɕieʔ⁵pʰɔ̃⁵³：大腿
脚指末头 tɕieʔ⁵tsɿ⁵⁵mɐʔ²dæɪ⁴⁵：脚趾
脚底心 tɕieʔ⁵tiɛ̃⁵⁵ɕiŋ⁴⁵：脚掌
奶奶 nɛ⁴⁴nɛ⁴⁴：乳房
奶水 na²³sɿ⁵³：乳汁
卵子 lø²³tsɿ⁴⁵：阴茎
卵袋 lø³³de²³：阴囊
卵浆 lø²³tɕiã⁵⁵：精液
卵脬 lø²³pʰɔ⁵³：女阴
打势 tã⁴⁴sɿ⁴⁵/打交 tã⁴⁴tɕio³²⁴：性交
娘嬉胚 ȵiã²³ɕi⁴⁴pʰieʔ⁵：他妈的（詈语）

（十二）疾病医疗

看医生 kʰi⁴⁴i⁴⁴sã⁵³：看病
伤风气 sɔ⁵⁵foŋ⁴⁴tɕi⁵³：感冒
吃冷 tɕyoʔ⁵lã²³：着凉
发寒热 fɐʔ⁵lɐɪ²²ȵieʔ²：发烧
齁驼病 hɔ⁴⁴døu³³biŋ²³：哮喘病
气紧 tɕʰi⁵³tɕiŋ⁴⁵：气喘
冻瘃 toŋ⁴⁵tsoʔ⁵：冻疮
发痧气 faʔ⁵sɔ⁴⁴tɕʰi⁴⁵：中暑
眭浪 dzɿ³³lɔ̃³¹：晕船
药店 ɦiɐʔ²ti⁴⁵：中药铺
药砂罐 ɦiaɿʔ²sɔ⁴²⁴kø⁵³：药罐子

卖柴病 ma³³za³³biŋ²³：发疟疾
痨瘵病 lɔ²³tɕʰiɪʔ⁵biŋ²³：痨病
庘食 dəŋ³³zieʔ²：积滞
老鸦臭 lɔ²¹³o⁴⁴tɕʰiɤ⁴⁵：狐臭
小肠气 ɕiɔ³²⁴dziã²³tɕʰi⁵³：疝气
出痦子 tsʰoʔ⁵tsʰu⁴⁴tsɿ⁴⁵：出麻疹
胸口头痛 ɕyoŋ⁵³kʰø⁵³dəu²³tʰoŋ⁵³：胸口疼
蹩出 bieʔ²tsʰoʔ⁵：扭伤；（脚）崴了
馋佬 dzɛ̃²²lɔ³³：嘴馋
结靥 tɕieʔ⁵ie⁴⁴：结痂
粗头颈 tsʰu⁴⁴døu²³tɕiŋ⁴⁵：大脖子；甲状腺肿
大嘴巴 døu²³tsɿ⁴⁴po⁴⁵：腮腺炎
沙喉咙 sɔ⁴⁴ɦiu³³loŋ⁴⁵：公鸭嗓（嗓音沙哑）
癫猪病 ti⁵³tsɿ⁴⁴biŋ²³：癫痫
急惊风 tɕieʔ⁵tɕiŋ⁴⁴foŋ⁵³：惊风（小儿病）
过 kəu⁴⁵：传染
生脓 sã⁴⁴noŋ²³：化脓
青春瘪 tɕʰiŋ⁴⁴tsʰʮɛŋ⁵³lɐɪ²³：粉刺
呛 tɕʰiã⁴⁵：咳嗽
肚皮屙 du²¹³bi³³dza²³：拉肚子
疯瘫 foŋ⁴⁴tʰɛ⁵³：瘫痪
疙舌头 kɐʔ⁵zieʔ²dəu²³：结巴；口吃
哑子 o⁴⁴tsɿ⁵³：哑巴
聋聱 loŋ²²bã²³/捣地聋 tɔ³⁵di²¹³ loŋ²³：聋子
瞎眼 hɐʔ⁵ŋɛ⁴⁴：瞎子
跷脚 tɕʰio⁴⁴tɕieʔ⁵/拐脚 kua⁴⁴tɕieʔ⁵：瘸子
麻皮 mo³³bi²³：麻子

大糊 dəu²³ ɦu³³：疯子（患严重精神病的人）
缺嘴弄 tɕʰoʔ⁵tsɿ⁴⁴loŋ⁴⁵：兔唇；豁嘴
秃子 tʰɐʔ⁵tsɿ⁴⁵：秃顶
驼背 dəu²³pɐɪ⁴⁵：罗锅儿

（十三）衣服穿着

衣裳 i⁴⁴zɔ³⁵：衣服
绒线衫 ȵyoŋ²³ɕie⁴⁴sɛ⁵³：毛衣
衬里布衫 tsʰɜŋ⁴⁴li³³pu⁴⁵sɛ⁴⁴：内衣
衬里裤 tsʰɜŋ⁴⁴li³³ku⁴⁵：内裤
哌脚裤 pʰɐʔ⁵tɕiɐʔ⁵ku⁴⁵：开裆裤
裤脚筒 ku⁴⁴tɕiɐʔ⁵toŋ⁴⁵：裤腿儿
背褡 pɛ⁴⁴tɛ⁴⁵：坎肩儿；背心
大襟 dəu²³tɕiŋ³²⁴：衣襟儿
下巴兜 ɦo²²bo²³dæɪ⁴⁵：涎布；围嘴儿
夹里 kɐʔ⁵li²³：里子
贴皮 tʰiɐʔ⁵bi²³：贴边（缝在衣服里子边上的窄条）
短裤头 tø⁴⁴kʰu⁴⁵dəu²³：裤衩儿（贴身穿的）
纽子 ȵiɤ²³tsɿ⁴⁵：中式纽扣
凉帽篷 liã²¹³mɔ³³boŋ²³：斗笠
宽紧带 kʰø⁴⁴tɕiŋ⁴⁵ta⁵³：松紧带
尿衲布 sɿ⁴⁴nɐʔ²pu⁴⁵：尿布
鞋拖 ɦia²³tʰəu⁴⁵：拖鞋

（十四）海产品

䲘蟹 tɕʰiã⁴⁴ha³⁵：咸蟹
白蟹 bɐʔ²ha³⁵：雄性梭子蟹
门蟹 mɜŋ²²ha³⁵：雌性梭子蟹
毛蟹 mɔ²²ha³⁵：淡水蟹
望潮 mɜŋ²²dʑiɔ²³：小章鱼
屠尿扑 dza²³ɕi⁴⁴pʰoʔ⁵：虾蛄

蛎黄 li³³ɦuɔ̃²³：牡蛎
鳎鳎鱼 ȵieʔ²tʰɐʔ²ŋ̍²³：比目鱼
青鲇鱼 tɕʰiŋ⁴⁴tsø⁴⁵ŋ̍²³：鲐鱼
铜盆鱼 doŋ²²bɛ⁴⁴ŋ̍²³：青鲷鱼
虾蜢 ho⁴⁴dzɛ³¹：龙头鱼
鲞 ɕiã³²⁴：咸鱼

（十五）红白大事

定亲 diŋ²³tɕʰiŋ⁴⁵/过岁 kəu⁴⁴sɿ⁴⁵：订婚
嫁资 ko⁴⁴tsɿ⁴⁵：嫁妆
好日 hɔ⁴⁴ȵieʔ²：结婚
吃酒水 tɕʰyɔʔ⁵tɕiɤ⁴⁵sɿ⁵³：赴宴席
摆酒水 pa³²⁴tɕiɤ⁴⁴sɿ⁴⁵：摆酒席
吃酒 tɕʰyɔʔ⁵tɕiɤ⁵³/吃喜酒 tɕʰyoʔ⁵ɕi⁴⁵tɕiɤ⁵³：喝喜酒
吃香烟 tɕʰyɔʔ⁵ɕiã⁴⁴ie⁴⁵：抽烟
斝老酒 ɕia⁴⁴lɔ²³tɕiɤ⁵³：斟酒
讨老娘 tʰɔ⁴⁴lɔ²¹³ȵyoŋ²³：娶亲
抬去 de²³tɕʰi⁴⁵/嫁老公 ko⁴⁴lɔ²¹³koŋ⁵³：出嫁
新郎官 ɕiŋ⁴⁴lɔ̃²³ku⁴⁵：新郎
新娘子 ɕiŋ⁴⁴ȵiã²³tsɿ⁴⁵：新娘
意房 i⁴⁴voŋ²³：填房
进舍夫 tɕiŋ⁴⁴so³²⁴fu⁴⁵：入赘
有生 ɦiɤ²³sã⁵³：怀孕
大肚皮 dəu³³du³³bi²³：孕妇
做产姆 tsəu⁵³sã⁴⁴m̩²³：坐月子
头生 dəu²³sã⁵³：头胎
喂奶 y⁴⁴na²³：喂养孩子
饭弗吃了 vɛ²³fɐʔ⁵tɕʰyɔʔ⁵lɛ³³/老嘞 lɔ²¹³lɛ³³/去嘞 tɕʰi⁵³lɛ³³：人死了的委婉说法

葬掉 tsɔ⁴⁴tiɔ⁵³：埋葬
孝堂 hɔ⁴⁴dɔ̃²¹³：灵堂
拜生 pa⁴⁴sã⁵³：祝寿
出丧 tsʰoʔ⁵sɔ̃⁴⁴：出殡
送丧 soŋ⁵³sɔ̃⁴⁴：送葬
孝杖棒 hɔ⁴⁴dziã²³bɔ̃²³：哭丧棒
锡箔 ɕieʔ⁵boʔ²：纸钱
坟碑 vɛŋ²³pɛ⁵³：墓碑
牌位 ba³³ɦuaɪ²³：灵牌
死骨 ɕi²¹³kuɐʔ⁵：尸体
灶君菩萨 tsɔ⁴⁴tɕyoŋ⁵³bu³³sɐʔ⁵：灶王爷
天里菩萨 tʰi⁴⁴li²³bu³³sɐʔ⁵：老天爷
请菩萨 tɕʰiŋ⁴⁴bu³³sɐʔ⁵：上供
男肚仙 ȵɛ²³du³³ɕi⁴⁴：神汉
肚仙 du²³ɕi⁴⁴：巫婆

（十六）日常事务

生活 sã⁴⁴ɦuɐʔ²：工作
事体 zɿ²³tʰi⁴⁵：事情
做生活 tsəu⁵³stã⁴⁴ɦuɐʔ²：干活
作样 tsoʔ⁵ɦiã³⁵：同样
讲闲话 kɔ̃⁴⁴ɦiɛ²³ɦo³¹：说话
乘风凉 ziŋ²³foŋ⁴⁴liã³⁵：乘凉
谈天 dɛ²³tʰi⁵³：闲谈
讲大道 kɔ̃⁴⁴da²¹³dɔ²³：聊天儿
市日 zɿ²³ȵieʔ²：赶集
盪嘴巴 dɔ̃²³tsʮ⁴⁴po⁵³：漱口
溅衣裳 dʑiã²³i⁴⁴zɔ̃³⁵：洗衣服
揬辫子 to⁴⁴bie²³tsɿ³⁵：编辫子
讲大话 kɔ̃⁴⁴dəu²³ɦuo³¹：吹牛
爬河 boã³³ɦou²³/跳河 tʰio⁵³ɦuɐ²³：投河自杀

白煠煠 baʔ²zaʔ²²za²³：在清水中连壳煮蛋
噎煞嘞 iɪʔ⁵saʔ⁵lɛ³³：撑着了（吃太多）
溅人 dʑiã²¹³ȵiŋ²³：洗澡
溅肉间 dʑiã²¹³ȵyoʔ²kɜ⁴⁴：洗澡间
绢头 tɕy⁴⁴taɪ⁴⁵/绢帕 tɕy⁴⁴pʰaʔ⁵：手帕；手绢儿
衣裳 i⁴⁴zɔ̃²³：衣服
布襴 pu⁴⁵lã²³：围裙
上装 zɔ̃²¹³tsɔ̃⁵³：上衣
袋袋 de²²de²³：口袋
炮仗 pʰɔ⁴⁴tɕiaŋ⁴⁵：爆竹
百子炮 pɐʔ⁵tsɿ⁴⁴pʰɔ⁴⁵：鞭炮
口哨 kʰio⁴⁵ɕio⁵³/叫扁 tɕiɔ⁵³pi⁴⁴/叫子 tɕiɔ⁵³tsɿ⁴⁵：哨子
吃茶 tɕʰyoʔ⁵dzoʔ²：喝水
齿饭 tsʮ⁴⁴vɛ²³：盛饭
制饭 tsɿ³²⁴vɛ²³：烧饭
歇歇 ɕiɪʔ⁵ɕiɪ⁴⁵：休息
睏觉 kʰuəŋ⁴⁴kɔ⁵³：睡觉
打中觉 tã³²⁴tsoŋ⁴⁴kɔ⁴⁵：午睡
打瞌盹 tã³²⁴kʰaʔ⁵tsʰoŋ⁵³：打瞌睡
袖头子 ziy²¹³dou²³tsɿ⁵³：袖子
打眠酣 tã³²⁴mi²³hɛ³³：打鼾
打中觉 tã³²⁴tsoŋ⁴⁴kɔ⁴⁵：睡午觉
爬起 boã²³tɕʰi³²⁴：起床
屙尿 dza²³sʮ⁵³：小便；撒尿
屙屙 dza²³əu⁴⁵：大便；拉屎
邋塌 laʔ²saʔ⁵：垃圾
向抛天睏 ɕiã⁵³pʰɔ⁴⁴tʰi⁴⁴kʰuəŋ⁴⁵：仰面睡

扎楞瞓 tsɐʔ⁵ləŋ²³kʰuəŋ⁵³：侧着睡
头颈骨拗出 dou²³tɕiŋ⁴⁴kuaʔ⁵yoʔ⁵
tsʰoʔ⁵：落枕
倒运 tɔ⁴⁵ɦyoŋ²³：倒霉
塞暗亮头 saʔ⁵ai⁵³liã³³dɛi²³：行贿
挖横塘 dou²³ɦuã³³dɔ̃²³：受贿
拘去 kʰo⁴⁴tɕʰi⁴⁵：逮捕
坐牢间 zəu²³lɔ³³kɛ⁵³：坐牢
走人家 tsœɤ³²⁴ȵiŋ³³ko⁵³：串门儿
走亲眷 tsœɤ³²⁴tɕʰin⁴⁴tɕyø⁴⁵：走亲戚
赚铜钿 dzɛ²³doŋ³³di²¹³/赚钞票 dzɛ²³
tsʰɔ⁴⁴pʰio⁵³：赚钱
回屋落 ɦuɛ³³oʔ⁵loʔ²²：回家
趒马路 dã²³mo³³lu³¹：逛街
缉鞋底 tɕʰieʔ⁵ɦia³³ti⁴⁵：纳鞋底
造孽 zɔ²²ȵieʔ²/争相骂 tsɔ⁵³ɕiã⁴⁴mo²³：
吵架
打相打 tã³⁵ɕiã⁴⁴tã⁵³：打架
应嘴 iŋ⁵³tsʮ³⁵：顶嘴
吵挵 tsʰo⁵⁵bã²³：捣乱

(十七) 商业

银楼 ȵin²¹³ləu³¹：金店（旧时加工买卖金银首饰的店铺）
饭店 vɛ²³ti⁵³：小饭馆
生意人 sã⁴⁴i⁴⁴ȵin²³：商人
贴隔壁 tʰieʔ⁵kɐʔ⁵pieʔ⁵：近邻
米店 mi²³ti⁴⁵：粮店
肉店 ȵyoʔ²ti⁴⁵：肉铺
剃头店 tʰi⁴⁵dəu⁵³ti⁵³：理发店
赶市 ki³²⁴zʮ²³：赶集
贳屋 sʮ⁴⁴oʔ⁵：租房子
本钿 pɤŋ⁴⁴di²³：本钱

钞票 tsʰɔ⁴⁴pio⁵³/铜钿 doŋ²²di²³：钱的统称
赚铜钿 dzɛ²¹³doŋ³³di²³/赚钞票 dzɛ²³
tsʰɔ⁴⁴pio⁵³：赚钱
当店 tɔ̃⁴⁴ti⁵³：当铺
利钿 li³³di²³：利息
关门 kuɛ⁴⁴mɛŋ²³：停业
角子 koʔ⁵tsʮ⁴⁵：硬币
工钿 koŋ⁴⁴di²³：工钱
蚀本 zieʔ²pɤŋ³²⁴：亏本
差账 tsʰo⁴⁴tɕiã⁴⁵：欠账
零用钿 liŋ³³ɦyoŋ³¹di²³：零钱
盘缠 bu²²zø²³：路费
银洋钿 ȵin²¹³ɦiã³³di²³：银元
戥子 tɛŋ⁴⁴tsʮ⁴⁵：戥子（称分量小的秤）
秤钩 tɕʰin⁴⁴kəu⁵³：秤钩子
秤锤 tɕʰin⁴⁴dzʮ²³：秤砣

(十八) 学校教育

书本 sʮ⁴⁴pɤŋ⁵³：书
古书 ku⁴⁴sʮ⁵³：古籍
学堂 ɦoʔ²dɔ̃²¹³：学校
学生子 ɦoʔ²sã⁴⁴tsʮ⁴⁵：学生
信壳 ɕin⁴⁴kʰoʔ⁵：信封
砚瓦爿 ȵie³³ŋo⁴⁴pɛ⁴⁵：砚台
磨墨 məu²³moʔ²：研墨
墨笔 moʔ²pieʔ⁵：毛笔
笔套管 pieʔ⁵tʰɔ⁵³kø⁴⁵：笔帽
簿子 bu²³tsʮ⁴⁵：本子
落课 loʔ²kʰəu⁵³：下课
板刷 pɛ⁴⁴soʔ⁵：板擦
头一名 dəu²¹³ieʔ⁵miŋ²³：第一名
压末名 ɐʔ⁵mɐʔ²miŋ²³/末脚名 mɐʔ²

tɕieʔ⁵miŋ²³：末名；最后一名
亮眼瞎子 liã²³ŋɛ³³hɐʔ⁴tsʅ⁴⁵：文盲
写白字眼 ɕia⁴⁴bɐʔ²zʅ²²ŋɛ²³：写错字
零蛋 liŋ²²dɛ³⁴：零分

（十九）文体活动

放鹞子 fɔ⁴⁴ɦio²³tsʅ⁴⁵：放风筝
寻幽猫 ziŋ²³iɤ⁴⁴mɛ³³：捉迷藏
◇房子 dʑiŋ³¹³võ²³tsʅ⁵³：跳房子
接子 tɕieʔ⁵tsʅ³²⁴：抓子儿（几个小石子，扔其一，做规定动作后接住）
下弄上 ɦo²³noŋ³³zõ²³：打木偶戏
搳拳 huɐʔ⁵dʑy²¹³：划拳（喝酒时）
着棋 tɕieʔ⁵dʑi²³：下棋
猜谜子 tsʰe⁴⁴mɛ³³tsʅ⁴⁵：猜谜语
煞拱 sɐʔ⁵koŋ³⁵：潜水
竖蜻蜓 zʅ²¹³tɕʰiŋ⁴⁴diŋ²³：倒立
看戏文 kʰi⁴⁴ɕi⁵³vɛŋ²³：看戏剧
嬲和 na³³ɦu²³：玩儿
游水 ɦiy³³sʅ⁵³/打泅 tã⁴⁴dʑiɤ²³：游泳
嬲和东西 na³³ɦu²³toŋ⁴⁴ɕi⁵³：玩玩具
踢燕子 thieʔ⁵i⁴⁴tsʅ⁴⁵：踢毽子
打弹子 tã⁴⁴dɛ²¹³tsʅ³⁵：弹球儿
搢水片 ã⁴⁴sʅ³⁵pʰi⁴⁵：打水飘儿
放炮仗 fɔ⁴⁴pʰɔ⁴⁴dʑiã²³：放鞭炮
拗手劲 ɔ³⁵ɕiɤ⁴⁴tɕiŋ⁵³：扳手腕
翻顶倒 fɛ⁴⁴tiŋ⁴⁴tɔ⁴⁵/翻筋倒 fɛ⁴⁴tɕiŋ⁴⁴tɔ⁴⁵：翻跟头
㲅一字 pʰɐʔ⁵ieʔ⁵zʅ²³：劈叉
帐头人案 tɕiã⁴⁵dəu²³ɲiŋ³³ɛ⁴⁴：木偶戏
变戏法 pi⁴⁵ɕi⁴⁴fɐʔ⁵：变魔术

（二十）动作/动词

看眈 kʰi⁴⁴tɕiã⁵³：看见
听眈 tʰiŋ⁴⁴tɕiã⁵³/听明 tʰiŋ⁴⁴miŋ²³：听见
盯 tiŋ⁴⁴：注视
会的 ɦue²³tiʔ⁵：会；能
眯 mi⁵³：闭（~嘴）
嘟 tu⁵³：噘（~嘴）
啜 tsoʔ⁵：吮吸
嗍 soʔ⁵：啜；吸
嚼 ziaʔ²：嚼
嗅 ɕyoŋ⁴⁴：吻；亲嘴
嗅 ɕyoŋ⁵³：闻（用鼻子~）
吓 hɐʔ⁵：怕
抱手 bɔ³¹ɕiɤ³²⁴：叉着手儿（双手交叉在胸前）
寻 ziŋ²³：找
绞 kɔ⁴²⁴：拧（~毛巾）
扭 niɤ⁵³：拧（~大腿肉）
旋 zø²³：拧（~盖子）
蒙 mɛŋ³¹：捂（用双手~眼睛）
迾 lɐʔ²：拦
解 ka⁴⁵：解开
绑 bã²¹³：系（~鞋带）；捆
搔 tsɔ⁵³：挠（~痒）
拗 ɔ³²⁴：折（~断树枝）
笓 pʰɐʔ⁵：掰（成两半）
斫 tsoʔ⁵：砍（~柴）
劗 tsɛ⁵³：剁（~肉）
卷 tɕy³²⁴：挽（~起来）
捋 lɐʔ²：捋（~袖子）
绗 ɦɔ²¹³/摄 ɲioŋ²¹³：缝（~被子）
撞 dzõ²³：摞（把碗~起来）
埔 bu²³：埋

捏 ɳiɐʔ² : 攥（~拳头）　　　　　　　揿 tɕʰiŋ⁵³ : 按（~门铃）

踫 bɛ²¹³ : 跨；迈　　　　　　　　　晾 lɔ̃²³ : 晒（~衣服）

遼 liɔ²³ : 涉水；蹚水　　　　　　　碰着 bã²³tsəʔ⁵（zoʔ²）: 遇到

匍 boʔ² : 趴（~在桌上）　　　　　　灭 mieʔ²/谬 miuʔ³¹ : 没有（合音词）

搽 tsʰɔ⁵³ : 蹭（贴在墙上~痒）　　　濆 dzɛ²³ : 溅

轧 gɐʔ² : 拥挤　　　　　　　　　　奔 pɛŋ⁵³ : 跑

跌 tieʔ⁵ : 掉（~下来）　　　　　　　蹩 bieʔ² : 追

拨 pɐʔ⁵ : 给　　　　　　　　　　　囥 kʰɔ̃⁵³ : 藏

潽 pʰu⁵³ : 溢　　　　　　　　　　　幽 iɤ⁵³ : 躲藏

跌落 tieʔ⁵loʔ² : 丢；遗失　　　　　错落 tsʰəu⁴⁴loʔ² : 遗失

掊掉 ɛ⁵³dio²³ : 扔；丢弃　　　　　　徛 ŋe²³ : 站立

掼 guɛ²¹³ : 扔；投掷　　　　　　　隑 ge²³ : 斜靠

擦 tsʰɐʔ⁵ : 捡；拾　　　　　　　　闹 nɔ²³ : 踩

择 tsɐʔ⁵ : 挑拣　　　　　　　　　撂 liɔ²³ : 打捞

拣 kɛ⁴⁵ : 选择　　　　　　　　　敨开 tʰəu³⁵kʰɛ⁵³ : 展开

◇滑 tsʰa⁴⁴ɦuɐʔ² : 溜走　　　　　打墙 tã²³ziã²³ : 砌墙

挼 nəu³²⁴ : 揉（~面；~眼睛）　　　起屋 tɕʰi⁴⁴oʔ⁵ : 造房子

拎 liŋ⁴⁴ : 提　　　　　　　　　　　磕煞 kʰɐʔ⁵sɐʔ⁵ : 跌倒

捧 pʰoŋ³²⁴ : 端　　　　　　　　　掼倒 guɛ²³tɔ⁴⁴ : 摔跤

掴 kuɐʔ⁵ : 搧（~了他一耳光）　　　记挂 tɕi⁴⁴kuo⁴⁵ : 挂念

扚 tieʔ⁵ : 掐（~菜头）　　　　　　放手 fɔ⁴⁴ɕiɤ³²⁴ : 撒手

㨪 huɐʔ⁵ : 甩（~干手上的水）　　　孵小鸡 buʔ²³ɕiɔ³²⁵tɕi⁵³ : 孵蛋

拕 dəu²³ : 拿　　　　　　　　　　气勿过 tɕʰi⁴⁴vɐʔ²kəu⁵³ : 嫉妒

抲 kʰo⁵³ : 抓　　　　　　　　　　拍马屁 pʰɐʔ⁵mo³³pʰi⁴⁵ : 巴结

庵 dɛŋ²³ : 住　　　　　　　　　　讲夜话 kɔ̃⁴⁴ɦia²³ɦo³¹ : 说梦话

安 ɛ⁵³ : 放（~在桌上）　　　　　　做乱梦 tsəu⁴⁵lø³³moŋ³¹ : 做梦

摆 pa⁴⁵ : 搁　　　　　　　　　　拆乱话 tsʰɐʔ⁵lø³³ɦo³¹ : 撒谎

睎 sɐʔ⁵ : 眨（~眼）　　　　　　　惹厌 ɳia²³ie⁴⁴ : 讨厌

讴 əu⁵³ : 叫（~他）；喊（~一声）　眼痒 ŋɛ²²ɦiã²³ : 羡慕

搂 ləu⁵³ : 掏（~耳朵）　　　　　　朝睬 tsɔ⁴⁴tsʰɛ⁴⁵ : 理睬

跍 gu²³ : 蹲　　　　　　　　　　光火 kuɔ̃⁵³həu⁴⁴ : 发火

兜 tœɤ⁵³ : 凑（~钱）　　　　　　烦比牢糟 vɛ³³bi²³lɔ³³tsɔ⁴⁴ : 心烦

搭架子 tɐʔ⁵koʔ⁴⁴tsɿ⁴⁵：摆架子
毛估估 mɔ²³ku⁴⁴ku⁴⁵：估量
歪吃 ua⁵³tɕʰyɔʔ⁵：不好吃
歪过 ua⁴⁴kəu⁴⁵：难过；不舒服
忖忖 tsʰɛŋ⁴⁴tsʰɛŋ⁵³：想想
旺兴 fiuõ³³ɕiŋ⁵³：得意；吹牛；自以为是
晓得 ɕiɔ⁴⁴tɐʔ⁵：知道
勿晓得 vɐʔ²ɕiɔ³²⁴tɐʔ⁵：不知道
勿认得 vaʔ²ȵiŋ²³tɐʔ⁵：不认识
砑 ŋo²³：硌（~脚）
厌贬 i³²⁴pi⁵³：嫌弃
值钿 dʑieʔ²di²³：疼爱；宝贝；珍贵
欢喜 hø⁴⁴ɕi⁵³：喜欢

（二十一）形容词

嫩相 nɛŋ³³ɕiã⁴⁵：年轻
老相 lɔ²³ɕiã⁴⁴：老气
文气 vɛŋ²³tɕʰi⁴⁵：文静
好看 hɔ⁴⁴ki⁵³：美；漂亮
难看 nɛ²²kʰi⁴⁵：丑陋
筶 tɕʰia³⁵：斜；歪
弯转 uɛ⁴⁴tsø³²⁴：转弯
闹热 nɔ³³ȵieʔ²：热闹
老尺 lɔ²³tsʰɐʔ⁵：老练
泛登 fɛ⁴⁴tɛŋ⁴⁵：熟练
闷煞 mɛŋ⁵³sɐʔ⁵：憋气
安耽 ɛi⁴⁴tɛ⁵³：安逸；安定
清爽 tɕʰiŋ⁴⁴sõ⁵³：干净
腻腥 ȵi²³ɕiŋ⁵³：肮脏
踢汰 tʰi⁴⁴tʰa⁴⁵：邋遢；不整洁
爽快 sõ³²⁴kʰua⁵³：痛快
惬意 ɕia⁴⁴i⁴⁵：舒服

勤力 dʑiŋ²³lieʔ²：勤快
要紧 iɔ⁴⁴tɕiŋ⁵³：重要
嬱 tsɛ⁴⁴：好
顶好 tiŋ⁴⁴hɔ³⁵：最好
疲 ɕieʔ⁵：不好
偶凑 ŋœɤ²³tsʰəu⁵³：不凑巧
歪 ua⁵³：坏
赚 dzɛ²³：错
蹩脚 bieʔ²tɕieʔ⁵：差劲
呒心相 m̩³³ɕiŋ⁴⁴ɕiã⁵³：没兴趣
呒用场 m̩³³ioŋ⁵³dziã²³：无能
呒做 m̩³³tsəu⁵³：没有用
燥 sɔ⁵³：干（衣服晒~了）；渴
狭 fiɐʔ²：窄
厚 fiœɤ²¹³：稠
薄 boʔ²：稀
油 fiiɤ²³：油腻
壮 tsõ⁵³：①肥（指动物）②胖（指人）
瘦 sœɤ⁴⁵：精（~肉）
还债 fiuɛ²²tsa⁴⁵：乖；听话（专指小孩）
讨债 tʰɔ⁴⁴tsa⁴⁵：不乖；不听话（专指小孩）
朗 lõ²¹³：疏（禾苗太~了）
着力 tɕieʔ⁵liʔ²：累
肚饥 du²¹³tɕi⁴⁴：饿
刁滑 tiɔ⁵³fiuaʔ²：狡诈
塌塌软 tʰɐʔ⁵tʰɐʔ⁵ȵy²³：很烂（肉煮得~）
艮 gɛŋ²²：执拗；固执任性
轻骨头 tɕʰiŋ⁵³kuɐʔ⁵dəu²³：风骚（专指女人举止轻佻）
便当 bi²³tõ⁵³：容易；方便

幽羞 iɣ⁴⁴ɕiɣ⁵³：害羞；腼腆
道地 dɔ²³di²¹³：地道
缺 tɕʰyɔʔ⁵：少（~一人）
吃力 tɕʰyɔʔ⁵liʔ²：累
和坒 ɦu²²bi²³：全排；整层
呆头 ŋɛ²²dəu²³：傻瓜
呆头囡 ŋɛ²²dəu²³nø²³：傻女子
灵光 liŋ²²kuɔ⁵³：聪明
浑 ɦuəŋ²³：浊（水~）

（二十二）量词

块 kʰuɛ⁵³：（一）丘（田）
领 liŋ²¹³：（一）畦（菜地）
爿 bɛ²³：（一）家（铺子）
幢 dzɔ̃²³：（一）座（房子）
件 dʑi²³：（一）粒（糖）
枪 tɕiã⁵³：（一）阵子
只 tsɐʔ⁵：（一）口（井）
只 tsɐʔ⁵：（一）头（牛）
只 tsɐʔ⁵：（一）口（猪）
只 tsɐʔ⁵：（一）个（鸡蛋）
帮 pɔ̃⁵³：（一）伙（人）
份 vɐŋ²³：（一）家（人家）
窠 kʰəu⁵³：（一）窝（小猪）
梗 kuã³²⁴：（一）条（鱼）；（一）床（被子）
株 tsʮ⁵³：（一）棵（树）
蓬 boŋ²³：（一）丛（草）
帖 tʰiɐʔ⁵：（一）服（药）
场 dʑiã³³：（一）出（戏）
串 tsʰø³²⁴：（一）挂（鞭炮）
块头 kʰuɐɪ⁵³dəu²³：一元（钱）
部 bu²³：（一）辆（车）

托 tʰoʔ⁵：（一）拃（大拇指与中指或小指张开的长度）
人 zɥɐŋ²¹³：（一）庹（两臂平伸两手伸直的长度）
达 da²¹³：（走一）趟
记 tɕi⁵³：（打一）下
潮 dʑiɔ²¹³：（下一）阵（雨）
埛 zɔ̃²¹³：（玩一）回
局 dʑyɔʔ²：（矮一）截
坒 bi²³：（一）层（砖）

（二十三）方位词

对过 tɛ⁴⁴kəu⁴⁵：对面
上头 zɔ̃²³dəɪ³⁵：上面
下头 ɦo²³dəɪ³⁵：下面
里头 li²³dəɪ³⁵：里面
外头 ŋa²³dəɪ³⁵：外面
当中 tɔ̃⁴⁴tsoŋ⁵³：中间
前头 zi³³dəɪ³¹：前面
后头 ɦəu²³dəɪ³¹：后面
借手半边 tɕia⁴⁴ɕiɣ⁴⁵pu⁴⁴pi⁵³：左边
顺手半边 zɥɐŋ²³ɕiɣ⁴⁵pu⁴⁴pi⁵³：右边
旁边头 bɔ̃³³pi⁴⁴dou²³：旁边
屋顶高头 oʔ⁵tiŋ⁴⁵kɔ⁴⁴dəɪ³⁵：屋顶上
眠床下底 mi³³zɔ̃²³ɦo³³ti⁴⁵：床底下
顶后头 tiŋ³²⁴ɦəu³³dəɪ³⁵：末尾（最后面）
近横里 dʑiŋ²³ɦuã³³lieʔ²：附近
边头 pi⁴⁴dəɪ³⁵：傍边；边缘（器物的~）
眼面前 ŋɛ²³mi³³ʑi²³：跟前儿

（二十四）数词

廿 ȵie²³：二十
两百廿尼 liã²³pɐʔ⁵ȵie²¹ȵi²³：二百

二十二
两 liã²³：二
两百五 liã²³pɐʔ⁵ ŋ²³：二百五
百把个 pɐʔ⁵po⁴⁴kɐʔ⁵：一百多个
一百十 ieʔ⁵pɐʔ⁵zoʔ²：一百十
一百一 ieʔ⁵pɐʔ⁵ieʔ⁵：一百一十
横离 uã⁴⁴li³⁵：左右
两挂生 liã²³kua⁴⁴sã⁴⁵：两半儿
一眼眼 ieʔ⁵ŋɛ²²ŋɛ³¹：一点儿
汪里 uã⁴⁴lieʔ²：左右

（二十五）代词

侬 nəu²¹³/尔 ŋ²³：你
吾 ŋo²¹³：我
其 dʑi²³：他
傉 nɐ²³：你们
阿拉 ɦia²²lɐʔ²：我们
其拉 dʑieʔ²lɐʔ²：他们
大家 dəu²³ko⁴⁵：大家
自家 ʑi²¹³ko⁴⁵：自己
人家 ȵiŋ²¹³ko⁴⁵：别人
吾喔 ŋo²³ɦoʔ²：我的
侬喔 nəu²³ɦoʔ²：你的
其喔 dʑi²³ɦoʔ²：他的
阿拉个 ɐʔ⁵lɐʔ²kəʔ⁵：我们的
啥人 soʔ⁵ȵiŋ²³：谁
啥西 soʔ⁵ɕi⁴⁵：什么
咋貌 dza²³mɔ³³：怎么说
咋话 dza²³ɦuo³¹：怎么样
咋管 dza²³ku⁴⁴：多少
介管 ka⁴⁴ku⁴⁵：这些
该眼 kieʔ⁵ŋɛ³⁵：这些；那些
该个 kieʔ⁵ɦoʔ²：这个；那个

介 ka⁵³：这么；那么
该晌 kieʔ⁵zɔ̃²³：这会儿；那会儿
介末介 ka⁵³mɐʔ²ka⁴⁵：这样；那样
堂头 dɔ̃³³dəu²³：这里
该头 kieʔ⁵dəu²³：那里
啥屋堂 soʔ⁵u⁴⁴dɔ̃²³：哪里
阿里个 ɐʔ⁵li²¹³ɦoʔ²：哪个
阿啥 ɐʔ⁵soʔ⁵：为什么

（二十六）副词/介词等

弗结 fi³⁵tɕieʔ⁵：不知
搭 tɐʔ⁵：和；与
角勒 koʔ⁵loʔ²²：怪不得；因而
实货 zɥoʔ⁵həu⁴⁵：其实
稍势 ɕio⁴⁴sʮ⁴⁵：稍微
豪稍 ɦɔ²³sɔ⁴⁵：赶紧
越加 ɦyɔʔ²ka⁴⁵：更加
来 lɛ³³：在
拨 pɐʔ⁵：被
亦 ɦi²¹³：又
聚头 zʮ²¹³dɐɪ²³：结伴；一块儿；一起
欠够 tɕʰi⁴⁴kœy⁴⁵：不够
要 iɔ⁵³：要
勿要 fɛ⁵³：不要；别
莫 mɔʔ²：不要；别
好 hɔ³⁵：可以（饭熟了，~吃了）
限板 ɦiɛ²²pɛ⁴⁵：肯定；必定；一定
各样 koʔ⁵iã⁴⁴：不一样
蓝板 lɛ²³pɛ⁴⁴：偶尔
佬佬 lɔ²³lɔ³³：经常
是格 zʮ²³kɐʔ/⁵：老是；一直；总是；一向

能可 nɛŋ²³kʰəu⁴⁵：宁可
如话 zʅ²¹³ɦio³¹：如果；假如
好坏 hɔ⁴⁴ua⁵³：必定；肯定
和总 ɦiəu²³tsoŋ⁴⁵：总共；全部
统 tʰoŋ⁴⁴：都；全
一塌刮子 ieʔ⁵tʰɐʔ⁵kuɐʔ⁵tsʅ⁴⁵／拢总 loŋ³³tsoŋ⁵³：一共；全部
派弗来 pʰa⁴⁴fɐʔ⁵le³³：说不定
万生万世 vɛ²²sã⁵³vɛ²²sʅ⁴⁵：无论如何
作兴 tsoʔ⁵ɕiŋ⁴⁵：流行；万一；可能（表推测）；应该
吰数 m̩²²su⁴⁵：可能；也许
三话四话 sɛ⁴⁴ɦio³³sʅ⁴⁴ɦio³¹：居然
派来 pʰa⁴⁴le³³：原来
特为 dɐʔ²ɦiuɛɪ²³：故意
推板眼 tʰɛ⁴⁴pɛ⁴⁴ŋɛ³⁵：差点儿
眼眼叫 ŋɛ²²ŋɛ²³tɕiɔ⁴⁵：万一；恰巧
且管 tɕʰia⁴⁴ku⁴⁵：尽管；只管
交关 tɕiɔ⁴⁴kuɛ⁵³：很；十分
蛮 mɛ²³：挺
帑派 vɛŋ²³pʰa⁴⁵／出格 tsʰuoʔ²kaʔ⁵：格外；特别
放命 fɔ⁴⁴miŋ²³：特别
当忙 tɔ⁴⁴mɔ̃³⁵：立即；马上

尚怕 zɔ̃²¹³pʰo⁴⁴：生怕
派来 pʰa⁴⁴le³³：原来
扣扣 kʰœʏ⁴⁴kʰœʏ⁴⁵：刚好；刚刚好
扣好 kʰœʏ⁴⁴hɔ³²⁵：恰好
弄勿好 loŋ²³vɐʔ²hɔ⁴⁴：恐怕
总归 tsoŋ⁴⁴kuɛ⁵³：反正
有两遭 ɦiʏ²²liã²³tsɔ⁵³：有时候
老早百里 lɔ³³tsɔ⁴⁵pɐʔ⁵li⁴⁵：早就
仍规 ȵiŋ²³kuɛ⁵³：仍旧
定规 diŋ²²kuɛɪ⁵³：就是；坚决；硬是
但便 dɛ²²bi²³：随便；无论；不管
总只介 tsoŋ⁴⁴tɕieʔ⁵ka³⁵：不过如此
有佬 ɦiʏ³³lɔ²³：有钱；富有
齐巧 dʑi²²tɕʰiɔ⁴⁴：恰巧
荡横 dɔ³³ɦiuã²³：这一带
本生 pɛŋ⁴⁴sã⁵³：本来；原来
煞扣 sɐʔ⁵kʰœʏ⁴⁴：拼命
生三 sã⁴⁴sɛ⁵³：拼命地；竭尽全力
吰本 m̩³³pɛŋ⁴⁵：难道
兜心 dəu²³ɕiŋ⁵³：完全；彻底
放命 fa⁴⁴miŋ³¹：格外
暴时 bɔ²²zʅ²³：起初；初次
地墙 di³³ɦiã²³：地上

二　无法与普通话对应的词语

表 3-1

宁波方言词语	普通话注释
老嬭爿 lɔ²³n̠yoŋ²¹³bɛ³³	对已婚妇女的泛称
利朗 li²²lɔ̃⁴⁴	小孩健康易抚养
奶酣 na²³hɛ⁴⁴	婴儿吃足了奶，长得白白胖胖

续表

宁波方言词语	普通话注释
纠作 tɕiɣ⁵⁵tsoʔ⁵	①整治人；纠缠人②收拾；整理
敲瓦砸 kʰɔ⁵⁵ŋo³³bɛ²³	几个人各自凑钱买东西吃，像现在的"AA"制
吃豆腐 tɕʰyɔʔ⁵dœɣ²²vu⁴⁴	调戏妇女；戏弄人
呒告事体 m̩³³kɔ⁵⁵zɻ²³tʰi⁵³	一点事都没有；没关系
红猛日头 fioŋ²³maŋ³³ȵieʔ²dəu²³	指太阳光很强烈
雨毛丝 fiy²²mo³³sɻ⁵³	指极细的小雨
过云雨 kɑu⁵³fiun²²fiy²³	指云来即雨，云过即止的雨
大水头 dɔ²³sʯ⁴⁴dəu²³	指海水高潮时掀起的大浪
连底冻 li³³ti⁴⁴doŋ³¹	指天气极其寒冷时，水缸里结冰到底部，连缸冻在一块儿了
坐板疮 zəu²³pɛ⁴⁴tsʰã⁴⁵	因长时间坐者，生于臀部的疮
下八脚 fio²³pɛʔ⁵tɕiɛʔ⁵	职位低下的职员
空手人 koŋ⁴⁴ɕiɣ⁴⁵ȵiŋ²³	无正当职业的游民
暴出陇 bɔ²³tsʰoʔ⁵loŋ³³	指初次办事者
三脚猫 sɛ⁵⁵tɕiɛʔ⁵mɔ³⁵	指有点手艺但不精通的人
造孽朋 zɔ²³ȵieʔ²bã²³	指常与别人吵架的人
夜老鸦 fiia²³lɔ³³o⁴⁴	指说话不知忌讳的人
呒出山 m̩³³tsʯoʔ⁵sɛ⁴⁴	没有出息
时件 zɻ²³dʑi²¹³	做成食品的家禽的内脏
体拓 tʰi⁴⁴tʰoʔ⁵	事情办得很妥帖，圆满
咋急煞 dza²³tɕieʔ⁵sɐʔ⁵	如何得了；糟了；拿人没办法
秋埭 tɕʰiɣ⁵⁵da²³	秋天连绵不断的雨
时鲜 zɻ²²ɕi⁵³	应时新上市的水产品、蔬菜等
临市面 lin²²zɻ²³mi³¹	及时了解和掌握市场信息
烂眼 lɛ²³ŋɛ³³	①眼缘长期发炎的人②对人不尊重的称呼，如旧时经常称警察为烂眼
犯关 vɛ²³kuɛ⁵³	①非常；极其②对人对事没办法③表示受不了④麻烦⑤糟了；完蛋
是介 zɻ²²ka⁴⁵	①算了；罢了②就这样吧
青蟹 tɕʰiŋ⁵⁵haʔ²	壳呈青色的海涂大蟹
石蟹 zæʔ²haʔ²	壳硬如石头的海蟹
红钳蟹 fioŋ²³dʑi²³haʔ²	蟹螯呈红色的小蟹
小门子 ɕiɔ⁴⁴mɛŋ²³tsɻ⁴⁵	小的雌性梭子蟹
沙蟹 so⁵⁵haʔ²	海涂上的小蟹

续表

宁波方言词语	普通话注释
团脐 dø²² dʑi⁵³	雌蟹腹下的圆盖
长脐 dʑiã²² dʑi⁵³	雄蟹腹下的狭长的盖
海瓜子 hɛ⁴⁵ ko⁵⁵ tsʅ⁵³	形似瓜子的小贝类动物
鳗筒 mu²² doŋ²³	新鲜海鳗去掉内藏腌过后，风干而成的筒形鳗鱼
枫树叶 foŋ⁵⁵ zʅ²³ ɦiɛʔ²	形似枫叶的小鲳鱼
苋菜管 hɛ⁴⁴ tsʰɛ⁵³ kø⁴⁵	苋菜的长茎
点心光 ti⁴⁴ ɕiŋ⁴⁴ kuã⁴⁵／点心时 ti³²⁵ ɕin⁴² zʅ²³	下午三点左右，吃点心的时候
百做师傅 pɛʔ⁵ tso⁴⁵ sʅ⁴⁴ vu²³	对手工劳动者的统称，一般比杀猪师傅更受人们的尊重
和消头 ɦo²² ɕio⁴⁴ dɐɯ²³	专门替别人劝架解纷的人
一手落 ieʔ⁵ ɕiɣ³²⁴ loʔ²	指做某件事从头至尾一个人独自完成，不让别人插手
三官暴 sɛ³³ ku⁵⁵ pɔ⁴⁵	农历十月十五日左右刮的大风
板◇ pɛ⁴⁴ tsɐʔ⁵	①质量好，质地细密 ②做事认真踏实
停当 diŋ²¹³ tõ⁵⁵	①事情办得很妥帖 ②沉稳可靠
陶成 do²² dʑiŋ²³	①经过挑选之后所剩的东西 ②剩余
桃子头 do²³ tsʅ⁴⁴ dɐɯ⁴⁵	小孩儿囟门上留的垂发
梨头吊茎 li³³ dəu²³ ciɔ⁴⁴ tɕiŋ⁴²	专门称呼那些会作弄人的人
跳谷麻雀 tʰiɔ⁴⁴ koʔ⁵ mo²² tɕʰiɐʔ⁵	喻指说话叽叽喳喳、吵吵嚷嚷的人，多指女性
暗毲毲 ɛ⁴⁴ tsʰoʔ⁵ tsʰoʔ⁵	①形容光线幽暗 ②指背地里
啬鄙鄙 sɐʔ⁵ pieʔ⁵ pieʔ⁵	形容吝啬、不大方
黑毲毲 hɐʔ⁵ tsʰoʔ⁵ tsʰoʔ⁵	黑黑的或暗暗的
疲东东 ɕiʔ⁵ toŋ⁴⁴ toŋ⁴⁵	①体弱乏力 ②器物不坚固
歪吃芋艿头 ua⁴⁴ tɕyɔʔ⁵ ŋ̍²² na³³ dəu²³	喻指不好对付的刺头
好吃果子 hɔ⁴⁴ tɕiɔʔ⁵ kəu⁴⁴ tsʅ⁴⁵	喻指容易对付的人
肚绷 du²³ pã⁵³	一种较宽的腰带，中段当腹处有隔层，可放钱物
嬷嬷 mo³³ mo³⁴	①父母的姐姐 ②称呼与父母平辈而年长的妇女 ③教堂里的修女
灰汁团 huɛ⁴⁴ tɕi⁴⁴ tø⁴⁵	米粉和早稻草灰汁做成的一种球形团子，无馅，色灰暗

宁波方言词语	普通话注释
塞饭榔头 sɛ⁴⁴vɛ²³lɔ̃³³dəu²³	指味道咸而鲜美、很能下饭的菜肴
压饭榔头 ɐʔ⁵vɛ²³lɔ̃³³dəu²³	专指蟹糊、海蜇等特咸的海产品
出槖娘 tsʰoʔ⁵kʰoʔ⁵n̠iã⁴⁴	坐月子时请的保姆
赖孵鸡 la²²bu²³tɕi⁴⁵	比喻妇女无精打采的、形象邋遢
生头小鸡 sã⁴⁴dəu²³ɕiɔ⁴⁴tɕi⁴⁵	比喻因陌生而胆怯、不合群的小孩
心相 ɕin⁴⁴ɕiã⁴⁵	①心思；想法②心地；良心
缺牙弄 tɕʰyeʔ⁵ŋo³³loŋ⁴⁵	儿童乳牙脱落时，露出的缺口像弄堂一样深不可测
心焦 ɕiŋ⁴⁴tɕiɔ⁵³	寂寞；无聊
动火 doŋ²³həu⁴⁵	让人心中欢喜
退过 tʰɐɪ⁴⁴kəu⁵³	①完蛋了；糟透了②算了
鸟头 tiɔ⁴⁵daɪ³⁵	人的老练程度，一般指小孩
◇gəŋ²¹³	一只脚着地跳着行走
介 kɐʔ⁴⁵	①这么；如此②地 ③似的
勒 lɐʔ²	①到②在③的；了；着
带 ta⁴⁴	用在动词与补语之间，语气上显得委婉，如：记~不清
挈 tɕʰieʔ⁵	①用手提②量词，用于手提的、用绳扎成一串的东西
烂匹 lɛ²²pʰieʔ⁵	骂乱搞男女关系的女人
顾野 ku⁴⁴ɦia²³	眼睛看别处，注意力不集中
落轧 loʔ²ga²³	言行不慎得罪人而受责难、报复
起畈 tɕʰi³³pɛ⁴⁵	开始耕种
索面 soʔ⁵mi²³	一种面条，很长，可以折起成捆，有咸味，因细长如绳索而得名；宁波习俗，产妇坐月子要吃索面
听头货 tʰiŋ⁴⁴dɐɪ²³həu⁴⁵	食品罐头
伴手果 bø²³ɕiɤ⁴⁴kəu³²⁴	走访亲友时随身携带以馈赠小孩的果品
意基 i⁴⁴tɕi⁵³	言谈举止
赆 i⁴⁴	比长短
长股短 dʑiã²³ku⁴⁴tø³²⁵	本来对称的两物长短不一
镂脓刮髓 ləu²²noŋ²²kuɐʔ⁵ɕi⁴⁴	①比喻奇特，与众不同②追根究底
推板 tʰɛ⁴⁴pɛ⁵³	①差劲②相差
铁丝柯箩 tʰieʔ⁵sɿ⁴⁴kʰo⁴⁴loʔ⁵	①办公用品，装文件的铁丝筐②喻指不肯花钱的人，吝啬鬼

续表

宁波方言词语	普通话注释
撩 lio²³	①撩水：用手盛水而洒之②往上提：衫袖~一记
息息介 ɕi⁴⁴ɕi⁴⁴ka⁴⁵	形容安分；听话
后背 ɦœɣ²²pɐɪ⁴⁴	①后面②后来
呒脚蟹 m̩²²tɕiɐʔ⁵ha⁴⁵	没有脚的蟹。比喻没有活动能力的人
呒样范 m̩²²ɦiã²²vɛ²³	没有样子或不成样子
呒脚色 m̩²²tɕiɐʔ⁵sɐʔ⁵	没有处世、理家等的才能
呒告 m̩²²kɔ⁴⁵	①不要紧；没关系②没有③不能④一场空；徒劳⑤不客气
呒采去 m̩²²tsʰaɪ⁴⁵tɕʰi⁴⁴	表示"极其……""非常……"之意；"没地方可去"，如没地方找工作、没地方玩等
翻白 fɛ⁴⁴bɐʔ²	形容吊儿郎当、死样怪气，就讲该人"翻白"；"白"指鱼的肚皮，"翻白"就是鱼肚皮朝上，非常形象
娘希胚 ȵiã²³ɕi⁴⁴pʰieʔ⁵	宁波人最常用的詈语，相当于国人普遍使用的"他妈的"
水明堂 sʅ⁴⁴miŋ²²dɔ̃²³	地面上的积水
河埠头 ɦiəu²²bu²³dəu²³	河边用于泊船、洗涤的石阶或有阶的石台
督煞漕 toʔ⁵sɐʔ⁵dzɔ²³	督，捅；煞，死；意为捅到底而不通的河汊

第二节 六县市代表点特色词语对照

本节在田野调查的基础上挑选了一批反映宁波各县市代表点具有地域特色的方言词语，既与普通话差别较大，也与吴语相关方言有区别。宁波代表点为海曙、江北、江东老三区；奉化代表点为江口、西坞；宁海代表点为跃龙、桃园；象山代表点为丹城、贤庠；慈溪代表点为浒山、坎墩；余姚代表点为兰江、梁弄。

六个点的特色词语，大部分存在一词多称现象，趋同性较高。有时为了显示其差异性，在多个说法中挑选有差异的词语进行对照。现列表对照如表3-2所示。

表 3-2　六县市代表点特色词语对照

普通话	宁波	奉化	宁海	象山	慈溪	余姚
刮风	起风 tɕʰi:³²⁴foŋ⁵³	发风 faʔ⁵fæŋ⁴⁴	吹风 tsʰɿ⁴⁴foŋ⁴²	刮风 kuaʔ⁵foŋ⁴⁴ / 起风 tɕʰi:³³ foŋ⁴⁴	刮风 kuaʔ⁵foŋ⁴²	起风 tɕʰi:³⁴fuŋ⁴⁴ / 刮风 kuaʔ⁵fuŋ⁴⁴
闪电	闪龙光闪 ɕi⁴⁴loŋ²² kuɔ̃⁴⁴ɕi:⁵³	闪龙 sɛ³³loŋ⁴⁵	龙光闪电 loŋ³¹³ kuɔ̃⁴⁴ɕie³³ die¹³	雷光闪电 kuɔ̃⁴⁴ɕieʔ⁵diɪ²³	霫闪 huaʔ⁵sɛ̃⁴²	霫闪 huoʔ⁵sɛ̃⁴⁴
打雷	响雷 ɕiã⁴⁵lɐɪ²³	响雷 ɕiã⁴⁴læɪ²³	打霹雳 tã⁴²pieʔ⁵lieʔ²	响雷 ɕiã⁴⁴leɪ³¹	动雷 doŋ²³le⁴²	动雷 duŋ²³le³³
灰尘	塕灰 boŋ³¹huɐɪ³³ / 塕尘 boŋ³¹dziŋ²³	塕尘 boŋ³¹dzɿŋ²³	塕尘 boŋ²¹dziŋ¹³	塕尘 boŋ²¹dzəŋ²³	塕尘 boŋ²²dzəŋ²³	塕尘 buŋ³¹dzəŋ²³
泥土 (统称)	涂泥 na²²ȵi²³	涂泥 nɛ³³ȵi³¹	烂泥 lɛ²²ȵi²¹³	涂泥 na³³ȵi²¹	烂泥 lɛ²³ȵi³³	涂污泥 na²²uȵi²³
煤油	火油 høu⁵⁵ɦiɣ³¹ / 洋油 ɦiaŋ²²ɦiɣ³¹	火油 hau³⁵ɦiɣ³¹	乌油 u⁵⁵ɦiu¹³ / 洋油 ɦia²²ɦiu¹³	火油 hu⁵⁵ɦiɤ³¹ / 洋油 ɦiɤ³²²ɦiɣ³¹	火油 hou⁴⁴ɦiɛ³¹	火油 hou⁴⁴ɦiɔ²³ / 洋油 ɦiaŋ³³ɦiɵ²³
地方	坮堂 u⁵⁵dɔ³⁵	地方 di²³fɔ³¹	坮堂 u⁴⁴tsʰɛ⁵³	坮垛 u⁴⁴tsʰe⁵³	坮堂 u⁵⁵dɔ³¹	地方 di²³fɔ⁴⁴
农村	乡下 ɕia⁴⁴ɦo³³ / 乡下头 ɕia⁴⁴ɦo³³dɐɪ⁴⁵	乡下头 ɕia⁵⁵ɦo³³dæɪ³¹	乡下 ɕia²²ɦo³¹	乡下头 ɕia⁵⁵ɦo³³dɤu²³	乡下 ɕia⁵⁵ɦo³¹	乡下头 ɕia⁴⁴ɦo²²dø²³

续表

普通话	宁波	奉化	宁海	象山	慈溪	余姚
城里	城里厢 dziŋ³³ li²³ ɕiã⁵⁵	城里厢 dziŋ³³ li³⁵ ɕia⁵³	城里 ziŋ³³ li³¹	城里厢 dziŋ³³ li³⁵ ɕia⁴²	城里 dzəŋ²³ li³¹	城里头 dzən²³ li³³ dø²³
除夕夜	大年夜 dɔ²³ ȵi²² ɦia²³	三十年夜 sɛ⁵⁵ zɤʔ² ȵi³³ ɦia²³	三十年夜 sɛ⁴⁴ zɤʔ² ȵieʔ² ɦia¹³	三十夜 seʔ⁵⁵ zəʔ² ɦia²³ / 年夜到 ȵiɪ²¹ ɦia³³ tɔ⁴²	年晚头 ȵie²³ maẽ³³ dəu²³	年晚头 ȵie²³ mæ³³ dø²³ / 年三十夜 ȵie²³ sa⁴⁴ zəʔ² ɦia²³
中秋节	八月十六 paʔ⁵ ɦyɔʔ² zoʔ² loʔ²	八月十六 paʔ⁵ ɦyəʔ² zøʔ² loʔ²	八月十六 pæʔ⁵ ɦyɔʔ² ʑyøʔ² loʔ²	八月十六 paʔ⁵ ɦyəʔ² zəʔ² loʔ²	八月半 poʔ⁵ ɦyeʔ² pø⁴⁴	八月半 poʔ⁵ ɦyoʔ² pø⁴⁴
明年	明年子 mɛŋ³³ ȵi²² tsʅ⁴⁵	明年 me²³ ȵi³¹	下年 ɦo³¹ ȵie²¹³	明年 meŋ²¹ ȵi³³	来年 le²² ȵie²³	开年 kʰe⁴⁴ ȵie²³ / 来年 le³³ ȵie²³
往年	前两年 ʑie²² liã³³ ȵi²³	前两年 dʑi²² liã³³ ȵi²³ / 早两年 tsɔ⁴⁵ liã³¹ ȵie¹³	前两年 ʑie²¹³ liã³¹ ȵie²¹³	前几年 ȵiɪ²¹ ɦiɪ²¹ tɕi⁴⁴ / 前头几年 ɦiɪ²³ dəu²³ tɕi⁴⁴ ȵiɪ²¹	前几年 dʑie²³ tɕi⁴⁴ ȵie³¹	前两年 ʑie³³ liaŋ³³ ȵie²³
日子	日脚 ȵieʔ² tɕiaʔ⁵	日脚 ȵieʔ² tɕiaʔ⁵	日脚 ȵieʔ² tɕiaʔ⁵	日脚 ȵieʔ² tɕiaʔ⁵	日脚 ȵieʔ² tɕiaʔ⁵	日脚 ȵieʔ² tɕiaʔ⁵
时间；时候	时辰 ʑʅ³³ ɦiŋ²³ / 辰光 zəŋ²³ kuɔ̃⁵³	时光 ʑʅ²¹ kuɔ⁴⁵ / 辰光 zɔ²¹ kuɔ⁴⁵	时节 ʑʅ²² tɕieʔ⁵	辰光 zoŋ²¹ kuɔ⁴⁴	辰光 zeŋ²² kuɔ⁴⁴	辰光 zeŋ²³ kuɔŋ⁴⁴
明天	明朝（子） miŋ²¹ tɕiɔ⁵³ (tsʅ⁴⁵)	明朝（子） m̩²¹ tɕi³³ (tsʅ⁴⁴)	天亮 tʰie⁵⁵ ȵiã³³	明朝 meŋ²² tɕiɔ⁴⁴	明朝 meŋ²² tsɔ⁴⁴	明朝 m̩²³ tsɔ⁴⁴

续表

普通话	宁波	奉化	宁海	象山	慈溪	余姚
昨天	上末（子）zo²² mə?² (tsʅ⁴²)	上日（子）zo?² ȵie?² (tsʅ⁴⁵)	上日 zɔ?² ȵiŋ²¹³	上日 zo²² ȵie?²	上日 zo²² ȵie?²	上日 ɦo²¹ ȵie?² / 上◇子 ɦo²¹ ȵɔ?² tsʅ⁴⁴
整天	一日到夜 ie?⁵ȵie?²tɔ⁴⁴ɦia²³ / 长日 dʑia²² ȵie?²	长日 dʑia²² ȵie?²	全日 dʑyø²³ ȵie?²	全日 dʑø³¹ ȵie?²	一日到夜 ii?⁵ȵie?²tɔ⁴⁴ɦia²³	整日 dzəŋ²³ ȵie?²
上午	上半日 zo²¹ pu⁴⁴ ȵie?²	上半日 zo²³ pø⁵³ ȵie?²	上半日 zɔ²³ pø⁴⁴ ȵie?²	上日 zo²² ȵie?²	上半日 zo²² pəe⁴⁴ ȵie?²	上半日 zɔ̃²³ pø⁴⁴ ȵie?²
下午	下半日 ɦo²² pu⁴⁴ ȵie?²	下半日 ɦo²³ pø⁵⁵ ȵie?²	下半日 ɦo²³¹ pø⁴⁴ ȵie?² / 晚半日 mɛ²² pø⁴⁴ ȵie?²	下半日 ɦo²³ pəe⁴⁴ ȵie?² / 麦衔 ma?² ka⁵³	下半日 ɦo²² pəe⁴⁴ ȵie?²	下半日 ɦo²³ pø⁴⁴ ȵie?²
早晨	天亮 tʰi⁵⁵ liã³³	天亮头 tʰie⁴⁴ ȵiã²² dæI²² tse⁴² / 早天 tʰi⁵⁵ ȵiã²³ 亮	瞓醒头 kʰu⁴⁴ ɕiŋ³⁵ dəu²³	空送 kʰoŋ⁵⁵ soŋ⁴⁵ / 空松头 kʰoŋ⁵⁵ soŋ⁴⁴ dəu²³	早间头 tsɔ⁵⁵ kɛ̃⁴² dɤ²³	早间头 tsɔ⁵⁵ kɛ̃⁵⁵ dəu²³
中午	昼过 tɕiɤ⁵⁵ kəu⁵³ / 昼过头 tɕiɤ⁴⁴ tɔ⁵³ tɕiɤ⁵⁵ kəu⁵³ dəɤ²³	昼过头 tɕiɤ⁵³ kau⁴⁴ dæI²³	日昼 ȵie²² tɕiu³⁵	日昼 ȵie?² tɕiɤ⁴⁵	晏间昼 æ⁴⁴ kɛ̃⁴⁴ tsɤ⁴²	晏昼头 æ̃⁴⁵ tsø dəu²³

续表

普通话	宁波	奉化	宁海	象山	慈溪	余姚
白天	日里 ȵieʔ²li³³ / 日里厢 ȵieʔ²li³³ɕiã⁵⁵	日里 ȵieʔ²li³³ / 日里厢 ȵieʔ²li³³ɕia⁵⁵	日迭 ȵieʔ²dieʔ²	日生头 ȵieʔ²sã⁴⁴dəu²³	日里 ȵieʔ²li²²	日里 ȵieʔ²li²³
晚上	夜到 ɦia²³tɔ⁵⁵	夜到 ɦia²³tɔ⁴²	夜跟头 ɦia¹³kiŋ⁴⁴tiəu⁴⁵	夜到头 ɦia³³tɔ⁴²dəu³⁵	夜到头 ɦia²³tɔ⁴⁴dø²³	夜里 ɦia²²
将来	后首来 ɦoeɣ²¹³ɕiu⁴⁴lɛ³³	后首来 ɦou²³ɕiɣ⁴⁴lɛ³³	后头来 ɦɔ³³diu²³lɛ³³	后头来 ɦɔ³³dø²³lɛ³³	下早 ɦɔ²³tsɔ³²⁴	后早 ɦəu²²tsɔ³⁵
从前	闲早子 ɦɛ²²tsɔ⁵³tsŋ⁴⁵	闲早子 ɦɛ²²tsɔ⁵³tsŋ⁴⁵	上回子 zɔ²²ɦue¹³tsŋ⁴²	上回子 zɔ²²ɦue¹³tsŋ⁴²	前格 dzie²³kɛʔ⁵	闲早 ɦɛ²³tsɔ³⁵
现在	该尚 kieʔ⁵zɔ²¹³	该尚 keʔ⁵zɔŋ²³	葛枪 gəʔ²tɕʰia⁴⁴	介节 ka⁵³tɕieʔ⁵	kɛʔ⁵mɔ³³格毛	难毛 nɛ²¹³mɔ³³ / 现毛 ɦie²²mɔ²³
一会儿	一尚 ieʔ⁵zɔ̃³³	一尚 ŋieʔ⁵zɔŋ²³	一记 ȵieʔ⁵tɕi⁵	一记 ȵieʔ⁵tɕiʔ⁵	一枪 ȵieʔ⁵tɕʰiaŋ⁴⁴	一枪 ȵieʔ⁵tɕʰiaŋ⁴⁴
割稻子	割稻 kaʔ⁵dɔ²³	割稻 kaʔ⁵dɣ²³	割稻 kɛʔ⁵dau³²⁴	割稻 ka⁵dɔ²¹	割稻 keʔ⁵dɔ²³	割稻 keʔ⁵dɔ²³
施肥	壅田 ɦyoŋ²¹di²¹³	壅田 yoŋ⁴²di³³ / 下料 ɦɔ²¹liɔ²³	垠田 iŋ⁴⁴die²¹³	垠料 iŋ⁵³liɔ²³	施肥 sŋ⁵⁵bi²³	浇料 tɕiɔ⁴⁴liɔ²³
簸箕	备斗 peŋ⁴⁴tɛ³⁵ / 土箕 tʰu⁴⁴tɕi⁴⁴	备斗 pən⁴⁴tɛ³²⁵	备箕 pən⁴⁴tsŋ⁴⁵	备箕 pəŋ⁴⁴tsŋ⁴⁵ / 土箕 tʰu⁴⁴tɕi⁴⁴	备斗 pəŋ⁴⁴təu⁴²	备斗 pə⁴⁴tø⁴⁴ / 粪箕 pən⁴⁴tɕi⁴⁴
扫帚	扫帚 sɔ⁴⁴tɕiɣ⁴⁵	笤帚 diɔ²³tɕiɣ⁵³	笤帚 diɔ²²tɕiu⁵³	笤帚 diɔ²²tɕiu⁴⁴	笤帚 diɔ²³tsɣ⁴²	扫帚 sɔ⁴⁴tsø³⁵

续表

普通话	宁波	奉化	宁海	象山	慈溪	余姚
晒谷场	晒场 sa⁴⁵dziã²³	晒场 sa⁵³dzia²³	晒场 so⁴⁴dziã³³	晒场头 sa⁴⁴dziã³³dəu³³	晒谷场 sa⁴⁴koʔ⁵dzã³³	晒场 sa⁴⁴dziã³¹/明堂 miŋ²¹dɔ³¹
玉米	六谷 loʔ²koʔ⁵	苞芦 p⁵⁵lu³³	苞芦 pəu⁴⁴lu¹³	六谷 loʔ²koʔ⁵	六谷 loʔ²koʔ⁵	六谷 loʔ²koʔ⁵
向日葵	朝日头花 dziɔ²³ɲieʔ²dəu²³ho⁵³	朝热头花 dzia²³ɲieʔ²dæɪ²³ho⁵³	向日葵 ɕiã⁴⁴ɲieʔ²gui³¹	向日葵 ɕiã⁴⁴ɲieʔ²gui²³	葵花 gue²¹huo⁴⁴	葵花 gue²³huo⁴⁴
葵花籽	香瓜子 ɕiã⁵⁵koʔ⁴⁴tsɿ⁴²	香瓜子 ɕiã⁵⁵koʔ⁴⁴tsɿ⁴²	香瓜子 ɕiã⁴⁴koʔ⁴⁴tsɿ⁴⁵	香瓜子 ɕiã⁵⁵kuo⁴⁴tsɿ⁴⁵	香瓜子 ɕiaŋ⁴⁴ko³²⁴tsɿ⁴⁴	香瓜子 ɕiaŋ⁴⁴kuo⁴⁴tsɿ⁴⁴
马铃薯	洋芋艿 ɦiã²³n̩²²na³¹/洋番薯 ɦiã²³fɛ⁴⁴zɿ³¹	洋芋艿 ɦiã²³n̩²²na³¹/洋番薯 ɦiã²³fɛ⁴⁴zɿ³¹	洋芋 ɦiã²¹ɦy⁴⁴	洋芋艿 ɦiã²¹ɦy³³na²¹	洋芋艿 ɦiã²²n̩²³na³¹	洋芋艿 ɦiaŋ²²n̩²³na²³/毛芋艿 mɔ³³n̩²³na²³
豌豆	蚕豆 zɛ²¹³dəu²³	蚕豆 zæɪ²¹dæɪ³³	寒豆 ɦɛ²²dəu¹³	蚕豆 zø²¹diu²³	蚕豆 zɛ²²dø²³	蚕豆 zen²²dø²³
蚕豆	倭豆 o⁴⁴dœɣ²³	倭豆 æɪ³³dæɪ¹³	带豆 te⁴⁴dəu¹³	倭豆 o⁴⁴dəɣ²³	倭豆 øu⁴⁴dɣ²³	倭豆 ou⁴⁴dø²³
南瓜	饭瓜 vɛ²¹³kø⁵³	饭瓜 vɛ³³kø⁵³	倭瓜 o⁴⁴ko⁴²	倭瓜 o⁴⁴ko⁴⁵	饭瓜 vɛ²²kø³²⁴	饭瓜 vɛ²²kuo⁴⁴
菠菜	波稜 pɔ⁴⁴lɤŋ²³	波稜 po⁴⁴leŋ³¹	波稜菜 po⁴⁴liŋ²¹tsʰe³⁵	波稜 po⁴⁴leŋ³⁵	波稜 pou⁴⁴leŋ³⁵	波稜菜 pou⁴⁴liə²³tsʰe⁵³
石榴	金猛 tɕiŋ⁵⁵mã²³	金猛 tɕiŋ⁴⁴maŋ²³	石榴 saʔ⁵liu¹³	石榴 saʔ⁵ly²³	基猛 tɕi³²⁴maŋ²³	基猛 tɕi⁴⁴maŋ²³

续表

普通话	宁波	奉化	宁海	象山	慈溪	余姚
栗子	毛栗 mɔ³³ lieʔ² / 休栗 tsɿ⁴⁴ lieʔ²	毛栗 mɔ³³ lieʔ²	毛栗 mau²² lieʔ²	毛栗 lieʔ² lieʔ²	毛栗 mɔ³²⁴ lieʔ²	毛栗 mɔ²³ lieʔ² / 休栗 tsɿ⁴⁴ lieʔ²
荸荠	地栗 di³¹ lieʔ² / 骆驼荸荠 loʔ² dəu²³ bu²² dʑi²³	地栗 di²¹³ lieʔ²	荸荠 bu²² zɿ¹³	荸叶 bu²¹ ɦie¹²	荸荠 bu²² zi³³	荸荠 bu²² ɦi²³
公牛	雄牯 ɦyoŋ³¹ ku⁴²	雄牛 ɦyoŋ²¹ ŋɵɯ⁵³	骚牛 sau³³ ȵiu¹³	骚黄牯 sɔ³³ ɦuŋ³³ ku⁴⁴	公牛 koŋ³³ ȵiɣ²³	雄牛 ɦiuŋ³³ ȵiɣ²³
母牛	雌牛 tsʰɿ⁵⁵ ŋœɣ²³	牛娘 ŋɵɯ³¹ ȵia²³	草牛 tsʰɔ⁴² ȵiu¹³	牛娘 ŋeɯ²¹¹ ȵia³³	母牛 me²⁴ ȵiɣ²³	雌牛 tsʰɿ⁴⁴ ȵiɣ³³
公猪	牯猪 ku⁴⁴ tsɿ⁴⁵	雄猪 ɦyoŋ²¹ tsɿ⁴⁵	雄猪 ɦyoŋ²¹ tsɿ³²⁴	雄猪 ɦyoŋ²¹¹ tsɿ⁴⁴	骚猪 sɔ³³ tsɿ⁴⁴	种猪 tsuŋ⁴⁴ tsɿ⁴⁵
母猪	猪娘 tsɿ⁵⁵ ȵiã²³	猪娘儿 tsɿ⁵⁵ ȵiaŋ⁵⁵ bɛ²³	雌猪 tsʰɿ⁴⁴ tsɿ³²⁵	雌猪 tsʰɿ⁴⁴ tsɿ⁴²	猪娘 tsɿ⁵⁵ ȵia³³	老猪娘 lɔ²³ tsɿ⁴⁴ ȵiaŋ²³
公鸡	雄鸡 ɦyoŋ²¹ tɕi⁵³	雄鸡 ɦyoŋ²¹ tɕi⁵³	雄鸡 ɦyoŋ³¹ tsɿ³²⁴	雄鸡 ɦyoŋ²¹¹ tɕi⁵³	雄鸡 ɦioŋ²² tɕi⁴⁴	雄鸡 ɦiuŋ¹³ tɕi⁴⁴
母鸡	草鸡 tsʰɔ⁵⁵ tɕi⁻⁴⁵	草鸡 tsʰɔ⁵⁵ e⁵⁵ tɕi⁴⁴	鸡娘 tɕi⁴⁴ ȵia¹³	鸡娘 tɕi³³ ȵia⁴⁴	鸡娘 tɕi⁴⁴ ȵia²²	鸡娘 tɕi⁴⁴ ȵiaŋ²³
猴子	猢狲 ɦuoʔ² sã⁴⁵	猢狲 ɦuaʔ² saŋ⁴⁵	猢狲 ɦu²² sɿaŋ³²⁴	猢狲 ɦueʔ² sueŋ⁵³	猢狲 ɦueʔ² sen⁴⁴	猢狲 ɦuoʔ² sen⁴⁴
乌鸦	老鸦 lɔ²¹ o⁴⁴	老鸦 lɔ³³ o⁴⁴	老鸦头 lau³¹ u³³ diu¹³	老鸦 lɔ³¹ o⁴⁴	老鸦 lɔ²³ ɛ⁴⁴	老鸦 lɔ²¹³ ɛ⁴⁴

第三章　宁波方言词汇面貌及其特点

普通话	宁波	奉化	宁海	象山	慈溪	余姚
麻雀	麻将 mɔ²³tɕiã⁴⁵	麻将 mo²³tɕiã⁴⁵	麻将 mau²¹tɕiã⁴⁵	麻鸡 mɔ²¹tɕi⁴⁴	麻将 mo²³tɕiã⁴⁵	麻将 mo¹³tɕiaŋ⁴⁴
蜘蛛	蛛蛛 tsʅ⁴⁴tsʅ⁴⁴ / 壁蟹 pieʔ⁵haʔ²	蜘蛛 tsʅ⁴⁵tsʅ⁴⁵ / 结蛛 tɕieʔ⁵tsʅ⁴⁵	蜘蛛 tsʅ⁴⁴tsʅ³²⁴	蜡 ɕi⁵³	结蛛 tɕieʔ⁵tsʅ⁴⁵	结蛛 tɕieʔ⁵tsʅ⁴⁴
蚂蚁	蚂粉 mo²³fəŋ³⁵	黄蜂 ɦuɔ²³fæŋ⁴⁴	花蚁 ɦo³³ŋ̍³¹	头头虎 dəu³³dəu³³fu²³	雌蟀 tɕiɔ⁴⁴fu⁴⁴	雌蟀 tɕiɔ⁴⁴fu⁴⁴
蚯蚓	蛐蟮 tsʰoʔ⁵ʑi²³	蛐蟮 tsʰøʔ⁵ʑi²³	蛐蟮 tɕioʔ⁵ʑie³¹	蛐蟮 tɕʰyeʔ³³fu⁴⁴	蛐蟮 tɕʰye⁴⁴ɦii²¹	地蚕 di²²dzẽ²³
知了（蝉）	蚱嫲 tsɔ⁵⁵li³⁵	蚱嫲 tsɔ³³li³⁵	上夜 zɔ²²ɦia¹³	蚱嘻哙 tso⁴⁴tsaʔ²ləŋ³⁵	蚱嫲 tso⁴⁴lie³³	蚱嫲 tso⁵⁵lie³³
鲫鱼	河鲫鱼 ɦəu²²tɕiʔ⁵ŋ̍²³	河鲫鱼 ɦəu²¹³tɕiʔ⁵ŋ̍²³	鲫嗯儿 tɕiʔ⁵ŋe¹³	鲫嗯儿 tɕiʔ⁵ŋe²³	肚喳 du²³təŋ⁴⁵	河鲫鱼 ɦou²²tɕieʔ⁵ŋ̍²³
比目鱼	鲳鯣鱼 ȵieʔ²tʰaʔ⁵ŋ̍²³	鲳鯣鱼 ȵiaʔ²tʰaʔ⁵ŋ̍²³	鲳鯣鱼 ȵyoʔ²tʰaʔ⁵ŋ̍²³	鲳鯣鱼 ȵyoʔ²tʰaʔ⁵ŋ̍¹³	鲳鯣鱼 ȵioʔ²tʰaʔ⁵ŋ̍⁴⁵	鲳鯣鱼 ȵioʔ²³tʰaʔ⁵ŋ̍³¹
虾蛄	屑尿扑 dza²³ɕiʔ⁴⁴pʰo⁵³	屑尿扑 dza²³ɕi⁴⁴pʰo⁴⁵	屑尿扑 dza²³sʅ⁴⁴pʰo⁴⁵	屑尿扑 dza²³sʅ⁴⁴pʰo⁴⁵	屑尿扑 dza²³ɕy⁴⁴pʰo⁴⁵	屑尿扑 dza²³ɕi⁴⁴pʰo⁵
青蛙	水鸡 sʅ⁴⁴tɕi⁴⁵	田鸡 di³¹tɕi⁴⁵	石虫 zaʔ²dzɤɔŋ²³	石虫 zaʔ²dzɤɔŋ²³	田鸡 diẽ²²tɕi⁴⁴	水鸡 sʅ³⁴tɕi⁴⁴
蟾蜍	癞蛤蚆 la²³kaʔ⁵poʔ⁵³	癞蛤蚆 la²³aʔ⁵poʔ⁵³	癞乌蟆 la²²u⁴⁴mo¹³	癞乌蟆 la²⁴u⁴⁴mo²³	癞丝蛤蚆 la²³ɕi³⁴ɕi²³keʔ⁵poʔ⁴⁵	癞丝蛤蚆 la²³ɕi³⁴ɕi²⁵ʔeʔ⁵poʔ⁴⁵

129

普通话	宁波	奉化	宁海	象山	慈溪	余姚
蝌蚪	乌龟头虫 u⁴⁴tɕy⁵⁵dəu²³dzoŋ²³	乌龟头虫 u⁴⁴tɕy⁵⁵dou²³dzoŋ²³	乌嘟珠 u⁴⁴mo²²tsʮ⁴²	乌嘟珠 u⁴⁴mo²²tsʮ⁴²	蛇蚆头蛱 keʔ⁵ po⁴⁴dəu²²vu²³	乌壁头虫 u⁴⁴pieʔ⁵dɵ³³dzuŋ²³
楼梯	路梯 lu²³tʰi⁵³	路梯 lu³³tʰe⁴⁵	楼梯格 ləu²³tʰi⁴⁴keʔ⁵	楼梯格 ləu³³tʰe⁴⁴keʔ⁵	步梯格 bu²³tʰe⁴²keʔ⁵	步梯格 bu²³tʰe⁴⁴kaʔ⁵
柱子	屋柱 oʔ⁵dzʮ²¹	屋柱 oʔ⁵dzʮ³¹	屋柱 oʔ⁵dzʮ³¹	屋柱 oʔ⁵dzʮ³¹	廊柱 lɔ²²dzʮ²³	廊柱 lɔŋ²³dzø²³
柱下石	磉柱 sɔ̃⁴⁴tsʮ⁴⁵	磉柱 sɔ̃⁴⁴tsʮ⁵³	磉础 sɔ̃⁴⁴tsʮʰ⁴¹	磉盘 sɔ̃⁴⁴bø²¹³	磉墩 sɔ̃⁴⁴tun⁴²	磉墩 sɔŋ⁴⁴tən⁴⁵
窗户	窗门 tsʰɔ⁴⁴meŋ³⁵	窗门 tsʰɔ⁴⁴maeŋ³¹	窗头 tɕʰiɔ⁴⁴diu¹³	窗门 tɕʰiɔ⁴⁴meŋ³⁵	窗门 tsʰɔ⁴⁴meŋ³⁵	窗门 tsʰɔŋ⁴⁴men³⁵
厨房	灶更间 tsɔ⁵³kɛŋ⁵⁵kɛ⁴⁵	厨下 dzʮ²¹ɦoʔ⁴² / 厨镬间 dzʮ²¹ɦoʔ²kɛ⁴⁴	厨房间 dzʮ²²voŋ²³kɛ⁴²	灶间 tsɔ⁴⁴kɛ⁵³	灶间 tsɔ³³kɛ⁴⁴	灶跟间 kɛ⁴⁵tsɔ⁵³kə̃⁴⁴ / 厨房间 dzʮ²²voŋ²³kɛ⁴²
厕所	屙坑间 o⁴⁴kʰã⁴⁴kɛ⁴⁵ / 茅坑间 mɔ²³kã⁴⁴kɛ⁴⁵	屙坑 o⁴⁴kʰaeŋ⁵³	东司间 toŋ⁴⁴sʮ⁴⁴kɛ³²⁴	炕头间 kʰã⁴⁴dəy³³kɛ⁴²	茅坑 mɔ²¹kʰã⁴⁴	茅坑 mɔ²³kʰaŋ⁴⁴
猪圈	猪厩间 tsʮ⁴⁴dzi²³kɛ⁴⁵	猪厩间 tsʮ⁴⁴dzi³³kɛ⁴⁴	猪栏间 tsʮ⁴⁴lɛ²²kɛ³²⁴	猪栏 tsʮ⁴⁴lɛ⁴⁵	猪厩 tsʮ⁴⁴dzie³³	猪厩同 tsʮ⁴⁴dzie²³kɛ⁵³
桌子	桌凳 tsoʔ⁵təŋ⁴⁵	桌凳 tsoʔ⁵təŋ⁴²	桌床 tɕyeʔ⁵zɔ¹³	桌凳 tɕyeʔ⁵zɔ³³	桌凳 tsoʔ⁵təŋ⁴⁴	桌凳 tsoʔ⁵tɐ̃⁴⁴
抽屉	抽斗 tɕʰiɤ⁴⁴təɯ⁴⁵	抽斗 tɕʰiɤ⁴⁴təɯ⁵⁵	桌柏簏 tɕiɔʔ⁵gy²²loʔ²	推牵 tʰei⁴⁴tɕʰii⁴⁵	抽斗 tsʰɤ⁴⁴teʔ⁴²	抽斗 tsʰɤ⁴⁴tɤ⁴⁵

续表

普通话	宁波	奉化	宁海	象山	慈溪	余姚
锅铲	镬铲 ɦoʔ²tsʰɛ³⁵	镬铲 ɦoʔ²tsʔɛ⁴²	镬戳 ɦoʔ²tsʔoʔ⁵	镬戳 ɦoʔ²tsʰoʔ⁵	镬抢 ɦoʔ²³tɕʰiã³²⁴	镬抢 ɦoʔ²³tɕʰiaŋ³²⁴
汏水	汏脚水 ki⁵⁵tɕiaʔ⁵sɿ⁴⁵	米脚汏水 mi²³tɕiaʔ⁵ki⁵⁵sɿ⁴²	刷镬水 soʔ⁵ɦəʔ²sɿ⁴²	米汏水 mi²²keʔ⁴⁴sɿ⁴²	淘米汏水 do³³mi²²ke⁴⁴sɿ⁴²	猪汏水 tsɿ⁴⁴ke⁴⁴sɿ⁴⁵
开水	滚茶 keŋ⁵⁵dzo²³	滚茶 kun⁴⁴dzo²³	滚水 kun⁴⁴sɿ⁴⁵	滚汤 kun⁴⁴tʰoŋ⁵³	滚水 kun⁴⁴sɿ³⁵	清汤 tɕʰiŋ⁴⁴tʰoŋ⁴⁵
抹布	揩布 kʰa⁴⁴pu⁴⁵	揩桌布 ka⁴⁴tsoʔ⁵pu⁵⁵	抹桌布 mɔʔ²tɕiɔʔ⁵pu⁴⁵/揩碗布 kʰa⁴⁴uo⁴⁴pu⁴⁵	揩桌布 kʰa⁴⁴tɕyaʔ⁵pu⁴²	揩布 kʰa⁴⁴pu⁴⁵	揩布 kʰa⁴⁴pu⁵³/揩桌布 kʰa⁴⁴tsoʔ²⁵pu⁵³
拖把	拖畚 tʰəu⁵⁵foŋ⁵³	拖畚 tʰau⁴⁴foŋ⁴⁵	拖帚 tʰa⁴⁴tɕiu⁵³	拖帚 tʰa⁴⁴tɕiu³²⁴	拖帚 tʰɔ⁴⁴tsʏ³²⁴	拖畚 tʰou⁴⁴fən⁴⁴
绳子	绳 ziŋ²¹³	绳 dziŋ³³	绳 ziŋ²¹³	绳 ɦiŋ³¹/荔藤 li²³dəŋ³³	绳子 zəŋ²³tsɿ⁴⁵	绳 zeŋ²³
澡盆	大脚桶 dəu²¹³tɕiaʔ⁵doŋ²³	大脚桶 dau²³tɕiaʔ⁵doŋ²³	潝浴桶 dʑiaŋ³³ɦioʔ²duŋ¹³	潝浴桶 dʑiaŋ³³ɦyoʔ²doŋ²³	汏浴桶 da³²⁴ɦyoʔ²doŋ²³	汏浴桶 da²³ɦyoʔ²doŋ²³
脸盆	面盆 mi²¹³beŋ²³	面桶 mi²¹doŋ³³/面盆 mi²¹beŋ³³	面盆 mie²³baŋ³³	面盆 mi³¹doŋ²³	面桶 mie²²doŋ²³	面桶 mie²²doŋ²³
毛巾	手巾 ɕiɤ³²⁴tɕiŋ⁵³	手巾 ɕiɤ³²⁴tɕiŋ⁵³	面巾 mie³³pu⁵³	面布 mie²³pu⁴²	手巾 sø³²⁴tɕiŋ⁴²	手巾 sø³²⁴tɕie⁴⁴
穿针	穿针 tɕʰø⁴⁴tɕʰiŋ⁵³	穿针屁眼 tɕʰiŋ⁴⁴pʰi⁴⁴ŋe²³	穿针 tɕʰiø⁴⁴tɕiŋ³²⁴	穿针 tsʰø⁴⁴tsoŋ⁴²	穿尼线 tsʰɛ⁴⁴ɲi²²ɕiɛ⁵³	引眼 ɦin²²ŋɹe²³

续表

普通话	宁波	奉化	宁海	象山	慈溪	余姚
挖耳勺	耳朵挖 ɲi²³ to⁴⁴ uaʔ⁵	耳朵挖 n̩³³ ȵ̩⁴⁴ to⁴² uaʔ⁵	搂耳朵挖 lɔ³³ ȵ̩²² to⁴² uæ̃⁴⁴	耳朵挖 ȵ̩²² tʃ̩⁴⁴ toʔ⁵ uæ̃⁴⁵	搂耳朵挖 lo³³ ȵi²³ to³²⁴ uɛʔ⁵	耳朵挖 ȵi¹³ tou⁴⁴ uee⁴⁴
棒槌(洗衣用)	敲槌 li²¹ dzʅ³⁵	敲槌 li²¹ dzʅ³⁵	敲槌扁 lie²¹ dzʅ²² pie³²⁴	敲槌 lii²² dzʮ²¹	棒槌 bɔ̃²³ dzʮ⁴²	棒槌 bɔ̃²³ dzʅ³¹
鸡毛掸子	鸡毛掸帚 tɕi⁴⁴ mɔ²³ tɛ⁴⁴ tɕy⁴⁵	鸡毛掸帚 tɕi⁴⁴ mɔ²³ tɛ⁴⁴ tɕiY³⁵	鸡毛掸帚 tʃ̩⁴⁴ mɔ³³ tɛ⁴⁴ tɕiu⁴²	鸡毛掸帚 tʃ̩⁴⁴ mɔ³ tɛ⁴⁴ tɕiu⁴²	鸡毛掸帚 tɕi⁴⁴ mɔ²³ tæ̃⁴⁴ tsY³³	鸡毛掸帚 tɕi⁴⁴ mɔ²³ tæ̃⁴⁴ tsø³⁵
男人	男人家 nɐɪ²³ ȵiŋ²² ko⁵³	男人家 nɐɪ²¹ ȵiŋ²³ ko⁵³	男子 nø²¹³ tsʅ⁴² / 男人 nø¹³ ȵiŋ⁴²	男人 neɪ²¹ ȵiŋ³³	男人 nɛ̃²² ȵiŋ³³	男客 nɛ²³ kʰaʔ⁵
女人	女人家 ȵy²³ ȵiŋ²³ ko⁵⁵	女人头 ȵy²¹ ȵiŋ³³ dɐɪ²³	女客人 ȵy¹³ kʰaʔ⁵ ȵiŋ³¹	老女儿 lɔ²² ȵy⁴⁴ bɛ²¹	女儿头 ȵy²⁴ ȵiŋ³³ pɛ⁴⁵	女儿头 ȵy²² ȵiən²³ pɛ⁴⁵
婴儿	毛头奶花 mɔ²² dɐɪ²³ na³³ ho⁵³	小毛头 ɕiɔ⁴⁴ mɔ²³ dɐɪ²³	呜娃头 u⁴⁴ ua⁴⁴ teu⁴⁵	呜娃头 u⁴⁴ ua⁴⁴ deu²³	嗯伢 ŋ̩²³ ŋa²²	奶花伢 na³³ huo⁴⁴ ŋo²³
小孩	小人 ɕiɔ³²⁴ ȵiŋ²³ / 娃 ua⁴²	乌玩头 u⁴⁴ ɦuɛ²³ / 小人 ɕiɔ⁴⁴ ȵiŋ²³	细佬 sʅ⁴⁴ lɔ³¹	小鬼 ɕiɔ⁴⁴ tɕy⁵³	娃 uɛ⁴² / 小人 ɕiɔ³²⁴ ȵiŋ³¹	娃 uɛ⁴² / 小鬼 ɕiɔ³²⁴ tɕy⁴²
男孩	小玩 ɕiɔ⁴⁴ uɛ⁴⁵	乌玩头 u⁴⁴ ɦuɛ²² dɐɪ²³	男小人 nɛ³³ ɕiɔ³²⁴ ȵiŋ³¹	小玩 ɕiɔ⁴⁴ uɛ⁵³ / 细佬 ɕi⁴⁴ lɔ³¹	小倌人 ɕiɔ⁴⁴ kuæ⁴⁵ ȵiŋ²³	男小鬼 ne²³ ɕiɔ⁴⁴ ɦua²³ / 小鬼头 ɕiɔ⁴⁴ tɕy⁴⁵ dø²³

第三章　宁波方言词汇面貌及其特点

续表

普通话	宁波	奉化	宁海	象山	慈溪	余姚
女孩	小娘 ɕiɔ³²⁴ȵiã²³	娘子头 ȵia²³tsʅ⁴⁴dæɪ²³/小娘 ɕiɤ⁴⁴ȵia²³	囡肌头 nɛ¹³pi⁴⁴təu⁴⁵	囡笃肌 nɛ²³toʔ⁵pi⁴⁴	大姑娘 du²³ku⁴⁴ȵiã²³	小娘肌 ɕio⁴⁴ȵiaŋ³³pi⁴⁴
老头儿	老头 lɔ³³dœɤ⁴⁴	老头 lɔ²¹dæɪ²³	老倌 lau³¹kuɤ⁴⁵	老倌头 lau³¹kuɤ⁴⁴dəu²¹	老头 lɔ³³dɛŋ²³	老头 lɔ³³dəŋ²³
成年男子	后生家 ɦœY²³sã⁴⁴kɔ⁵³	后生家 ɦɛɪ²³sã⁴⁴kɔ⁴²	后生 ɦøu³³sæ̃⁴²	后生 ɦøu²³saŋ⁵³	男客 nɛ²²kʰɔʔ⁵	后生家 ɦø⁴⁴saŋ²³kɔ⁴²
寡妇	孤孀老妪 ku⁵⁵sõ⁵³lɔ²³ȵyoŋ³¹	孤孀老妪 ku⁵⁵sõ⁵³lɔ²³ȵyoŋ³¹	寡妇 kɔ⁴⁴vu²³/内客 nɛ¹³kʰaʔ⁵	孤老女 ku⁴⁴nɔ²²ȵy³¹	孤老大嫂 ku⁴⁴lɔ²²tʰa⁴⁴bin²³	孤老 ku¹⁵lɔ²²ȵiŋ²³
私生子	偷生児 tʰəu⁵⁵sã⁵⁵bɛ²³	偷生児 tʰəu⁴²sã⁴⁴bɛ²³	逃生 dɔ³³sæ̃⁴⁴	逃生 dɔ²³saŋ⁴⁴	逃生子 dɔ²³sã³²⁴tsʅ⁴⁴	逃生 dɔ²³saŋ⁴⁴
乞丐	叫花子 kɔ⁴⁴ho³³tsʅ⁴⁵/讨饭 tʰɔ⁴²vɛ²³	讨饭 tʰɔ⁴²vɛ²³/叫花子 kɔ⁴⁴ho³³tsʅ⁴⁵	讨饭人 tʰɔ⁵³vɛ³³ȵiŋ²¹³	讨饭人 tʰɔ⁴⁴vɛ²³ȵiŋ²¹/叫花子 kɔ⁴⁴huɤ⁴⁴tsʅ⁴⁵	讨饭 tʰɔ⁴⁴vɛ²³/讨饭噠 tʰɔ⁴⁴vɛ²²dəŋ²³	叫花子 kɔ⁴⁴huo⁴⁴tsʅ²³/讨饭噠 tʰɔ⁴⁴vɛ²³dəŋ²³
农民	种田人 tsoŋ⁴⁴diɔ²³ȵiŋ²¹³	种田人 tsoŋ⁴⁴diɤ²²ȵiŋ³¹	做地头 tso⁴⁴di³¹diu¹³	做地头 tso⁴²di²³dəu³¹	做地登 tso⁴²di³³dəŋ²³	红脚硬 ɦuŋ²³tɕiaʔ⁵kuaŋ⁴⁴
中医师	郎中 lɔŋ²²tsoŋ⁵³	郎中 lɔŋ²²tsoŋ⁵³	先生 ɕie⁴⁴sæ̃⁴⁵	先生 ɕɪ³³saŋ⁴⁵	郎中 lɔ²²tsoŋ⁴²	（土）郎中（tʰu⁴⁴）lɔŋ³³tsuŋ⁴²

134　语言地理学视域中的宁波方言比较研究

续表

普通话	宁波	奉化	宁海	象山	慈溪	余姚
厨师	厨工师傅 dzʮ²¹ koŋ⁵³ sʅ⁴⁴ vu²³	厨工师傅 dzʮ²¹ koŋ⁴⁴ sʅ⁵³ vu²¹	厨倌 dzʮ³¹ kuɒ³²⁴ / 饭师傅 vɛ¹³ sʅ⁴⁴ vu³¹	厨老师 dzɿ²¹ lɔ³³ sʅ⁴⁴ / 饭师傅 vɛ²¹ sʅ⁴⁴ vu²³	厨师 dzʮ²² sʅ⁴⁴	灶头师傅 tsɔ⁵³ dø²¹³ sʅ⁴⁴ vu¹³
接生婆	接生老娘 tɕieʔ⁵ sã⁴⁴ lɔ³³ ȵiã²³	接生老娘 tɕieʔ⁵ saŋ⁴⁴ lɔ³³ ȵiaŋ³¹	接生姆 tɕieʔ⁵ sẽ⁴⁴ m̩¹³	接生姆 tɕiɛʔ⁵ saŋ⁴⁴ m̩³¹	收生 sʮ⁴⁴ saŋ⁴²	收生婆 soʔ⁵ saŋ⁴⁴ bou²³
祖父	阿爷 aʔ⁵ ɦia³¹	阿爷 aʔ⁵ ɦia³¹	爷爷 ɦia²² ɦia¹³ / 阿爷 aʔ⁵ ɦia³¹	阿爷 aʔ⁵ ɦia²³	爷爷 ɦia²² ɦia³³	阿爷 aʔ⁵ ɦia²³ / 爷爷 ɦia³³ ɦia²³
祖母	阿娘 aʔ⁵ ȵiã³¹	阿娘 aʔ⁵ ȵia³¹	娘娘 ȵiã²² ȵiã³²⁴	阿婆 aʔ⁵ bu²³	娘娘 ȵiã²² ȵiã³³	阿娘 aʔ⁵ ȵiaŋ²³ / 娘娘 ȵiaŋ³³ ȵiaŋ²³
父亲	阿伯 aʔ⁵ paʔ⁵ / 阿爹 aʔ⁵ tia⁵³	阿爹 aʔ⁵ tia⁵³	阿伯 ɦa²² paʔ⁵ / 老倌 lɔ³³ kuɔ⁴⁴	阿伯 aʔ⁵ paʔ⁴ / 阿爹 aʔ⁵ tia⁴⁴ / 阿大 aʔ⁵ da²³	阿爹 aʔ⁵ tia⁴⁴ / 爹爹 tia⁴⁴ tia⁴⁵	阿爹 aʔ⁵ tia⁴⁴ / 爹爹 tiaʔ⁴⁴ tia⁴⁵
母亲	姆妈 m̩²³ ma³¹ / 阿姆 a⁴⁴ m̩²³	阿姆 a⁴⁴ m̩³³ / 姆妈 m̩³³ ma³¹	姆妈 m̩¹³ ma³¹ / 老嬷 lɔ¹³ mo³³	姆妈 m̩²³ ma³³ / 姆嬷 m̩²² mo²³	阿姆 a⁴⁴ m̩²³ / 姆嬷 m̩²² mo²³	姆妈 m̩²³ mo³³ / 姆嬷 m̩²³ ma³³ / 娘 ȵiaŋ²³
继父	晚爹 mɛ²³ tia⁵⁵	晚爹 mɛ²² tia⁴²	后阿爸 ɦeɯ³¹ ɦa²¹ paʔ⁵	后阿爸 ɦey³¹ ɦa²² paʔ⁵	晚爹 mɛ³³ tia⁴⁴	晚爹 mɛ²³ tia⁴⁴

第三章　宁波方言词汇面貌及其特点

续表

普通话	宁波	奉化	宁海	象山	慈溪	余姚
继母	晚娘 mɛ²³ ȵiã⁴⁵	晚娘 mɛ²² ȵiã⁴²	晚娘 mæ²² ȵiã⁴²	晚娘 mæ̃²² ȵiaŋ³¹	晚娘 mæ³³ ȵiaŋ²³	晚娘 mæ²² ȵiaŋ²³
伯父	伯伯 pã⁴⁴ ku pã̃⁴⁵	伯伯 baʔ³ baʔ² / 阿伯 aʔ⁵ baʔ²	大阿伯 dɑu³¹ ɦa³³ paʔ⁵	阿伯 aʔ⁵ paʔ⁵	大爹 du²³ tia⁴⁴	大爹 dou²³ tia⁴²
伯母	嬷嬷 mo³³ mo³⁵ / 阿姆 a⁴⁴ m̩²¹³	阿姆 a⁴⁴ m̩²³	阿姆 a⁴⁴ m̩¹³	阿姆 aʔ⁵ paʔ⁵	大妈 dæu²² mo³¹	大妈 dou²³ ma³¹
叔父	阿松 aʔ⁵ soŋ⁵⁵	幺松 ɔ⁴⁴ soŋ⁴⁵	阿叔 ɦa³³ ɕioʔ⁵	大大 da³³ da²³	叔松 sə⁴⁴ soŋ⁴⁵	叔松 səʔ⁵ soŋ⁴⁵
婶婶	阿婶 a⁵⁵ ɕiŋ⁴⁵	阿婶 a⁴⁴ ɕin³⁵	阿婶 ɦa³³ ɕin⁵³	阿婶 aʔ⁵ sʮ⁵³	婶嬷 ɕin⁴⁴ mo³³	叔姆 səʔ⁵ sən⁴⁵
舅父	娘舅 ȵiã²² dziɤ³⁵	娘舅 ȵia²¹ dziɤ²³	娘舅 ȵiã³¹ dziu¹³	娘舅 ȵiã²¹³ dziɤ³³	娘舅 ȵiã²⁴ dziɤ²³	阿舅 aʔ⁵ dziɤ²³ / 娘舅 ȵiaŋ²² dziɤ²³
舅母	舅姆 dziɤ²³ m̩³³	舅姆 dziɤ²³ m̩³³	舅姆 dziu³¹ m̩³³	娘舅姆 ȵiã³³ dziɤ³³ m̩³³	舅母 dziɤ²⁴ m̩³³	妗姆 dzi²³ m̩³³
姑妈	阿姑 ŋaʔ⁵ ku⁴⁵	姑嬷 ku³³ mo⁴⁴ / 阿姑 aʔ⁵ ku⁴⁴	嗯娘ŋ̍⁴⁴ ȵia¹³	娘娘 ȵia⁵³ / 娘娘 ȵiã³³ ȵia³¹	阿伯 ɦa²³ paʔ⁵ / 姑嬷 ku⁴⁴ mo³³	阿伯 aʔ⁵ paʔ⁵ / 姑嬷 ku⁴⁴ mo²³
姨妈	姨嬷 ɦi²¹ mo⁴⁴ / 阿姨 aʔ⁵ ɦi²¹	姨嬷 ɦi²¹ mo⁴⁴ / 阿姨 aʔ⁵ ɦi²¹	姨娘 ɦi²¹ ȵia³⁵	姨娘 ɦi²¹ ȵiã³³	姨嬷 ɦi²² mo²³	阿姨 aʔ⁵ ɦi²³ / 阿伯 aʔ⁵ paʔ⁵
姨夫	姨丈 ɦi²² dzã²³	姨丈 ɦi²¹ dzia²³	姨丈 ɦi²¹ dzã³²⁴	姨爹 ɦi²¹ tia⁴⁴	姨丈 ɦi²³ dzã²³	姨爹 ɦi²³ tia⁴⁴

续表

普通话	宁波	奉化	宁海	象山	慈溪	余姚
丈夫	老公 lɔ³³ koŋ⁵³	老公 lɔ³⁴ koŋ⁵³	老倌 lɔ¹³ kœy⁵³ / 男人 nɛ²² ȵiŋ⁴²	老倌 lau³¹ kuø²¹³ / 男人 ne²³ ȵiŋ³³	老公 lɔ²² koŋ⁴²	老倌 lɔ²³ kuø̃⁴⁴ / 老公 lɔ²³ kuŋ⁴⁴
妻子	老婆 lɔ³⁴ bəu³¹ / 屋里人 oʔ⁵ li³³ ȵiŋ³³	老婆 lɔ³³ bəu³¹ / 屋里人 oʔ⁵ li³³ ȵiŋ²³ / lɔ²³ ȵiŋ²³ 老孃	内客 næi³¹ kaʔ⁵	老女 lɔ²² ȵy³³ / 老婆 lɔ²² bo³¹	老孃 lɔ²³ mo³³	老孃 lɔ²³ mo³³ / lɔ³³ ȵiŋ²³ 老孃
夫妻	两公婆 liã²² koŋ⁵⁵ bəu²³	两公婆 liaŋ²² koŋ⁴⁴ bau²³	老两倌 lɔ²² liã¹³ kœy⁵³	两老倌 liaŋ²³ lau³¹ kuø⁴²	两老孃 liaŋ²² lɔ²³ mo⁴⁴	两老老 liaŋ²³ lɔ²³ lɔ²³
脖子	头颈髁 dɐɪ²³ tɕiŋ⁴⁴ koʔ⁵ / 头颈 dœʏ³¹ tɕiŋ⁴⁴	头颈髁 dæɪ²¹ tɕiŋ⁴⁴ dæɪ²³ / 头颈头 dæɪ²¹ tɕiŋ⁴⁴ dæɪ²³	头颈 diu³¹ tɕiŋ⁴²	头颈 dəu²¹ tɕiŋ⁴⁴	头颈 dɤ²³ tɕiŋ⁴²	头颈 dø²³ tɕiŋ⁴⁴ / 头颈髁 dø²³ tɕiŋ⁴⁴ kuø²⁵
额头	额髁头 ŋaʔ² koʔ⁵ dɐɪ³¹	额髁头 ŋaʔ² koʔ⁵ dæɪ³¹	额髁头 ŋaʔ² kɔʔ⁵ diu²¹³	额髁头 ŋɛ²³ kɔʔ⁵ dəu²³	脑前头 nɔ²² kʰ oʔ⁵ dɤ²³	脑前头 nɔ³³ kʰ uoʔ⁵ dø²³
脸	面孔 mi²¹ kʰ oŋ⁴⁴	面孔 mi²¹ kʰ oŋ⁵³ / 面盘 mi²¹ bœʏ³⁵	面孔 mie²¹ kʰ oŋ⁴²	面孔 mi²¹ kʰ oŋ⁵³	面孔 mie²² kʰ oŋ⁴⁴	面孔 mie¹³ kʰ uŋ⁴⁴ / 面皮 mie²² bi²³
酒窝	酒窨 tɕiʏ⁴⁴ kʰ ou⁴⁵	酒潭 tɕiʏ⁴⁴ de²³ / 老酒潭 lɔ²³ tɕiʏ⁴⁴ de²³	酒靥 tɕiu⁴⁴˙ie³⁵	酒靥 tɕiʏ⁴⁴ ieʔ⁵	酒凹 tɕiʏ⁴⁴ ɔu⁴²	酒经甜 tɕiø⁴⁴ uɔŋ⁴⁴ diẽ²³

续表

普通话	宁波	奉化	宁海	象山	慈溪	余姚
鼻子	鼻头管 bɜʔ² dəu²³ ku⁴⁴	鼻头管 baʔ² dæɪ³¹ kue⁴⁴	鼻头 bieʔ² diu¹³	鼻头 bəʔ² dəu²³	鼻头 beʔ² dɤ³¹	鼻头 bieʔ² dø²³
耳环	耳朵伞 ȵi²³ to⁴⁴ sɛ⁴⁵ / 环子 guɛ²¹ tsๅ⁴⁴	耳朵环 n̩³³ to⁴⁴ kue⁴⁵ / 环子 guɛ²¹ tsøʔ⁵		盯镶 tɜŋ⁴⁴ ɕiaŋ⁵⁵ / 耳只 n̩²³ tseʔ⁵	耳朵箍 ȵi²² tou⁴⁴ kʰu⁴⁵	耳朵圈 ȵi²³ tɔ⁴⁴ tɕʰø⁴⁴
胡子	牙髭 ŋo³³ sๅ⁵³	牙髭 ŋo²² sๅ⁴⁴	鬓咀毛 vu¹³ tsๅ⁴⁴ mɛ⁴⁵	鬓咀毛 vu⁴⁴ tsๅ⁴² mɛ³²⁴	髯髭 vu²² sๅ⁴⁵	髯髭 vu²³ sๅ⁴⁴
腋窝	肋膊肢下 lɜʔ² kɜʔ⁵ tsๅ⁴⁴ ɦo³³	肋膊遮 laʔ² kaʔ⁵ tsøʔ⁵	手膈下 ɕiu⁴² giɛʔ² ɦo³¹	肩手下 tɕiã⁵³ ɕiɤ⁴⁴ ɦo²³	肋膊肢下 lɜʔ² kɜʔ⁵ tsๅ⁴⁴ ɦo²³	肋膊遮 lɜʔ² kɜʔ⁵ tso⁴⁴
右手	顺手 zɿŋ²¹ ɕiɤ³³	正手 soŋ⁴⁵ ɕiɤ²¹	顺手 zʑŋ³¹ ɕiu⁵³	顺手 zoŋ²¹ ɕiɤ⁴⁴	顺手 zeŋ²³ sɤ⁴⁴	正手 tsən⁴⁴ sø⁴² / 顺手 zən¹³ sø⁴²
手指	手指拇头 ɕiɤ⁴⁴ tsๅ⁴⁴ mɜʔ² dəɤ²³	手拇节头 ɕiɤ⁴⁴ maʔ² tɕieʔ⁵ dæɪ²³	手执头 ɕiu⁴² tsaʔ⁵ diu²¹³	手执头 tseʔ⁵ dəu³¹ / 手执拇头 ɕiɤ³³ tseʔ⁵ məʔ² dəu³¹	手指末头 sɤ³³ tsๅ⁴² məʔ² dø³¹	手节头 sø⁴⁴ tɕieʔ⁵ dø²³ / 手指末头 sø⁴⁴ tsๅ⁴⁴ məʔ² dø²³
指甲	手指拾 ɕiɤ⁴⁴ tsๅ⁴⁵ kʰaʔ⁵	手节拾 tɕieʔ⁵ kʰaʔ⁵ (kʰɛ⁴⁵)	手抓头甲 ɕiu⁵³ tsʰaʔ⁵ diu³¹ kɛʔ⁵	手执头甲 ɕiɤ⁴⁴ tseʔ⁵ dəu²¹ kaʔ⁵	手指甲 sɤ⁴⁴ tsๅ⁴⁴ kaeʔ⁵	手指拾 sø⁴⁴ tsๅ⁴⁴ kʰã⁴⁵

续表

普通话	宁波	奉化	宁海	象山	慈溪	余姚
脚	脚踝 tɕiaʔ⁵kuɛʔ⁵	脚踝 tɕiaʔ⁵kuaʔ⁵	脚腿 tɕiaʔ⁵tʰæi⁴²	脚踝 tɕiaʔ⁵kuã⁵⁵	脚踝 tɕia⁵kua⁴²	脚踝 tɕiaʔ⁵kuoʔ⁵
大腿	大脚髈 dou²³tɕiaʔ⁵pʰɔŋ⁵³	大脚髈 dou²³tɕiaʔ⁵pʰɔŋ⁵³	大腿 dɛ³³tʰæi⁴²	大脚髈 do²³tɕieʔ⁵pʰoŋ⁵⁵	大脚髈 du²²tɕiaʔ⁵pʰɔŋ⁴⁴	大脚髈 dou²³tɕiaʔ⁵pʰɔŋ⁴⁴
膝盖	脚馒头 tɕieʔ⁵kʰɐu³⁴dœɪ²³	脚馒头 tɕiaʔ⁵kʰua⁴⁴dæɪ²³	脚馒头 tɕiaʔ⁵kʰu⁵⁵diu¹³	脚馒头 tɕiaʔ⁵kʰoʔ³dou³³ / 猢狲头 fiuɳ²²səŋ³³dou³³	脚馒头 tɕiaʔ⁵kʰoʔ⁴dɤ²³	脚馒头 tɕiaʔ⁵kʰuoʔ⁵dɤ²³
晕船	洼浪 tsɿ⁴⁴lɔ³¹ / 洼船 tsɿ⁴⁴zø²³	洼浪 tsɿ⁴⁴lɔ³¹	晕船 ɦyŋ¹³zø³¹	晕船 ɦyoŋ³¹zø²¹	晕船 ɦoŋ²²zø²³	晕船 ɦuŋ²²zɛ²³
发疟子	买柴病 ma²¹za³³biŋ³¹ / 打板子 tɑ⁵⁵pɛ⁴⁴tsɿ⁴⁵	冷热病 la²²ȵieʔ²biŋ³¹	打历丈 tɑ⁴²li³¹dzia³²⁴ / 死日两 sɿ³¹ȵieʔ²lia³¹	买柴病 ma³³za²³biŋ²³	买柴病 ma²²za³³beŋ²³	买柴病 ma²³dza²³bən²³
瘸子	拐脚 kua⁴⁴tɕiã⁴⁵ / 跷脚 tɕʰiɔ⁵⁵tɕiaʔ⁵	拐脚 kua⁴⁴tɕia⁴⁵	扒脚 pa⁴⁴tɕiaʔ⁵	撇脚 pʰieʔ⁵tɕiaʔ⁵ / 跷脚 tɕʰiɔ⁴⁴tɕiaʔ⁵	拐脚 kua⁵⁵tɕiaʔ⁵ / 跷脚 tɕʰiɔ⁴⁴tɕiaʔ⁵	拐脚 kuɑ⁴⁴tɕiaʔ⁵ / 跷脚 tɕʰiɔ⁴⁴tɕiaʔ⁵
傻瓜	呆头 ŋɛ²²dou²³	呆头 ŋɛ²²dau²³	僵卵 dʑia³¹luø¹³	呆大 ŋɛ²²do²³ / 呆子 ŋɛ²²tsɿ⁴²	寿头 zø²²dø²³	蠢大 gɔŋ²²dou²³

续表

普通话	宁波	奉化	宁海	象山	慈溪	余姚
近视眼	近觑眼 dzin²³ tsʰγ⁴⁴ ŋɛ³³	近觑眼 dzin²³ tsʰγ⁴⁴ ŋɛ²³	近视眼 dzin³¹ zl³¹ ŋe²²	近视眼 dzin²³ zl³³ ŋe³¹	近觑眼 dzin²³ tɕʰi⁴⁴ ŋe³³	近觑眼 dzin²³ tɕʰi⁵³ ɲiẽ⁻² / 四只眼 sl¹ tsaʔ⁵ ɲiẽ²³
衣服	衣裳 i⁴⁴ zɔ³⁵	衣裳 i⁴⁴ zɔ³⁵ / 乌裳 u⁴⁴ sɔ⁵³	衣裳 i⁵⁵ zɔ¹³	衣裳裤 i⁴⁴ zɔ³³ kʰu⁵³	衣裳 i⁴⁴ zɔ³¹	衣裳 i⁴⁴ zɔŋ²³
围裙	布襕 pu⁴⁵ lɛ²³	布襕 pu⁴² lɛ²³	拦腰 lɛ²²ⁱ io⁴⁴	拦腰 læn²³ io⁴⁴	饭单围身 vãe³³ tɛ⁴⁴ ɦi²² ɕin⁴² / 围身布襕 ɦi²² sǝŋ³²⁴ pu⁴⁴ lɛ̃³⁵	围身布襕 ɦy²² san⁴⁴ pu⁵³ lɛ̃²³ / 饭单 vãe²³ tãe⁴⁴
尿布	尿枘布 sl⁴⁴ naʔ² pu⁴⁵	尿枘布头 sl⁴⁴ naʔ² pu⁴⁴ dɑɪ²³	尿枘 sl⁴⁴ nɔʔ² / 尿裙 sl²² gyŋ²¹³	挾裥布 gə²¹ nəʔ² pu⁴⁴	尿袋 ɕi⁴⁴ dɛ³¹	尿布 ɕi⁴⁴ pu⁵³
涎布	下巴头 ɦo²² po⁴⁴ dɑɪ²³	下巴头 ɦo²³ po⁴⁴ tɑɪ⁴⁵	饭涎头 vɛ³³ zɛ³³ to⁵³	涎挂袋 zɛ²¹³ ko⁴⁴ dɛ³³	挂布袋 ku⁴⁴ pu⁴⁴ dɛ³³	下巴袋 ɦo⁵³ bu⁴⁴ dɛ³³
脸巾	濕面毛巾 dzia³³ mi²³ mɔ³³ tɕin⁵³ / 手巾 ɕiɣ⁴⁴ tɕin⁵³	手巾 ɕiɣ⁴⁴ tɕin⁴²	手巾 ɕio⁴⁴ tɕin⁵⁵	濕面布 dziaŋ²³ mie³³ pu⁴⁴	手巾 sə⁵⁵ tɕin⁴²	手巾 səu³⁵ tɕin⁵³
眼镜	擦眼 tsʰaʔ⁵ ŋɛ²¹³	擦眼 tsʰaʔ⁵ ŋɛ³¹	眼镜 ŋe¹ tɕin³¹	擦眼 tsʰa⁵⁵ ŋe²³	擦眼 tsʰa⁴⁴ ɲie²³	眼镜 ɲie²³ tɕin⁴⁴
午饭	昼过饭 tɕiɣ⁴⁴ kəu⁴⁴ vɛ²³	昼饭 tɕiɣ⁵³ vɛ²¹	昼饭 tɕiu⁴⁴ vɛ³¹	昼饭 tɕiɣ⁴⁴ vɛ²³	晏饭 ãe⁴⁴ vãe²³	晏饭 ɛ⁴⁴ vɛ²³

续表

普通话	宁波	奉化	宁海	象山	慈溪	余姚
早饭	天亮饭 tʰi⁵⁵ nĩɑ̃³³ vɛ²³	天亮饭 tʰi⁴⁴ ȵia²² vɛ²³	早饭 tsau⁴² vɛ²³	早饭 tsɔ⁴⁴ ve²³	早饭 tsɔ⁴⁴ væ²³	早饭 tsɔ⁴⁴ vɛ²³
晚饭	夜饭 ɦia³¹ vɛ³³	夜饭 ɦia²³ vɛ²¹	夜饭 ɦia³¹ vɛ²³	夜饭 ɦia³³ ve²³	夜饭 ɦia²³ væ³³	夜饭 ɦia²² vɛ²³
锅巴	镬焦 ɦoʔ² tɕiɔ⁴⁵ / 镬糙 ɦoʔ² tsɿ⁴⁵	镬焦 ɦoʔ² tɕiɔ⁴⁴	锅底凝 ku⁴⁴ di²¹³ ȵiŋ¹³	锅底凝 kou⁵⁵ di³³ ȵi³¹	镬焦 ɦoʔ² tɕiɔ⁴⁵	镬焦 ɦoʔ² tɕiɔ⁴⁴
油条	油煠桧 ɦiɣ²¹ zəʔ² kɐɪ⁴⁴	油煠桧 ɦiɣ²¹ zaʔ² kuɐɪ⁴⁴	天萝丝 tʰie⁴⁴ lɐɯ⁴⁴ sʅ⁴²	油煠桧 ɦiɣ²³ kuɐɪ⁵³ / 天萝丝 tʰii³³ lo³³ sʅ⁴⁴	油煠桧 ɦiɣ²² zəʔ²² kue⁴²	油煠桧 ɦiø²³ zaʔ² kue⁴⁵
菜肴	下饭 ɦo²¹ vɛ³³	下饭 ɦɔ²⁴ vɛ²¹	糕过 kau⁵⁵ ku³⁵ / 菜 tsʰæ³⁵	下饭 ɦɔ²¹ vɛ²³	下饭 ɦɔ²² vɛ²³	下饭 ɦo³³ væ²³
红糖	黄糖 ɦuɔ̃³³ dɔ̃²³	黄糖 ɦuɔŋ²³ dɔ²³	砂糖 so⁴⁴ dɔ¹³	黄糖 ɦuɔ̃²¹ dɔ³³	黄糖 ɦuɔ̃²² dɔ³³	烂黄糖 lɛ²³ ɦuɔŋ²² dɔŋ²³
喜酒	好日酒 hɔ⁴⁴ ȵieʔ² ɕiɣ⁴⁵	好日酒 hɔ⁴⁴ ȵieʔ² tɕiɣ⁴²	汤水 tʰɔŋ⁴⁴ sʅ⁴²	汤水 tʰɔŋ⁴⁴ sʅ⁴⁵	好日酒 hɔ³³ ȵieʔ² tɕiɣ⁴²	好日酒 hɔ²³ ȵieʔ² tɕiø³²⁴
零食	闲食 ɦɛ²² zieʔ²	闲食 ɦæ²² zieʔ²	闲嘴食 ɦɛ¹³ zʅ³³ zieʔ²	闲嘴食 ɦɛ³³ zʅ²³ zieʔ²	闲食 ɦæ²³ zəʔ²	闲食 ɦæ²³ zəʔ²
娶媳妇	讨老娘 tʰɔ⁴⁴ lɔ²¹³ ȵyɔŋ²³	讨老娘 tʰɔ⁴⁴ lɔ²³ ȵiɔŋ²³	讨内客 tʰ⁴⁴ nɛ³³ kʰaʔ⁵	拾老女 de²³ lɔ²² ȵy³¹	讨老儂 tʰ⁴⁴ lɔ²² ȵiŋ³¹	拾老儂 de³³ lɔ²³ ȵiŋ²³

续表

普通话	宁波	奉化	宁海	象山	慈溪	余姚
出嫁	拾去 de²¹tɕʰi⁴⁴/嫁老公 ko⁴⁴lɔ²³koŋ⁵³	拾去 de²¹tɕʰi⁴⁴	嫁囡 ko⁴⁴nɒ̃¹³	嫁囡 ko⁵³nɛ²³	拾子去 de²³tsɿ⁴⁴kʰe⁴²	拾子去 de²³tsɿ⁴⁴kʰe⁵³
怀孕	有生 ɦiɣ²¹³sã⁵³	担双身 tɛ⁴⁴sɔŋ⁴⁴siŋ⁵³	有小人 ɦiu²²ɕiɔ⁴²ȵiŋ³¹	有生了 ɦiɣ²¹sã⁴⁴lə³¹	有嗰生敨 taʔ⁵saŋ⁴⁴tsɛ⁴⁴/担身 tɛ⁴⁴sə⁴⁴	有嗰生哪敨 ɦiɤ²³taʔ⁵saŋ⁴⁴lɔŋ³³tse⁴⁴/担身 tɛ⁴⁴sən⁴⁴
吃早饭	吃天亮饭 tɕʰyoʔ⁵tʰi⁵⁵ȵiã³³vɛ²³	吃天亮饭 tɕʰyoʔ⁵tʰi⁴⁴ȵiã⁴²vɛ²³	吃早饭 tɕʰioʔ⁵tsau⁴²vɛ¹³	吃早饭 tɕʰyɛʔ⁵tsɔ⁴⁴vɛ²³	吃早饭 tɕʰyoʔ⁵tsɔ⁴⁴vɛ³¹	吃早饭 tɕʰyoʔ⁵tsɔ⁴⁴vɛ²³
起床	爬起 bo²³tɕʰi³²⁴	挖起 oʔ⁵tɕʰi⁴²	挖起 uaʔ⁵tɕʰi⁴⁵/爬起 bo²³tɕʰi⁴⁵	挖起 uaʔ⁵tɕʰi⁴⁵/爬起 bo²³tɕʰi⁴⁵	挖起 uaʔ⁵tɕʰi⁴²	挖起 uaʔ⁵tɕʰi⁴⁵/爬起 bo²³tɕʰi⁴⁵
洗脸	溻面 dʑia³³mi²³	溻面 dʑia²³mi³¹	溻面 dʑia³¹mie¹³	溻面 dʑia³³mii²³	净面 dziŋ²²miẽ³³	汏面 da³³miẽ³³
洗澡	溻浴 dʑia²¹nyeʔ²	溻浴 dʑia²¹ȵyoʔ²	溻人 dʑia³¹ȵiŋ²¹³	溻人 dʑia³³ȵiŋ³³	净浴 dziŋ²²ȵyoʔ²	汏人 da²²ȵiŋ²³/汏浴 da²³ɦyoʔ²
漱口	盪咀巴 dɔ²³tsɿ⁴⁴po⁵³	盪咀巴 dɔ²³tsɿ⁴⁴po⁵³	盪咀巴 dɔ¹³tsɿ⁴²po³²⁴	盪咀巴 dɔ²³tsɿ⁴⁴po⁴⁵	盪咀巴 dɔ²³tɕi⁴⁴po⁴⁵	盪咀巴 dɔŋ²³tɕi⁴⁴po⁴⁵
乘凉	乘风凉 ziŋ³³foŋ⁴⁴liã⁵³	乘风凉 dziŋ²¹faŋ⁴⁴liã⁴²	乘风凉 ziŋ³¹foŋ⁴⁴liã¹³	乘风凉 fiŋ²¹foŋ⁴⁴ɦia²¹	乘风凉 dzəŋ²²foŋ⁴⁴liã³³	乘风凉 dzən²³fuŋ⁴⁴liaŋ²³

续表

普通话	宁波	奉化	宁海	象山	慈溪	余姚
晒太阳	晒日头菩 sa⁵⁵ɲieʔ²dɐɪ²³bu²³/洒太阳 sa⁵⁵tʰa⁴⁴ɦia³¹	晒日头菩 sa⁵⁵ɲieʔ²dɐɪ³¹bu²³/晒日头菩 sa⁵⁵ɲieʔ²dɐɪ³³bu²³	晒热头 sa⁵³ɲiɛʔ²diu²³	晒太阳 sa⁵³tʰa⁴⁴ɦia²¹	孵日头 bu²²ɲieʔ²dʏ³¹	孵日头菩 bu³³ɲieʔ²³dø³³bu²³
休息	歇歇 ɕieʔ⁵ɕie⁴⁵	将歇 tɕia⁴⁴ɕieʔ⁵	歇记 ɕieʔ⁵tsɿ⁴⁴	歇一记 ɕieʔ⁵iəʔ⁵tɕi	歇歇 ɕieʔ⁵ɕie⁴⁵	歇歇 ɕieʔ⁵ɕie⁴⁵
打瞌睡	打瞌睏 tã⁴⁴kʰɐʔ⁵ⁿoŋ⁵³	打瞌睏 taŋ⁴⁴kʰaʔ⁵ⁿtsʰoŋ⁵³	打瞌睏 tã⁵³kʰo⁴⁴tsʰoŋ⁴²	打瞌睏 tã⁴⁴kʰo⁴⁵tsʰoŋ⁵³	打瞌睏 taŋ⁴⁴kʰɔʔ⁵tsʰuŋ⁴⁴	打瞌睏 taŋ⁴⁴kʰɔʔ⁵tsʰuŋ⁴⁴
午睡	打中觉 tã³²⁴tsoŋ⁴⁴kɔ⁴⁵	打中觉 taŋ⁴⁴tsoŋ⁴¹kɔ⁴⁵	瞓晏觉 kʰue⁴⁴æ⁴⁴kɔ⁴²	瞓晏觉 kʰue⁴⁴ɛ⁴⁴kɔ⁵³	瞓晏觉 kʰue⁴⁴ɛ⁴⁴kɔ⁴⁵	瞓晏觉 kʰue⁴⁴æ⁴⁴kɔ⁴²
做梦	做乱梦 tsɘu⁴⁵lø³³mɔŋ³¹	做乱梦 tsɘu⁴⁴lø³³mɔŋ³¹	做梦 tsɘu³²⁵moŋ¹³	做梦 tsau⁴⁴moŋ³¹	做乱梦 tsɘu⁴⁴lø²³muŋ²³	做乱梦 tsɘu⁴⁴lø²³muŋ²³
回家	回屋落 fuɛ²²oʔ⁵loʔ²	屋落去 oʔ⁵loʔ²tɕi⁴⁴	归家 kue⁴⁴ko⁴⁵	转家 tɕy⁵⁵ko⁴⁵	回屋落 fue²³oʔ⁵loʔ²	屋里去 oʔ⁵li²²tɕʰi⁵³
一起/一块儿	聚头 zɿ²¹³dɐɪ⁴⁵	聚头 zɿ²²dɐɪ²³	同班 doŋ³¹pɛ⁴⁴	同班 doŋ³³pɛ⁴⁵	做堆 tsoʔ⁵te⁴⁴	做堆 tsoʔ⁵te⁴⁴/同 同 duŋ²²duŋ²³
吵架	吵辈 zɔ²¹ɲieʔ²	造孽 zɔ²¹ɲieʔ²	伴咀 bɔʔ²tsɿ⁴²/吵咀 tsʰɔ⁴⁴tsɿ⁴²	伴咀 bɔʔ²tsɿ⁵³/造孽 zɔ²¹ɲieʔ²	寻相骂 ziŋ²²ɕia⁴⁴mo²³	寻相骂 zin²¹ɕia³³mo³³

第三章　宁波方言词汇面貌及其特点

续表

普通话	宁波	奉化	宁海	象山	慈溪	余姚
打架	打相打 tɑ̃^{35}ɕiɑ̃^{44}tɑ̃^{53}	打相打 tɑ̃^{44}ɕiɑ̃^{44}tɑ̃^{42}	打相打 tɑ̃^{42}ɕiɑ̃^{44}tɑ̃^{42}	打相打 tɑ̃^{44}ɕiɑ̃^{35}tɑ̃^{45}	相打 ɕiɑ̃^{44}tɑ̃^{42}	戏打场 dzɑ̃^{21}/打人阵 ta^{53} ȵin^{21}dzən^{23}
聊天儿	讲大道 kɔ^{55}da^{213} dɔ^{23}/谈天 dɛ^{23}tʰi^{53}	讲白谈 kɔŋ^{55}baʔ^{2}dɛ^{23}	讲白谈 kɔŋ^{44}bəʔ^{2}dɛ^{31}	撮白搭 tsʰo^{44}baʔ^{2}ta^{5}	讲空话 kɔŋ^{44}kʰɔŋ^{44}ɦuo^{23}	讲空滩头 kɔŋ^{42}kʰɔŋ^{44}tʰɛ^{44}dəu^{23}
路费	盘缠铟 bu^{21}zø^{33}di^{23}	盘缠 bœɣ^{21}zœɣ^{33}	盘缠 bœ̃^{22}zø^{13}	盘缠 buɐ^{21}zø^{33}	盘缠 pœ̃^{22}zɛ̃^{33}	盘缠铟 bø^{23}dzɛ^{33}die^{23}
钱	钞票 tsʰɔ^{324}pʰiɔ^{53}	钞票 tsʰo^{44}pʰio^{44}	钞票 tsʰɔ^{44}pʰio^{42}		铜钿 doŋ^{33}diɛ̃^{23}	钞票 tsʰɔ^{44}pʰiɔ^{45}
自行车	脚踏车 tɕiaʔ^{5}daʔ^{2}tsʰo^{53}	脚踏车 tɕiaʔ^{5}daʔ^{2}tsʰo^{44}/踏脚车 daʔ^{2}tɕiaʔ^{5}tsʰo^{44}	脚踏车 tɕiaʔ^{5}daʔ^{2}tsʰo^{45}	踏脚车 daʔ^{21}tɕiaʔ^{5}tsʰo^{44}	脚踏车 tɕiaʔ^{5}daʔ^{2}tsʰou^{44}	脚踏车 tɕiaʔ^{5}daʔ^{2}tsʰo^{44}
胡同	弄堂 loŋ^{21}dɔ^{23}	弄堂 loŋ^{21}dɔ^{33}	弄堂 loŋ^{31}dɔ^{23}	墙弄 ɦia^{21}loŋ^{33}	弄堂 loŋ^{22}dɔ^{23}	弄堂 loŋ^{21}dɔ^{23}
未名	压未名 aʔ^{5}məʔ^{2}miŋ^{23}	压未名 aʔ^{5}maʔ^{2}miŋ^{31}	脚末后 dʑieʔ^{2}məʔ^{2}ou^{55}	落脚后 loʔ^{2}tɕieʔ^{2}ɦou^{23}	末脚名 məʔ^{2}tɕieʔ^{5}meŋ^{23}	压末名 mə̃^{23}/末脚名 məʔ^{2}tɕiaʔ^{5}mən^{23}
玩儿	嬲和 na^{22}ɦou^{23}	嬲和 na^{33}ɦɐu^{31}	嬉戏 sʅ^{44}sʅ^{45}	嬉 ɕi^{53}	嬉 ɕi^{45}	嬉 ɕi^{44}

续表

普通话	宁波	奉化	宁海	象山	慈溪	余姚
风筝	鹞子 ɦiɔ²³tsʅ⁴⁵	鹞子 ɦiɔ²¹tsʅ⁵³	纸鹞 tsʅ⁵³ɦiɔ³¹	鹞 ɦiɔ²³	鹞 ɦiɔ²³	鹞 ɦiɔ²³
捉迷藏	伴幽猫 bɒ²³ɦiɤ³³mɛ̃⁵⁵	摸幽朋 moʔ²iɤ⁴⁴ba²³	寻幽 ziŋ³¹·iu⁴²	摸掖猫 moʔ²²ɦiɑ²¹mɛ³¹/幽掖猫 iɤ⁴⁴ɦiɑ²¹mɛ³¹	伴猫 bɒ̃²³mɔ³¹	伴猫 bɒ̃²²mɔ²³/摸暗子 moʔ²iẽ⁴⁴tsʅ⁴⁴
游泳	游水 ɦiɤ³³sʅ⁵³	游水 ɦy³³sʅ⁵³	划水 ɦuaʔ²sʅ⁴²	划水 ɦuɛʔ²sʅ⁴²	弹河 dɛ³³ɦou²³	弹河 dæ³³ɦou²³
摔跤	掼倒 guɛ²¹³tɔ⁴⁴	跌倒来 tieʔ⁵tɔ⁴⁴le·³³	搉倒 lɐi¹³tau⁴²/跌倒 tieʔ²tau⁴²	倒去 tɔ⁴⁴tɕʰi⁴²/跌倒 tieʔ²tɔ⁴⁴	掼倒 guɛ²³tɔ⁴²	掼倒 guɛ²³tɔ⁴⁴
翻眼头	翻顶倒 fɛ⁴⁴tiŋ⁴⁴tɔ⁴⁵/翻筋倒 fɛ⁴⁴tɕiŋ⁴⁴tɔ⁴⁵	翻顶倒 fɛ⁴⁴tiŋ⁴⁴tɔ⁴⁵	打天斗 ta⁵³tʰie⁴⁴tiu⁴⁵/翻天斗 fɛ⁴⁴tʰie⁴⁴tiu³²⁴	打盖斗 ta⁴⁴kiiʔ⁴⁴tau⁴⁵	翻顶倒 fæ³³teŋ⁴⁴tɔ⁴⁴	翻拗顶倒 fa⁴⁴ɔ⁴⁴tɛn⁴⁴tɔ²³
事情	事体 zʅ²¹tʰi⁴⁴	事体 zʅ²¹tʰi⁵³/事干 zʅ²¹kɐɪ⁴⁴	事干 zʅ³¹kie⁴⁵	事体 zʅ³¹tʰi⁴⁴/事干 zʅ³¹kɪi⁴⁴	事体 zʅ²²tʰi⁴⁴	事体 zʅ²¹tʰi⁵³
看见	看张 kʰi⁴⁴tɕiɑ̃⁵³	看张 kʰe⁵³tɕiã⁴⁴	相 ɕiã⁴⁴	相 ɕiaŋ⁵⁵	相 ɕiã⁴⁴	相 ɕiaŋ⁴⁴
喊；叫	讴 eu⁵³	讴 ɔu⁵³	讴 ɔu⁴⁴/讶 ia⁴⁴	讴 ɔu⁴⁴	讴 eu⁴⁴	讴 øu⁴⁴
拿	拖 dɐu²³	拖 dau²³	担 tæ⁴⁴	掇 toʔ⁵/拖 do³¹	拖 dæu²³	拖 dou²³
丢弃、扔	搢掉 a⁴⁴tiɔ⁵³	搢掉 ɛ⁴⁴tio⁴⁵	搢掉 ɛ⁴⁴tio⁴⁵	搢掉 ɛ⁴⁴tiɔ⁵³	掼凡 guɛ³²⁴vɛ²³/揬 suaŋ⁴⁵	掼凡 guɛ²²vɛ²³

续表

普通话	宁波	奉化	宁海	象山	慈溪	余姚
丢失/遗失	筐落 tɕʰia⁴⁴loʔ²/错落 tsʰo⁴⁴loʔ²	跌落 tieʔ⁵loʔ²/筐落 toʔ⁵loʔ²	落耗 loʔ²hau²³	漏佬 ləu²¹³lɔ³³	跌落 tieʔ⁵loʔ²	筐落 toʔ⁵loʔ²
收拾	收作 ɕiɤ⁴⁴tsoʔ⁵	收拾 ɕiɤ⁴⁴zøʔ²	收拾 ɕiɤ⁴⁴zoʔ²³	收拾 ɕiɤ⁴⁴zɔʔ²	收作 sɤ⁴⁴tsoʔ⁵	收作 sø⁴⁴tsoʔ⁵
认得	认得 ȵiŋ²¹teʔ⁵	认得 ȵiŋ²³tɤʔ⁵	认着 ȵiŋ²¹³tɕiaʔ⁵/误得 ɕieʔ⁵tieʔ⁵	认得 ȵiŋ³¹teʔ⁵	认得 ȵieŋ²²tɤʔ⁵	认得 ȵiŋ²³tieʔ⁵
挂念	记挂 tɕi⁴⁴ko⁴⁵	挂念 ko⁵³ȵie²¹/记挂 tɕi⁵³kuo³¹	挂念 ko⁴⁴ȵie²²/记挂 tsɿ⁴⁴ko³⁵	忖着 tsʰəŋ⁵³dzɔʔ²	挂念 kuo⁴⁴ȵie³¹	记挂 tɕi⁴⁴kuo⁴⁴
讨厌	惹厌 ȵia²³ie⁴⁴	惹厌 ȵia²³iɛ⁴⁴	犯操心 vɛ³¹tsʰɔ⁴⁴ɕiŋ⁴²	戳眼 tsʰoʔ⁵ŋɛ³¹	刻忖 kʰæʔ⁵tsʰən⁴⁵	刻忖 kʰæʔ⁵tsʰən⁴⁵
没有	谬（合音）miɤ²³/灭（合音）mieʔ⁵	莫讴 mɔʔ²⁴o⁴⁴	朊䏙 m̩³³bəʔ²	朊皅 m̩³³be²³	朊没 m̩³³mɛʔ²	朊没 m̩³³mɛʔ²/朊格 m̩³³kaʔ²
上面	上头 zɔ²³dɐɪ⁴⁵	上头 zɔ²³dɐɪ²¹/上登 zɔ²³tæŋ⁵³	上头 zɔ³¹diu¹³	上头 zɔ²¹dəu³³	高头 kɔ⁴⁴dø²³	对上 te⁵³zɔŋ²³/高头 kɔ⁴⁴dø²³
下面	下头 ɦo²²dɐɪ⁴⁵/下底 ɦo²²ti⁴⁵	下头 ɦo²³tæŋ⁴⁵/下底 ɦo²³ti⁴⁵	下头 ɦo³¹diu¹³	下头 ɦo²²dəu²¹	下头 ɦo²²dø²³	下头 ɦo²²dø²³/对落 te⁵³loʔ²

续表

普通话	宁波	奉化	宁海	象山	慈溪	余姚
地上	地样里 di²¹ɦiã³³li²³	地样上噹 di²³ɦia²²zɔ²¹tæŋ⁴⁵	地叠 di¹³dieʔ²	地叠 di²³dieʔ²	地央里 di²³iaŋ⁴⁴li²³	地下里 di¹³io⁴⁴li²³ / 地夹里 di²²iaŋ⁴⁴li²³
里面	里厢 li²¹³ɕiã⁴⁴	里头 li²¹dəɪ²³ / 里厢 li²²ɕia⁴⁴	里头 li³¹diu¹³	里头 li³¹dəɣ²¹ / 里厢 li²³ɕia⁴⁴	里头 li²³dø²³	里头 li²²dø²³
外面	外厢 ŋa³¹ɕiã⁴⁴ / 外头 ŋa³¹dəɪ⁴⁵	外头 ŋɛ³¹dæɪ²³ / 外厢 ŋɛ³¹ɕia⁴⁴	外边 ŋa³¹pie⁴⁵	外首 ŋa³¹dəɣ²¹ / 外边 ŋa³¹pi⁴⁵	外头 ŋa²²dø²³	外头 ŋa²²dø²³
后面	后背 ɦœɣ²³pəɪ⁴⁵	后背 ɦœɣ²³pæɪ⁴⁴	后屁股 ɦœ³¹pʰi⁴⁴ku³²⁴	后屁股 ɦœ³¹pʰi⁴⁴ku⁴²	后头 ɦo²²dø²³	后头 ɦo³³dø²³
对面	对过 tœɪ⁴⁴kau⁴⁵	对过 tæɪ⁴⁴kau⁴²	对面 te⁴⁴mie²³	对面 te⁵³mi²¹³	对头 te³²⁴dø²³	对头 te⁵³dø²³
中间	当中 tɔ⁴⁴tsoŋ⁵³	当中 tɔ⁴⁴tsoŋ⁴⁴	中央心 tɕyoŋ⁴⁴iã⁴⁵ɕiŋ³²⁴	当中央 tɔ⁴⁴iã⁴⁵	当中 tɔ⁴⁴tsoŋ⁴⁵	当中央 tɔŋ⁴⁴tsuŋ⁴⁴iaŋ⁴⁵
旁边	旁边 bɔ²¹pi⁵³	旁边 bɔ²¹pi⁵³	旁边 bɔ³¹pie³²⁴	边头 pi⁴⁴də²³	横边 ɦuã²²pie²³	旁边 bɔŋ²³pie⁴⁴dø²³
附近	近横 dziŋ²¹³ɦuã²²	近横 dziŋ²³ɦua²²	边叠 pie⁴⁴dieʔ² / 近横 dziŋ³¹hua³²⁴	近横 dziŋ²³ɦuã⁴⁴	近横 dziŋ²³ɦuã³¹	贴隔壁 tʰia⁵ka²⁵pieʔ⁵
左边	借手半边 ɕiɣ⁴⁴pu⁵⁵pi⁻⁴² tɕia⁵³	借手崖 tɕia⁵³ɕiɣ⁴⁴ŋæɪ²³	借手面 tɕia⁴⁴ɕiu⁴²mie¹³	借手面 tɕia⁴⁴ɕiu⁴⁴mi³¹	借手头 tɕia⁴⁴sɣ³²⁴dø²³	借手半边 tɕia⁵³sø⁴²pø⁴⁴pie⁴⁴

第三章 宁波方言词汇面貌及其特点

续表

普通话	宁波	奉化	宁海	象山	慈溪	余姚
右边	顺手半边 zuɛŋ²³ ɕiɣ⁵³ pø⁴⁴ pi·⁴⁵	顺手崖 zoŋ²³ ɕiɣ⁵³ ŋæɪ²³	顺手面 zʏŋ²³ ɕiu⁵³ mie³⁵	顺手面 zoŋ²³ ɕiɣ⁴⁴ miɪ³⁵	顺（正）手半边 zeŋ²³（tseŋ⁴⁴）sɤ³²⁴ pø⁴⁴ piɛ⁴⁵	顺（正）手半边 zən²³（tsən⁴⁴）sø³⁵ pø⁴⁴ piɛ⁴⁴
我	吾 ŋo²¹³／吾依 ŋo²² nou²³	偶 ŋou²¹³	吾 ŋo³¹／我 uo⁵³	吾 ŋo³¹／耶吾 ɦiã²³ ŋo³¹	硬 ŋe²¹³	偶 ŋou²³
你	依 nou²¹³／尔 ŋ̍²³	依 nou³¹	尔 ŋ̍²¹³	耶尔 ɦiã²² ŋ̍²³	依 noŋ²³	依 nuŋ²³
他	其 dʑi²³	其 dʑi²³	其 dʑi³¹	其 dʑi³¹／耶其 ɦiã²³ dʑi²¹	渠 ge²³	渠 ge²³
我们	阿啦 a⁴⁴laʔ²	阿啦 a⁵⁵laʔ²	阿登 ɦa¹³ teŋ⁴²／吾登 ŋo¹³ teŋ⁴²	阿啦 ɦaʔ²la²³	阿啦 ɦa²²laʔ⁵／阿搭 ɦa²²taʔ⁵	阿拉 aʔ⁵la²³
你们	娜 na²³	娜 na²³	尔侬 ŋ̍³³ noŋ³²⁴	尔娜 ŋ̍²¹³ na²³	尔嗯 ŋ̍²³ təʔ⁵	娜 naʔ²
他们	其啦 dʑieʔ²laʔ²	其啦 dʑiʔ²laʔ²	其开 dʑɿ³¹kʰɛ⁴²	其啦 dʑieʔ²la²¹	渠啦 ge²²laʔ⁵／渠嗯 ge²²laʔ⁵	渠啦 ge²³la³³
别人	人家 ȵiŋ²¹³ko⁵³	人家 ȵiŋ³³ko⁵³	人家 ȵiŋ²²ko⁴⁴	人家 ȵiŋ²²ko⁴⁴	别人家 bieʔ² ȵiŋ²³ko⁴⁴／人家 ȵiŋ²³ko³²⁴	人家 ȵiŋ²³ko⁴⁴／别人家 bieʔ²³ ȵiŋ²³ko⁴⁴

续表

普通话	宁波	奉化	宁海	象山	慈溪	余姚
谁	啥人 so⁵⁵ ȵiŋ²³	啥人 soʔ⁵ ȵiŋ³¹	kieʔ⁵ȵiŋ¹³ 该人	阿树 a⁴⁴ zɿ²³	树倷 zɿ²³ nən²¹ / 啥人 soʔ⁵ ȵiŋ²¹	啥人 saŋ⁴⁴ ȵiŋ²³
这	该 kieʔ⁵/堂 dɔ̃²³	该 kieʔ⁵/堂 dɔ̃²³	格 kəʔ⁵	葛 ga³³	益 iʔ⁵	益 iəʔ⁵
那	该 kieʔ⁵/堂 dɔ̃²³	挨 ɛ⁴⁴/该 kieʔ⁵	葛 ga²²	葛 ga³³	葛 ga²³	格 kəʔ⁵
这个	该个 kieʔ⁵ ɦoʔ²³	该个 kieʔ⁵ ɦoʔ²³	格个 kəʔ⁵kɯ³⁵	葛个 ga²²kə⁴⁵ / 益个 iʔ⁵keʔ⁵	益个 iʔ⁵keʔ⁵	益个 iəʔ⁵kou⁴⁴
那个	该个 kieʔ⁵ ɦoʔ²³	该个 kieʔ⁵ ɦoʔ²³	葛个 ga¹³kɯ⁴²	葛个 ga²²kə⁴⁵	格个 kəʔ⁵kəʔ⁵	格个 kəʔ⁵kəʔ⁵
哪个	阿里 eʔ⁵li²³ ɦoʔ²	阿里 ɦa²³li³³ ɦoʔ²	阿个 ɦa²¹³kɯ³⁵	阿个 ɦa²³kəʔ⁵	鞋里个 ɦa²²li²³keʔ⁵	鞋里个 ɦa²²li²²koʔ⁵
这些	该眼 kieʔ⁵ ŋɛ³³	该眼 kieʔ⁵ ŋɛ²³	格朗 kəʔ⁵lɔ̃¹³	格星 ka⁴⁴ɕiŋ³⁵	益捏 iʔ⁵ȵiɛ²³	益捏 iʔ⁵ȵiɛ²³
那些	该眼 kieʔ⁵ ŋɛ³³	该眼 kieʔ⁵ ŋɛ²³	葛朗 ga²³lɔ̃³¹	葛星 ga²³ɕiŋ³⁵	葛捏 ge²²ȵiɛ²³	葛捏 ge²³ȵiɛ²³
哪些	阿里一些 eʔ⁵li²³ ieʔ⁵ɕieʔ⁵	阿里一些 ɦa²²li²³ ieʔ⁵ɕieʔ⁵	阿里些 ɦa²²li¹³seʔ⁵	阿里些 ɦa²²li²³ɕieʔ⁵	阿头捏 ɦa²²dɵ²²ȵie²³	阿头捏 ɦa²²dɵ²²ȵie²³
这里	堂头 dɔ̃²²dɐɪ³¹	dɔ̃²³ŋɛ²³堂眼	格边 kəʔ⁵pie⁴²	未汰 lɛ³³da²³	益头 iʔ⁵dɵ²³	担头 tɛ⁵⁵dɵ²³
那里	该头 kieʔ⁵dɐɪ³¹ / dɔ̃²³ŋɛ²³堂眼	挨眼 ɛ⁴⁴ŋɛ²³/挨尼 ɛ⁴⁴ȵi²³	隔边 kaʔ⁵pie⁴²	刚汰 gua²²da²³	扛头 ga²³dɵ²³	扛头 ga²³dɵ²³

续表

普通话	宁波	奉化	宁海	象山	慈溪	余姚
哪里	啥坶堂 soʔ⁵⁵u⁴⁴dɔ̃²³	啥坶堂 soʔ⁵u⁴⁴dɔ̃²³	阿汰 ɦa²²da¹³	阿汰 ɦa²²da²³	阿里头 ɦa²²li²³dø³³	阿里头 ɦa²²li²³dø³³
这样	介末介 ka⁵³mɐʔ²ka³⁵	介末介 ka⁴⁴maʔ²ka⁴²	格貌 kaʔ⁵mɔ³¹	格貌 kaʔ⁵mɔ³³	格貌 kaʔ⁵mɔ²³	格貌 kaʔ⁵mɔ²³
那样	介末介 ka⁵³mɐʔ²ka³⁵	介末介 ka⁴⁴maʔ²ka⁴²	格貌 kaʔ⁵mɔ³¹	格貌 kaʔ⁵mɔ³³	格貌 kaʔ⁵mɔ²³	格貌 kaʔ⁵mɔ²³
怎么办	咋弄弄 dza²¹³noŋ²³noŋ³⁵	咋弄弄 dza²³loŋ³³loŋ³¹	哼装 haŋ⁴⁴tsɔ̃⁴²	哼装 haŋ⁴⁴tsɔŋ⁵⁵ 装啥 tsɔŋ⁵⁵sɛʔ⁵	咋弄弄 dza²³noŋ³³noŋ³¹	咋弄弄 dza²³loŋ³³loŋ³¹
什么	啥西 soʔ⁵çi⁵³	啥西 soʔ⁵çi⁴⁵	ga²²m̩¹³噶毋	歪 ua⁴²	疲 çieʔ⁵	啥西 sø⁴⁴çi⁴⁴
坏	歪 ua⁵³	歪 ua³²⁴	歪 ua³²⁴			
美/漂亮	好看 hɔ⁴⁴kʰi⁵³	好看 hɔ⁴⁴kʰɐI⁴⁴ / 好相 ɦɔ⁴⁴çiã⁴⁴	好相 hau⁵³çiã⁴⁴ / 俏 tçʰiɔ⁴⁵	好看 hɔ⁴⁴kʰi⁵³ / 漂亮 pʰiɔ⁴⁴liã²³	齐整 dzi²³tsəŋ⁴²	好看 hɔ⁴⁴kʰie⁵³ / 齐整 ɦi²¹tsən⁴⁵
丑	难看 nɛ²²kʰi⁴⁴	难看 nɛ³¹kʰi⁴⁴ / 难相 nɛ³¹çiã⁴⁴	难相 nɛ³¹çiã⁴⁴	难看 nɛ³¹kʰi⁴²	难看 nɛ̃²³kʰe⁴²	难看 nɛ³³kʰie⁴⁵
年轻	嫩相 nɛŋ²²çiã⁴⁴ / 嫩面 nɛŋ²²mi²³	嫩相 nɛŋ³³çiaŋ⁵³	后生 ɦɔu³¹saŋ⁴²	后生 ɦɔu²¹³saŋ³⁵	嫩相 nɛn³³çiaŋ³⁵	嫩相 nɛn²³çiaŋ⁴⁴
干净	干净 ki⁴⁴ziŋ²³	干净 ke⁴⁴ziŋ²³ / 清爽 tçʰiŋ⁴⁴sɔ⁵³	清爽 tçʰiŋ⁴⁴sɔ⁵³	干净 kii⁴⁴ɦiŋ³³ / 清爽 tçʰiŋ⁴⁴sɔ⁴⁵	清爽 tçʰeŋ⁴⁴sɔ⁴²	清爽 tçʰiŋ⁵⁵sɔ⁵³ / 干净 kie⁴⁴ɦin²³

续表

普通话	宁波	奉化	宁海	象山	慈溪	余姚
肮脏	体遢 tʰi⁴⁴ tʰaʔ⁵ / 邋遢 laʔ² tʰaʔ⁵ / 泥腥 ɲi²¹ ɕiŋ⁵³	腥腝 oʔ⁵ tsʰøʔ⁵ / 邋遢 laʔ² tʰaʔ⁵	厌糟 ie⁴⁴ tsɔ⁵³ / 米污 le²³ u⁴⁴	邋遢 laʔ² tʰaʔ⁵⁵	讽 foŋ⁵⁵ / 㑱 oŋ⁴⁴	讽 foŋ⁴⁴ / 邋遢 laʔ² tʰaʔ⁵
舒服	惬意 ɕia⁴⁴ i⁴⁴ / 爽快 sɔ³²⁴ kʰua⁵³	惬意 ɕia⁴⁴ i⁵³ / 爽快 sɔ³⁵ kʰua⁴⁴	好过 hau⁴² ku³⁵ / 爽快 sɔ⁴² kʰua⁵³	惬意 ɕia⁵³·⁴⁴	爽快 sɔ⁴⁴ kʰua⁴²	爽快 sɔ⁴⁴ kʰua⁴⁴
听话、乖	慧 huɛ⁵³ / 听话 tʰiŋ⁴⁴ ɦo³¹	慧 huɛ⁴⁴	慧 huɛ³²⁴ / 听讲 tʰiŋ⁴⁴ kɔ⁴²	慧 huɛ⁵³	慧 huaɛ⁴⁴	慧 huɛ⁴⁴
正好、刚刚	扣好 kʰiɣ⁴⁴ hɔ³²⁴	扣扣好 kʰəu⁴⁴ kʰəu⁵³ hɔ³¹	眼叫 ŋɛ³³ tɕio⁴⁴	眼 ŋɛ³³ tɕiɔ⁵³	眼眼叫 ɲiɛ²² ɲiɛ²³ tɕiɔ⁴⁴	眼眼叫 ɲiɛ²² ɲiɛ²³ tɕiɔ⁴⁴
差点儿	推板眼 tʰe⁴⁴ pɛ⁴⁴ ŋɛ³⁵	推板眼 tʰe⁴⁴ pɛ⁴⁴ ŋɛ³¹	差眼眼 tsʰ⁴⁴ o²² ŋɛ¹³	差眼眼 tsʰ⁴⁴ o ŋɛ²² ŋɛ³¹	推板眼 tʰe⁴⁴ pɛ⁴⁴ ɲiɛ²³	推板眼 tʰe⁴⁴ pɛ⁴⁴ ɲiɛ²³
顺便	顺㦬过便 zɥɛŋ²³ da³³ kəu⁴⁴ bie²³	顺㦬 zoŋ²² da²³	顺㦬 zyn¹³ da³³	顺㦬 zoŋ²³ da³³	顺㦬 zɛŋ²² da²³	顺㦬 zen³³ da²³
故意	特为 daʔ² ɦuai²³	特意 daʔ² i⁴⁴	大意 da³¹ i³⁵	特意 dəʔ² i³⁵	存心 dzən²² ɕiŋ⁴²	存心 dzen²³ ɕiŋ⁴²
一共	一搨刮子 iʔ⁵ tʰaʔ⁵ kuaʔ⁵ tsɿ⁴⁵	拢总 loŋ³³ tsoŋ⁴⁴	拢总 loŋ³¹ tsoŋ⁵³	和岁 ɦou²³ sɿ⁵³	和总 ɦɛu²³ tsoŋ⁴⁴	拢总 luŋ²³ tsuŋ⁴⁴ / 一搨刮子 iʔ⁵ tʰaʔ⁵ kuaʔ⁵ tsɿ⁴⁴

第三章　宁波方言词汇面貌及其特点　　151

续表

普通话	宁波	奉化	宁海	象山	慈溪	余姚
十分；很；非常	交关 tɕiɔ⁴⁴kuɛ³⁵／角派 vɛŋ²³pʰa⁴⁵／出格 tsʰoʔ⁵kɐʔ⁵	犯关 vɛ²²kuɛ⁵³	聂聂 ȵie²²ȵie¹³	蛮死 mɛ³¹sɿ³²⁴	有实 io³²⁴zeʔ²／交关 tɕiɔ⁴⁴kuɛ⁴⁵	顶 dəŋ³³／交关 tɕiɔ⁴⁴kuɛ⁴⁴
偶尔	蓝板 lɛ²³pɛ⁵⁵	蓝板 lɛ²³pɛ³⁵	蓝板 lɛ¹³pɛ⁵³	蓝板 lɛ²³pɛ⁵⁵	千朝蓝板 tɕʰie⁴⁴tsɔ⁴⁴lɛ̃²³pɛ⁴⁴	千朝蓝板 tɕʰie⁴⁴tsɔ⁴⁴lɛ̃²³pã⁴⁴
时常	老老 lɔ²³lɔ³³	老老 lɔ³³lɔ²³	常日 ʑɑ̃³⁵ȵieʔ²	时格 zɿ²²kəʔ⁵	即颅 tɕieʔ⁵kø⁴⁴	即颅 tɕiʔ⁵ku⁵³
肯定；一定	限板 ɦɛ²²pɛ⁴⁵	限板 ɦɛ²²pɛ⁴⁵	定规 deŋ¹³kue⁴²	准定 tsoŋ⁴⁴diŋ²³	限板 ɦɛ²³pɛ⁴⁵	范板 vɛ²²pɛ̃³⁵
宁可	能可 nɛŋ²³kʰəu⁴⁵	能可 nɛŋ²³kʰəu⁴⁴	宁贝 neŋ²²tsəʔ⁵	宁贝 neŋ²²tsəʔ⁵	宁使 ȵiŋ²³sɿ⁴⁴	宁使 ȵiən²³sɿ⁴⁴

第三节 宁波方言词汇若干特点

词汇都有自己的词性，它不是在一个地方固定且一成不变的，它会随着人际交往的移动而发生迁移，也就是方言地理学中的传播现象。日本学者岩田礼曾指出此类传播速度大约为每年0.93公里，当然，速度有快有慢，传播的路径也不尽相同。① 宁波方言属于吴方言甬江片代表，产生时间较早，而越早产生的方言，传播速度也相对较慢。因而每个地区所运用的方言词汇都会有所差异。从方言地理学上看，无论哪一个词，都是与众不同的。它的产生或是消亡各有历史轨迹，最终的形成也是多方面因素共同作用的结果。本节重点描述和揭示宁波方言词语的特点。首先描述其与普通话以及吴语有差异的词语，主要体现在代词、形容词、古语词、合音词、特征词方面。然后在与普通话以及吴语上海话的比较中揭示其特点。

一 代词

吴语的词类中，代词最有特色。宁波方言的代词尤其是人称代词很有特色，一般用来指代人。主要有由第一人称、第二人称和第三人称组成，又称"三身代词"，是日常口语中最常使用的词类之一，各地差异较大。方言中的人称代词比较稳定且容易保留古读音，是最能体现方言"活化石"的语料之一。

（一）人称代词

宁波方言单数式三身代词的新派读音和词目在吴语中具有一定的典型性，但老派的一套却显得非常独特，新老派对比如表3-3所示。

表3-3　　　　　　单数式三身代词新老派对比

	新	老
我	吾 [ŋo²¹³]	吾侬 [ŋo²² nəu³⁵]
你	尔 [ŋ̍²¹³] /侬 [nəu²¹³]	尔侬 [ŋ̍²² nəu³⁵]

---

① 出自［日］岩田礼《汉语方言解释地图》，白帝社2009年版，第6页。

续表

	新	老
他	其 [dʑi²¹³]	其侬 [dʑi²² nəu³⁵]

宁波方言老派的三身代词在单音节的字词"吾、尔、其"后都带上了侬 [nəu²¹³⁻³⁵] 的读音，宁波方言的"三侬"是以复数形式表示单数人称代词的意义，"侬"已失去了字面意义，作为词缀附在三身代词之后，体现出宁波方言新旧并存的演变模式。同时也说明越常用封闭的词，越能保留旧有读音，在某种程度上也越能揭示语言发展演变的规律。

宁波方言单复数式人称代词的称说存在丰富多样的词形和读音。由于宁海各地不同的地域和历史文化等综合因素的影响，其差异呈现多样性。下面以宁海方言为例，从地理语言学视角，直观展示宁海18个乡镇代表点方言说法的地理分布差异。

"我"的读音及词形

■ 我 [ɦuo²³]
▲ 吾 [ŋo²³]
● 偶 [ɦəu²³]
⊡ 阿 [ɦia²³]

地图 3-1

"你"的读音及词形

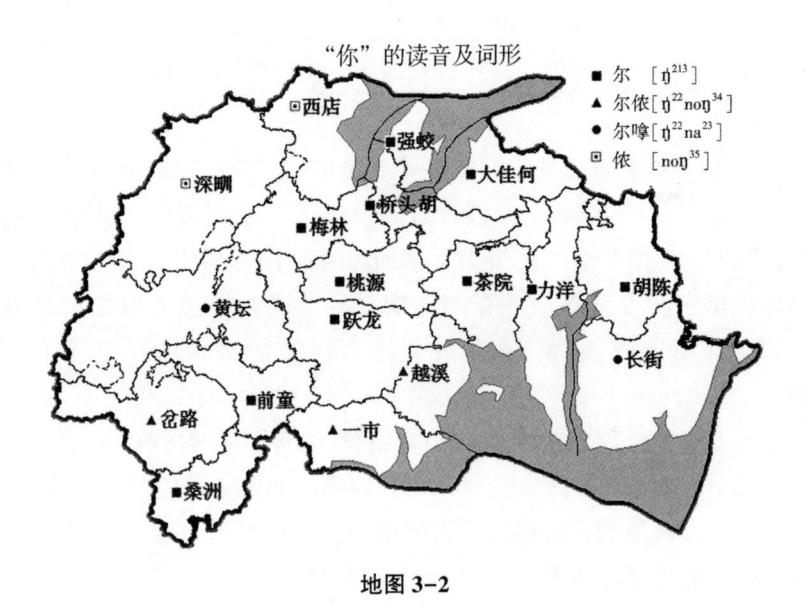

地图 3-2

"他"的读音及词形

地图 3-3

第三章 宁波方言词汇面貌及其特点   155

"我们"的读音及词形

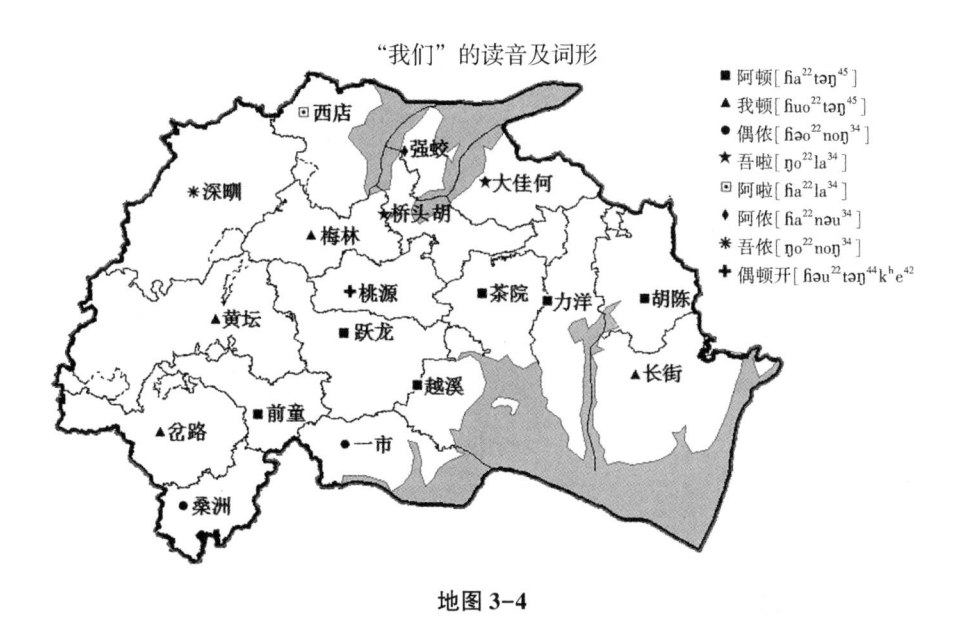

- ■ 阿顿 [ɕia²² təŋ⁴⁵]
- ▲ 我顿 [ɦuo²² təŋ⁴⁵]
- ● 偶侬 [ɕiəo²² noŋ³⁴]
- ★ 吾啦 [ŋo²² la³⁴]
- ⊡ 阿啦 [ɕia²² la³⁴]
- ◆ 阿侬 [ɕia²² nəu²²]
- ✱ 吾侬 [ŋo²² noŋ³⁴]
- ✚ 偶顿开 [ɕiəu²² təŋ⁴⁴ kʰe⁴²]

地图 3-4

"你们"的读音及词形

- ■ 倷 [na²³]
- ▲ 尔开 [ŋ²² kʰe⁴⁴]
- ● 尔顿 [ŋ²² təŋ⁴⁵]
- ★ 尔啦 [ŋ²² la³⁴]
- ⊡ 尔顿开 [ŋ²² təŋ⁴⁴ kʰe⁴²]

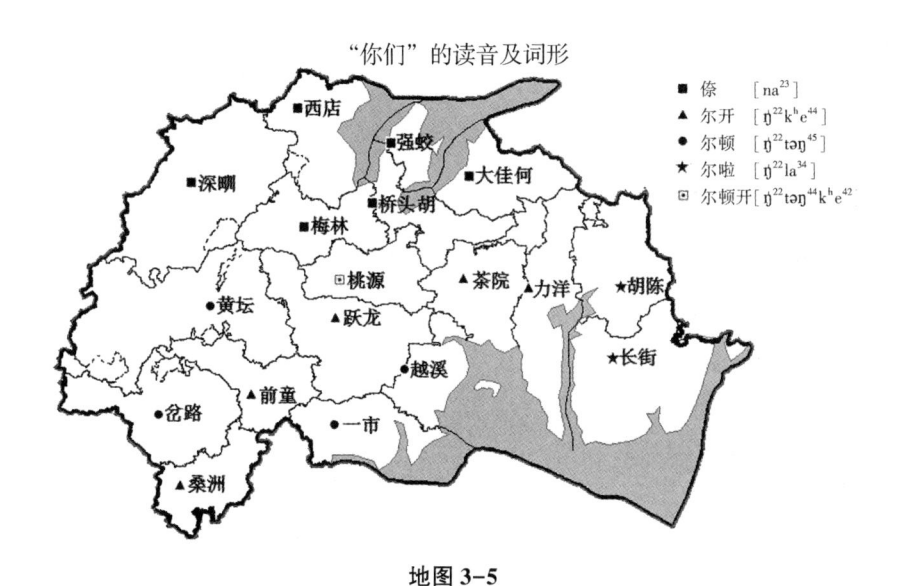

地图 3-5

"他们"的读音及词形

■ 茄	[dʑia²³]
▲ 茄啦	[dʑia²²la³⁴]
● 其₁侬	[dʑɿ²²noŋ³⁴]
★ 其₁开	[dʑɿ²²kʰe⁴⁵]
☐ 其₂啦	[dʑɿ²²la³⁴]
◆ 其₂侬	[dʑɿ²²noŋ³⁴]
✱ 其₂糯	[dʑɿ²²nəu³⁴]
茄兜人	[dʑia²²təu⁴⁴ȵiŋ³⁴]
其₁白人	[dʑɿ²²bəʔ²ȵiŋ²³]
其₁兜人	[dʑɿ²²təu⁴⁴ȵiŋ³⁴]

地图3-6

通过对宁海方言人称代词单复数地图的直观展示，不管是单数式还是复数式，都存在多种语音形式和词形，这是不同历史时期语音层次的留存。此外，还有一个比较普遍的现象就是人称代词的单复数的混用，有时在句子中的人称代词是单数还是复数，需要从语境中来区别。

(二) 指示代词

普通话的指示代词内部有相互对立的表示近指和远指系列的两套指示词，而宁波绝大多数调查点除江北区慈城外，只有一个基本的指示代词"这"，读该 [kɪeʔ] 或者格 [kɐʔ] 系列，没有相应的"那"系列，基本上只有一套系列指示词。下面以海曙、慈城为例，与普通话对照如表3-4所示。

表3-4　　　　　　　　指示代词与普通话对照

	海曙	普通话		慈城	
	近远指不对立	近指	远指	近指	远指
人或事物	该	这	那	该	葛
处所	该厢、该面、堂地、堂乃	这儿、这里	那儿、那里	该里、堂眼	葛边
时间	该记、该赏、该晨光	这会儿、这时候	那会儿、那时候	该晨光	该晨光

	海曙	普通话		慈城	
数量	该眼、格管	这些、这么些	那些、那么些	该眼	该眼
性质状态方式程度	格、格末格	这么、这么样	那么、那么样	该末	压末
	格貌	这样	那样	该样	葛样

（三）疑问代词

宁波六区方言疑问代词单复数同形，主干词"谁"老派有三种讲法："树［zʅ²¹³］、树人［zʅ²⁴ nən²¹］、啥人［soʔ⁴ ȵiŋ²¹］"；新派只有"啥人［soʔ⁴ ȵiŋ²¹］"一种说法。

二 合音词

所谓合音词就是双音节合并为单音节的词，它是人们在说话语流中由两个音节长期快速流利地连读后产生的，也是一种衍生新词的造词方式。合音现象古已有之，如古汉语中的"之于"合音为"诸"。在现代汉语中，几乎所有的方言，包括普通话都不同程度地存在合音现象。宁波人说话的语速比较快，所以宁波方言中的合音词比较多，现将使用频率比较高的列表如3-5所示。

表3-5　　　　　　　　　　　高频使用的合音词

原词	合音词	释义	句例
勿要 faʔ⁵ io⁴⁴	覅 fɛ⁵³	不要，表示不情愿，或不接受。	个下饭吾覅吃。
勿用 vaʔ² yoŋ²¹³	甮 vəŋ²³	别，表示劝阻或禁止。	介宴嘞甮去嘞。
勿会 vaʔ² ɦuɛɪ²¹³	朆 vɛɪʔ²³	①不会②何不	事体一眼朆做。
覅 tɕiɪʔ⁵ io⁴⁴	就 tɕio⁵³	只要	覅介么介做就好嘞。
咋会 dza²³ ɦuɛɪ²¹³	唑 dzɛɪ²³	怎么、怎么会，表示疑问或感叹。	唑有个种事体啦。

续表

原词	合音词	释义	句例
呒没 m̩⁴⁴maʔ²	灭 mieʔ⁵/谬 miu³¹	没有	其今朝灭功夫。
拔吾 pɐʔ⁵ŋo²³	把 po³⁵	被我	个只狗把敲煞嘞。
拔尔 pɐʔ⁵ŋ̍²³	本 pəŋ³⁵	给你	个只苹果本吃
拔其 pɐʔ⁵dʑi²³	比 Pi³⁵	让他	揿牢,莫比动!
得吾 tɐʔ⁵ŋo²³	躲 to³⁵	给我;替我	躲帮记忙,好哦?
得尔 tɐʔ⁵ŋ̍²³	等 təŋ³⁵	对你;跟你	等讲莫去,佴偏生要去。
得其 tɐʔ⁵dʑi²³	底 ti³⁵	给他;替他	个本书,佴底带带去。
尔佴 ŋ̍²²na²³	硬 ŋa²³	你们	硬到阿里去?
其啦 dʑi²³la⁴⁵	茄 dʑia²³	他们	茄介即弗来格里。
肢下 tsʔ⁴⁴ɦo²³	遮 tso⁵³	腋窝	其肋膈遮痒。

三 古语词

  方言和普通话都源于祖语——古代汉语,但两者的演变发展是很不平衡的。宁波方言词语中保存了不少古语词,其中不少字词在普通话中已经消失,而在宁波方言中却依旧保存着,经常碰到写不出字来的情况,实际上大部分是属于失传的古语词。有些,经过考证,可以在古代典籍韵书上查到本字,有些或时代久远,或在历史上发生了音变,或本来就没有本字,后人也不曾为其造字,所以至今仍然有音无字。下面试举若干宁波方言古语词的本字如下:

  塍［ziŋ²³］田埂。《广韵》平声蒸韵食陵切:"稻田畦也,畔也"。

  鑱［zɛ²³］安在犁下端的铁器。《广韵》平声衔韵锄衔切:"吴人云犁铁"。

  㧖［tsʰoŋ³⁵］两头尖的扁担。《广韵》平声东韵仓红切:"尖头担也"。

歯［tsɿ⁵⁵］把东西放于器具中。《集韵》去声御韵：吴俗谓盛物于器曰歯。

犑［ã³²⁴］小牛犊。《集韵》上声梗韵於杏切："吴人谓犊曰犑"。

筅［ɕi⁴⁴］竹做的清洁用具。《集韵》上声先韵苏典切："筅，筅帚也"。

笍［sɿ⁵³］竹筐。集韵平声之韵新兹切："竹器"。

煠［zaʔ²］水中煮；油里炸。《广韵》入声洽韵士洽切："汤煠也"。

𩝔［ɕia³³］从壶内倒出液体。《集韵》去声禡韵四夜切："倾也"。

挼［nəu³²⁴］揉。《广韵》平声戈韵奴禾切："一曰两手相切摩也"。

扚［tiɿʔ⁵］用两个手指甲掐起或截断。《广韵》入声锡韵都历切："引也。"《字汇》："手掐"。

跍［gu²³］蹲。《集韵》平声模韵空胡切："蹲貌"。

眨［saʔ⁵］眨眼。《集韵》入声洽韵色洽切："目睫动貌"。

㠥［ŋe²³］站立。《广韵》平声咍韵五来切："企立"。

嗻［tsoʔ⁵］吮吸。《字汇》"嗻吮，以口吸物也"。

迾［laʔ²］遮拦；阻挡。《广韵》入声薛韵良薛切："迾，遮遏"。

𦠘［pʰiɿʔ⁵］女阴。《广韵》入声质韵譬吉切："牝𦠘"。

匐［boʔ²］趴。《广韵》入声屋韵房六切又蒲北切："匍匐，伏地貌"。

踄［bɛ²¹³］跨；迈。《广韵》平声衔韵白衔切："步渡水。"宁波今读阳去调。

砑［ŋo²¹³］摩擦；碾压。《广韵》去声禡韵吾驾切："碾砑"。

嫥［tsɛ⁴⁴］好。《说文·女部》："嫥，白好也。"《广韵》："嫥，美好貌。祖赞切。"

揞［ã⁴⁴］丢弃。《集韵》去声陷韵於陷切："弃也，吴俗云"。

撮［tsʰaʔ⁵］捡、拾。《广韵》入声末韵仓括切："手取也"。

◇［gəŋ²¹³］《广韵》去声径韵苦定切："一足行"。宁波今读浊声母。

䰯［i⁴⁴］比长短。《广韵》上声阮韵於献切："物相当也"。宁波今读阴去。

埲［boŋ³¹］~尘；灰尘。"埲"，《广韵》《集韵》董韵并母蒲蠓切："塕埲尘起"，音菶。尘起貌。

薐［læŋ³³］菠薐：菠菜。"薐"，《集韵》平声登韵卢登切："菠~，菜名"。

磉［sɔŋ⁴⁴］柱下石。《广韵》上声荡韵苏朗切："柱下石也"。

◇［tɕʰiɔ⁴⁴］勺也。《广韵》平声宵韵七遥切："抄饭匙也"。

捼鸡贼［ou⁴⁴tɕi⁴⁴zəʔ²³］：偷鸡贼。"捼"，《集韵》平声戈韵乌禾切："手紊也"。

骱［kʰou³²⁴］：《广韵》平声歌韵苦何切："膝骨"。

瘃［tɕyoʔ⁵］：冻疮。《广韵》入声烛韵陟玉切："寒疮也"。

赚［dʑɛ²³］：错。宋代丁度等编《集韵》："赚，市物失实"。

扡［do²³］：拿、取。东汉许慎《说文解字》云："佗，徒河切，负何（荷）也"。

瘥［tsʰo⁵³］：病情减轻、好转。西汉扬雄《方言》卷三："差，愈也。南楚病愈者谓之差"。

埲［boŋ³¹］：并母通摄董韵上声合口一等，又《集韵》补孔切。

齙牙［boⁱ³ŋo¹³］上门牙外露的牙。"齙"，《集韵》去声禡韵步化切："齿出貌"。《字汇》："齿不正也"。

瘗［iẽ⁴⁴］：结痂；伤疤。《集韵》上声琰韵於琰切："疡痂也"。

四　否定词

宁波方言的否定词有三种类型：一是单音式的，有5个"勿、呒、弗、莫、末"；二是合音式的，有4个"谬、灭、覅、甮"；三是复合式的，有2个"呒告、呒没"。与普通话"不"相当的，是"勿"，用于否定副词时的语法结构主要为"勿+V"或"勿+是"。如：勿对、勿吃、勿作兴、勿相干、勿清爽、勿格算、勿是等；概括起来"勿"的否定语义主要有这么4种内涵：①表示主观意愿的，如"勿去""勿吃"；②表示主观态度，如"勿同意""勿答应"；③表示主观评价，如"勿清爽""勿格算""勿对"；④表示否定判断，如"勿是"（叶竹钧，2010）。但是，它们都不能像普通话那样具有单独使用的功能。与普通话"没有"相当的，是"呒"，一般修饰名词，如："呒清头""呒结煞""呒用场"等。

合音式否定词中，富有特色的，当推"谬［miu⁵³］和灭［mieʔ⁵］"两个词，它们都是"呒有"合音词的记音字，发［mieʔ⁵］的，是快速连读的合音，一般用于句子中；发"［miu⁵³］"的；一般具有单独承担否定应答语的作用，主要在口语对话中使用。如下所示：

例（1）a. 其屋里来过咪？（他家里来过没有？）
　　　　b. 谬。（没有。）
例（2）a. 侬今密下饭买过啡？（你今天菜买了吗？）
　　　　b. 谬。（没有。）

这两例的"谬"，明确表达否定意义，单独承担应答语代句词的语用功能。现今这种用法，已经扩展至宁波普通话，但语义已经虚化，主要起到句法意义的作用。经常听到宁波人（甚至在宁波工作多年的外地人）说普通话时，常使用"没有"作为客套话的应答语。如下所示：

例（3）a. 你今天穿的衣服很漂亮啊？
　　　　b. 没有，没有，还是你漂亮。
例（4）a. 阿姨，麻烦你了，谢谢。
　　　　b. 没有，没有。

这两个用例，连用两个独立的否定词"没有"，深层语义实际表达一种自谦客气，否定的语义已经虚化。这两个用例使用一个"没有"来应答别人的赞扬或客气，也是符合汉语口语对话体常规的。语用上，能够独立承担代句词功能，不能扩展或组合，实际的否定意义已经虚化。

在宁波方言里，还有一个颇具特色而使用频率较高的复合式否定词是"呒告"，宁波城里一般发［m̩²¹³kɔ⁵³］，乡下一般发［ŋ̍²¹³kɔ⁴²］；但听感上，常常只听到［kɔ⁵³］的音，前面那个"呒［m̩］或［ŋ̍］"的音常被吞了，极度弱化，类似北京人口语中的"不（是）［pur］"。它概括起来主要有以下几种语义和用法：

1. 没什么、没有

例（5）下饭呒告，饭吃饱。（没什么菜，饭一定要吃饱。）
例（6）呒告事体，吾来咚忖侬嘞。（没有事情，我在想你啦。）

2. 不能

例（7）格两日老张生毛病，呒告来嘞。（这两天老张生病，不能来了。）
例（8）雨落介大，运动会呒告开嘞。（雨下得这么大，运动会不能开了。）

3. 不要紧、没关系

例（9）老酒吃勿落，剩眼呒告咯。（老酒吃不下，剩下点不要紧的。)

例（10）书侬拕去好嘞，吪告咯。（书你拿去好了，没关系的。）

4. 没事儿、不用谢

例（11）a. 碰着侬嘞，对勿住。（碰到你了，对不起。）
　　　　　b. 吪告。（没事儿。）

例（12）a. 麻烦侬嘞，谢谢。（麻烦你了，谢谢。）
　　　　　b. 吪告。（不用谢。）

上述第5—8例，"吪告"可以修饰动词（来；开），还可以修饰名词（事体），既表示否定的实语义（没有；不能），又表示客套的虚语义（没什么）。第9—10例，既可以置于句末补充说明谓词性词组；也可以单独成句，后置语气词，两句都带有礼貌语气，不包含主观否定的语义。第11—12例，语用上，能够独立承担代句词功能，不能扩展或组合；语义上，不是针对具体动作行为的否定，而是作为对对方感谢用语的整体应答，基本符合叹词化特征。

五　语气词

语气词是表示语气的虚词，常用在句尾或句中停顿处表示种种语气。普通话常用的语气词有"的、了、么、呢、吧、啊"，表达陈述、疑问、祈使、感叹四种语气。宁波方言句末语气词比较丰富，常见的就有几十个。如嘞 [lə]，哦 [fa]，咯 [ke]，咯啦 [ke la]，吵 [sa]，喔 [oʔ]，噢 [ɔ]，呐 [nə]，阶 [ka]，实阶 [zəʔ ka]，唻 [lɛ]，唻咯 [lɛ ke]，啡 [fe]，的啦 [tə la]，呢 [ni]，咛 [ɲiŋ]，嗳 [ɲie]，啾 [tɕy]，哗里 [lɔ li] 等等。

慈溪余姚方言句子的末尾或句中停顿处大量使用语气词"哉 [tse⁴⁴]"，如"饭吃过哉。""饭烧好哉。"等；还有"啷 [lɔŋ³³]"，如"手里拕啷。""毛病好啷哉。""啷咪、啷啷、咯啷"等。体现了浓浓的古韵色彩，"哉"这个语气词，在古代先秦典籍中就被广泛使用。现举慈溪方言为例，与普通话对照如表3-6所示。

表3-6　　　　　　　慈溪方言与普通话句末语气词对照

	方言	普通话
陈述语气	鞋买嘚忒小哉，穿弗来咯。	鞋子买得太小了，不能穿的。

续表

	方言	普通话
疑问语气	侬北京去过唻咪?	你去过北京吗?
祈使语气	侬好挖起唻哉!	你该起床了!
感叹语气	益个小人实哷在行啦!	这孩子多么聪明啊!

六 少数洋词缀及外来音译词

旧时称西方为西洋。宁波"五口通商"开埠后，西方文化东渐，不少舶来品也随之进入人们的日常生活中，宁波方言中的舶来品用词，一般有两类，一是在本土名称前冠以"洋"前缀；二是外来音译词，用宁波方言语言翻译外来词语，主要来源于英语和日语。这些词语已成为一种特定历史时期的语言现象，至今还活跃在人们的口语中。

现略举数例，如表 3-7 所示。

表 3-7　　　　"洋"前缀词及外来音译词略举释义

洋前缀词语	普通话词语或释义
洋房	西式房子，非中国式传统建筑
洋行	旧时外国人开的商行
洋铁皮	铅皮，白铁皮，又称"马口铁"
洋铁畚斗	铁皮畚斗
洋伞	布伞
洋灰	水泥
洋蜡	石蜡，与蜂蜡（黄蜡）相区别
洋火	火柴，又称"自来火"
洋漆	合成漆，区别于中国漆
洋铁铅桶	白铁桶
洋布	机织的布，区别于土布
洋钉	钉子
洋车	黄包车

续表

洋前缀词语	普通话词语或释义
洋铁碗	搪瓷碗
洋铁锅子	铝锅，又称"钢精锅子"
洋车	缝纫机
洋囡囡	布娃娃，洋娃娃
洋油灯/美孚灯	煤油灯
水门汀（英语 cement）	水泥板/混凝土
瘟生（英语 One Cent）	专指穷得一无所有、品行恶劣、好吃懒做又十分难缠的人
司带脱（英语 Starter）	日光灯启辉器
司的克（英语 Sticker）	手杖
司毕灵（英语 Spring）	弹簧锁
味之素（日语味の素）	味精

七 一词多称多形现象

宁波方言历史悠久，古老的宁波话中有不少一个词语的意义，存在多个称说词形的叠置现象，反映了复杂多样的历史层次。除了上面所列代词系统外，还有一些日常词汇，尤其是亲属称谓词、人称代词、动词等，我们将设立专章绘制地图呈现并加以论述。现列举若干词语，如下所示：

吃喝拉撒睡，是人生头等大事。"厕所"的一词多称词形，明显比其他词要丰富得多，地域差异中，还掺杂着北方方言的杂糅和普通话的影响，存在"屙坑间、屙坑、坑头、坑头间、屙缸、茅坑、茅坑间、卫生间、厕所间、东司间、茅房、马桶间"等；"青椒"，有菜椒、灯笼辣茄、大泡辣椒等；"后来"，有后头来、后脚煞（连读合音为"后三"）、后煞来等；"唾沫"，有馋唾水、馋茶水、烂唾水、烂茶水等；"丈夫"，有老倌、男侬、老公、当家人、男家、男人等；"老头子"，有老头、老伯伯、老伯、老头伯、老公公、孤老头、贼老头等，其中老伯伯为尊称，老头为贬称，老头伯为熟人间的随意称呼；"小偷、贼"，有贼骨头、矮鸡贼、三只手、抗手、白日撞、收晒晾等；"厨师"，有厨工师父、上灶师父、灶头师傅、大菜师父、饭师父、饭头脑、伙头军、饭乌龟等,其中饭乌龟为贬称;"上面",有上头、上登、高头、对上、上面等;"下面",有下头、下登、下底、底下、对落、下面等称说。

在上面数例一词多称现象中,有的属于新兴词语、书面词语及通行区域较广的地方通用词语的文读层面;有的属于古语词、口语词、当地特殊土语词或本地特征词。如"厕所"一词多称中,"卫生间、厕所间"属于文读层面;"屙坑间、屙坑、坑头、坑头间、屙缸、茅坑、茅坑间"属于白读层面;"屙缸",应该是宁波本地特征词。又如"脸","面孔"是常见说法,无褒贬之分;而"丫脸[o⁴⁴liẽ²³]"是脸的贬称,比喻不给人好脸色,也说"丫皮杂脸";人的笑脸、笑容,则称"笑面肤[ɕiɔ⁵³miẽ¹³fu⁴⁴]";说小孩的脸很粗糙,说"屁棚脸[pʰi⁵³baŋ³³liẽ²³]";人的脸长得美,说"相道[ɕiaŋ⁴⁴dɔ¹³]"好看;形容人的各种脸型,则有削骨脸、瓜子脸、鹅蛋脸、长丫脸、倒宕木脸等称说。

综上所述,词汇是语言中的一个动态的开放系统,是语言中最为活跃的因素,也是语言中反映社会变化和发展最敏感的成分,任何原有事物的变化或新事物的出现,都会在词汇中反映出来,因此词汇系统时刻都处在变动之中。清代同治光绪年间编撰的《鄞县志》,记录了700多条宁波方言词语,较之前外籍人士记载的数量要多。经过近80年的演变,现代宁波方言词汇发生了很大的变化。志书中记载的一批词语,如"饭单"(旧时妇女多系饭单,上系于脖子,下盖于腰膝,以带束之,蔽前而不蔽后)、脚纱(称旧时缠足妇女的脚带)、话事店(旧时称介绍男女佣仆之事,相当于现在的保姆介绍所)、绢爿(绢爿又叫绢头,旧时指用于擦汗的汗巾)、吃场(吃场又叫吃局,指筵席,后泛称食品)等等,都随着原有事物的变化或新事物的出现而淘汰出局。尤其是"改革开放"以来,我国社会处在急速发展变化之中。社会的快速进步和思想的空前活跃,带来了大量新词语和词语的新用法,不断地冲击并丰富了宁波方言的词汇系统。呈现出以下几个特点和趋势:

一是词汇的都市化程度越来越高,即随着宁波的都市化程度的提高,速度的加快,土著词汇也随之大批淘汰,而被新生的富有都市化特色的普通话词汇所替换。伴随着通讯、交通和大众传媒日新月异的发展,科技语大量渗入人们的语言生活,如"国企、反弹、商品房、防火墙、个人所得税、激光、优盘、鼠标、键盘、彩铃、电子邮件、液晶彩电、房贷、公积金、一本、二本、返聘、工改、多媒体、金融危机、丁克族、轻轨、炒股、期货、博导、白色污染、鸟巢、奥运"等。宁波百姓语言生活的百科性成分剧烈增加。中国网民数量升至世界第二位，虚拟空间形成的网络语言，如"美眉、东东、灌水、粉丝、菜鸟、大虾、斑竹、马甲、驴友、网络游戏、装备"等广泛流行于当代中青年之中。博客、网络新闻、电子邮件、电子公告（BBS）、手机短信等，正成为各类信息新的集散地、新词语的发生源。一大批纯字母词"VCD、TV、BP机、WTO、HFK、WPS、DNA、PK"以及半字母词"AA制、E时代、A股、SIM卡、卡拉OK、T恤、SOS儿童村"等应运而生。

二是作为海港开放式的商业城市，随着大批外来人口的涌入，五方杂处，产生了一批沪港台等外来词。如"炒鱿鱼、靓丽、大卖场、写字楼、家私城、酱紫、割肉、跳楼价、韩星、二手衫、马大嫂、捣浆糊"等。

三是词形音节比较长的、发音不够简洁的词，逐渐消失淘汰，代之而起的是音节比较简单的普通话词形，用方言语音称之。如塞饭榔头、出窠娘、做风水、地脚印等，已被"美味佳肴、月嫂、台风、地址"所取代。

四是商业性词汇比较丰富。人类社会的哪个方面发展得快，哪个方面的词汇就丰富多彩。改革开放以来，我国经济的高速发展催生和带动了宁波港口商业经济的发展，随之涌现出"做生意、商机、电子商务、熊市、牛市、电子发票、上涨、赚钱、市场、推销、进货、到账、港口经济"，等一大批经济类词语，正如罗常培先生所说："一个时代的客观社会生活，决定了那个时代的语言内容。"[①]

因此，一地的词汇系统足以反映出某一时代地域生活的各个侧面，由经济生活到社会意识都沉淀在里面，我们都可以从方言词汇的沉淀中对其历史上各个阶段的社会生活状况做出考察。

---

① 罗常培：《语言与文化》，北京出版社2003年版。

第四章

宁波方言特色词语的地理分布和地图阐释

我们课题组在对宁波方言进行地理上连续的、密集点调查时发现,一些词语的称说,在地域分布上不仅形态各异,而且语音和词序也存在较大差异。一般表现为词素、音节数量、构词方式(包括前缀、词序、修饰成分)等的不同。为了立体直观地展示宁波特色词语的差异性,现在宁波148个乡镇中,选择了133个调查点,具体选点如下:宁波市六区60个乡镇中因宁波老三区内部一致性较高,海曙区选择了鼓楼、江夏、望春3个调查点;江北区选择了文教、庄桥、洪塘、慈城4个调查点;江东区选择了百丈1个调查点;鄞州(22)、镇海(6)、北仑(9)三区所有乡镇均选为调查点,共计45个点。奉化11个乡镇、余姚21个乡镇、慈溪20个乡镇、宁海18个乡镇均选为调查点;象山18个乡镇(含爵溪方言岛),西丹、东丹合为丹城一个调查点,总计133个调查点。

制作地图的基础首先要对调查到的方言语料进行整理,剔除少数发音人失误的说法,如各地对"伯母"的称呼有"嫫嫫、姆嫫、大嫫、老姆嫫、阿姆、大姆、大阿姆、姆妈、大姆妈、阿孃、孃、大妈、尔孃"等13个词形,剔除了"孃、大妈、尔孃"3个词形:"孃"只有一地说法,判断系受发音失误,参照周边应该称"阿孃";"大妈"判断系受普通话泛称影响所致,选取共存的,应称"嫫嫫";"尔孃"判断是与"姑姑"称呼相混,参照周边,应称"阿孃"。经过整理甄别,最后确定了十个词形。但有一点需要说明的是,虽然各地共有十个词形,但并不是每个点只有一个词形,多数点同时存在1—3个不等的词形,说明方言之间的长期接触和相互影响,会导致一地存在多种词形。最终我们只选择一个比较有特色的,作为该点的词形,然后依据这九个词形在宁波133个调查点的地理分布,选择相应的标记符号,绘制成词形地理共时分布地图,尽量原汁原味地展示各地纷繁复杂的各种称说词形。我们确定词形的原则是:一是取先出为主，选择发音人最先想到说出的；二是取常用且较有特色的一个，如余姚丈亭和河姆渡两地，同时存在"老姆嬷"和"姆嬷"，则选常用且较有特色的"老姆嬷"；三是趋同性，考察附近乡镇和同一个年龄层的人的说法；四是取古老层次的称呼，如宁波六区称呼"妻子"，古老层次称"老娘"，现代层次称"老婆"，则取"老娘"。

对地图的解释，我们建立在对共时分布词形进行归类的基础上，以"词根"为中心，如"伯母"有"嬷嬷、姆嬷、大嬷、阿姆、大阿姆、大姆妈、阿嬢"七个称呼，词根只有"嬷、姆、妈、嬢"四个，可分别归作嬷类、姆类、妈类、嬢类四类，然后分类阐释其历时演变过程、原因和机制。

下面选取133个调查点差异性较大的词语，分为三节进行阐述。一是女性亲属称谓词；二是人称代词；三是特色词语。首先依据词形的地理分布，绘制成地图，考察其历史层次以及发展轨迹，解释形成词语地理变异的原因。

第一节 女性亲属称谓词语的地理分布及地图解释

亲属称谓词是用以称呼与自己有亲属关系的人的词语。亲属，是指因婚姻或血缘与人类个体结成的社会关系，我国亲属系统以男系为核心，分为宗亲、外亲和妻亲。宗亲，以本宗男子为主体，还包括未出嫁的在室女子，及嫁入本宗的女性。本节以"父亲"为主体称谓，选取体现宁波地域文化特色的"姑妈""伯母""妻子""母亲""姨妈""婶婶"六个女性亲属称谓词进行考察。

一 女性亲属称谓词的地理分布

（一）姑妈

"姑妈"称谓，是指父亲的姐妹。未出嫁时仍属宗亲，出嫁后则属丈夫家族，为外亲。"姑妈"的称谓，有"阿姑""幺姑""阿百""嬷嬷""姑嬷""大嬷""阿嬢""尔嬢""嬢嬢"等词形。"阿姑"主要分布于宁波六区（江北区的慈城和鄞州区的龙观除外）奉化以及与宁波交界的余姚丈亭、鹿亭、大隐、河姆渡、三七，是本片区分布最广的称谓词；"幺姑"分布于宁波与余姚慈溪交界线的慈城、龙观、丈亭、陆埠、大隐、河姆渡、三七、掌起、范市、三北；"阿百"主要分布于余姚慈溪两地;"嬷嬷"主要分布于宁波六区;"大嬷"主要分布在余姚、慈溪;"姑嬷"主要分布于慈溪逍林、崇寿、三北和余姚大岚。宁海和象山主要称为"孃孃""阿孃""尔孃",象山爵溪方言岛称"阿孃"。慈溪燕话方言岛称"阿娘 [ɐʔ⁵n̠yoŋ⁴⁴]",叫法独特。

一地之内还存在多种称谓形式,如慈溪和余姚境内存在"阿百、大嬷、阿姑、幺姑、尔孃"等多种词形;有的还存在一词有多个称谓,如宁波市区,爸爸和妈妈的姐姐以及伯母都可以叫"嬷嬷";余姚梁弄,爸爸的弟弟、妹妹妹夫以及妈妈的妹夫都称"阿百"。有的同一称谓有多个词形,如宁波老三区,称爸爸妈妈的姐姐,有"嬷嬷、大嬷、大妈妈"等称谓。见地图4-1。

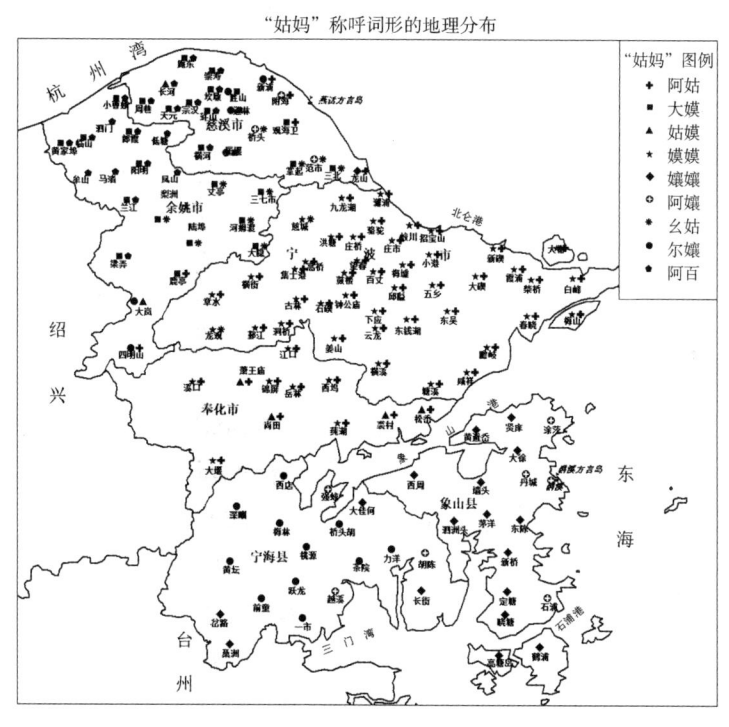

"姑妈"称呼词形的地理分布

地图 4-1

从地图 4-1 中,我们发现处于宁波、奉化、余姚边界的丈亭、鹿亭、大隐、河姆渡、三七、四明山一带,称呼父亲的姐姐,存在"嬷嬷""大嬷""姑嬷""大姆嬷"等多种词形;称呼爸爸的妹妹,有"阿姑"和"幺姑"等词形,呈现出边界方言接触频繁、词形多样的特点。慈溪境内,不仅多种称谓词形并存,称呼父亲姐姐的有"大嬷""阿孃""嗯嬢""姑嬷""嬢嬢",称呼父亲妹妹的有"阿百""阿姑""幺姑""尔嬢",几乎囊括了宁波方言片区所有的称呼词形。

(二) 姨妈

"姨妈"称谓,是指父亲妻子的姐妹,属于妻亲,系借父亲之妻而联结的亲属。关于"姨妈"称谓,宁波六区、奉化、慈溪、余姚,称呼妈妈的姐姐和妹妹有分别。宁波六区、奉化称妈妈的姐姐为"嬷嬷",称妈妈的妹妹为"阿姨";慈溪大多数调查点分别称为"大嬷"和"姆嬷";余姚大多数调查点分别称为"阿姨"和"阿百"。而象山、海宁两地则没有分别,都称为"姨嬢",爵溪等少数点称"尔嬢"。称呼词形共有"阿姨、嬷嬷、大嬷、姆嬷、阿百、姨嬢、尔嬢"七个。其中"阿姨"分布最广,慈溪的庵东、长河、天元三地,把妈妈的姐姐和妹妹分别称为"大嬷"和"阿百";余姚的陆埠、朗霞两地则分别称为"姆嬷"和"阿姨",见地图4-2。

"姨妈"称呼词形的地理分布

"姨妈"图例
◆ 嬷嬷/阿姨
● 大嬷/姨嬢
▲ 阿姨/阿百
○ 姨嬢
◇ 尔嬢
■ 大嬷/阿百
□ 母嬷/阿姨

地图4-2

(三) 伯母

"伯母"称谓,是指父亲哥哥的妻子,系嫁入本宗的女性,属宗亲。

普通话对"伯母"的称呼词形只有一个，而宁波方言各地，多达十几个，主要有"嫫嫫、姆嫫、大嫫、老姆嫫、阿姆、大姆、大阿姆、姆妈、大姆妈、阿孃"十个。构词形式：一是重叠式，如嫫嫫；二是前缀式，如阿姆、老姆嫫；三是复合式，如姆妈、大姆妈。依照词根"姆、嫫、妈、孃"，可归作姆类、嫫类、妈类、孃类四类。姆类主要分布在宁波鄞州、北仑、镇海以及奉化象山宁海一带，共有 62 个；嫫类主要分布在宁波老三区、慈溪一带，共有 48 个点；妈类称呼主要以年轻人为主，各地都存在，共有 21 个点；孃类只有象山石浦、新桥两地。可见，分布最广的是姆类，其影响力也最大，连象山爵溪方言岛也称"阿姆 [aʔ⁵m̩²²]"；其次是嫫类。见地图 4-3。

"伯母"称呼词形的地理分布

地图 4-3

(四) 母亲

"母亲"称谓,是指父亲的妻子,系宗亲中的长辈直系亲属。其称呼词形有"阿姆""姆妈""姆嫫""嫫""孃""尔孃""阿孃""老孃"八个,与同样嫁入本宗的女性"伯母",在称谓和构词形式上比较相似。依照词根"嫫、姆、妈、孃",可分别归作姆类、妈类、嫫类、孃类四类。"阿姆""姆妈"主要分布于宁波六区、奉化、宁海、象山多数点;"姆嫫""嫫"主要分布于余姚大部分点、慈溪部分点;"孃""尔孃""阿孃""老孃"主要分布于慈溪余姚部分点。其中"阿姆""姆妈"两个称谓,分布较广,影响力最大,大多数调查点,两个称谓并存,"阿姆"应为古老层次,"姆妈"应为现代层次。爵溪方言岛称"阿妈"或"姆妈";燕话方言岛称为"尔奶"[n̩^{44}ne^{23}]。见地图4-4。

"母亲"称呼词形的地理分布

地图 4-4

(五) 妻子

"妻子"称谓,是指父亲的爱人,也系嫁入本宗的女性,属宗亲。"妻子"的称呼词形有六个:"老嬶""老嬟""内客""老女""老嫫""老姆"。"老嬶"主要分布于宁波六区、奉化;"老嬟"主要分布于慈溪大部分点、北仑、镇海个别点;"内客"主要分布于宁海;"老女"主要分布于象山;"老嫫"主要分布于余姚大部分点。其中"老嬟"称呼分布较广,慈溪20点,余姚7点,北仑8点,镇海5点,宁海2点;其他四个词形分布区域相对集中。爵溪方言岛称为"老姆 [lɔ²¹³m̩³⁴]",慈溪方言岛称为"老嬶 [lɔ²³ȵyoŋ⁴²]"叫法独特。见地图4-5。

"妻子"称呼词形的地理分布

"妻子"图例
▲ 老嬶
✚ 老嬟
● 内客
■ 老女
★ 老嫫
◎ 老姆

地图4-5

(六) 婶婶

"婶婶"称谓,是指父亲弟弟的妻子,系嫁入本宗的女性,属宗亲。"婶婶"的称呼词形有四个:"阿婶""婶嫫""幺婶""婶婶"。阿婶主要分布在宁波六区、奉化、宁海、象山;"姗嬷"主要分布在慈溪、余姚;"幺姗"分布在与宁波交界的龙山、山北、观海卫、范市、掌起、三七、河姆渡、丈亭、大隐、鹿亭;多地存在现代层"姗姗"的称呼,与古老层"阿姗""姗嬷"并存。

"阿姗"的读音各地差异较大,大多数点读 [a⁵⁵ɕin⁴⁵],少数点存在 [a⁵⁵ɕi⁴⁵]、[ɦia³³ɕin⁵³]、[a⁴⁴ʂʅ⁵³]、[a⁴⁴sʅ⁴⁵]、[ɦia³³soŋ⁵³]、[aʔ⁵sən³⁵]、[ɦiəʔ²sʅ⁴²]、[aʔ⁵sʅ⁴²]、[ɦiəʔ²ɕyn⁴²] 等 9 个今读形式。慈溪余姚的"姗嬷",读音比较统一,读 [ɕin⁴⁴mo³³]。"幺姗"读 [ɔ⁵⁵ɕin⁴⁵]。爵溪方言岛称"姗姗"为 [soŋ⁴⁴soŋ⁴⁵],词形与普通话同,读音系小称变韵。见地图 4-6。

"姗姗"称呼词形的地理分布

地图 4-6

二 地图阐释

我们从以上六个女性亲属称谓词地图中发现,它们不仅称谓形式较之普通话丰富得多,比与之对应的"姑父""伯父""丈夫""爸爸""姨夫""叔叔"男性称谓词区分更为细致,还存在"姑姑"和"姑父","姨妈"和"姨夫"男女同称一词的独特现象,以及伯伯、姑父、姨夫同称一词的类化现象,而且整个宁波方言片区境内,存在较大的差异性,反映出深厚的历史层次和地域文化特色,对于厘清临绍小片和甬江小片以及台州片,起到"鉴别词"的作用。

(一) 词形的地理分布阐释

六个女性称谓词形,除了"老娭""老嬟""内客""老女""老嫫"特定称呼外,其他词形可以归纳为①姑类;②姨类;③百类;④孃类;⑤嫫类。

1. 特定称谓"老娭""老嬟""内客""老女""老嫫"

"老娭""老嬟""老嫫""内客""老女",这五个词都是各地对"妻子"的特定称谓,一地一称,相对封闭。宁波六区及奉化人叫"老娭",基本发音 [lɔ²³ ȵioŋ³¹];大部分慈溪人叫"老嬟",基本发音 [lɔ²² ȵiŋ³¹];大部分余姚人叫"老嫫",基本发音 [lɔ²¹³ mo³³];宁海人叫"内客",基本发音 [lɔ²³ ȵioŋ³¹];象山人叫"老女",基本发音 [lɔ²² ȵy³³]。

构词形式除了"内客",其余四个词都是前缀"老"+X,构词方式与被普通话吸收的"老婆"一词相同;"内客"与普通话词"内弟:妻子的弟弟"的构词方式相同,都是从丈夫的角度对别人称呼自己的妻子以及妻子的弟弟的。

2. "姑"类称谓

"姑"类称谓主要是对父亲妹妹的称呼。构词方式上可分为两小类:一是"阿姑",基本发音 [aʔ⁵ku⁴⁴],附加式构词,词根为"姑","阿"为前缀。最早见于《汉书·游侠传·陈遵传》,用于妇人名。二是"幺姑",基本发音 [ɔ⁴⁴ku⁵³],词根为"姑","幺"是词头。分布于宁波与余姚慈溪交界线的慈城、龙观、丈亭、陆埠、大隐、河姆渡、三七、掌起、范市、三北。这一带的叔叔称"幺叔",婶婶称"幺婶"。据有关文献记载,壮侗语中的"叔"读 [ʔo],毛南语和查侗语读为 [ʔo]、壮、傣读为 [aːu],读音与宁波和余姚慈溪交界的"幺姑""幺叔""幺婶"

的"幺[ɔ]"接近,父叔姑本为兄弟姐妹,疑似古百越音的遗留。

"姑"类称谓由来已久,我国古书《尔雅》中就有记载:"父之姊妹为姑。"《前汉书平话》卷下:"田子春起坐便谢,引奉郎来拜姑夫、姑姑。"可见,"姑"类称谓词,上至尔雅时代,下至现代汉语一脉相承。

3. "姨"类称谓

"姨"类称谓,主要是对母亲妹妹的称呼。构词方式上可分为两小类:一是"阿姨",基本发音[ɐʔ⁵ɦi³⁴],附加式构词,词根为"姨","阿"为前缀。《尔雅》云:"妻之姊妹同出为姨。"可见"阿姨"之称,与上古一脉相承。二是姨娘,基本发音[ɦi²²ȵiaŋ²³],复合式构词,"姨"和"娘"皆为实语素。古时一是称呼母亲的姊妹;二是对父亲之妾的称呼。可见此称呼也是古来有之。

4. "百"类称谓

"阿百"称谓,基本发音[a²¹³pɐʔ⁵],附加式构词,词根"百"读入声,"阿"为吴语通用前缀。主要分布于余姚慈溪两地,一般称呼父亲的妹妹,但在余姚梁弄和慈溪浒山等地,也可称呼姑父和姨夫。据调查了解称"姑"为"百"的地方不少,如与余姚慈溪隔海相望的海宁"姑姑"叫"幺百"[ʔopa],再往北一点的嘉兴、嘉善也叫"阿百",古代吴楚一家,湖北熊市称姑姑也叫"阿百"。非汉语材料显示,同为百越后裔的侗语、老挝语、仫佬语、布依、水语等语中,"伯母、大姑妈、大舅妈、大姨母"等女性称谓词,也称"百"[pa];在壮语和泰语中,所有与父母同辈而年长于父母的女性亲属,都称为[pa³]。可见"姑"称"百"疑似早期古越语底层词在吴语中的遗存,与汉语男性称谓词"伯"有着不同的来源。(郑伟、张晓勤,2004)

5. "嬷"类称谓

"嬷"类称谓,主要是对父母姐姐的称谓。词义结构上又可分为两小类:一是"嬷嬷",基本发音[mo⁴⁴mo],音节重叠的结构形式,主要分布于宁波市六区。"嬷"是汉族使用的一个古老的亲属称谓词,《字汇·女部》:"忙果切,音么。俗呼母为嬷嬷。俗字嬷乃妈字之转音。"今以"嬷"字替代"嬷"字。在宁波方言中,"嬷嬷"除了称呼父母的姐姐以及伯母外,还可以称呼所有比自己父母年长的女性。二是"大嬷""姑嬷""大姆嬷",基本发音为"大嬷[dəu²³mo⁴⁴]""姑嬷[ku³³mo⁴⁵]""大姆嬷[dəu²³mu²²mo⁴²]"。"大嬷"分布范围比"姑嬷""大姆嬷"要广。"大嬷"分布在余姚、慈溪 23 个方言调查点；"姑嬷"分布于慈溪逍林、崇寿、三北和余姚大岚 4 个点；"大姆嬷"只出现于余姚鹿亭。余姚少数调查点年轻人称呼父母亲的姐姐为"大姆妈""大妈妈"。

6. "孃"类称谓

现代汉语中，"孃"主要用作对母亲的称谓，该义项是假借"孃"字而来。章太炎先生在其《新方言》中有考："郎为男子尊称，故娘亦为女子尊称，今人称母为娘是也。《广韵》孃训为母，娘训少女。特承唐人假借臆书之习，其实孃借为娘。"普通话中，前加"大"词头，"大娘"一般称呼长一辈或年长的已婚妇女；前加"姑"词头，"姑娘"则指称尚未嫁人的女子。宁波方言中的"孃"类称谓，是对大小姑妈的统称。词义结构上可分为两小类：一是"孃孃"，基本发音 $[ȵiaŋ^{44}ȵiaŋ^{35}]$，是音节重叠的结构形式；二是"阿孃""尔孃""姨孃"，基本发音 $[aʔ^5ȵiaŋ^{45}]$，主要分布于象山和宁海一带。此外，慈溪范市、桥头称呼父亲的姐姐也为"阿孃"。

7. "婶"类称谓

"婶"类称谓，主要是对父亲弟弟之妻的称谓。古来便有此称呼，《广韵》《集韵》《韵会》《正韵》："式荏切，音审，俗呼叔母曰婶"，"又呼夫之弟妇亦曰婶"。词义结构上又可分为两小类：一是"婶嬷"，复合式构词，"婶"和"嬷"皆为实语素，基本发音为 $[ɕin^{44}mo^{33}]$；二是"阿婶"，附加式构词，"阿"为吴语通用前缀，"婶"为词根。"阿婶"在宁波方言地理中分布较广，但读音复杂，如象山宁海一地之内存在 6—7 个读音形式。

"阿"的读音有 $[a^{55}]$、$[ɔ^{44}]$、$[ɦa^{33}]$、$[ɐʔ^5]$、$[ɦoʔ^2]$ 等五种，至少存在古今四个语音层次：$ɦoʔ^2→ɐʔ^5→ɦa^{33}→a^{55}$。$[ɔ^{44}]$ 的发音，可写作"幺"。

(二) 地理分布模式阐释

1. A-B 式：姑妈、姨妈、婶婶

依照词义类型划分，父亲的姐妹，既有称谓上的差别又有排序的差异，我们且称之为"区别式称谓"；父亲的姐妹，没有称谓区别，只有排序的差异，且称之为"单一式称谓"。A 是区别式称谓，B 是单一式称谓。如父亲的姐妹"姑妈"和母亲的姐妹"姨妈"，在普通话中都是"单一式称谓"。宁波六区及奉化、余姚、慈溪大部分调查点，对父母亲的姐妹有称谓上的区别，称父母的姐姐，一般为"嬷嬷""姆嬷""姑嬷"；称父母的妹妹，分别为"阿姑""阿姨"；象山、宁海则没有称谓区别，分别称"嬢嬢""阿嬢""尔嬢"及"姨嬢"。

又如"婶婶"，宁波六区及奉化、宁海、象山大部分调查点，称"阿婶"（A）；慈溪、余姚一带称"婶嬷"（B），基本形成南北对立模式。

2. 点状式：妻子

"妻子"称谓，主要有"老嬭""老嬥""内客""老女""老嬷"五个，各地差异较大。"老嬭"主要分布于宁波六区、奉化，为宁波式；"老嬥"主要分布于慈溪大部分点，为慈溪式；"内客"主要分布于宁海，为宁海式；"老女"主要分布于象山，为象山式；"老嬷"主要分布于余姚大部分点，为余姚式。具备"鉴别词"作用。

3. A-B-C式：伯母、母亲

"伯母""母亲"称谓，宁波六区及奉化以"姆""嬷"类为主A，慈溪余姚以"嬷"类为主B，宁海象山"姆"类为主C。但三者的界限不是很清晰，串位混称现象比较明显。

三 女性称谓词特点

（一）母系为尊，男女平等

现代汉语中，父系亲属称谓词区分细致名目繁多，母系亲属称谓词区分则比较简单笼统。父亲的兄弟及其配偶有不同的称谓词区别长幼，父亲的哥哥叫"伯伯"，配偶叫"伯母"；父亲的弟弟叫"叔叔"，配偶叫"婶婶"。而父亲的姐妹及其配偶不论长幼称谓上没有区别，虽然父亲的姐妹与伯伯、叔叔一样都是同姓氏的父系血亲，却存在着性别差异，将其与母系姻亲中的舅舅、姨妈同等待遇，称谓上只有排序分大小而长幼不分，分别叫大姑、二姑、小姑以及大姑父、二姑父、小姑夫，反映了我国传统的"男尊女卑"的宗族观念。

余姚、慈溪大部分调查点，叔伯姑姨称谓有别于普通话。一是父亲兄弟称谓无长幼之别，母方有别。父之兄弟与母之兄弟一样，不分长幼，而父之姐妹和母之姐妹及其配偶，却分长幼，这种现象体现了母系为尊的特点。如父方兄弟同称"爹"，父母之姐妹分长幼，以"大嬷"和"阿伯"分别称呼大小"姑妈"；用"大嬷"和"阿姨"分别称呼大小"姨妈"；以"大爹"和"小爹"分别称呼大小姑夫，用"大爹"和"姨丈"分别称呼大小姨夫。二是母之姐妹、父之姐妹与父之兄弟一样，称谓分长幼，如宁波六区、奉化，母之姐称"嬷嬷"，母之妹称"阿姨"；父之姐"嬷嬷"，父之妹称"阿姑"，而且"大姨"和"大姑"同称一词。三是男女同称一词，如余姚梁弄、慈溪浒山，"小姑姑"和"小姑父"都称"阿伯"；慈溪周巷"小姨妈"和"小姨夫"同称"阿伯"。这两种现象，都体现了男女平等的宗族观念。现列举若干调查点称谓，见表 4-1 所示。

表 4-1　　　　父系"叔伯姑"与母系"姨舅"称谓对照

称谓系统\地点	父系				母系			
	伯伯	叔叔	大姑姑/夫	小姑姑/夫	大舅舅	小舅舅	大姨妈/夫	小姨妈/夫
宁波市区	伯伯	阿叔	嬷嬷/伯伯	阿姑/姑丈	大娘舅	小娘舅	嬷嬷/伯伯	阿姨/姨夫
余姚小曹娥	大爹	小爹	姆嬷/大爹	阿伯/小爹	大舅舅	小舅舅	姆嬷/大爹	阿姨/姨丈
余姚梁弄	大爹	阿伯	大嬷/大爹	阿伯/阿伯	大舅舅	小舅舅	大嬷/大伯	阿姨/阿伯
余姚牟山	大爹	小爹	大嬷/大爹	阿伯/阿伯	大舅舅	小舅舅	大嬷/大伯	阿姨/阿伯
余姚泗门	大爹	小爹	大嬷/大爹	阿伯/小爹	大舅舅	小舅舅	大嬷/姨爹	阿伯/叔叔
慈溪浒山	大爹	小爹	大嬷/姑丈	阿伯/阿伯	大舅舅	小舅舅	大嬷/娘姨丈	娘姨/娘姨丈
慈溪坎墩	大爹	小爹	大嬷/姑丈	阿伯/阿伯	大舅舅	小舅舅	大嬷/大爹	阿姨/男阿伯
慈溪周巷	大爹	小爹	大嬷/大爹	阿伯/小爹	大舅舅	小舅舅	大嬷/大爹	阿伯/阿伯
慈溪庵东	大爹	小爹	大嬷/姑丈	阿伯/阿伯	大舅舅	小舅舅	大嬷/大爹	阿伯/阿伯

我们知道反映 7000 年河姆渡文化的河姆渡遗址，位于余姚境内，是我国东南沿海最早的新石器时代母系氏族公社时期的氏族村落遗址。河姆渡文化表现在方方面面，自然也体现在反映血缘关系亲疏的称谓词中。表 4-1 中各代表点列举的称谓现象，可以说是河姆渡母系社会的"活化

石",是母系社会称谓特点在现代社会的遗留。

(二) 起到分类划片的作用

"姑妈"称谓,宁波六区和奉化以"区别型称谓"为主,称谓形式"姑"和"嬷"类为主;慈溪余姚以"区别型称谓"为主,称谓形式"百"和"嬷"类为主;宁海象山以"单一型称谓"为主,称谓形式"孃"类为主。"姨妈"称谓,宁波六区、奉化以"区别型称谓"为主,称谓形式"姨"和"嬷"类为主;慈溪余姚,也以"区别型称谓"为主,称谓形式多称"大嬷(母嬷)"和"阿姨(阿伯)";宁海象山以"单一型称谓"为主,称谓形式多称"姨娘"。此外慈溪的"庵东、新浦、附海、逍林",余姚的"四明山、大岚"存在"混合型",即"区别型与单一型"混合的形式,并观察到它们具有自己独特的同言线①。依据不同的同言线区体现的差异性,将宁波方言片区划分为三个小片,一是甬江小片,在同言线1和同言线2之间,主要分布于宁波六区奉化行政区域;二是临绍小片,在同言线1的西北部,主要分布于慈溪余姚行政区域;三是象宁小片,在同言线2东南部,主要分布于象山宁海为行政区域。可见,这两个女性称谓词,对方言的地理分类划片起到重要作用。

(三) 不同词形蕴含不同层次

地图上呈现的称谓词形,均是古老层次,反映出深厚的文化底蕴。随着历史变迁、普通话的普及、方言之间的频繁接触以及宁波人对上海方言的崇拜等诸多因素的影响,势必造成强势方言对弱势方言的冲刷态势,从而引起方言内部的变化。如地图4-4的母亲和地图4-5的妻子,各地基本上2—3个称呼并存。"母亲"称谓,其古老层次,既因地域的不同存在差异,有"阿姆""姆嬷""嬷""孃""尔孃""阿孃""老孃",又因年龄的不同有差异,受上海话影响年轻人多称"姆妈";同时并存一个与普通话一样的现代层次"老婆"。

(四) 泛化和类化现象

宁波大市多地"伯母"与"母亲"同称谓。因父亲的哥哥与父亲同宗同姓,其妻的地位与母亲等同。如慈溪的掌起、桥头、三北等地"伯母"和"妈妈"同称"阿姆";宁海黄坦和宁波鄞江等地同称"姆妈"。

---

① 同言线(isogloss),是19世纪70年代德国方言地理学通过语言地图区分不同区域方言的语音、词和语法形式的方法。同言线通常又叫同语线(isogloss line, isograph)和等语线。

常用的女性称谓词，不仅存在多种历史层次，而且存在类化、泛化现象。如"嬷嬷"一词，除了称呼父母的姐姐以及伯母外，还可以称呼所有比自己父母年长的女性；属于比较典型的泛亲属称谓词，既表示亲缘关系又表示亲缘关系以外的其他社会关系。对姑姑、母亲、伯母均可以"阿孃"相称。在慈溪和余姚少数调查点，小姑姑、姑父和姨夫，都可称作"阿百"。这种亲属称谓词的泛化类化现象，是汉语中普遍使用的一种称谓形式，是我国根深蒂固的传统家族意识的扩大和延伸，也是宗族意识泛化的结果。

第二节 人称代词的地理分布及地图解释

吴语的词类中，代词最有特色。宁波方言的代词尤其是人称代词也很有特色，各地差异较大。

"人称代词"在语言里是基本词汇的核心词，虽然是词汇中的小类，但在口语中是最常用的词类之一，属于比较稳固的基本词汇，在世代相传的过程中容易保留旧有读音层次。宁波方言人称代词的语音类型在吴语中具有较强的典型性，各方言点差异较大，几乎囊括了吴语所有基本语音类型。本节将作重点阐述。

一 单数式三身代词

（一）我

"我"为第一人称单数式。词形有单音式"吾"和复音式"吾侬、让吾、耶我"两类，附加式构词，前缀加"让""耶"，后缀加"侬"。存在三类读音形式：①ŋo、ŋu、ŋəu、ŋɔ（带舌根鼻音）；②ɦo、ɦu、ɦəu、ɦɔ（不带舌根鼻音）；③uo、o（声母清化）。

单音节词形"吾"，读音比较丰富有 [ŋau^{23}] [ŋəu^{23}] [ŋou]^{23} [ŋo^{23}] [ŋɔ^{23}] [ŋu^{23}] [ɦo]等多种形式，分布于宁波大部分方言调查点。音节基本构式为舌根音声母+1—2个元音韵母，韵母的细微不同，如 əu/ou 和 o/u，为发音和记音的区别，应属于同一语音层次，但这七种发音至少包含古今三个历史层次：au/əu/ou/ue→ɔ→o/u，呈现出元音逐渐高化，双音向单音发展的态势。

双音节词形"吾侬 [ŋo²²noŋ²³]",分布于慈溪 5 个点,宁海 5 个点;"让吾 [ȵiã³³ŋo²³]"出现在象山墙头 1 个点。爵溪方言岛叫"耶我 [ɦiã²¹³ɦo²³]",叫法独特,是象山话与北方话的杂糅。燕话方言岛叫"我 [ɦuɛ²³]",发音与闽南语接近。见地图 4-7。

"我"称呼词形的地理分布

地图 4-7

(二)你

"你"为第二人称单数式。单音节词形有:一是"侬",读音主要有 [nɔu²³]、[ŋəu³¹]、[ŋoŋ²³] 三种形式,音节基本构式为鼻音声母+2 个元音韵母或后鼻韵尾。分布于宁波六区 39 个点,奉化 10 点,余姚 17 点,慈溪 16 点,宁海 2 点;二是"尔 [ŋ̍²³]",分布于象山 16 点,宁海 12 点,江北区 2 点,镇海区 3 点,奉化 1 点;三是"倷 [naʔ⁵]",分布于余姚 4 点。

双音节词形有三个:①要"尔侬 [ŋ̍³³noŋ²³]",分布于慈溪 4 个点,宁海4点；②耶尔［ɦiɑ³³ŋ³¹］，分布于象山1个点；③爵溪方言岛叫"耶你［ɦiã²¹³n̠i²³］"，是象山话与北方话的杂糅。燕话方言岛叫"汝［ui²³］"，与闽南语接近。

多地方言点存在一词有2—3个称说的现象，如慈溪范市有"侬/尔侬"，掌起有"尔/尔侬"等。见地图4-8。

"你"称呼词形的地理分布

地图4-8

(三) 他

"他"为第三人称单数式。单音节词形有：一是"其［dʑi²³］/［dʑieʔ²］/［dʑɿ²¹³］"，分布于宁波六区44点，奉化11点，余姚10点，宁海18点，象山15点；二是"渠［gɛ²³］"，分布于慈溪16点，余姚9点，象山1点；三是"伊［ɦi²³］"，分布于慈溪4点，余姚2点。

双音节词形有两个：A."样其［iaŋ⁴⁴dʑi²³］"，出现在象山泗洲头1点；B. 爵溪方言岛叫"耶他［ɦiã²¹³tʰa⁴²］"，是象山话与北方话的杂糅。燕话方言岛叫"伊［ɦi²³］"与本地方言接近。见地图4-9。

"他"称呼词形的地理分布

"他"图例
■ 其
● 渠
● 伊
▲ 样其
★ 耶他

地图 4-9

地图 4-7、4-8、4-9 显示单数式三身代词分布模式为：第一身基本上为单一模式，多数声母读舌根音 ŋ，词目用字多为"吾"，各地比较统一；第二身基本上为 A-B 模式：侬 n 式（宁波奉化慈溪余姚为主），尔 ŋ 式（宁海象山为主），呈南北对立，词目用字分别为"侬""尔"；第三身基本上为 A-B 模式：其 dʑi 式（宁波奉化宁海象山为主），渠 g 式（慈溪余姚多数）/伊 ɦi 类（慈溪余姚少数），呈南北对立。

二　复数式三身代词

（一）我们

"我们"为第一人称复数式。词形比较丰富，多地存在 2 个以上词形。主要有六种，都是双音节：(1) 阿啦 [aʔ⁵laʔ²]，分布于宁波六区 44 点，奉化 11 点，余姚 21 点，慈溪 12 点，象山 16 点，宁海 2 点；(2) 阿嗰 [ɦa³³təʔ⁵] 分布于慈溪 6 点；(3) 吾啦 [ŋo²²laʔ²]，慈溪 2 点，宁海 5 点；

(4) 何登 [ho³³təŋ⁴⁵]，分布于宁海 5 点，象山 1 点；(5) 吾侬 [ŋo²²/ho²² noŋ²³]，分布于宁海 4 点；(6) 偶开 [ou⁴⁴kʰE⁴⁴]，分布于宁海 2 点。爵溪方言岛，叫"我孟 [uo³³moŋ⁴⁴]"，基本保存了北方方言的构词形式。燕话方言岛叫"我啦 [ɦuɛ²³laʔ²³]"，是闽语与吴语的杂糅。

丰富的词形，蕴含了丰富的历史层次，许多调查点"阿啦"分布最广，影响最大，早已成为上海方言词汇中的一员。复数式中的"我"，语音历史层次较单数式还要丰富，经历了 ŋa > ŋo > ŋəu > ɦia > ɦio > ho > ou > uo 的演变，宁海境内读音最丰富，集中体现了这种演变的线路。（详见第三章"宁波方言词汇面貌及特点"第三节"宁波方言词汇若干特点"的宁海复数式三身代词地图）

双音节前缀"阿"：经历了 ŋa > ŋə > ɦia > ɦio > a 的演变，与"我"的演变线路基本相同，也许两者原本是同一个词，见地图 4-10。

"我们"称呼词形的地理分布

地图 4-10

（二）你们

"你们"为第二人称复数式。词形比较丰富，多地存在 2—3 个以上说法，如慈溪桥头有"伲 [nəʔ²] /尔嘚 [ən²³təʔ⁵] /侬嘚 [noŋ²³təʔ⁵]";余姚陆埠有"伲 [naʔ²] /伲啦 [na²³la²]"等。少数调查点的发音人"你们"和"他们"混读，有时单复数也不分，"你"和"你们"常常相混。

词形有单音节、双音节、三音节，其中双音节比较丰富。单音节有"伲 [nə²³] / [nou²³]"，分布于宁波六区29点，镇海4个，奉化8个点，余姚14点，慈溪7个点，宁海5个点，象山4个点，共计71点，分布比较广；双音节词形有：(1) 伲啦 [na²³laʔ²]，分布于北仑9点，镇海2点，鄞州4个点，余姚7点，奉化2点，宁海1个点，计25点；(2) 尔嘚 [n̩²² təʔ⁵]，分布于慈溪9点；(3) 尔伲 [ŋ̍²³na³¹]，分布于象山11点；(4) 尔开 [n̩²³kʰɛ⁴⁴]，分布于宁海3个点；(5) 尔登 [ŋ̍²³təŋ⁴²]，分布于宁海4个点；(6) 尔侬 [n̩³³noŋ²³]，分布于宁海3个点；(7) 尔啦 [n̩³³la²³]，分布于宁海2个点，象山2个点，奉化1个点。爵溪方言岛，存在三音节读音"耶你孟[ɦia²¹³ȵi²³moŋ⁴⁴]"，是杂糅了象山方言前缀"耶"而成的北方方言词。燕话方言岛叫"你啦 [ȵi²³laʔ²³]"，是北方话与吴语的杂糅。见地图4–11。

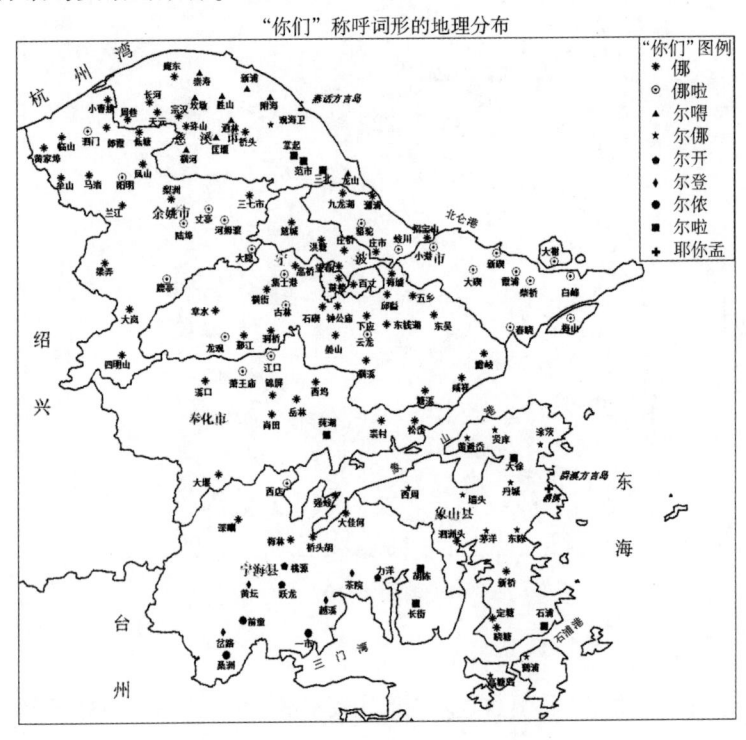

"你们"称呼词形的地理分布

地图 4–11

(三) 他们

"他们"为第三人称复数式。词形比较丰富,存在 8 种词形。除一个合音词外,"茄 [dʑia²³](其啦的合音)",分布于宁海 5 点,其余都是双音节词构形。有 (1) 其啦 [dʑi²²laʔ²],分布于宁波六区 44 点,余姚 10 点,奉化 11 点,象山 14 点,宁海 3 点,共计 82 点,分布最广;(2) 其开 [dʑɿ²²kʰe⁴⁵],分布于宁海 4 点;(3) 其侬 [dʑɿ²²noŋ²³],分布于宁海 6 点;(4) 渠啦 [gɛ²²laʔ²],分布于余姚 8 点,慈溪 9 点,象山 3 点;(5) 伊啦 [ɦi²²laʔ²],分布于余姚 3 点,慈溪 3 点;(6) 渠嘚 [ge²²təʔ⁵],分布于慈溪 8 点。爵溪方言岛叫"他孟 [tʰa⁴²moŋ⁴⁴]",保存了北方方言的构词形式。"其"的发音形式达五种之多:[dʑi²²] / [dʑieʔ²] / [dʑɿ²²] / [dʑa²³]。燕话方言岛叫"伊啦 [ɦi²³laʔ²³]",被吴语同化,与上海话接近。见地图 4-12。

"他们"称呼词形的地理分布

地图 4-12

地图 4-10、4-11、4-12 显示,复数式人称代词,复杂多样,而且不同说法并存兼用。主要有三种基本类型：一是单数式后加复数词尾："啦[lɛʔ⁴⁵]""嘚[təʔ⁵]""侬[noŋ²³]""开[kʰe⁴⁵]"；二是单数式后加部分量词："等[təŋ⁴²]""些[ŋɛ⁵³]"；三是合音形式："茄[dʑia²³]（其啦的合音）""硬[ŋaŋ²³]（尔㑚的合音）"。

三 三身代词的语音类型特点

汉语中每个基本词都有它发展演变的历史，三身代词作为基本词汇的核心词，是最能反映不同历史时期语音的演变层次。三身代词既有第一人称、第二人称和第三人称之别，又各有单数、复数之分。如表 4-2 所示。

表 4-2　　　　　　　　三身代词系统

人称	单数式　　　　新/老	复数式
第一人称	吾[ŋo²¹³]/吾侬[ŋo²² nəu³⁵]	阿啦[ɐʔa¹lɛʔ³]
第二人称	尔[ŋ̍²¹³]/侬[nəu²¹³]/尔侬[ŋ̍²² nəu³⁵]	尔㑚[ŋ̍²² naʔ³]/㑚[nɐʔ²³]
第三人称	其[dʑi²¹³]/其侬[dʑi²² nəu³⁵]	其啦[dʑieʔ²² lɛʔ³]

下面我们主要从词的读音和词目用字方面探讨三身代词的语音演变特点。

（一）三身代词的单数式

1. 第一身"我"类

先秦时期的第一人称代词很多，《尔雅·释诂》中就不下 10 种，使用最广泛的是"我"。"我"属疑母歌部。按照王力《汉语史稿》的拟音，北方话的"我"，先秦时为[ŋai]，到了汉代音变为[ŋɑ]，到了宋代"我"的元音逐渐高化音变为[ŋɔ]。元代时古疑母逐渐消失，"我"音为[ɔ]，明清时期元音进一步高化，变为[o]。可见北方话"我"的演变轨迹是：[ŋai]→[ŋɑ]→[ŋɔ]→[ɔ]→[o]到普通话的[uo]，一方面是舌根声母的消失，另一方面是元音韵母的逐渐高化。

从吴语各方言点对"我"的语音描写中，我们可以大致归纳出吴语第一身单数式演变的三条轨迹：

①ŋɑ（上虞 ŋɑ¹³）→ŋɔ（开化 ŋɔ²¹³）→ŋo（绍兴 ŋo¹¹³）→ʔŋo（黄岩 ʔŋo⁵³）→ŋɤ（宗仁 ŋɤ²²）→ŋɯ（常熟 ŋɯ³¹）→ŋu（上海、宁波 ŋu²¹³）

②ŋɑ（上虞 ŋɑ¹³）→ɦiɑ（汤溪 ɦiɑ¹³）→ʔɑ（金华 ʔɑ⁵³）

第一条线路显示了共时层面上元音逐渐高化的历时演变特点；第二条线路却显示了共时层面上的古疑母 ŋ 逐渐脱落的演变过程。周浦的 [ɦu¹¹³]，则兼有古疑母 ŋ 的脱落和元音高化两者的特点。宁波方言单数第一身代词语音演变特点是声母仍然保留古疑母 [ŋ]，韵母则已经高化为明清时期的 [o]，读为 [ŋo]，如果我们按实际读音来确定用字形式，可写作"吾"，既有古音遗留，又有元音高化的演进，可谓既古老又先进。

2. 第二身"你"类

大多数专家认为普通话中的"你"来自"尔"。"尔"的中古音韵地位是止开三上纸韵日母。纸韵日母在今吴语中有一个十分常见的字是"儿"。"儿"在吴语的多数方言点读自成音节的 [n̩] 或 [ŋ̍]，如湖州、萧山、黄岩、东阳、崇明等地读 [n̩]，丹阳、临海等地读 [ŋ̍]。宁波方言单数第二人称代词有尔 [ŋ̍²¹³] 和侬 [nəu²¹³] 两种并用的语音形式。其中 [ŋ̍²¹³] 与 [n̩] 音相近，均属于"尔"类，本字应该是"尔"，它是在北方话影响下较新的语音形式。"侬"是一个典型的吴语人称代词，最早收于南朝梁顾野王编纂的《玉篇》，注为"吴人自称也"。"吴侬软语"之"吴侬"即吴人。"侬"的中古音韵地位是通合一平冬泥，奴冬切，拟音作 nuoŋ。《广韵》："侬，我也。""侬"字在南朝乐府吴歌曲里有三种用法：第一人称"我"，多用于女子自称；第二人称"你"；泛指"人"或"他人"，这里，"侬"的意思是"你"。宁波方言的 [nəu²¹³] 的读音与 [noŋ] 相近，属于"侬"类，应该是吴语较老的语音形式。由此可见宁波方言单数第二身代词的两种语音形式兼有南北两种语音演变特点。

第二身单数代词"侬"的两条演变路线为：

① n̩ noŋ（奉化 n̩³²⁴ noŋ²³）→ noŋ（余姚 noŋ¹³）→ nəu（宁波 nəu²¹³）→ nẽ（常熟 nẽn³¹）→ nɛ（苏州 nɛ³¹）→ nə（盛泽 nə³¹）

② n̩ noŋ（开化 n̩²¹ noŋ³¹）→ ŋ̍]（宁波 ŋ̍²¹³）→ n̩（诸暨 n̩²²）

以上线路也反映了吴方言的语音形式具有不断简化并趋于留前舍后或留后舍前方面演变发展的特点。宁波方言单数第二身代词的读音层次和词目用字正体现了这种发展演变的特点："侬[nəu²¹³]"基本保持了声母和韵母的完整，走了留前舍后的第一条演变线路；"尔[ɦŋ̍²¹³]"音节简化，走了留后舍前的第二条演变线路。

3. 第三身"他"类

专家们一般认为吴语单数第三身代词的本字应该是"渠"。"渠"大约产生于魏晋六朝时期，它的中古音韵地位是遇合三等平声鱼韵群母字，求於切，拟音作 [gio]。《集韵》鱼韵："渠，吴人呼彼称，通作渠。"我们考察了吴语各代表点的声母，发现"渠"类声母大致有三个小类：[g] 类，词目用字为"渠"；[dʑ] 类，词目用字为"其"；[ɦ] 类和 [ʔ] 类，词目用字为"伊"。这三种类型反映了不同历史时期的语音层次。

最早产生的是 [g] 类，因为渠字属群母，中古音读 [g-]。现代吴方言中，"他"，还有这种读音，主要分布在婺州片、处衢片、瓯江片、台州片。[dʑ-] 类是由 [g-] 类腭化后舌位前移演变而成的，现代吴方言中，主要分布在太湖片的苕溪小片、临绍小片和甬江小片，宁波是甬江小片的典型代表，"渠"读作 [dʑi²¹³]，词目用字可写作"其"。据考证古代一直就有"其"和"渠"两种写法，如《论语·学而篇第一》："父在，观其志；父没，观其行。"又如《吴书·赵达传》："女婿昨来，必是渠所窃。"[dʑ] 类声母弱化就会变成 [ɦ] 类，[ʔ] 类是由于 [ɦ] 声母清化的结果。吴方言中 [ɦ] 类主要见于太湖片的上海、昆山、富阳等地。而 [ʔ] 类则主要集中在太湖片的苏沪嘉小片，如松江、青浦、嘉兴等地。

第三身单数代词"渠"的演变路线大致为：

gə（金华 gə³¹³）→ gi（衢州 gi³²³）→ dʑi（宁波 dʑi²¹³）→ ɦi（上海 ɦi¹¹³）→ ʔi（嘉兴 ʔi⁵¹）

从以上演变路线中，我们可以看出宁波方言的第三人称单数，正处在发展演变过程中：声母已经由原先的 [g] 腭化成 [dʑ]，但尚未弱化或脱落，开尾元音"o"逐渐高化，演变成与上海等地一样的 [i] 韵，声调为阳上调。

（二）三身代词的复数式

宁波方言三身代词复数式复杂多样，不同说法并存兼用。主要有三种基本类型：一是单数式后加复数词尾；二是单数式后加部分量词"些"等；三是合音形式。

1. 单数式后加复数词尾

宁波方言三身代词表示复数的词尾是边音声母后接一个开尾的韵母

[lɐ] 或是在鼻音声母后接一个促声韵母 [nɐʔ]，如下所示。

	第一人称	第二人称	第三人称
单数	ŋo²¹³	ŋ̍²¹³/nəu²¹³	dʑi²¹³
复数	ɐʔ³lɐʔ⁵	ŋ̍²²nɐʔ²	dʑie²²lɐʔ⁵

依据查阅到的吴语一些方言点的语音资料，发现一般三身代词的复数形式是在单数式后加上一个相同语音形式的词尾，如湖州、金华、温州等地。以温州方言为例，如下所示。

	第一人称	第二人称
单数	ŋ̍	n̠i
复数	ŋ̍ le	n̠i le

而宁波方言，第二身代词的复数形式与第一和第三添加复数词尾"啦" [lɐ] 不一样，却用了 [nɐʔ]，显示了宁波方言复数形式的一个特色。

第一身单数的"我"的复数形式原本应该是"尔拉[ŋolɐʔ]"，这是由于高元音 [o] 在 [lɐ] 前容易造成浊舌根音声母 [ŋ] 的脱落，从而顺化成促声调的单元音 [ɐʔ]。"阿拉 [ɐʔlɐʔ]"产生后，对北部吴语产生较大影响，如临安太湖源镇话第一身复数式也称"阿拉"；又如新兴的上海话接受了"阿拉"，取代了老派上海话的第一身代词"吾侬"，成为区分新旧上海话的标志之一。

2. 单数式后加部分量词"些"

宁波方言三身代词用于表示复数的另一种形式是在单数式后加部分量词，最常见的是"些"。"些"的语音形式是 [ŋɛ⁵³]，词目用字可为同音字"眼"，后再接"人"，构成"阿拉眼人、倷眼人、其拉眼人"，其语音形式如下所示。

人称代词	我们	你们	他们
词汇	阿拉眼人	倷眼人	其拉眼人
语音	ɐʔ³lɐʔ² ŋɛ³³n̠iŋ³⁵	nɐʔ² ŋɛ³³n̠iŋ³⁵	dʑi²³lɐʔ³ ŋɛ³³n̠iŋ³⁵

其中第一身复数的语音类型，与普通话的"咱们"相似，有"包括

式"的含义，与"排除式"的"阿啦"，也即普通话的"我们"，有一定的区别。如"个是阿拉单位领导"（这是我们单位领导）（排除式），"阿拉眼人是庵勒同只小区的邻舍"（我们是住在同一小区的邻居）（包括式）。

3. 用合音法表示复数

由于代词的常用性，人们在长期使用过程中，由于语流中快读、连读、弱读等作用，音节之间容易产生合音现象。宁波方言第二身代词用合音法表示复数形式有两种：一种是"尔俫 [ɦŋ²¹³⁻²² nɐʔ¹²⁻⁴⁴]"，原本应读尔拉 ɦŋleʔ，语流中在鼻边音的语音顺同化作用下，声母 [l] 变成了 [n]，变读为 [ɦŋ²¹³⁻²² leʔ¹²⁻⁴⁴] → [ɦŋ²¹³⁻²² nɐʔ¹²⁻⁴⁴]；另外一种合音形式是"俫 [nɐʔ¹²]"，语流中两个音节快速连读后，后一音节的声母容易脱落，与前面的声韵黏合音变成 [nɐʔ¹²] 的读音，即 [ɦŋ²¹³⁻²² leʔ¹²⁻⁴⁴ → nɐʔ¹²]。这两种形式基本符合语音学上语流音变的原理。巧的是湖州称"你们"也为"俫 [na³⁵]"，是"尔拉 [n̩³⁵la²⁴]"快速连读后导致声母 l 的脱落，合而为一个音节；绍兴称"他们"有两种，一种是 [i⁵³la³⁵]，另外一种也是 [i⁵³la³⁵] 快速连读后导致 l 声母脱落，合音为 [jia³⁵]。

综上所述，宁波方言三身代词与北部吴语的其他方言点基本一致，完整地保留了新旧两套系统。其中第一、第二身代词较多地保留了古音，第一身声母 [ŋ] 为舌根后浊鼻音，第二身单数和复数保留了古"疑"母洪音 [ŋ] 和细音 [n] 两套舌根音，发展演变相对滞后；第三身发展较快，已完成舌根音 [g] 向舌面音 [dʑ] 的演变。

与南部吴语三身代词相比，宁波方言的三身代词属于后起的、受外来影响比较大的那一类，如受北方话影响而形成的读音层次，往往与古音演变发展而来的读音层并存在人们的口语中。而南部吴语则较单一地使用百越底层的代词系统。第一身代词发展较快，音韵简化后声母或韵母产生弱读甚至脱落，第三身代词发展较慢，语音仍保留古"群"母的 [g] 音。从三身代词发展演变这一侧面，我们看到语音发展的不平衡性是造成宁波方言和其他南部吴语语言交流障碍的主要原因。宁波方言三身代词的语音在未来的发展中，一方面会受语言本身经济性原则因素的影响变得越来越清晰简明，另一方面会受到以上海话为代表的北部吴语和普通话的共同影响，逐渐丢掉自身比较土的成分，在语音上会逐渐向它们靠拢。

第三节 特色词语的地理分布类型与模式

本节所选的特色词是指除前两节女性亲属称谓词和三身代词以外的常用的、各地差异较大的词语。挑选了以下四类词语：一是复合动词"吵架、聊天儿、出嫁、娶媳妇、怀孕、洗澡、捉迷藏、回家"，单音动词"玩儿、放（搁）"；二是男性亲属称谓词"父亲、伯父、叔叔、丈夫"；三是形容词"漂亮、肮脏、坏"；四是身体器官及缺陷"额头、大腿、瘸子"。

词语的地理分布标识：A 表示慈溪余姚型（慈溪 A1/余姚 A2），B 表示宁波奉化型（宁波 B1/奉化 B2），C 表示象山宁海型（象山 C1/宁海 C2）。

一 动词类词语地理分布类型与模式

（一）吵架

"吵架"，各地的词形主要有七个：(1) 造孽 [zɔ³³ȵieʔ²]，主要分布于宁波六区 42 点，奉化 11 点，余姚 8 点，慈溪 7 点，象山 3 点，共计 71 个调查点，是分布最广的词形；(2) 寻相骂 [zin²²ɕiæŋ⁴⁴mo³³]，主要分布于慈溪 11 点，余姚 9 点，镇海 2 点；(3) 讨相骂 [tɔ⁴⁴ɕiaŋ⁴⁴mo⁴⁴]，主要分布于余姚 4 点，慈溪 1 点；(4) 拌咀 [bəʔ²tsu⁴²]，主要分布于宁海 16 点，象山 5 点；(5) 吵相骂 [tsʰɔ⁴⁴ɕiaŋ⁴⁴mo³³]，主要分布于象山 8 点，宁海 1 点，慈溪 1 点；(6) 打相打 [tæ⁴⁴ɦiæ³³tæ⁴⁴]，分布于宁海 1 点，象山 1 点。象山爵溪方言岛，说法独特，叫"强人 [dʑia²¹³zən³¹]"。

方言地理类型可分为：A 慈溪余姚型（寻相骂/讨相骂）；B 宁波奉化型（造孽）；C 宁海象山型（拌咀/吵相骂/打相打）。宁波奉化型一地一说，相对封闭，由于宁波市政府所在地，对其周边形成辐射；慈溪余姚型，存在 2—3 个说法，构词结构相似，动词+相骂；宁海象山型存在 3—4 个词形，其中"拌咀"系古老层次，其余为受周边影响输入式词形。总体上呈现出 A-B-C 式的地理分布模式，是三小片比较典型的鉴别词。见地图 4-13。

（二）聊天儿

"聊天儿"，各地词形主要有六个：(1) 讲大道 [kɔ̃⁴⁴da²²dɔ²³]，主要分布于宁波六区 31 点，奉化 1 点；(2) 讲料天 [kɔ̃⁴⁴liɔ²³tʰi⁴⁴]，主要分

"吵架"的地理分布类型与模式

地图 4-13

布于宁波六区 12 点，奉化 2 点，慈溪 4 点，余姚 1 点；(3) 讲空话 [kɔ̃⁴⁴kʰoŋ⁴⁴ɦo²³]，主要分布于余姚 18 点，慈溪 10 点；(4) 讲滩头 [kɔ̃⁴⁴tʰæ⁵⁵təu⁴⁵]，6 点，余姚 2 点；(5) 讲白谈 [kɔŋ⁴⁴bəʔ²dɛ³¹]，主要分布于宁海 12 点，象山 9 点；(6) 搓白搭 [tsʰo⁴⁴bəʔ²təʔ⁵]，主要分布于宁海 6 点，象山 7 点。此外还有"讲白话""讲白答""讲闲话""讲朝代""讲天话""讲空滩头"等说法，零星分布在奉化、慈溪少数调查点。奉化最为复杂，一地之内存在五个词形：讲朝代 3 点，讲天话 3 点，讲料天 2 点，讲白谈 2 点，讲大道 1 点。爵溪方言岛说"讲白搭 [tɕiã³²⁴bəʔ²təʔ⁵]"，词形与象山宁海类似，"讲"的发音类似北方话。宁海象山的主要词形"讲白谈/搓白搭"，台州首档方言新闻节目推出"阿福讲白搭"，疑受台州片方言影响。

方言地理类型可分为 A 慈溪余姚型（讲空话/讲滩头）；B1 宁波型（讲大道/讲料天）；C 宁海象山型（讲白谈/搓白搭）。奉化受周边方言影响较大，输入了绍兴、宁波、余姚、宁海、象山的说法，无法归入 B 型。地理分布模式呈现 A-B1-C 式。见地图 4-14。

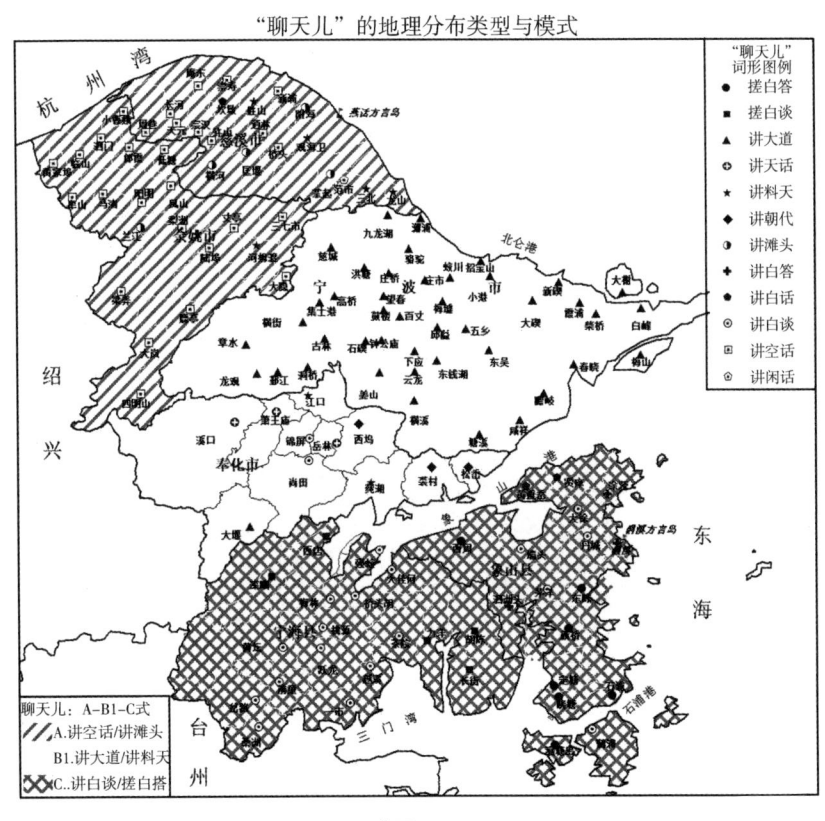

"聊天儿"的地理分布类型与模式

地图 4-14

（三）怀孕

"怀孕"，各地说法差异较大。（1）有生［ɦio³³ sɛn⁴⁴］/有嗒生［iəu³⁵ təʔ⁵ saŋ⁵³］，分布于宁波六区 43 点，奉化 10 点，象山 5 点，宁海 3，余姚 4 点，慈溪 4 点，共计 69 点，是分布最广的词形；（2）担身［tæ⁴⁴ ɕin⁴⁴］/担双身［tɛ³⁵ soŋ⁴⁴ sən⁴⁴］，分布于余姚 10 点，慈溪 5 点；（3）大肚皮［dəu³³ du²³ pi⁵³］分布于慈溪 11 点，余姚 5 点，宁海 3 点，象山 2 点；（4）拖肚［tʰa⁴⁴ du²³］/拖大肚［tʰa⁴⁴ də²² du²¹³］，分布于象山 11 点，宁海 7 点，爵溪也说"拖肚［tʰa⁴⁴ du²³］"，与象山当地方言完全一致；（5）有小人［ɦy³³ ɕio⁴⁴ n̠iŋ³¹］，分布于宁海 4 点。

方言地理类型：有生/有嗒生，归宁波奉化 B 型；担身/担双身/大肚皮，归慈溪余姚 A 型；拖肚/拖大肚/有小人，归宁海象山 C 型。地理分布模式从北到南呈现 A-B-C 式，也是一个比较典型的鉴别词图例。见地图 4-15。

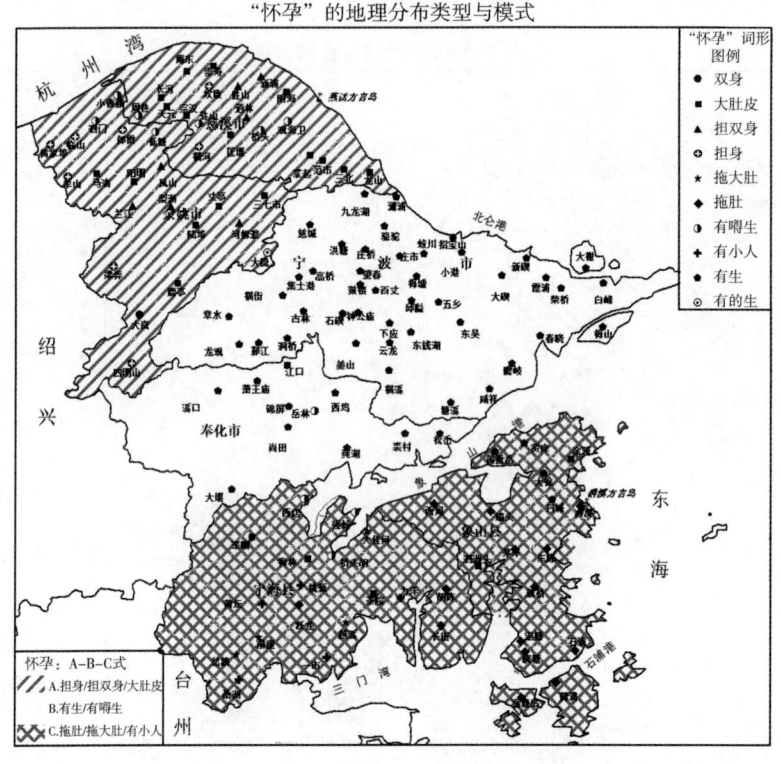

"怀孕"的地理分布类型与模式

地图 4-15

（四）出嫁

"出嫁"，各地说法复杂多样，一地多称现象比较普遍。词形主要有：(1)"抬去/抬出/抬子去"，归为"抬"类，主要分布于宁波六区奉化 53 点，慈溪 10 点，余姚 10 点，象山 4 点，宁海 1 点，共计 71 点，是分布最广的一组词形；(2)"嫁囡/嫁出/嫁出去/嫁老公/嫁人/嫁老倌"，归为"嫁"类，主要分布于余姚 10 点，慈溪 9 点，宁海 12 点，象山 10 点。此外还有不少说法零星地散落在各地："做新妇"，分布于宁海 2 点；"囡放出"，只出现在余姚 1 个点；"做新娘"，只出现在慈溪 1 个点；"嫁女"，只出现在象山 1 个点；"囡出嫁"，只出现在宁海 2 点。

地理分布类型可分为两大类："抬"类和"嫁"类。"抬"类属宁波奉化 B 型，"抬"类+"嫁"类属余姚慈溪 A 型；"嫁"类+"抬"类属宁海象山 C 型。呈现出 AC-B 分布模式，从中可见宁波奉化型作为市政府所在地强势方言对市属余姚慈溪和宁海象山两小片方言的辐射影响力。见地图 4-16。

"出嫁"的地理分布类型与模式

地图 4-16

（五）娶媳妇

"娶媳妇"，其词形跟"妻子"的说法相关联，构词方式一般是"动词+妻子的词形"。一地一称，相对封闭。（1）讨老姩 [tʰɔ⁴⁴lɔ²¹³n̠yoŋ²³]，分布于宁波六区奉化大部分点（B）；（2）抬/讨+老嬟 [dɛ²³/tʰɔ²³lɔ³³n̠in²³]，分布于慈溪大部分点（A₁）；（3）抬/讨+老嫫 [dɛ²³/tʰɔ⁴⁴lɔ²¹³mo²³]，分布于余姚大部分点（A₂）；（4）讨/抬老女[tʰɔ⁴²/tʰe⁴⁴lɔ²³n̠y²¹]，分布于象山大部分点（C1）；（5）讨内客[tʰɔ⁴⁴nɛ³³kʰa⁵⁵]，分布于宁海大部分点（C2）。爵溪说"讨老姆 [tʰɔ⁴⁴lɔ²³m̩²²]"，词形结构与当地象山方言相同，"老姆 [m̩²²]"的发音，别具一格。此外，还有"抬新妇"和"讨新妇"，零星分布于各地。

以上五类词形方言地理类型为："讨老姩"，归宁波奉化型 B；"抬/

讨+老嬟", 归慈溪型 A1; "讨/抬+老嫫" 归余姚型 A2; "讨/抬+老女" 归象山型 C1; "讨内客" 归宁海型 C2。分布模式呈现出 A1A2-B -C1C2 式。见地图 4-17。

"娶媳妇"的地理分布类型与模式

地图 4-17

(六) 玩儿

"玩儿", 各地说法差异较大。(1) 嘥和 [na³³ fiu²³] / [na²² fiəu²³] / [na²¹³ ŋau³³], 主要分布于宁波六区 39 点, 奉化 11 点, 慈溪 6 点, 余姚 6 点, 共计 62 点; (2) 嬉 [ɕi⁵³], 分布于慈溪 11 点, 象山 17 点, 宁海 10 点, 镇海 5 点, 共计 43 点; (3) 蛮 [mɛ²³], 余姚 12 点, 慈溪 2 点; (4) 搞 [kɔ⁴⁴], 宁海 5 点, 余姚 3 点, 慈溪 1 点; (5) 造和 [zɔ²³u⁵³], 宁海 3 点。象山爵溪说 "玩 [uɛ⁴⁵]", 与北方话相近。

方言地理类型可以归纳为两大类: "嬉", 归慈溪 A1 型+宁海象山 C 型; "嘥和", 主要归宁波奉化 B 型; "蛮" 归余姚 A2 型。地理分布模式从北到南呈现 A1C-B-A2 式。见地图 4-18。

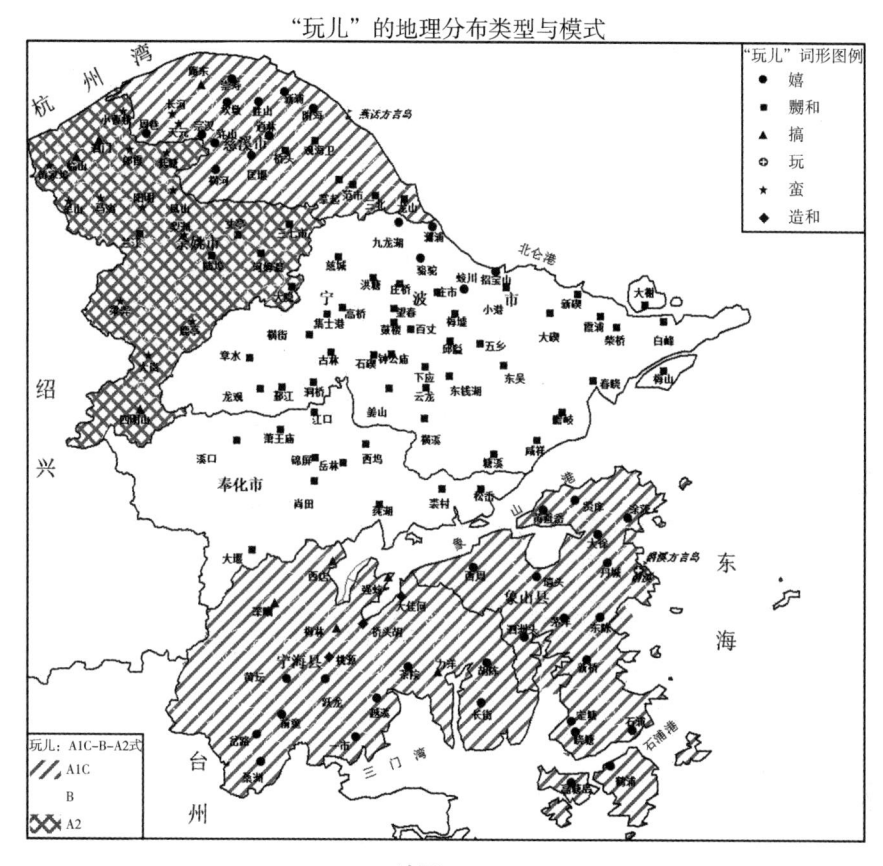

"玩儿"的地理分布类型与模式

地图 4-18

（七）放（搁）

"放（搁）"，在宁波各地中老年人基本上说"安 [e⁴⁴]" A 型和"摆 [pa⁴⁴]" B 型，两种词形并存竞争。统计显示，"摆"略占上风；年轻人一般说"放"。

"安"，单音节构型，韵母单元音化，鼻韵母脱落，语音韵母走了一条元音不断高化的演变过程：a > æ > ɛ > e；"摆"，单音节构型，韵母单元音化，鼻韵母脱落，声调读高平调。

"安 [e⁴⁴]"，主要分布于宁波奉化和象山宁海，归为 B+C 型；"摆 [pa⁴⁴]"，主要分布于慈溪余姚多数点，归为 A 型。地理分布模式系南北对立的 A-BC 式。见地图 4-19。

"放（搁）"的地理分布类型与模式

地图 4-19

(八) 洗澡

"洗澡"，各地词形主要有 7 个，均为双音节构型。(1) 潝人 [dʑiã²¹³ n̠iŋ²³]，分布于宁波六区 43 点，奉化 11 点，宁海 17 点，象山 17 点，余姚 4 点，共计 93 点，是分布最广的词形；(2) 汏人 [da²³ n̠in²³] / 汏浴 [da²³ n̠io³¹]，分布于慈溪 13 点，余姚 15 点；(3) 净浴 [ɦiŋ²³ n̠yoʔ²] / 净人 [ɦiŋ²² n̠iŋ²³]，分布于慈溪 9 点；(4) 浇身 [tɕiɔ⁴⁴ sən⁴⁴]，存在于慈溪 2 点。爵溪方言岛说潝身 [dʑiã²¹³ zən³¹]，语音已当地方言化，词形为杂糅式。

方言地理类型可归纳为两大类："潝人"归宁波奉化型 B+象山宁海型 C；"汏人/汏浴"归慈溪余姚型 A；净浴/净人/浇身归慈溪 A1 型。余姚 5 点，也说"潝人"，其中四个调查点系宁波与余姚交界地带，可归宁波奉化 B 型。地理分布模式从北到南呈现 AA1-BC 式，系非典型南北对立式。见地图 4-20。

"洗澡"的地理分布类型与模式

地图 4-20

（九）捉迷藏

"捉迷藏"，是一种游戏，亦称摸瞎子，即蒙住眼睛寻找躲藏者的游戏。最早只是一种儿童游戏。两千年前即流行于希腊，蒙住一人双眼，把他转得不辨方向，然后大家向他这个"瞎子"呼喊取乐，蒙眼者追捕，众人躲闪，这种游戏在中世纪成为成人游戏。俗称"摸瞎子""躲猫猫"。各地词形丰富。宁波六区奉化，存在 7 个词形"寻掖猫" 23 点，"伴掖猫" 14 点，"抲掖猫" 8 点，"掖老鼠猫" 4 点，"掖伙老猫" 3 点，"寻掖老猫" 1 点，伴伙掖猫 1 点；慈溪余姚，存在 6 个词形"伴猫" 26 点，"伴掖猫" 5 点，"伴老猫" 4 点，"摸瞎子家家" 4 点，"躲猫猫" 1 点，"伴掖子猫猫" 1 点；宁海象山，词形多达 12 个，掖幽 8 点，幽猫 6 点，幽掖猫 5 点，寻幽掖幽 3 点，幽子幽伴逃 3 点，摸幽伴 3 点，幽伴猫 2 点，掖伴 2 点，掖猫猫 1 点，掖嬉掖 1 点，摸掖猫 1 点，躲猫猫 1 点。爵溪方言岛，叫"藏幽幽 [dʑia²¹³ io⁴⁴ io⁴⁴]"，语音带有北方话因素。

这个古老的词语，各地说法众多，词形达到 25 个之多。受周边影响辐射，有的是输入型的，有的是混合杂糅型的，蕴含着不同的历史层次。

地理分布呈现典型的点状式分布。见地图 4-21。

"捉迷藏"的地理分布类型与模式

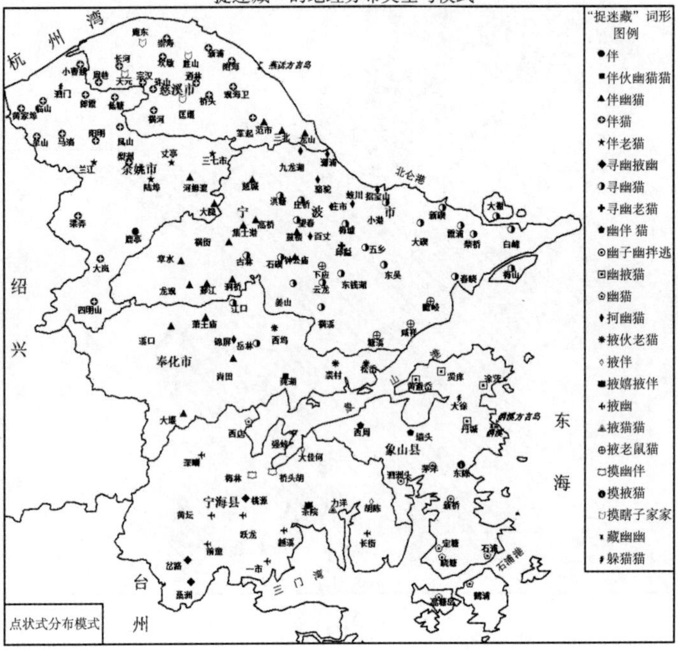

地图 4-21

（十）回家

"回家"，各地词形较多，多达到 14 个。(1) 回屋落 [ɦiuɛ³³oʔ⁵lo²²]，分布于宁波六区 43 点，奉化 2 点，宁海 11 点，慈溪 4 点；(2) 屋落（里）去 [o⁴⁴loʔ⁵ (li⁴⁴) tɕʰi⁵⁵]，分布于奉化 7 点，余姚 5 点，慈溪 5 点，象山 10 点，宁海 5 点；(3) 到屋落（里）去 [tɔ⁴⁴oʔ⁵loʔ⁵ (li²²) kʰe⁵³]，分布于余姚 14 点，慈溪 10 点；(4) 归家 [ke⁴⁴ko⁵⁵]，分布于宁海 7 点；(5) 转家（去）[tɕy⁵⁵ko⁴⁵ (tɕʰi⁴²)]，存在于奉化 2 点，象山 3 点，宁海 3 点；(6) 回唔屋落去 [ɦiue²²təʔ⁵oʔ⁵lo²²kʰe⁵³]，存在于慈溪 2 点。此外，象山境内还存在"回转去"、"屋里转去"、"屋里厢去"等说法，宁海还存在"转屋里"的说法。爵溪方言岛说"家去 [tɕiaʔ⁵tɕʰi⁴²]"，语音词形都比较独特。"家"的声母发舌面音"tɕ"，已腭化，与北京话相同，韵母带入声韵，发音独特；"去"的韵母发"i"，尚未完成圆唇化的演变。

词形为 2—5 个音节构型，分布比较分散，较难归类。地理分布模式为点状式。见地图 4-22。

"回家"的地理分布类型与模式

地图 4-22

二 男性亲属称谓词地理分布类型与模式

(一) 父亲

"父亲",是日常生活中最常用的称谓,趋同性较强。各地主要存在 5 个词形。(1) 阿伯 [fia²³paʔ⁵],分布于宁波六区 32 点,奉化 6 点,余姚 4 点,慈溪 2 点,宁海 17 点,象山 9 点。(2) 阿爹 [aʔ⁵tia⁴⁴],分布于宁波 12 点,奉化 1 点,慈溪 10 点,余姚 6 点,象山 4 点。(3) 爹 [tia⁴⁴],分布于余姚 8 点,慈溪 4 点,奉化 4 点,象山 1 点。(4) 爹爹 [tia⁴⁴tia⁴⁵],分布于慈溪 4 点,余姚 3 点,宁海 1 点。(5) 阿大 [aʔ⁵da²³],存在于象山 3 点。爵溪方言岛,存在"阿伯 [aʔ⁵bə²²³]""阿大 [aʔ⁵da²³]""阿爹 [aʔ⁵tia⁴⁴]"三个词形,是象山当地方言对爵溪的全面冲刷。燕话方言岛称为"阿爹 [aʔ⁵tia⁴²]",已被慈溪方言所同化。

六区五县普遍存在"阿伯"和"爹"类词形。"爹"类中的"阿爹"和"阿大"比较古老,"爹"是细音,"大"是爹的洪音;有单音和重叠、前缀双音构型。

5个词形中，"阿伯"和"阿爹"两个词形分布较广，方言地理类型可以归纳为两大类："阿伯"归宁波奉化B型+宁海象山C型；"爹"类归慈溪余姚A型。地理分布模式基本是南北对立A-BC式。见地图4-23。

"父亲"的地理分布类型与模式

地图 4-23

（二）伯父

"伯父"的普通话词形有"伯伯"和"伯父"两个。宁波各地存在9个词形：(1) 伯伯 [pa⁴p⁵aʔ⁵]，分布于宁波20点，奉化11点，慈溪7点，宁海5点。(2) 阿伯 [aʔ⁵paʔ⁵]，分布于宁波12点，象山12点，宁海6点，余姚1点。(3) 大伯伯 [da²³pəʔ⁵pə⁴⁵]，分布于宁波8点。(4) 大伯 [da²³pəʔ⁵]，存在于慈溪3点，余姚2点，宁波1点。(5) 老伯 [lɔ²³paʔ⁵]，存在于余姚2点，宁波1点。(6) 大阿伯 [dəu³³pəʔ⁴pa⁵⁵]，存在于宁波1点。(7) 大爹 [du²³tia⁴⁴]，分布于余姚15点，慈溪10点。(8) 阿帮 [ɦa³³paŋ⁴⁵] 分布于象山6点。(9) 帮帮 [pæŋ⁴⁴pæŋ⁴⁵]，存在于宁波5点，余姚1点。爵溪方言岛说"阿伯 [aʔ⁵pə³³⁴]"，发音独特。

9个词形为重叠式、附加式、复合式构形。"伯伯、大伯伯、帮帮"系重叠式,"阿伯、大阿伯、老伯、阿帮"系附加式,"大伯、大爹"系复合式。

"伯儿"类,是从"伯"类衍生出来的"伯伯/阿伯"亲昵称呼儿化产生的一种小称音变形式,paʔ→paŋ44(面称)。

方言地理类型大致可以归纳为两大类:一是"伯"类(包括伯伯/大伯/大伯伯/阿伯/大阿伯/老伯),归宁波奉化 B 型+象山宁海 C 型。二是"大爹",归慈溪余姚 A 型。"伯儿"类系 B+C 型的衍生类。

地理分布模式是典型的南北对立 A-BC 式。见地图 4-24。

地图 4-24

(三)叔叔

"叔叔"的普通话词形有"叔叔"和"叔父"两个。宁波各地存在 5 个词形:(1)阿叔[aʔ⁵soŋ⁴⁵],分布于宁波 39 点,奉化 11 点,宁海 18 点,慈溪 3 点,共计 71 点,是分布最广的词形。(2)幺叔[ɔ⁴⁴soŋ⁴⁵],分布于宁波 4 点,余姚 6 点,慈溪 5 点。(3)小爹[ɕiɔ⁴⁴tia⁴⁴],分布于余姚 9 点,慈溪 8 点。(4)阿伯[a⁴⁴paʔ⁵],分布于慈溪 4 点,余姚 4 点。(5)小伯[ɕiɔ⁴⁴pa⁵³],存在于余姚 2 点。(6)大大[da³³da²¹³]分布于象山6点。(7) 阿大 [aʔ⁵da²³]，分布于象山7点。(8) 小大 [ɕio⁴⁴ da³¹]，分布于象山3点。(9) 二大 [n̠i²³da³⁵]，存在于余姚1点。爵溪方言岛说"叔叔 [ɕio⁴⁴ɕʅ⁴⁴]"，词形与北方话相同，发音与当地方言相似。各地年轻人一般都称叔叔，古老层次与现代层次并存。

9个词形均为双音节构型。"叔"的语音 soʔ⁵→soŋ⁴⁴（面称，）小称变韵，读高平调；象山的"爹"读洪音浊声母 [da²³]，记音字为"大"；慈溪余姚的"爹"读细音清声母 [tia⁴⁴]。"爹"的读音在漫长的演化过程中，不断分化，不断沉积，形成了丰富的语音层次：da→ta→tia→tiɛ-ti$_E$-tie 。宁波象山读洪音的"爹"，应处于较早的语音层次；慈溪余姚读细音的"爹"，主元音开口度大，应处在第三个语音层次。

方言地理类型大致可以归纳为两大类：一是"叔"类（阿叔/幺叔），归宁波奉化B型+宁海C2型；二是"小爹""伯"类（阿伯/小伯），归慈溪余姚A型；三是"大爹洪"类（大大/阿大/小大）归象山C1型。地理分布模式是A-BC2-C1混合式。见地图4-25。

"叔叔"的地理分布类型与模式

地图4-25

（四）丈夫

"丈夫"，是日常生活中最常用的称谓，趋同性较强，各地差异不大。各地主要存在三个词形：(1) 老公 [lɔ²² koŋ⁴²]，分布于宁波六区 41 点，奉化 4 点，余姚 19 点，慈溪 4 点，共计 68 点，词形与普通话一致，语音有区别。(2) 老倌 [lɔ²³ kuø⁴²]，分布于宁波 3 点，奉化 7 点，慈溪 13 点，余姚 2 点，宁海 16 点，象山 18 点，共计 59 点，与"老公"分布的势力相当。(3) 男人 [nE²² n̠iŋ³³]，慈溪 3 点，宁海 2 点。爵溪方言岛说"老倌 [lɔ²³ kø⁴⁵]"，已被当地方言同化。燕话方言岛称为"老鲎 [lɔ²³ xəu⁴⁴]"，叫法独特。

方言地理类型大致可以归纳为两大类：一是"老公"归宁波 B1 型+余姚 A2；二是"老倌"归慈溪 A1+象山宁海 C 型。奉化 B2 型为"老公"+"老倌"混合；地理分布模式为 A1C-A2B1-B2 式。见地图 4-26。

"丈夫"的地理分布类型与模式

地图 4-26

三 形容词类地理分布类型与模式

（一）美（漂亮）

"漂亮"，一地多称现象比较普遍。各地词形主要有 7 个：(1) 好看

[hɔ⁴⁴ki⁵³]，分布于宁波 36 点，奉化 9 点，余姚 13 点，慈溪 7 点，象山 13 点，共计 79 点，是分布最广的词形。(2) 好相 [xɔ⁴⁴ɕiæ̃⁴⁵]，分布于宁海 21 点，象山 4 点，奉化 2 点。(3) 齐整 [ɦi²²tsəŋ⁵³]，慈溪 12 点。(4) 嫽头 [ɕioʔ⁵dəɯ²³]，分布于宁波 3 点，慈溪 1 点。(5) 细巧 [ɕi⁴⁴tɕʰio⁴⁵]，宁波 4 点，余姚 2 点。(6) 细相 [ɕi⁴⁴ɕiæ̃⁴⁵]，存在于余姚 2 点。(7) 姽 [guæŋ³⁴]，存在于余姚 4 点。爵溪方言岛说"好看 [fiɔ²³ kʰi⁴²]"，与当地方言基本同化。

7 个词形中除"姽"单音节外，其余均为双音节构型，"姽"，现代汉语中指女子容貌艳丽。分布最广的词形为"好看"，其次是"好相""齐整"，其余零星分布。

方言地理类型可归纳为三类："好看"归宁波奉化 B 型+余姚 A2 型+象山 C1 型；"好相"归宁海 C2 型；"齐整"归慈溪 A1 型。地理分布模式是 A2BC1-C2-A1 式。见地图 4-27。

"美（漂亮）"的地理分布类型与模式

地图 4-27

(二) 肮脏

"肮脏",各地词形主要有5个:(1) 腻腥 [n̠i²³ɕin⁵³],分布于宁波36点,奉化11点,慈溪3点,余姚2点。(2) 烽 [foŋ⁵³],分布于慈溪17点,余姚15点,宁波3点。(3) 暗糟 [fiɛ²²tsɔ⁴⁵],分布于宁海16点,象山7点。(4) 邋遢 [laʔ²tʰa⁴²],分布于象山10点,余姚4点,宁海2点。(5) 体遢 [tʰi⁴⁴tʰa⁴⁵],分布于宁波4点。爵溪方言岛说"暗糟 [fiɛ²²tsɔ⁴⁵]",与当地方言基本同化。

5个词形中,"腻腥"分布最广,其次是"烽""暗糟""邋遢"。方言地理类型可归纳为四类:"腻腥"归宁波奉化B型;"烽"归慈溪余姚A型;"暗糟"归象山宁海C型;"邋遢"归象山C1型。地理分布模式是A-B-C-C1式,是比较典型的三小片鉴别图例。见地图4-28。

"肮脏"的地理分布类型与模式

地图4-28

(三) 坏

"坏",各地词形主要有 3 个,差异较大。(1) 歪 [ua⁵³],分布于宁波 43 点,奉化 11 点,象山 17 点,宁海 18 点,余姚 2 点,慈溪 1 点,共计 92 点。(2) 疲 [ɕieʔ⁵],分布于余姚 19 点,慈溪 16 点。(3) 推板 [tʰe⁴⁴pæ̃⁴⁵],存在于慈溪 3 点。

三个词形中"歪",分布最广,其次是"疲",主要分布于慈溪余姚境内,相对封闭。方言地理类型可归纳为两大类:"歪"归宁波奉化 B 型+象山宁海 C 型;"疲"归慈溪余姚 A 型。

地理分布模式为典型的南北对立的 A-BC 式。见地图 4-29。

"坏"的地理分布类型与模式

地图 4-29

四 身体器官及其缺陷类词地理分布类型与模式

(一) 额头

"额头",各地词形主要有 4 个。(1) 额髁头 [ɦiaʔ²koʔ⁵dou²³],分布于宁波 43 点，奉化 4 点，宁海 15 点，象山 8 点，慈溪 2 点，余姚 1 点。
(2) 额壳头 [n̠ieʔ²kʰu⁴⁴dəu²³]，分布于奉化 2 点，宁海 2 点，象山 8 点。
(3) 脑壳头 [nɔ³³kʰəʔ⁵dəu²³]，分布于奉化 5 点，余姚 20 点，慈溪 18 点。(4) 面省 [mie³³səŋ⁴⁵]，分布于宁海 4 点。爵溪方言岛说"额壳头 [ŋɛ²³kʰoʔ⁵dəu²³]"，与当地方言基本同化。

4 个词形中，"额髁头"分布最广，其次分别为"脑壳头"和"额壳头"。"额髁头"和"额壳头"，是发音不同，未构成对立分布。

方言地理类型可归纳为两大类："额髁/壳头"归宁波奉化 B 型+宁海象山 C 型；"脑壳头"/"面省"归慈溪余姚 A 型。

地理分布模式为典型的南北对立的 A-BC 式。见地图 4-30。

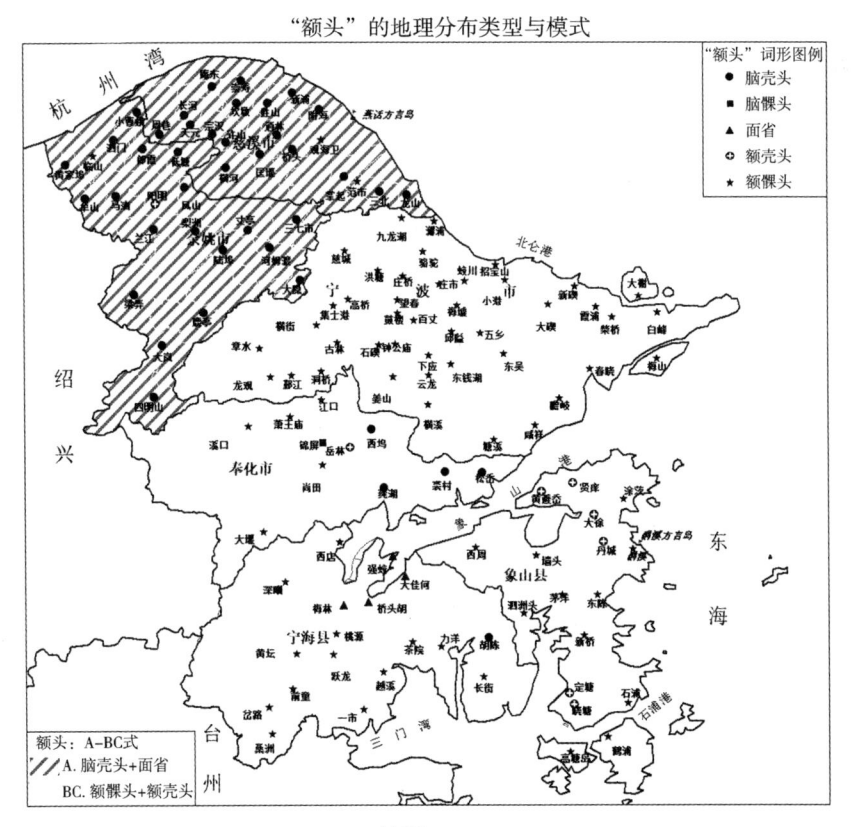

"额头"的地理分布类型与模式

地图 4-30

(二) 大腿

"大腿"，各地词形主要有 4 个，相互交融，差异不大。(1) 大脚髈

[dou²³tɕiaʔ⁵pʰɔ̃⁵³]，分布于宁波43点，奉化11点，余姚19点，慈溪18点，象山15点，宁海2点。(2)大腿脚［dəu²³tʰɛ⁴⁴ tɕiəʔ⁵］，分布于宁海16点，象山2点。(3)大脚梗［du²³tɕiaʔ⁵kuã²³］，存在于慈溪2点，余姚2点。(4)爵溪方言岛说"脚大髈[tɕiaʔ⁵da²³pʰoŋ³¹]"，词序与"大脚髈"有差异，"大"读音近似北方话。

4个词形中，"大脚髈"分布最广，辐射最强，几乎覆盖了除宁海外的整个宁波大市。方言地理类型勉强归为两大类："大脚髈"归宁波奉化B型+余姚慈溪A型+象山C1型；"大腿脚"归宁海C2型，其余词形零星分布。

地理分布模式为非典型的南北对立 ABC1-C2 式。见地图4-31。

"大腿"的地理分布类型与模式

地图 4-31

（三）瘸子

"瘸子"，各地词形主要有5个。(1)跷脚［tɕʰiɔ⁵⁵tɕiaʔ⁵］，分布于宁波 34 点，余姚 13 点，慈溪 12 点。（2）拐脚 [kua⁴⁴tɕiã⁴⁵]，宁波 9 点，奉化 11 点，余姚 6 点，慈溪 8 点，宁海 4 点，象山 7 点。（3）撇脚 [pʰiʔ⁵tɕiaʔ⁵]，象山 9 点，宁海 2 点。（4）扒脚 [pa⁴⁴tɕia⁴⁵]，宁海 12 点。（5）跷子 [tɕio⁴⁴tsɿ⁴⁵]，余姚 2 点。爵溪方言岛说"老拐 [lɔ²³kuɛ³²⁴]"，词形和发音独特。

5 个词形中，"跷脚"和"拐脚"分布较广，涉及宁波五县六区，其他 3 个，存在于象山宁海区域。方言地理类型勉强归为三大类："跷脚/拐脚"归宁波奉化 B 型+慈溪余姚 A 型；"撇脚"归象山宁海 C 型；"扒脚"归宁海 C2 型。"跷子"零星出现。

地理分布模式为非典型的南北对立 AB-C-C2 式。见地图 4-32。

"瘸子"的地理分布类型与模式

地图 4-32

综上所述，以上四组 20 个特色词语，都是日常生活中最常用的词语，构型字音 1—5 个不等，语音层次复杂，趋同性较强，混称现象比较普遍，古老层和现代层并存共用，向普通话靠拢的趋势明显。分布模式主要有四类：一是 A-B-C 式，是理清甬江小片、临绍小片、象宁小片，比较典型的鉴别词例。二是南北对立 A-BC 或 AB-C 式。三是混合式，如 A2BC1-C2-A1。四是点状式，词形众多，交叉分布，难以归类。

第五章

宁波方言语法基本面貌及特点

在第二、三章中，我们从传统方言学系统并结合语言地理学视角，研究探讨了宁波方言语音和词汇的共性和差异性。依据地理分布的同言线区体现的差异性，宁波方言可划分为三个小片：（1）甬江小片，分布区域主要为宁波六区和奉化市；（2）临绍小片，分布区域主要为慈溪和余姚市；（3）宁象小片，分布区域主要为宁海和象山市。本章从词法和句法两方面用鲜活的方言语料描述宁波各代表点语法的共性和差异。首先展示了宁波方言三片代表点特色语句的面貌，其次从词缀、重叠和词序等角度阐述了宁波方言的词法特点。最后提炼宁波方言句式，意在找出其中具有特殊性的语法现象并与普通话进行对比阐释，说明宁波方言固有的语法形式和特殊的用法，大致勾画宁波方言的语法体系，为汉语方言片区的划分提供依据和参考。

第一节　宁波方言三片代表点特色语句描写

一　宁波

1. 该茶叶交关好，泡出来喔茶梗青。／这茶叶非常好，泡出来的茶水清澈透明。

2. 该块地种咯油菜碧绿一片，犯关好看嘞。／这块地种的油菜鲜绿一片，很好看的呢。

3. 买眼时鲜下饭吃吃，勿忒做人家。／买点新上市的菜吃，不要太节约了。

4. 该双皮鞋像纸头糊咯听，灭穿一礼拜就穿破嘞。／这双皮鞋像纸糊的一样，没到一周就穿破了。

5. 结婚以后搭老同学勿大搭界嘞。/ 结婚以后和老同学不怎么联系了。

6. 该人疵毛听，介眼眼忙还勿肯帮。/ 这个人好差劲，这么点小忙也不肯帮。

7. 吾介小毛病呒告咯，侬还特会打只长途电话来。/ 我这么点小病没关系的，你还特意打长途电话过来。

8. 夜饭吃子肚皮时格难过咯。/ 晚饭吃得肚子一直很难受。

9. 小王该人真真是，时格欢喜背后头讲人家。/ 小王这个人真是的，老是喜欢背后议论别人。

10. 该事体是即吾一人晓得。/ 这件事只有我一个人知道。

11. 有星听人吃了饭呒告事体做，时格是长阔短讲人家。/ 有些人吃饱了饭没事干，总是说长道短议论别人。

12. 该事体弄了咋眉眼咯啦？/ 这件事情办到什么程度了？

13. 该闲话吾讲勿出口，面皮灭介老。/ 这种话我说不出口，脸皮没有这么厚。

14. 人来辣外头，别样呒告，时格要记挂老娘。/ 人在外地，其他没有什么，就是总要惦念老母亲。

15. 该闲话侬千提万提莫讲拨其听哎。/ 这种话语你千万不要讲给他听哦。

16. 老早子做一件衣裳千针万针交关勿便当，该尚洋车踏踏其，快嘞。/ 以前做一件衣服穿针引线很不容易，现在踩踩缝纫机，很快（就做好了）。

17. 其每日起早落夜，多小巴结啦。/ 他每天起早摸黑，多么勤劳啊！

18. 该人交关拗，横讲竖讲讲勿进。/ 这个人很固执，道理横竖都讲不通。

19. 其该人话柄交关齐嘞，一坐落有半日好讲。/ 他这个人话语非常多，一坐下来能讲上大半天。

20. 介多年数过去嘞，该事体吾一眼也灭忘记。/ 这么多年过去了，这件事我一点也没忘记。

21. 侬有啥闲话只顾讲好嘞，老王是自家人，呒告咯。/ 你有什么话尽管说好了，老王是自己人，没有关系的。

22. 该小人交关嫌样，自家东西样样勿要吃，人家东西样样好吃呺。／这个小孩子很怪异，自家东西样样不吃，别人家东西样样喜欢吃。

23. 每日买作样下饭，吃子厌糟糟嘞。／每天买同样的菜，吃得都腻味儿了。

24. 其路数蛮粗，团团走嘞通。／他门路很广，到处都走得通。

25. 哌哌其人蛮聪明，咋会做该种事体啦？／看他这人很聪明，怎么会去做这种事情？

26. 人家搭侬打招呼，侬咋会勿朝睬人家啦？／人家同你打招呼，你怎么会不理睬别人呢？

27. 侬还是嫑搭其打交道，其人勿好弄咯啦。／你还是不要同他打交道了，他这人很难相处的。

28. 该人关节炎交关严重，其关节痛嘞，天限般要落雨唻，万试万应喔。／这个人关节炎很严重，关节痛的时候，天一定会下雨的，每次都非常灵验。

29. 侬该人啥花头来咯啦，弹嘞远眼。／你这人要什么花招啊，滚远点。

30. 吾还灭讲两句闲话，当忙拨伊弹掉。／我还没说上两句话，马上就被他反驳回去了。

31. 其交关弹硬，介大只开刀，麻药针亦灭打过，从头到脚，一声勿响。／他很坚强，这么大一个手术，麻药也没打，自始至终，没哼一声。

32. 雨但便其落勿落，反正阿拉勿走出去。／不管雨下不下，反正我们不出去。

33. 蛋汤里盐小安眼，淡吙吙喔味道好。／鸡蛋汤里盐少放一点儿，淡一些味道好。

34. 难为侬面孔，吾去奔一达。／看在你的面子上，我去跑一趟。

35. 侬人介客气，吾真真难为情呺唻。／你这个人这么客气，我真的很难为情啊。

36. 走之前再唠其一声，讴其千万莫忘记。／走之前再叮嘱他一声，叫他千万不要忘记。

37. 该样行当其是老究。／这个行业他是行家里手。

38. 阿哥来嘚复习功课，侬莫去吵盆。／哥哥在复习功课，你不要去捣乱。

39. 还要呕侬介远路来看吾，交关高抬勿过。／你这么大老远的来看我，很过意不去啊。

40. 衣裳别其肥皂水熬一尚再漷，清爽哎。／衣服打上肥皂搁置一会儿再洗，就干净了。

41. 该闲话讲嚼哦，勿是要吾好看哇。／说出这种话，不是让我难堪嘛。

42. 该小人只怕其拉阿爸一人，有多人和总勿怕喔。／这孩子只怕他爸爸一个人，其他人都不怕的。

43. 电话先拨吾打只好哦？吾有要紧事体。／让我先打个电话好吗？我有要紧的事情。

44. 到底要咋弄弄，侬讲呐！／到底要怎么办，你说吧！

45. 侬覅忖自家了不起，人家是抬城隍抬抬侬嗳。／你不要认为自己了不起，别人是吹捧抬举你呢。

46. 该事体特劳烦人家哎，吾开口勿出。／这件事太麻烦人家了，我说不出口。

47. 小人吃场搭其买样哎开心相。／小孩子吃的东西替他买一样来，他会很开心的。

48. 过年过节，下饭价钿扳了交关牢类。／逢年过节，菜价（被商贩）控制得很死没商量。

49. 该人生了交关蛮气，气力贼介大啦。／这人长得特别魁梧强壮，力气很大。

50. 该把矮凳坐勿来哎，要翻向喔。／这个凳子不能坐了，（坐了）要翻倒的。

51. 阿拉要送小人去学校，侬小人一带两便，随吾做堆去哎。／我们要送孩子去上学，你孩子上学，也顺便跟我一起走吧。

52. 侬走咯辰光司别灵要别落。／你走的时候门锁要锁好。

53. 阿拉囡吃交关难弄，穿咯还随便喔。／我女儿吃的方面很挑剔，穿的方面还算随便的。

54. 慢车只只站头和总要停喔。／慢车在每一个车站都要停车的。

55. 小生意做做总有眼好赚。／做做小生意总能赚点儿钱的。

56. 阿拉老头三时八节要出差去。／我的丈夫经常要出差。

57. 买东西要好好叫拣过。／买东西要好好地挑选。

58. 该事体弄嘞尴里尴尬，轻子勿嗱，重子勿嗱。／这件事情搞得好尴尬，轻也不是，重也不是。

59. 小娘一喔人走夜路，眼眼叫碰实坏人咋弄弄。／小姑娘一个人走夜路，万一碰上坏人怎么办。

60. 侬到阅览室寻其去好唻，其限板来盖喔。／你去阅览室找他吧，他肯定在那里的。

61. 该鱼有眼臭兮兮唻，清蒸吃勿来喔，要么炸炸吃。／这条鱼有点发臭，不能清蒸吃了，要不用油炸一下吃。

62. 该人讲闲话乱话三千，听其弗唻咯。／这个人说话胡说八道，不能听他的。

63. 该人交关有佬咯。／这个人很有钱的。

64. 该小娘幽羞蛮，看张生头人面孔会红喔。／这小姑娘很害羞，见到生人会脸红的。

65. 路梯对上该份人家还只搬来。／正对楼梯上面的这家才刚刚搬来。

66. 其讴吾吃饭去，拨吾回掉唻，大家忙忙喔，省省算唻。／他叫我去吃饭，被我回绝了，大家都很忙，节省一下算了。

67. 头毛吃嘞眼泥螺，该尚肚皮来嗱作唻。／刚才吃了点泥螺，这会儿肚子在闹腾了呢。

68. 上末一顶雨伞侬屋里搓落咯唻。／昨天将一把雨伞落在你们家了。

69. 勿晓得为啥事体，该两日其人时格有眼愁蹬蹬喔。／不知道因为什么事情，这两天他时常有点儿发愁。

70. 侬麭拨吾候着，拨吾候着子，吾煞煞婆婆敲侬一顿。／你不要让我逮着，逮着的话，我将结结实实打你一顿。

71. 讲讲灭用场，劝劝咯劝勿通，只好搭其硬上唻。／讲道理没有用，劝也劝不通，只好给他来硬的。

72. 回转去督吾问问侬阿姆。／回家去替我向你妈妈问好。

73. 吾尚怕其灭听明，特特意胡哢响眼。／我生怕她没听清楚，特意嗓门大一点。

74. 侬顶头末脚到学堂去，莫顾野喔。／你直接到学校去，注意力要集中。

75. 侬啥辰光拨吾听回话噢？／你什么时候给我答复啊？

76. 其来唨难看侬唻，侬超青头嘞。／他在厌烦你呢，你头脑要清楚。

77. 相貌推板眼呒告喔，单巧人好就好唻。／容貌差一点没关系，只要人品好就可以了。

78. 运道来嘞推勿开，烤熟毛蟹爬进来。／好运来了挡都挡不住，烤熟的蟹都会自己爬进来。

79. 讲讲交关在行，做做死蟹一只。／说起来很内行，实际干就不行了。

80. 总即介眼钞票，河鳗还是青蟹，即有一样好买。／总共只有这么点钱，买河鳗还是青蟹，反正只有一样可以买。

81. 侬地脚印拨吾，吾限板摸嘞着喔。／你把地址给我，我肯定能找到的。

82. 茶叶茶好甮泡喔，吾吃杯白开水好唻。／茶水不用泡了，我喝杯白开水就行。

二　慈溪

1. 侬饭吃唨咪？吾饭吃唨哉。／你饭吃了吗？我吃过饭了。

2. 渠勒毛记头鞋里开唨？到杠头去。／他们现在到哪里去了？到那边去。

3. 堂来坐，坐子一枪。／到这里坐，坐一会儿。

4. 侬有事体末？呒没事体。／你有事吗？没有什么事。

5. 今末菜交关行俏，到马卖光嘞。／今天的菜很好销，一下子就卖完了。

6. 介呒结煞，乱吃乱用，侬有多少家当？／这么没有底线，吃用无度，你有多少家产？（怎么经得起这样吃用？）

7. 晓得侬勿讨力咯，介眼事体阿勿会做。／知道你没有能力的，连这点事也不会做。

8. 一只煤气罐送唨哉，侬横里安唨好哉。／送来了一瓶煤气罐，你放在这里好了。

9. 吾着力煞哉，奖补奖补。／我干得很累，（弄点）补品补补身子。

10. 侬介做人家，下饭阿勿买咯，下遭出门勿咯做人家啦。／你这么节约,连菜都不买的,以后外出不要节约哦。

11. 脚梗嘚黄狗咬了口。／ 腿被狗咬了一口。

12. 侬有啥咯噱头好摆,省省哉!／ 你摆什么架子啊,还是省省心吧!

13. 渠嘞伢老发,相毛病去唦。／ 她的小孩发高烧,看病去了。

14. 侬饭咋记吃得介晏咯?／ 你饭怎么吃得这么晚?

15. 侬咋记介背咯,有啥咯话头。／ 你怎么这么背时,实在无话可说了。

16. 渠嘚乱梦吓嘞调觉哉。／ 他被噩梦吓醒了。

17. 苹果统统嘚渠吃光哉。／ 苹果全被他吃完了。

18. 问侬借样东西,贼介慢咯啦?／ 嬣呣寻勿着郎家。／ 向你借一样东西,怎么这么拖拉啊?难怪找不到老公。

19. 吾勿会做格状事体,侬挑场吾一记?／ 这件事我不会做,你帮助我一下吧?

20. 昨末夜里动雷,电话机劈破嘞。／ 昨天夜里打雷了,电话机(被雷)打坏了。

21. 今末落雪嘞,阿拉真真冻煞哉。／ 今天下雪了,我们真的被冻坏了。

22. 刺戳进哉,侬嘎吾挑一记。／ 被刺扎了,你帮我挑一下。

23. 介眼事体,有啥哭头啦,勿格难过。／ 就这么点小事,没什么好哭的,不要难过了。

24. 衣裳捉姆嬷汏好哉。／ 衣服被妈妈洗好了。

25. 天家冷唻,家里去一达,抈一件衣裳。／ 天冷了,去家里一趟,拿一件衣服来。

26. 渠来啷外面做生意弄饭勿吃,亦回家里做地头哉。／ 他在外面做生意挣不到钱,又回家种地了。

27. 头一回当班主任,就嘚阿拉几个老师勿要咯学生子统统收落哉。／ 他第一次当班主任,就把我们几个老师不要的学生都收下了。

28. 侬嘚脚踏车修修好。／ 你把自行车修好。

29. 儿子考上美国咯公费生,嘚姆嬷高兴煞哉。／ 儿子考上美国的公费生,把妈妈高兴坏了。

30. 侬嘚衣裳汏汏清爽。／ 你把衣服洗干净。

31. 人是何吃子嬉嬉，勿做事体，噶汤吃光用光。／人如果只是吃喝玩乐，不干工作，那么就会吃光用光。

32. 勿格捉勿三勿四格人做堆，要嘚渠带坏哉。／不要与不三不四的人在一起，不然会被带坏的。

33. 侬嘚尽落咯几只橘子吃吃掉。／你把剩下的几个橘子吃了。

34. 反正是地里种出来咯，呒账得算便宜眼卖掉哉。／反正是地里种出来的，不记成本便宜点也卖了。

35. 上船落车要当心，钞票囥得好。／旅途乘车船要小心，把钱藏好。

36. 吾则侬话，今末夜到加班到十点半。／我对你说，今天晚上加班到十点半。

37. 隔壁邻舍有人敲门，走出去相相。／隔壁邻居家有人在敲门，出去看看。

38. 有吃呒吃，吃得乐胃，勿咯淘气。／不管吃得好坏，吃得高兴，只要不淘气就好。

39. 高待勿过，格要带里侬哉。／不好意思，这要麻烦你了。

40. 呒告咯，介末就侬渠好哉。／没关系的，这样的话就由着他好了。

41. 渠娘话，饭早眼缺之，做队去嬉去。／他妈说，早点儿吃完饭，一起出去玩。

42. 吾人缺勿落，勿开哉。／我身体不太好，走不动，不去了。

43. 伊落搭伊来冬讨相骂，吾落嗯扭亨喱。／他们俩在吵架，吾没有去参与。

44. 一个老太贫，手里拎着咯大包小包各样缺场。／一位老婆婆，手提着大包小包多种食物。

45. 侬屋里坐之晌？勿坐哉，停几噢晏咯。／你到家里坐一下？不坐了，等一下天晚了。

46. 侬分岁饭缺过啷咪？／你年夜饭吃了没有？

47. 映热里头，天家介热咯话。／这几天，天气太热了（不象是冬季）。

48. 难未好哉，渠夜快边回转勿到屋里开哉。／这下好了，出事了，他傍晚回不到家了。

49. 吾晓得侬岁数勿陀，思想到老式。／我知道你年纪不大，思想到是老观念。

50. 吾真相勿出侬，有介陀咯本事。／我真看不懂你，（你竟然）有这么大的本领。

51. 打开电脑一看，飞机勒渠咯屋高头盘旋。／打开电脑一看，飞机正在他房屋顶上盘旋。

52. 热里睏觉，夜里做贼做强盗，喵一声，鬼灵出跳。／白天睡觉，夜里做贼做强盗，"喵"的一声，灵魂出窍。（谜底老鼠）

53. 渠噂一箱咯梨头通缺光哉。／他把一箱的苹果都吃完了。

54. 吾咯钞票，靠廿四梗肋棚骨赚出来哉。／我的钱，全靠自已使出浑身解数，用苦力挣来的。

55. 侬勿是彩玲口伐？吾眼睛花顶彭冷唧哉，认勿出哉。／你是彩玲吧？我眼睛老化得厉害，都认不出你了。

56. 介些多年数呒没碰着过，吾讴勿出侬名字哉。／这么多年没有碰到过，我都叫不出你的名字了。

57. 伊屋落弄咯煞清贳爽，下饭烧嘚品品香，爷还呒没生小儜。／他家里搞很干净，菜烧得喷喷香，也还没有生孩子。

58. 听讲侬男儜呒没哉，毛记头生活咋弄唧？／听说你丈夫没了，现在生活怎么样了？

59. 阿伯爹做官吾享福，阿伯爹讨饭吾拎篮。／爸爸做官我享福，爸爸讨饭我提蓝。

60. 伊一拐一拐咯走过来，相渠阿姐勒门口亭坐唧。／他一拐一拐地走过来，看见他姐姐正在门口边坐着。

三　宁海

1. ① 吾嘴脯勿活络，吾讲其勿过。／我笨嘴笨舌的，我说不过他。② 吾嘴脯呒告用，吾讲勿过其。／我嘴笨，我说他不过。

2. 认着尔难过死唧！／看到你讨厌死了！

3. 尔噶唔地方人？吾宁海人。／你是哪里人？我是宁海人。

4. 尔去问子相，其饭还要吃一碗凑？／你去问问看，他饭要不要再吃一碗？

5. 其上海去过唧，吾呒啵去过。／他去过上海，我没有去过。

6. 其干来㖸,呒啵来葛地。／他们在这儿,不在那儿。

7. 葛个东西有稍掂重啦?有五十斤重嗳。／那个东西有多重呢?五十斤重。

8. 其老酒吃醉嘞,乱讲乱划嘞。／他酒喝多了,开始说胡话。

9. 其今年几岁啦?大约莫三十汪岁。／他今年多大岁数?大概三十岁左右。

10. ①尔先去好嘞,何等暗地再去。／你先去吧,我们等一会儿再去。②尔先去嚰,吾干等一枪再去。／你先去嘛,我们等一会儿再去。

11. 来嗅子相格朵花香勿香?嗳嗳香喔,是哦?／来闻闻这朵花香不香?香得很哦,是不是?

12. 尔到何开去?吾到街头去。／你到哪儿去?我上街去。

13. 格个大,葛个小,格两个何里个好地嗳?／这个大,那个小,这两个哪一个好一点呢?

14. 水滚了省好吃。／水烧开才能喝。

15. 吾牵尔同班去。／我跟你一块儿去。

16. 吾咯笔嗲其落◇ [fiau²¹³] 嘞。／我的笔被他弄丢了。

17. 格个事干要照规矩来做。／这种事要按照规定来处理。

18. 荔枝蛮贱咯,五角一斤,随便尔拣。／荔枝很便宜,五毛钱一斤,任你挑选。

19. 卖勿卖随尔,买勿买随我。／卖不卖随便你,买不买由着我。

20. 葛嗒地方吾老早枪来过嘞。／那个地方我曾经来过。

21. 天家要落雨嘞,快地去!／天要下雨了,快走!

22. 苦醒挖起来,肚皮痛到枪。／从早上起床起,肚子一直疼到现在。

23. ①其蛮会吃酒。／他很会喝酒。②其酒蛮会吃。／他酒很会喝。

24. 菜忒咸,呒告吃。／菜太咸,不好吃。

25. 其白常来买东西咯。／他常常来买东西的。

26. 吾待刚到,饭还呒啵吃。／我刚刚到,还没吃饭。

27. 格身衣裳勿长勿短,扣扣好。／这件衣服不长不短,正合适。

28. 葛边出事干唻,靠得吾呒啵去。／那里发生事故了,幸亏我没去。

29. 讲么会讲,做么勿会做。／只会说说,不会去做。

30. ①尔脚踏车借嗨吾骑几日。②尔拔脚踏车借嗨吾骑几日。／你把自行车借我骑几天。

31. 其买了一梗三斤咯鲤鱼。／他买了一条三斤重的鲤鱼。

32. 其庥嗨介栋屋塌落来嘞。／他住的这幢房子倒塌了。

33. 尔慢慢斯走，耐急急！／你慢慢儿走，别着急！

34. 风一蓬一蓬咯吹来，其慢慢子直起来嘞。／风一阵一阵地吹进来，他慢慢地站了起来。

35. 其拨桌凳揩得清清爽爽。／他把桌子擦得干干净净。

36. 其路走得嗳嗳快。／他走路走得很快。

37. ①扡得动哦？吾会扡动，其扡勿动。②扡得动哦？吾扡得动，其扡子勿动。／拿得动吗？我拿得动，他拿不动。

38. 其嘞包里相摸出一梗锁匙。／他从包里面摸出了一把钥匙。

39. 尔个话，吾会听懂；其个话，吾听勿懂。／你的话，我听得懂；他的话，我听不懂。

40. ①吾对得起其，其对勿起吾。②吾对其得起，其对吾勿起。／我对得起他，他对不起我。

41. 介的蛮远喔，走了三日省走到。／那儿挺远的，走了整整三天才到。

42. 阿等干烧夜饭喔！／咱们来做晚饭吧！

43. 衣裳统子收转来喔！／把衣服都收进来吧！

44. 走了介长时间，脚底心走得起泡嘞。／走了很久，走得脚底都起了泡了。

45. 街头人嗳嗳多哦。／街上有很多人。

46. 葛只鸟飞去嘞。／那只鸟飞走了。

47. 格朗小人何叠转来，嘎高兴？／这些小孩从哪里回来，这么高兴？

48. 葛朗书吾抛掉嘞。／那些书我不要了。

49. ①其告向吾一样事干。／他告诉我一件事。②其讲得吾听一样事干。／他对我说了一件事。

50. 其屋里清清爽爽咯，庥得蛮惬意。／他家里干干净净的，住得很舒服。

51. 格条河有500米宽，游过去蛮难咯。／河面有五百米宽，不容易游过去。

52. 其人勿长，有底柴。／他身材不高，有点瘦。
53. 拔门关关好！／把门关上！
54. 好两只花盆嘚人家抲去嘞。／花盆被人拿走了好几个。
55. 天亮吾牵尔坐飞机到上海去。／明天我们一起坐飞机去上海。
56. 茄夜饭吃好相戏去嘞。／他们吃过晚饭看戏去了。
57. 耐拔脚踏车搓落◇［fiau213］嘞。／别把自行车弄丢了。
58. 吾头有底昏，忖去睏一枪。／我的头有点晕，想去睡一会儿。
59. 尔为葛唔要介急急底咯去？／你为什么要这么急着回去？

第二节 宁波方言三片代表点的词法特点

宁波各地方言语法既有吴语的一般特点，又有自身的一些特点，内部差异不大。田野调查语料显示，宁波各县市的语法面貌比起语音词汇来，差异要小得多。下面论述词法特点中列举的方言词语，只展示词形，其读音已在语音或者词汇章节中标注。词形所选用的字，部分为本字，写不出本字的为同音借代的方言记音字，与其字所代表的词的意义无关。如"轻轻叫"的"叫"字、"慢慢个"的"个"字、"介管(这些)"两个字、"看头"的"头"，等。

一 丰富的词缀

词法是指词素组合成词的规则和词的变化规则。最能体现宁波方言词法特点的是附加式和重叠式合成词。

宁波方言附加式合成词的词法特点主要表现在附加成分——丰富的词缀上。词缀的功能是不构成新词，没有它，词根的意义基本不变，但有了它，可以为原词根增加生动形象的修辞表达效果，或者使词根的词义表达程度有所增强。宁波方言的词缀较其他吴语，种类要丰富得多。主要有名词、形容词、动词三大词缀，尤以形容词词缀最为丰富。

（一）形容词词缀

构词方式主要是形容词+各类词缀。还存在不少词缀的生动形式，各代表点大同小异。

主要有"动""头""叫""个""煞""得""里""相""括""不刺""括斯""得斯""透骨""刮得""格楞敦""的剥落""石骨铁"等。

"动"：晕晕动、旺旺动、投投动、摇摇动、抬抬动、急急动、嘈嘈动、戳戳动、跳跳动、戚戚动、拐拐动、摆摆动、搅搅动

"头"：苦头、大头、虚头、亮头、滑头、独头、高头、花头、老实头、甜嫩头、畜头

"叫"：慢慢叫、好好叫、轻轻叫、快快叫

"个"：慢慢个、好好个、轻轻个、定定个、侎侎个

"煞"：煞清爽、高兴煞、悔煞、急煞人、痛煞、恨煞

"得"：大面大得、瘪嘴瘪得、背时背得、呆脸呆得、厚嘴厚得

"里"：碧绿里、雪白里、菲薄里、的滑里、骨直里

"相"：软相、滑相、斯文相、高兴相、难熬相、瞎讲相

"括"：冰括冷、雪括淡、贼括老、黑括嫩、锃括亮

"不刺"：危险不刺、怕人不刺、罪过不刺、腻腥不刺、小气不刺

"括斯"：冰括斯冷、雪括斯淡、贼括斯老、锃括斯亮、粉刮斯黄、石刮斯硬、绵刮斯软

"得斯"：血得斯红、滚得斯圆、屁得斯轻、怪得斯酸、焦得斯黄、松得斯黄、耿得斯青

"透骨"：透骨新鲜

"刮得"：腥气刮得

"格楞敦"：小格楞敦、杂格楞敦、仄格楞敦

"的剥落"：呆的剥落、灰的剥落、黑的剥落、硬的剥落

"石骨铁"：石骨铁硬

慈溪浒山有特色的还有"簌刮新、石骨头硬、海威威灵、生的脖落、团的脖落"等；宁海有特色的还有"辣赫赫、臭烘烘、稳当当、湿渌渌、燥麸麸、火火热、年年好，等。

此外，还存在"老早百里（早就）、毕发毕准（肯定）、三话四话（剧照）"等副词的生动形式。

（二）**名词词缀**

名词词缀主要有"阿""老""子""头"等。"阿""老"一般用于前缀，"子""头"一般用于后缀，还有一些诸如"红猛日头"名词词缀

生动形式等。举例如下：

1. "阿""老" + 词根

阿姆、阿婶、阿婆、阿末名、阿爹、阿姐、阿叔、阿伯、阿大、阿嫂、阿嬢；

老嬭、老酒、老鸭、老酵、老婆、老公公、老嫮、老早、老鸦、老倌、老女；

2. 词根 + "子""头"

今末子、明朝子、闲早子、头毛子、老底子；

竹头、日头、角落头、奶奶头、布头、额角头、厕缸头、黄昏头、肩胛头、夜更头；

（三）动词词缀

1. V 记 V 记或 V 咯 V

相记相记、摸记摸记、张记张记、张记望记；坐咯坐、忖咯忖、读咯读、讲咯讲

2. 词根+"头"

看头、讲头、派头、妍头、盖头、赚头、塞头、靠头、忖头、搭头、结头、找头_{找兑的零钱}

二　重叠式构形

（一）动词重叠

AA 式动词重叠有：咸菜腌腌、饭去热热、溻溻（汰汰）衣裳、少吃吃、多来来、新闻看看、田种种、肉卖卖、猪杀杀、麻将搓搓、酒喝喝等。有的还可以加上表时量的补语或宾语，表示某一动作过去发生目前仍在持续，句末一般用语气词。例如：其街里去去弗来了；去去已经一个多月了；外婆死死三年了；葛朵花开开有个把月了；葛只手骨痛痛半年了；生生病有半年了；爬爬起半日了。

另外动词重叠有三种派生结构：

一是 VVO 式：即动词重叠加宾语的形式，这种重叠式中的宾语 O 一般是受事宾语。例如：嗅嗅嘴、拍拍手、带带信、出出头、出出气、落落脚、做做人、吃吃香烟、掸掸缝尘、排排坐等。

二是 VVC 式：重叠式中的 C 多为形容词或趋向动词。例如：冻冻煞、碰碰着、敲敲开、弄弄好、烧烧好、推推到、记记牢、跌跌落、拉拉直、

踢踢出、付付掉、翻翻落、吹吹燥、摆摆齐、敲敲破等。

三是 VVN 或 NVV 式：例如：打打老 K、搓搓麻将、跳跳舞、唱唱歌；茶吃吃、觉睏睏、报纸看看、香烟吃吃等。

（二）形容词重叠

形容词重叠主要有两种表现形式：

一是在单音节形容词 A 作词根时，在 A 前加上叠音前缀 BB，表示"很"的意义，构成 BBA 词组；而在普通话中一般不能构成 BBA 式，只能构成 BA 式。对照如下所示：

方言	普通话	方言	普通话
血血红	血红	滚滚圆	滚圆
碧碧绿	碧绿	笔笔直	笔直
蜡蜡黄	蜡黄	墨墨黑	漆黑
雪雪白	雪白	冰冰冷	冰冷
蜜蜜甜	蜜甜	喷喷香	喷香

二是在单音节形容词 A 作词根时，在 A 后加上叠音后缀 BB，表示"有点儿、有一些"意义，构成 ABB 词组；如"红旭旭（有点儿红）""白拓拓（有点儿白）""绿映映（有一些绿）""甜咪咪（有一些甜）"等。普通话中 A 词根后虽然也能加叠音后缀 BB，构成 ABB 式，但表达的意义与宁波方言不同，表示"很"的意义；如"红艳艳""绿油油""冷冰冰""黑漆漆"等。

三　少数词语仍保留古词序

宁波方言中有一些复合词的词素组合顺序与普通话相反，中心词素在前，修饰词素在后，是早期古越语底层词在现代吴语中的遗留，体现了滞古层次。各地基本一致，没有差异，只是数量多少的差异。如下所示：

宁波方言	普通话
豆腐生（名词+修饰成分）	生豆腐（修饰成分+名词）
人客　（名词+修饰成分）	客人　（修饰成分+名词）
鞋拖　（名词+修饰成分）	拖鞋　（修饰成分+名词）
菜干　（名词+修饰成分）	干菜　（修饰成分+名词）
蛳螺　（名词+修饰成分）	螺蛳　（修饰成分+名词）

气力	（名词+修饰成分）	力气	（修饰成分+名词）
齐整	（形容词+修饰成分）	整齐	（修饰成分+形容词）
闹热	（形容词+修饰成分）	热闹	（修饰成分+形容词）
欢喜	（形容词+修饰成分）	喜欢	（修饰成分+形容词）
到快	（动词+修饰成分）	快到	（修饰成分+动词）
火着	（名词词素+动词词素）	着火	（动词词素+名词词素）

四　指示代词无远指和近指之分

指示代词的词法特点是吴语中极具特色的一部分。宁波方言多数调查点除慈城外，没有像普通话那样的，指示代词内部有相互对立的表示近指和远指系列的两套指示词："这"类为近指代词以宁波老三区和象山丹城为例，列举如下所示：

1. <u>该</u>个人比<u>该</u>个人长／这个人比那个人高。（宁波海曙）
2. <u>该</u>个人吭没<u>该</u>个人好／那个没有这个好。（宁波海曙）
3. <u>噶</u>个比<u>噶</u>个要好。／这个比那个好。（象山丹城）
4. 弗是<u>噶么</u>做，是要<u>噶么</u>个做咯。／不是那么做，是要这么做的。（象山丹城）

在具体语境中，表达近指和远指意义的句子，有时为了显示区别，常常用词义相同词形不同的词表示，如："其来该里，弗来该面""该个比堂个好""该眼屋勿如堂眼屋好"。此外还有一个比较固定的句式——"……介""……既"：该人交关难弄，介也勿是，既也勿是。

宁波老三区表示处所意义的指示词，老派一般多用"该厢、该面"，新派多用"该里"；乡下一般多用"荡地""荡偶［nœɤ³³］"；"荡队［dɔ̃²³dɐɪ²³］""该队［kiɪʔ⁵dɐɪ²³］"等。

第三节　宁波方言三片代表点的句法特点

本节从宁波方言三片中各选取一个代表点的调查语料，阐述其句法特点。甬江小片以宁波海曙为代表点，临绍小片以慈溪浒山为代表点，宁象小片以宁海跃龙为代表点；三个代表点均为该县市政府所在地。

一 常见句式对照

(一) 否字句

普通话的否定句常使用否定词"不",宁波方言的否定词比普通话丰富得多,主要有"勿、呒、弗、莫、末、灭、谬、勿要、勿会、甮、呒告、呒没"等。常见否字句式与普通话对照如表5-1所示。

表5-1　　　　　　　　　否字句与普通话对照

宁波方言	普通话
海曙：吾嘴巴笨笨咯,讲其弗过。	我嘴笨,说不过他。
浒山：吾嘴巴笨,话弗渠过。	
跃龙：吾嘴脯呒告用,讲其勿过/讲勿过其。	
海曙：莫客气,就嗮自家屋落一样呕!	你别客气,跟在自己家里一样啊!
浒山：侬呒告客气,捉自家屋里一样咯。	
跃龙：尔耐客气,嘞自家屋里一样奥。	
海曙：介管钞票划欠够。	这些钱还不够。
浒山：益捏钞票划欠够咯。	
跃龙：葛朗钞票划欠够嘞。	
海曙：该尚起风唻,羽毛球打弗来嘞。	现在刮风了,无法打羽毛球了。
浒山：葛毛起风咯,羽毛球打弗来哉。	
跃龙：格枪吹风嘞,羽毛球打勿来喼。	

(二) 比较句

比较句通常包含比较项(比较的对象)、比较值(比较的结论,或称结论项)和比较词。宁波方言,所用的比较词主要有"得……一样""像……样""得勿如……""比""比比""勿及、比勿过""像介"等。常见比较句式与普通话对照如表5-2所示。

表5-2　　　　　　　　　比较句式与普通话对照

宁波方言	普通话
海曙：坐嘞吃还是立嘞吃好一眼。	坐着吃比站着吃好些。
浒山：坐哞吃捉蹰哞吃乐惠。	
跃龙：坐嘚吃还是直嘚吃好跌。	

宁波方言	普通话
海曙：该喔大，该喔小，该两个阿里一个好一眼？ 浒山：益个大，扛个小，益两个阿里个好一眼眼？ 跃龙：葛个大，嘎个小，葛两个阿个好跌啊？	这个大，那个小，这两个哪一个好一点呢？
海曙：其得吾一样长。 浒山：渠像吾一样长。 跃龙：其嘚吾同般长。	他与我一般高。
海曙：吾读书比勿过阿拉阿弟。 浒山：吾读书比吾阿弟疲。 跃龙：吾读书呒啵吾阿弟好。	我读书不如我弟弟。

（三）疑问句

用疑问语气的句子是疑问句。从意义上看，疑问句可分为有疑而问和无疑而问两大类。按结构的特点可分为是非问、特指问、选择问和正反问四类。是非问句末语气词主要有"啊、啰、哨、啦"等；特指问句中含有疑问代词，常见的有"啥、啥人、阿里个、阿啥、啥希、咋末介、咋、咋毛、咋光景、阿里、何开、啥地方、啥辰光、咋够、样格几"等；选择问一般用表示选择义的"还"构成"X 还是 Y"结构；正反问一般由X+句末语气词构成；不像普通话那样由正反肯定和否定相叠的形式构成，如"要不要""去不去"等。常见疑问句式与普通话对照如表5-3所法。

表 5-3　　　　　　　疑问句与普通话对照

宁波方言	普通话
海曙：侬咋会介做啦？ 浒山：侬样格几会介做？ 跃龙：尔咋缺样做？	你怎么会这么做？
海曙：其阿啥勿去啦？ 浒山：渠为啥西弗去？ 跃龙：其为噶嘚勿去？	他为什么不去啊？

宁波方言	普通话
海曙：侬到阿里去？	你到哪儿去？
浒山：侬到阿头去？	
跃龙：尔到何开去？	
海曙：明朝吾要去吠？	明天我要不要去？
浒山：明朝吾要去哦？	
跃龙：天亮我要去吠？	
海曙：后日子姆妈生日，是弗啦？	后天是妈妈生日，是不是？
浒山：后日子姆嬷生日，是哦？	
跃龙：后日子姆妈生日，是吠？	
海曙：其饭吃过嚄，尔饭吃过哦？	他吃了饭了，你吃了饭没有？
浒山：渠饭吃过哉，侬饭吃过郎咪？	
跃龙：其饭吃过嘞，尔吃过吭啵？	

（四）被动句

宁波方言的被动句分为有标和无标被动句。有标被动句结构主要为：受事者+标记词+施动（事）者+动词，宁波三片代表点，除了标记词不同外，结构相同；无标被动句是没有任何被动标记词的受事主语句，各地句式结构相同。普通话有标被动句有时可以省略施动者，但宁波方言不能省去施动者，否则不成句。常见被动句式与普通话对照如表5-4所示。

表5-4　　　　　　　　　被动句与普通话对照

宁波方言句	普通话
海曙：碗盏拨其敲破唻。	碗被他打破了。/碗被打破了。
浒山：碗盏捉渠敲破哉。	
跃龙：碗分其敲破嘞。	
海曙：其拨人家骗唻。	他被人骗了。/他被骗了。
浒山：渠捉人家骗子去哉。	
跃龙：其得人家骗去嘞。	
海曙：莫拨尔姆妈晓得。	不要被你妈妈知道。
浒山：弗得捉侬姆嬷晓得。	
跃龙：耐得尔姆妈晓得。	

宁波方言句	普通话
海曙：碗盏敲破唻。 浒山：饭碗敲破哉。 跃龙：碗盏敲破嘞。	饭碗摔碎了。
海曙：被头叠好唻。 浒山：被头叠好哉。 跃龙：棉被叠好嘞。	被子叠好了。

(五) 处置句

凡是用助动词将目的语提到叙述词的前面，以表示一种处置者，叫作处置句。普通话处置句的结构形式一般为：N1+把+N2+VP；宁波方言大同小异，只是"N1+把+N2"之后可以加补语。常见处置句式与普通话对照如表 5-5 所示。

表 5-5　　　　　　　　　处置句与普通话对照

宁波方言句	普通话
海曙：尔得该袋米捞到楼噔去。	你把这袋米拿到楼上去。
浒山：侬得该袋米捞到楼噔去。/益袋米侬扡到楼高头去。	
跃龙：侬拨葛袋米扡到楼高头去。	
海曙：得衣裳晒晒燥。/得衣裳喤喤燥。	把衣服晒干。
浒山：得衣裳晒晒燥。/得衣裳喤喤燥。	
跃龙：拨衣裳晒晒燥。	
海曙：得该本书扡拨吾。/该本书捞捞拨吾。	把那本书拿给我
浒山：得扛本书扡作吾。/扛本书扡扡作吾。	
跃龙：拨嘎本书扡来抉喡吾。	
海曙：花瓶拨阿妹敲破嘞，得其肉痛煞唻。	花瓶被妹妹摔碎了，他心痛死了。
浒山：花瓶捉阿妹掼碎哉，得渠肉痛煞唻。	
跃龙：花瓶得阿妹敲破嘞，作其肉痛煞唻。	

（六）双宾语句

所谓双宾语，就是指有些动词后面可以带两个宾语，即指人的间接宾语和指物的直接宾语，称为双宾语句。普通话双宾语句的结构为："主语+及物动词+间接宾语+直接宾语"。宁波市区方言与上海话一样，间接宾语和直接宾语的位置可以前后调换，还可以将直接宾语提前至主语位置，语序比较灵活多变。其他两小片嗰语序比较固定。

表 5-6　　　　　　　　双宾语句与普通话对照

宁波方言句	普通话
海曙：拔吾一本书。/拔一本书吾。/书拔吾一本。	给我一本书。
浒山：得扛本书扡作吾。/扛本书扡扡作吾。	
跃龙：拔嘎本书扡来抉嗰侬。	
海曙：姆妈拔吾一双新鞋绊。	妈妈给我一双新鞋。
浒山：姆嬷作吾勒一双新鞋。	
跃龙：姆妈抉嗰我一双新鞋。	
海曙：退十块钞票拨小王。	退小王十元钱
浒山：退十块钞票作小王。	
跃龙：退十块钞票抉嗰小王。	

（七）"在"字句

宁波方言"在"字句中的"在"，与普通话一样，属于兼类词，兼有动词、介词、副词三个词类，但句式表达比较有特色，可以随着人称的变化而变化。常见"在"字句式与普通话对照如表 5-7 所示。

表 5-7　　　　　　　　"在"字句与普通话对照

宁波方言句	普通话
海曙：吾来嗰屋落，其也来盖屋落。	我在家里，他也在家里。
浒山：吾来嗰屋里，渠也来盖屋里。	
跃龙：我来嗰屋里，其也来屋里。	
海曙：吾得宁波来嗰嬲和，其得杭州来盖嬲和。	我在宁波玩，他在杭州玩。
浒山：吾来嗰宁波嬉，渠来盖杭州嬉。	
跃龙：我来嗰宁波嬉，其嘟杭州嬉。	

续表

宁波方言句	普通话
海曙：其搭一个朋友来盖讲闲话。 浒山：渠捉一个朋友来盖话索话。 跃龙：其牵一个朋友家来喏讲话。	他正在同一个朋友说着话呢。

二　句法语序

宁波方言语序既有吴语方言的共性，也具有自身的特点，各地差异不大。现举宁波海曙方言点为例。与普通话相比，主要表现在以下几个方面。

（一）普通话句子语序基本呈 SVO（S 为主语，V 为动词谓语，O 为动词谓语的宾语）式结构，即主语+谓语动词+宾语；而宁波方言存在大量 SOV 句，呈现主语+宾语+动词，对比如下：

宁波方言	普通话
吾饭老早子吃过嘞。	我早就吃过饭了。
吾钞票呒嘚。	我没钱。
睏觉房间香烟吃勿来咯。	卧室不能抽烟的。
阿哥手膀高头纱布包嘀。	阿哥手臂上缠着纱布。
阿爸门开开！	爸爸开一下门！
侬每日游戏打打，就是书勿看。	你每天打游戏，就是不看书。
吾该本书老早看过嘞。	我早就看过这本书了。
今末夜到吾作业做嘚好。	今晚我能做完作业。/今晚我能把作业做完。

（二）普通话中"动+'过'+宾"的句子在宁波方言里说成"动+宾+'过'"或"宾+动+'过'"的形式。

宁波方言	普通话
吾问其过了。	我问过他了。
尔看张其过勿啦？	你有没有看见过他啊？
吾打勿过其。/吾其打勿过。	我打不过他。
其吾比勿过。/吾比勿过其。	我比不过他。
讲讲限板讲其勿过。	说说肯定说不过他。

吾戏文看过嘞。/戏文吾看过嘞。　　我看过戏了。

（三）普通话"动+补+宾"的句式在宁波方言里说成"宾+动+补"，有时，表示否定的"弗"还可以置于宾语前面。

宁波方言	普通话
阿拉饭吃好该。	我的吃完饭了。
吾衣裳潗清爽该。	我洗完衣服了。
其上海回转该。	他回上海了。
其饭吃弗饱。	他吃不饱饭。
吾对其弗过。	我对不起他。
吾寻其弗着。	我找不到他。

（四）普通话中，动词重叠不能带数量成分，而宁波方言部分动词重叠可以与数量成分共现，并且在有些特定的句式中，动词重叠必须带数量成分。

宁波方言	普通话
其北京去去有一喔礼拜嘞。	他去上海有一个星期了。
该部车吾开开划结半日，就弄泥腥嘞。	这件衣服我只穿了半天，就弄脏了。
其作业做做好，有眼时间嘞。	他做完作业有点时间了。
该人咯手拨茅草刺刺破，有好几回嘞。	这个人的手被茅草刺破好几次了。
其拉该个月钞票结结落，有好几万块嘞。	他们这个月积攒下好几万元钱了。

（五）普通话中介词经常置于名词前，构成介词结构作状语，而在宁波方言中这种介词用法比较特殊。

宁波方言	普通话
贼骨头屙坑间里幽该。	小偷在厕所里躲着。
老师黑板高头来盖写字。	老师在黑板上写字。
其银行一笔钞票借来嘞。	他从银行贷来了一笔钱。
阿拉仓库里头一批备用品调来的哝。	我们从仓库里调来了一批备用品。
大家到吾地方电影票拕去。	各位到我这里来拿电影票。

（六）特殊语序

普通话的"你先回去"，在宁波方言中有两种表达形式：尔回转去先/尔先回转去；普通话中的"等我先搞好再去"，也有多种表达形式：等吾弄好先再去/等吾弄好子再去/等吾先弄好子再去。

三　差比句

宁波方言中的差比句常见的有两种："还是"差比句和"比"差比

句。但两者的句式结构和语序有所不同。"还是"差比句的结构为"比较基准+还是+比较主体+比较参项"。

1. 侬还是其好看。/他比你漂亮。
2. 搭其比，侬还是其长。/与他相比，你还是他高。

"比"差比句的结构为"比较主体+比+比较其准+比较参项"。

1. 其比吾好看。/他比我漂亮。
2. 搭其比，侬比其长。/与他比，你比他高。

从句法上看，"还是"差比句句首的"比较基准项"，若无语境可推知的话，一般不能省略。如果"比较基准项"说话者本人，则以省略为常见，如"（吾）还是其好看"和"搭其比，（吾）还是其好看"，强调的语义更突出，有"他比我更好看"之意。而"比"差比句，四个结构均不可省略，语义上也无"更"之意。

四 时体句

学界把普通话中的"着、了、过"看作"体"的标志，也有的看作"典型的时态助词"。我们将其视作具有表达时体句意义的综合句法标记。宁波方言时体句式结构，各地差别不大。现举比较有特色的慈溪方言为例，来展示表达时体意义的句式特点，主要有以下九种。

（一）进行体

所谓进行体，表示句子所陈述的事件正在进行之中。慈溪方言与普通话的进行体句表达方式一样，主要是通过"词汇"手段实现的。一般通过在动词之前加副词"来嗨"或"来盖"的词汇手段实现；普通话的进行体句表达方式，一般有两种：一是在动词之前加体助词"正在""在""正……呢"，表示"正在做什么"之意；二是在动词之后加体助词"着"，表示动作正在进行中。两者的表达方式对比见表5-8（对比点见斜体字所示，以下各表同）。

表 5-8　　　　　　　　进行体句与普通话对比

慈溪方言	普通话
1. 嗯娘**来嗨**补衣裳，阿姐**来盖**烧饭。	妈妈**在**缝补衣服，姐姐**在**煮饭。
2. 吾呒**来嗨**吃饭，吾**来盖**扫地。	我没**在**吃饭，我**正在**扫地。

续表

慈溪方言	普通话
3. 外头*来嗨*落雨，要带洋伞咯。	外面*正在*下雨呢，要带伞。
4. 益个小人*来嗨*眠床高头嬉。	这个小孩*在*床上玩*呢*。
5. 渠*来盖*弄啥西？渠*来盖*抱小人。	他*在*干什么？他*在*抱孩子。
6. 吾*益头*叫，*益头*讲嘞交关多个索话。	我边哭边说*着*许多话。

表 5-8 第 6 句慈溪方言句，因没有与普通话相对应的表达方式，只能用复句的形式来实现其语义的表达："我（吾）一边（益头）哭（叫），一边（益头）说了（讲嘞）许多（交关多）的（个）话（索话）。"

（二）持续体

所谓持续体，是指事件里的动作行为呈持续不断的状态。普通话的动词持续体一般用体助词"着"附在动词之后构成。从形式上看，它与进行体"动+着"的格式相近，但与进行体属于不同的状态类型。进行体的"动+着"结构前可加上副词"正在、在"，强调动作正在进行的状态，一般由"哭、笑、说、跑、跳"一类动词构成；而持续体的"动+着"结构前不能加，一般由"拿、等、站、坐、躺、戴"等一类表示持续状态类动词构成。如：他哭着＝他正在哭（进行体）；他站着≠他正在站（持续体）。

慈溪方言的动词持续体一般在动词后加体助词"佬"构成，动词也是由表示持续状态意义类动词充当。与普通话的表达方式对比，如表 5-9 所示。

表 5-9　　　　　　持续体句与普通话对比之一

慈溪方言	普通话
7. 吾来嗨办公室*等*侬*佬*。	我在办公室里*等着*你。
8. 渠手里*挖佬*只杯子。	他手里*拿着*一个杯子
9. 益部车*停*嗨门口头*佬*。／益部车来嗨门口*停佬*。	这辆车在门口*停着*。
10. 房间里灯*亮佬*。	房间里*亮着*灯。
11. *坐佬*，弗咯蹶起来。	*坐着*，不要站起来。

	慈溪方言	普通话
12.	渠头高头帽咓没**戴佬**。	他头上没**戴着**帽子。
13.	渠来嘚门口头**跍佬**相报。	他在门口**蹲着**看报。

表 5-9 对比显示，慈溪话持续体动词后面的助词"佬"，紧跟动词之后，也可在动词与"佬"中间插入其他句子成分，如第 7 句和 9 句；而普通话组合紧密，不能插入其他句子成分。

此外，持续体还表示动作继续进行。普通话常使用表示趋向意义的、已经虚化了的体助词"下去"附加在动词之后构成，有时也可以不用体助词表示动作继续的语法意义。慈溪方言与普通话的表达方式基本一致，一般使用与普通话相类似的体助词"落去"来表示。与普通话对比如表 5-10 所示。

表 5-10　　　　　持续体句与普通话对比之二

	慈溪方言	普通话
14.	侬个毛气**落去**要气出病来咯。	你这样气**下去**会气出病的。
15.	鞋拉随鞋拉讲**落去**，勿去管渠咯！	我们只管谈**下去**，别去管他！
16.	天家还要热**落去**，人熬吃弗落咯。	天再热**下去**，人会受不了的。
17.	鞋拉弗咯做**落去**哉。	我们不再干**下去**了。
18.	侬讲**落去**，鞋拉乌塞欢喜听。	你说**下去**，我们都愿意听。
19.	雪即顾来嘚落。	雪在不停地在下着。

表 5-10 的第 14—18 句，都使用体助词来表示动作的继续进行，第 19 句，没有使用体助词，同样也能表示动作的持续性。

（三）存续体

所谓存续体，表示的是动作行为实现后其状态在延续或存在。普通话一般是在动词后附上动态助词"着"构成；慈溪方言一般是动词后附上动态助词"咾"构成，两者的表达方式基本一致。举例对比如表 5-11 所示。

表 5-11　　　　　　　　　存续体句与普通话对比

慈溪方言	普通话
20. 门**开咾**，里头呒没人。	门**开着**，里面没有人。
21. 渠屋里**来咾**。	他在房间里**待着**。
22. 桌高头一杯水**揞咾**。	桌上**放着**一杯水。
23. 钞票大衣橱里**囥咾**。	大衣橱里**藏着**钱。
24. 墙高头一幅画**挂咾**。	墙上**挂着**一幅画。

表 5-11 对比显示，慈溪方言和普通话的共同点是动词和体助词紧贴着，中间不能插入其他句子成分；不同点在于慈溪方言动词+体助词后面不能带宾语，普通话则可以带宾语，如第 22—24 句。

小结：语言学界将以上三种时体句，称为"VP+着"句式，表示动作正在进行（笑着、看着、盯着）中的"着"叫作"着$_1$"；表示动作不间断地反复进行（频频点着头、亮着灯、戴着帽）中的"着"叫作"着$_2$"；表示动作状态延续（挂着、放着、开着）中的"着"叫作"着$_3$"。

（四）完成体和已然体

普通话动词的完成体和已然体关系密切，常常共现于同一个句子中。一般称句中表示完成体的"了"为"了1"，句末表示已然体的"了"为"了2"。实际上，"了2"在许多情况下，兼有表示已然和完成体的意义，如"你饭吃了吗?"中的"了"，兼表已然和完成体，所以将它们放在一起阐述。

完成体表示动作已经完成。慈溪方言的完成体标记词为"过""嘞"或"子"。普通话的完成体一般在动词（包括动词化了的形容词）后加"了"（即了1）构成。已然体表示动作所产生的状况已经成为事实。慈溪方言的已然体句一般在句末用语气助词"唥哉""唥咪""子"表示；普通话的已然体在句子末尾用助词"了"（即了2）构成。两者完成体和已然体的句式表达方法对比如表 5-12 所示。

表 5-12　　　　　　　　　完成体和已然体句与普通话对比

慈溪方言	普通话
25. 吾饭吃**过唥哉**，侬吃**过唥咪**?	我吃$了_1$饭$了_2$，你吃$了_{1;2}$吗?

慈溪方言	普通话
26. 侬药省得吃**过**，茶吃弗来咯。	你刚吃了$_1$药，不能喝茶。
27. 吾去**嘞**三达还呒寻着渠**过**。	我去了$_1$三趟都没找到他。
28. 鞋拉寻介毛几本书，寻**嘞**时光捏咯唥哉。	我们找这几本书找了$_2$好久。
29. 侬娘娘毛病生**嘞**几日唥哉？三日唥哉。	你奶奶病了$_1$几天了$_2$？三天了$_2$。
30. 吾饭吃**子**再去。	我吃了$_1$饭再去。
31. 等毛病好**子**再走。	等病好了$_1$再走。
32. 阿爷买**子**西瓜**嘞**。	爷爷买了$_1$西瓜了$_2$。
33. 吾敲碎**嘞**一只盘。／一只盘捏吾敲碎**唥哉**。	我打破了$_1$一个盘儿。

表 5-12 第 25—32 句表达时体，都是通过"词汇"手段实现的；第 33 句则是通过"词汇"或"词汇—语法"手段实现的，斜杠前一个句子通过"嘞"，后一个句子则是通过词汇"唥哉"和被动语序的语法手段实现的。

（五）短暂体和尝试体

短暂体表示动作的短暂性；尝试体表示动作的尝试性。动作的短暂和尝试在语义上联系比较密切，所以也放在一起阐述。普通话中表示动词短时态和尝试态意义的，都可以用动词重叠式表示。慈溪方言动词的短暂体和尝试体与普通话的表达方式大体一致，一般也用动词重叠式来表示。两者的句式表达方法对比如表 5-13 所示。

表 5-13　　　　短暂体和尝试体句与普通话对比

慈溪方言	普通话
34. 落班子，渠**趟趟**街。	下班后，她**逛逛**街。
35. 渠手**摇摇**捏囡再会。	他**挥挥**手向女儿告别。
36. 吾到外头去**嬉一呛**到末来。	我到外面**走走**就回来。
37. 侬去**拜拜**菩萨，运道会好咯。	你去**拜**一下菩萨，会有好运的。

续表

慈溪方言	普通话
38. 益头一件衣裳侬去**范范**看，穿子正好呋？	这件衣服你**试试**看，穿上合不合身？
39. 益个菜咯咪道吾来**范范**看。	我来**尝尝**看这个菜的味道。
40. 侬去**摸摸**看，相相渠烫弗烫。	你去**摸摸**看，它烫不烫。

表 5-13 对比显示，慈溪话与普通话的短暂体和尝试体意义，除了用动词重叠式表达外，也可以用动词后加"一下"（普通话）、"一呛"（慈溪话）来表示。慈溪话表示尝试体的动词重叠后必须加"看"，一般不能在重叠动词中间加"一"，表示短暂体的重叠动词中间可以加"一"，也可不加；普通话表示尝试体的动词重叠后的"看"，可加也可不加，表示短暂体的重叠动词中间可以加"一"，也可不加。

（六）经历体

经历体表示在已经过去的时间里曾经发生过的行为动作。普通话中表达动词经历体的，一般在动词后加助词"过"构成；慈溪方言表达动词经历体的方式与普通话基本一致。两者对比举例如表 5-14 所示。

表 5-14　　　　　　　　　经历体句与普通话对比

慈溪方言	普通话
41. 渠**去过**交关多咯国家。	他**到过**很多国家。
42. 侬北京**去过**呋？	你**去过**北京吗？
43. 香菇生意渠前年**做过**。	香菇生意他前年**做过**。
44. 益个下饭渠**吃过**一眼。	这菜他**吃过**一点。
45. 益部电影侬**相过**呋？	你**看过**这部电影吗？

表 5-14 对比显示，慈溪话与普通话除了动词本身的语音和词形与普通话有差异外，词的语法意义和构成方式与普通话完全一致。

（七）起始体

起始体表示动作的开始。普通话的起始体常常用表示趋向意义的、已经虚化了的体助词"起来"附着在动词之后构成，但有时不用体助词，也可以表示动作起始的语法意义。慈溪方言表达动词起始体的方式与普通话基本一致。两者对比例句如表 5-15 所示。

表 5-15　　　　　　　　起始体句与普通话对比

慈溪话	普通话
46. 渠叫*起来*咯样子捏难相。	他哭*起来*的样子很难看。
47. 益个天家十时间还热弗*起来*。	这天一下子还热不*起来*。
48. 侬样格机做*起*生意*来*哉？	你怎么做*起*生意*来*了？
49. 渠开心咯唱*起*歌*来*哉。	他高兴地唱*起*歌*来*。
50. 落雨哉，衣裳快眼*收*归*来*。	下雨了，快把衣服*收*进*来*。
51. 晨光*快到*哉，渠嗯好落车嘞。	时间*快到*了，他们可以下车了。
52. 渠捉人家*来迎*相骂嘞。	他和别人打*起来*了。
53. 天家冷*落来*嘞，衣裳多穿一件。	天气冷*起来*了，要多穿一件衣服。

表 5-15 对比显示，第 46—49 句，慈溪方言除了动词本身的语音和词形与普通话有差异外，其词的语法意义和表达方式完全一致；第 51—52 句，慈溪话和普通话的起始体句的意义都可以不用体助词，同样表达动作起始的语法意义；第 52—53 句，普通话在动词后加体助词"起来"表示，慈溪话第 52 句则在动词"相骂"前加体助词"来迎"表示，语序和用词均与普通话不同；第 53 句，在动词"冷"后加体助词"落来"，表示"下来"的意思，其语序与普通话一致，使用了与普通话"起来"趋向意义相反的体助词"下来"，在慈溪方言中富有特色。

综上所述，世界上多种语言表达时体意义时，靠的是词语自身的形态变化，而汉语表达时体意义而是通过动词本身或加"了、过、着"等"词汇"或"词汇—语法"手段来表达的。通过对慈溪方言时体句与普通话的对比阐述，揭示了它们在时体句表达方式上的异同，在体助词的使用以及句子成分的构成上慈溪方言与普通话同多异少，但句式上慈溪方言较普通话丰富。普通话时体句表达，一般最常见的句式是 SVO（S 为主语、V 为动词谓语、O 为动词谓语的宾语）结构。慈溪方言则"SVO"与"SOV"两种结构并存，如普通话表达"完成体"句"我吃了饭了"（SVO 结构）。慈溪话可以说"吾饭吃过嘞哉"（SOV），也可以说"吾吃过饭哉"（SVO）。

第六章

宁波话与上海话比较及其历史成因

宁波和上海两地深厚的渊源关系，从而使得两地方言具有较大的可比性。上海话是在以宁波方言为主的周边吴语影响下形成的一种柯因内语。将宁波话与上海话作比较，对于新上海话①形成的研究具有重要的参考价值。从民间语感上说，上海话的语音和基本词汇是宁波话的老底子。本章将宁波话和上海话从语音词汇两大方面作比较，并阐述两地方言之间的异同及其历史成因。

第一节　宁波话与上海话语音比较

笔者曾对宁波有正当职业的年轻一代作过"有关方言使用情况"的问卷调查，其中有一项题为："在你听到的方言中，最喜欢什么方言？"从抽取的150份调查表统计显示，有123位，占82%的人填写了"上海方言"，说明宁波的年轻人大都有崇尚上海话的心理。在宁波民间，一般老百姓都认为宁波话与上海话比较相像，最乐于称道的就是两种方言中把第一人称复数叫作"阿拉"。那么宁波话与上海话之间究竟有怎样的相似性呢？语音是判定两种方言相似性的主要因素，本节拟通过对宁波话（限于宁波老三区海曙、江东、江北的中派方言）与上海话（限于上海市区中派方言）的语音以及语气腔调作比较。

语音是一个相对封闭的系统，对比两者的音系，有利于归纳两者语音的异同。一般而言，方言的语音系统大致可以分为老派、中派和新派。本

---

①　新上海话，是一种被移民成就了的带有柯内因性质的混合方言，它不同于以松江镇松江方言为代表的老上海话，其形成历史不超过150年，是吸收了周边诸如松江、苏州、宁波、苏北、杭州等地区的方言土语以及洋泾浜英语词汇而形成的。

节采用现今使用人数最多、年龄在 50—65 岁左右的中派音系。宁波话语料来源于项目组田野调查；上海话音系则参考《上海市区方言志》（许宝华、汤珍珠：《上海市区方言志》，上海教育出版社 1988 年 11 月版。）的中派音系，并参考上海体育学院新闻传播系退休教师单承芳语音，大学本科文化水平，家住上海市区康定路，1937 年 8 月出生。

一 声母方面

宁波话声母 29 个，上海话声母 28 个，包括零声母 0。其中共同的声母 28 个，列表对照如下。

表 6-1　　　　　　　　宁波话与上海话声母对照

p/p	pʰ/pʰ	b/b	m/m	f/f	v/v	
t/t	tʰ/tʰ	d/d	n/n			l/l
ts/ts	tsʰ/tsʰ	dz		s/s	z/z	
tɕ/tɕ	tɕʰ/tɕʰ	dʑ/dʑ	ɕ/ɕ	ȵ/ȵ	ʑ/ʑ	
k/k	kʰ/kʰ	g/g	ŋ/ŋ	h/h	ɦ/ɦ	0/0

上海话声母系统中没有［dz］，宁波话声母比上海话多了 1 个浊声母［dz］，宁波话中读［dz］声母的，上海话一般读［z］声母。如宁波话的常用字词："茶、财、赚、慈、痔"等读［dz］声母，上海话读为［z］声母。"dz"和"z"两个浊声母，听感差别不是很大，两地方言这 5 个字词的韵母、声调差不多，所以交流起来并没有感觉到大的差别。两地方言声母系统在说话的语流中，非专业人士听感上没有明显的差异。两地的声母都具有以下几个基本一致的特点。

（一）仍保留中古全浊声母

宁波话保留 9 个古全浊声母，上海话保留 8 个古全浊声母，无［dz］声母，其分布与中古全浊声母基本一致；有一套浊的塞音、擦音和塞擦音。既有送气与不送气之分，又有清浊的对立。如"刀、掏、桃"，古音分别为"端透定"三母；宁波话和上海话分别读［t］、［tʰ］、［d］，既有［tʰ］送气音与［t］不送气音之分，又有［t］、［tʰ］清音与［d］浊音的对立。

（二）仍保留古舌根音声母［ŋ］

宁波话和上海话中古疑母仍保留舌根音［ŋ］声母。宁波话如："蛾、我、饿、牙、瓦、熬、咬、藕、岸、眼、颜、硬、额"等字；上海话如"瓦、咬、熬、牙、外、衙、饿、我、鹅、卧、梧"等字声母都读［ŋ］声母。

（三）不分尖团音

宁波话和上海话的古精组和见晓组字与普通话的演变规律一致，在与齐撮两呼韵母相拼时读音也没有分别，都读舌面音"tɕ、tɕʰ、ɕ"。如：酒（精母）＝九（见母），都读［tɕ］声母；千（清母）＝牵（溪母），都读［tɕʰ］声母；箱（心母）＝香（晓母），都读［ɕ］声母。

（四）不分平翘舌音

宁波话和上海话都只有舌尖前音声母"ts、tsʰ、s、z"一套，没有翘舌音声母"tʂ、tʂʰ、ʂ"。如：资＝知，都读"ts"声母；仓＝唱，都读"tsʰ"声母；肃＝叔，都读"s"声母。

二　韵母方面

宁波话韵母 45 个，上海话韵母 42 个，都包括 m̩、ŋ̍、l̩ 3 个自成音节的在内。按韵头韵尾情况，列表对照如下。

表 6-2　　　　　　　　宁波话与上海话韵母对照

	开尾韵										鼻尾韵	
ɿ/ɿ	ʮ	*ɣ	a/a	ɔ/ɔ	o/o	e/e	ø/ø	ɛ	əu	œY	ia	əŋ/ən	oŋ/oŋ
i/i		iʮ/iY	ia/ia	iɔ/iɔ		ie/ie						iŋ/in	
u/u			ua/ua		ou/oʊ	uɛ/uø					uɛi	uəŋ/uən	
y/y						*yø		*yn				yoŋ/ioŋ

鼻化韵		塞尾韵			自成音节		
ã/ã	ɔ̃/ã	aʔ/ɣaʔ	oʔ/oʔ	*əʔ	m̩/m̩	ŋ̍/ŋ̍	l̩/l̩
	iã/iã	*iã	iaʔ/iaʔ	ieʔ/iiʔ	*ioʔ			

续表

鼻化韵		塞尾韵			自成音节
uã/uã	uɔ̃/uã	uaʔ/ŋuaʔ		*uəʔ	
	yɔ̃		yoʔ	ɥoʔ	yeʔ/yɪʔ

表格说明：

1. 宁波话鼻韵尾 [ŋ] 和上海话鼻韵尾 [n] 的实际音值是舌面中音 [ɲ]。

2. 宁波话的 [ieʔ] 和上海话的 [iɪʔ]，单字音都有两个音位变体：与 tɕ 组声母和 0、ɦ 声母相拼时，宁波话读 [ieʔ]，上海话读 [iɪʔ]；与 p、t 两组声母相拼时，宁波话读 [iɪʔ]，上海话读 [ɪʔ]。

3. 宁波话的 [oʔ] 有 "oʔ" 和 "ɔʔ" 两个音位变体：除了与端组声母和泥来母相拼时读 [ɔʔ] 外，其余各母均读 [oʔ]。

4. 宁波话单字音的 u 韵有少数字存在鼻化色彩，上海话 [ã] 的实际音值是 [ɒ̃]。

从表 6-2 看，两地韵母相同的有 23 个，占 51.1%；音值比较接近的有 12 个，占 26.7% 左右。宁波话特有的韵母有 10 个，分别为 ɥ、ɛ、əu、œʏ、ɪa、ɪaŋ、ɥɛŋ、yɔ̃、yoʔ、ɥoʔ；上海话特有的韵母左上角加 "·"，有 7 个：ɤ、yn、yø、iã、əʔ、uəʔ、ioʔ；差异率达到 25% 左右。

（一）两地方言韵母共同点

1. 单元音韵母都很丰富

普通话只有 6 个单元音韵母，宁波话 12 个，上海话 10 个，相同的有 10 个，而且相同音韵地位字的音值，除调值外，声韵相同。

	资	主	鸡	布	雨	鞋	海	弹	高	狗	瓜	乱
宁波	ɿ	ɥ	i	u	y	a	e	ɛ	ɔ	œʏ	o	ø
上海	ɿ	ʮ	i	u	y	a	e	ɛ	ɔ	ɤ	o	ø

2. 均保留古入声韵

古塞音韵尾 -p、-t、-k，都演变为带喉塞韵尾的 "-ʔ"。ʔ 韵尾字包括古 -p、-t、-k 韵尾的全部入声字。

3. 咸山两摄鼻韵尾均已脱落

咸摄舒声字的 "-m" 尾和山摄舒声字的 "-n" 尾，均已完全脱落，读为纯元音韵母。如 "甜、变、连" 等字，均读为 [i] 韵，与止摄的

"地、比、梨"韵母完全相同。

4. 均有三个自成音节

两地都有三个自成音节"m̩、ŋ̍、l̩",而且音标完全相同,字的归属也大致相当,"l̩"只出现在文读音里。

5. 宕江两摄韵母均存在鼻化现象

两地方言的宕江两摄以及少数曾梗摄字,韵母均存在鼻化现象,且鼻韵尾有完全脱落的趋势。

(二)两地方言韵母的差异性

相对声母和声调而言,两地的韵母差异较大。

1. 遇蟹止三摄中的部分精、知、章组和日母字,宁波话有[ɿ]和[ʮ]两读,上海话只读[ɿ]韵。如宁波话中的遇摄鱼韵字"猪、书、薯"和虞韵字"株、厨、需"等,读[ʮ];蟹摄祭韵字"滞、誓"读[ɿ],祭韵章组字的"制世势逝"读[ʮ];止摄支脂之三韵的知章组字"知、池、市"等,读[ɿ];其中"鼠、汝"有[ɿ]和[ʮ]两读。上海话均读[ɿ]。

2. 上海话蟹摄和咸山两摄的韵尾均已脱落。蟹摄的"雷、来"两字和咸摄的"兰"字,大多数发音人的读音没有分别,均读[ɛ]韵。宁波话蟹开一等咍韵的"来"字读[e]韵,元音韵尾已经脱落,咸开一等谈韵的"蓝"字读[ɛ],鼻音韵尾也已经脱落,而蟹合一等灰韵的"雷"字读[ɐi],仍保留元音韵尾。新派发音人"来"与"蓝"读音基本趋同。对比如下所示:

上海:蓝=雷=来→[ɛ] 宁波:蓝[ɛ] ≠雷[ɐi] ≠来[e]

3. 大部分果摄字如"多、拖、大、罗、哥、何、波、磨、坐、过、果、火、货"等,宁波话读[əu]韵;上海话则读为[u]韵,与遇摄大部分模韵字的韵母相同,如:果摄的"婆左哥"和遇摄的"捕祖姑"都读[u]韵。

4. 两地宕江摄以及少数曾梗摄字,韵母都存在鼻化现象,都有6个鼻化韵。上海话是"ã、iã、uã"和"ɐ̃、iɐ̃、uɐ̃",两组音位对立。宁波话则是"ã、iã、uã"和"ɔ̃、uɔ̃、yɔ̃"。如宕江摄字的"帮、汤、方、江、窗"与曾梗摄字的"朋、打、冷、生",宁波话前者读[ɔ̃]韵,后者读[ã]韵;上海话则前者读[ã],后者读[ɐ̃],两地存在差异。

5. 两地的入声韵个数,宁波话8个,上海话9个,均已演变为带喉塞韵尾的［-ʔ］，演化比较复杂，读音存在较大差异。共同的有 4 个：aʔ/aʔ, iɐʔ/iaʔ, uɐʔ/uaʔ, oʔ/oʔ；相近的有 2 个：ieʔ/iiʔ，yeʔ/yɪʔ；宁波话特有的有 yɔʔ、ɥoʔ 两个；上海话特有的有 əʔ、ioʔ、uəʔ 三个。相同或相近率为 66.7%，字的归属却不尽相同。对照如下所示。

	吃	活	出	墨	肉	雪	黑	脚	挖	热	浴
宁波	yɔʔ	uɐʔ	ɥoʔ	oʔ	yɔʔ	yoʔ	ɐʔ	iɐʔ	uɐʔ	ieʔ	yeʔ
上海	iiʔ	uaʔ	tɕeʔ	əʔ	ioʔ	yɪʔ	tɕeʔ	iaʔ	uəʔ	iiʔ	ioʔ

6. 宁波话中有两个韵母，读音很有特色。一个是鼻尾韵"ɥɛŋ"，如"准、镇、笋、肾、春"等字韵母读［ɥɛŋ］，上海话则读［nɘ］；另一个是开尾韵"œɤ"，如"狗、口、厚、亩、牛"等字韵母读［œɤ］，上海话则读［ɤ］或［iɤ］，听感差异较大。

三 声调方面

两地共同点是仍然保留古入声，舒声与促声对立分明。宁波话中派单字调 6 个，除阳上和阳去同调外，阴平和阴去也同调，少数阳平与阳去调也呈合流趋势，如："扶＝妇＝附、晨＝肾＝慎、人＝忍＝认"等。上海话中派单字调 5 个，除了入声还分阴阳外，阳平和阳上都已归入阳去，三调合一，阴上也已归入阴去。从单字调看，宁波话比上海话多了 1 个阳去调，但从宁波话新派语音看，阳平也有归并到阳去的趋势，走的是与上海话同一条简化路线。对比如表 6-3 所示。

表 6-3   宁波话与上海话声调对照

古调类 方言点	阴平 东边	阴去 冻变	阴上 懂扁	阴入 笃笔	阳平 铜桃	阳上 动道	阳去 洞盗	阳入 毒白	声调数
宁波	44		325	5	22		24	2	6 个
上海	53	34		55		23		12	5 个

从表 6-3 看，两地除阴声调的归并略有差异外，其余的简化归并都比较接近，连调值也出现惊人的相似：宁波话老派阴平的调值也是 53，与阴去调合并后变为 44，与上海话的 34，比较接近。两地方言的声调从古代的"四声八调"演变到现今的 6 个或 5 个调，它们的声调调类都是

沿着方言自身发展的演变规律趋于简化的,与普通话走的不是同一条演变道路。上海话的5个调尽管只比普通话多一个声调,都并未完全打破传统的按声母清浊分阴阳、舒声与促声相对立的调类特点。而普通话随着入声的整体消失,已经失去了舒声与促声对立的特点,只保留了平、上、去三类舒声调。

四　腔调方面

所谓"腔调"一般由字音长短、语速、节奏、停连、轻重音、语气词、句调等因素构成,但还没有形成一个科学的定义,一般指一个人说话的语气、语调等,而反映字音长短的声调是构成腔调的最重要因素。实际上,声、韵、调作为语音的三要素,并不是处在同一平面上。声母、韵母反映的是语音的表层面貌,声调反映的则是语音的本质面貌。因此对一个人的乡音、口音,感知最明显的是"腔调",它是一个人语音面貌的窗口,语言工作者往往能根据说话人的口气腔调,判断出其是哪里人。

宁波话与上海话语音仅从单字音听感上分辨,区别很小,但从连读变调看,尤其是口气腔调上两地表现出较大的差异性。宁波话以生硬著称,其腔调之"硬",得到了学者们的广泛认同。即便是用极平静的口气说出来,外地人听着都像是在吵架,民间广泛流传这样一句俗语:"宁可听苏州人吵相骂,勿可与宁波人讲闲话。"意思是说,虽然同是吴语,苏州话"软",即使吵架也好听;宁波话"硬",即使说话也像吵架。"石骨铁硬"是宁波话腔调给人的总体印象。上海师范大学语言研究所的刘民钢通过语音实验手段,对苏州话的"软"和宁波话的"硬"进行各项语音要素的检测和比较,认为:"方言的时长是听感上'软'和'硬'的决定因素。苏州方言的时长,尤其是语句的时长(包括语句中音节的平均时长)都明显长于宁波方言。"[1] 这里的"时长",是指语言中语音发音的时间长短,也即"字音的长短"。如普通话的四个字调,语音实验表明:上声的时长最长、阴平次长、阳平次短,去声最短;而方言中的入声时长是所有声调中最短的。听觉上,如果一种方言语速过快,抑扬顿挫过强,

---

[1] 刘民钢:《吴方言中的"软"和"硬"提要》,第四届国际吴方言学术研讨会宣读,2006年3月。

往往给人感觉这种话"太硬"。实验表明宁波话的入声十分短促,说话的语速比较快,抑扬顿挫分明,句末语气过于强硬。尤其是六七十岁以上的老年人,张嘴说上一两分钟,就给人"语调硬梆梆像吵架"的感觉。电视电影中有奉化口音"娘希匹"发音很直,声调起伏大,语气强硬,成为塑造蒋介石人物形象的典型口头禅。不像苏州话语调平和而不失抑扬,语速适中而不失顿挫,发音上前元音韵母多,声母分尖团,声调曲折柔和,颇有些低吟浅唱之感,较少铿锵,不大适合吵架,给人一种温软的感觉,被视作"吴侬软语"的典型。同为吴方言,苏州话软糯如同苏州的大元宵,宁波话生硬就像宁波的苔菜香糕。

上海话的腔调则处于宁波话与苏州话之间的一个过渡类型。较之苏州话,上海话腔调偏硬,承继了宁波话的特色;而相对于宁波话,上海话听上去还是比较"糯"的,可以感受到苏州话的味道。例如宁波人和上海人都习惯在句尾带一个尾音"哦",在宁波人口中,发降调,干脆直接;而到了上海人口中,则发成了转降调,婉转和缓。听上海人讲话,就像上海小吃薄荷糕,声音语调入口即化,只留下喉咙口凉飕飕的感觉。上海市区话少有抑扬顿挫,语调基本上很平和,发音节奏均衡,不像宁波话节奏上有比较大的变化,说起话来比较费力,常常需要用丹田发力,有些"大嗓门"的味道。但现代宁波年轻人,尤其是女青年,说话的语气语调有向上海话靠拢的趋势,语气腔调比老宁波人温和柔软得多。

综上所述,上海话的腔调兼具苏州话的软和宁波话的硬,可以说是宁波话与苏州话的融合体。在语气用词、句末语调方面,宁波话与上海话各有特色。宁波话与上海话语音面貌相似性程度较高,语音的差异率约占30%,也即七分相似,三分不同,而韵母是语音三要素声母、韵母、声调中差异最大的要素,两地方言虽有一定的差异,但交流通话没有什么困难。

第二节　宁波话与上海话日常词汇比较

宁波话与上海话关系密切,两者在语音方面具有较高程度的一致性。民间语感上,在词汇方面也有较高的相似性。为了比较分析两地日常词汇的相似度，本节词汇主要以汤珍珠版《宁波方言词典》（1997年12月，收录8976个词条）和许宝华版《上海方言词典》（1997年12月，收录10336个词条）为语料，以日常交际活动中高频使用的词语为样本选取原则，挑选方言特有的、日常生活常用的且能与普通话对应的词语，避免书面语色彩浓厚的文化科技类词语，并佐以若干实地调查获取的鲜活语料。从中挑选出1611个词语，涉及天文类、地理类、时令时间类、农业类、植物类、动物类、房舍类、器具用品类、称谓类、亲属类、身体类、疾病医疗类、衣服穿着类、饮食类、红白大事类、日常生活类、讼事类、交际类、商业类、交通类、文化教育类、文体活动类、动作类、位置类、代词类、形容词类、副词介词类、量词类、数字类总共29个分类。先作国际音标标注的300词语对照展示，从字音以及音节数量方面比较两地异同；然后对1612个词语进行计量统计的占比率排序，从形义关系方面比较分析两地日常用词的亲疏关系。

一 两地日常词语对照

为了节省篇幅达到一叶知秋的目的，表6-4挑选了日常生活中最常用的300个词语，进行宁波话和上海话对照，词语基本涉及《上海话大词典》（钱乃荣等，2007）24个分类。字音标注同语音一节，每个词语标注实际读音，词语的上标数字，表示连读时实际声调的调值（有的是本调，有的是变调）。有的词写不出本字的，使用方言同音字，没有同音字的用"◇"替代。

表6-4　　　　　　　宁波话与上海话日常300词对照

普通话	宁波方言	上海方言
太阳	ȵieʔ² dɤ³⁴ 热头	ȵiɪʔ² dɤ²³ 热头/tʰa⁴⁴ ɦiã⁵³ 太阳
日食	tʰi⁵³ kœɤ⁴⁵ tɕʰyoʔ⁵ ȵieʔ² dəu²³ 天狗吃日头	ɦia²² ȵiɪʔ³ dɤ²³ tɕʰiɪʔ³ ka⁴⁴ ȵiɪʔ³ dɤ²³ 野日头吃家日头
闪电	ɕi⁴⁴ loŋ²³ kuõ⁵⁵ ɕi⁵³ 闪龙光闪	hɔʔ² ɕi⁴⁴ 豁闪
台风	foŋ⁴⁴ dziɔ²³ 风潮	dzy²³ foŋ⁵³ 飓风/de¹³ foŋ⁵³ 台风
旋风	tɕy⁴⁴ dəu²³ foŋ⁵⁵ 鬼头风	tɕy⁵³ dɤ²³ foŋ⁵³ 鬼头风/zie²³ foŋ⁵³ 旋风
大雨	dɔ²³ ɦy²¹³ 大雨	du²³ ɦy⁵³ 大雨

续表

普通话	宁波方言	上海方言
涨潮	tɕia⁴⁴dziɔ²³涨潮	tɕʰi³³zɔ²³起潮/tsã³³zɔ²³涨潮
化雪	ɦiã³⁴sɥoʔ⁵烊雪	ɦiã²²ɕyɪʔ⁵烊雪
下雾	tɕʰi⁴⁴ɦu²³起雾	tɕʰi⁴⁴ɦu²³起雾
灰尘	boŋ³¹huɐɪ³³埲灰/boŋ³¹dziŋ²³埲尘	hue⁴⁴zən²³灰尘/boŋ²²zən²³埲尘
煤油	həu⁴⁴ɦiy³¹火油/ɦiã²²ɦiy³¹洋油	hu⁴⁴ɦi²³火油/me³³ɦi²³煤油
合页	kɔ⁴⁴li²³铰链	kɔ⁴⁴li³¹铰链
水泥	sɿ⁴⁴n̠i³¹水泥/ɦiã³³huaɪ⁴²洋灰	sɿ³³n̠i⁴⁴水泥/ɦiã³³hue⁴²洋灰
除夕	sɛ⁴⁴zɥoʔ²n̠i³³ɦia²³三十年夜/dɔ²³n̠i⁴⁴ɦia³⁵大年夜	du²²n̠ie³³se⁴⁴səʔ³大年三十/du²²n̠ie³³ɦia³¹大年夜/n̠i³³se⁴⁴səʔ³ɦia²³年三十夜
端午节	toŋ⁴⁴n̠̍²³端午	tø⁴⁴ŋ̍²³端午
中秋节	pɐʔ⁴ɦiyɔʔ²zoʔ³loʔ²八月十六	tsoŋ⁴⁴tɕʰi³¹中秋/dø²²ɦiyø³⁴tɕiɪʔ⁴团圆节
星期天	li²³pa⁴⁵n̠ie ʔ²礼拜日	li²³pa⁴⁴n̠iɪʔ²礼拜日
明天	miŋ³³tɕiɔ⁴⁴(tsɿ⁴⁵) 明朝(子)	mən²²tsɔ⁴⁴(tsɿ³³) 明朝(子)
早晨	tɕʰiŋ⁴⁴tsɔ⁵³清早/tʰi⁴⁴n̠iaŋ²³dɐɪ⁴⁵天亮头	tsɔ⁴⁴zən³⁵dɤ³¹早晨头
晚上	ɦia²³tɔ⁴⁴夜到	ɦia²²tɔ⁵³夜到
约1小时	kəʔ⁴po³³tsoŋ⁴⁴dɐɪ⁴⁵个把钟头	ku³³po³³tsoŋ⁴⁴dɤ³¹个把钟头
从前	ɦiɛ²²tsɔ⁵³tsɿ⁴⁵闲早子	lɔ³³tsɔ⁴⁴tsɿ³¹老早子
傍晚	ɦia²²kʰua⁴⁴pi⁵⁵夜快边/黄昏头 ɦuɔ̃²²huəŋ⁴⁴dɐɪ⁴⁵	ɦia²²kʰua⁴⁴夜快/ɦuã²²huən⁴⁴dɤ³¹黄昏头
种地	tsoŋ⁴⁴di²³种田	tsoŋ⁴⁴di²³种田
土(统称)	na²²n̠i²³淖泥	na²²n̠i⁴⁴淖泥

续表

普通话	宁波方言	上海方言
施肥	tsɐʔ⁵tɕiɔ⁴⁴n̩i²³撒焦泥/ɦyŋ²¹di²¹³壅田/tɕiɔ⁴⁴bi²³浇肥	kɔ⁴⁴ɦioŋ²³搅壅/sʅ⁴⁴vi²³施肥/tɕiɔ⁴⁴bi²³浇肥
捕鱼	kʰo⁵³ŋ̍²³扠鱼	kʰɔ⁴⁴ŋ̍²³扠鱼/tsoʔ⁵ŋ̍²³捉鱼
割柴草	tsoʔ⁵za²³斫柴	tsoʔ⁴za²³斫柴
(引水)浇地	tsʰo⁴⁴sʅ³²⁴车水	tsʰo⁴⁴sʅ³⁵车水
镰刀	tɕieʔ⁵锲/tɕieʔ⁵tsʅ⁴⁴锲子	tɕiɪʔ⁵锲/tɕiɪʔ⁵tsʅ⁴⁴锲子
扁担	pi⁴⁴tɛ⁵³扁担	pie⁴⁴te³⁵扁担
做买卖	tsəu³⁵sã⁴⁴i⁴⁵做生意	tsu³³sã⁴⁴i³¹做生意
利息	li²³di⁴⁴利钿	li²²di⁴⁴利钿
零钱	liŋ³³sɐɪ⁴⁴doŋ²³di³⁴零碎铜钿/liŋ³³dɐɪ³⁵零头	lin²²dɤ⁴⁴零头
停业	kuɛ⁴⁴ti⁴⁵关店	kue³³ti⁴²关店/ɕiɪʔ⁴n̩iɪʔ²歇业
自行车	tɕiɐʔ⁴dɐʔ³tsʰo⁴⁴脚踏车	tɕiɐʔ³dɐʔ⁴tsʰo⁴²脚踏车
人力车	ɦuɔ³³pɔ⁴⁴tsʰo⁵³黄包车	ɦuã²²pɔ⁴⁴tsʰo³¹黄包车
亏本	ziɪʔ²pəŋ³⁵蚀本	zəʔ²pən³⁴蚀本
玉米	loʔ²koʔ⁵六谷	tsən³³tsʅ⁴⁴mi³¹珍珠米
晚稻	ɦia²¹³dɔ³³mi²³夜稻米/mɛ³³dɔ²³晚稻	mɛ³³dɔ⁵³晚稻
稗子	bo²²tsʰɔ⁴⁴稗草	ba²³tsʰɔ⁴⁴稗草
莲子	li³³boŋ²³莲蓬	lie²³sin⁴⁴莲心
蚕豆	ɔ⁵³dəu²³倭豆	ze²³dɤ³⁵蚕豆
茄子	dʑia³⁵茄/dʑia³³tsʅ⁴⁵茄子	ga²²tsʅ⁵³茄子
丝瓜	tʰi⁵⁵ləu²³天萝(圆的、粗的)/sʅ⁴⁴kø⁵³丝瓜(细的、长的)	sʅ⁴⁴ko⁵³丝瓜
南瓜	vɛ²¹³kø⁵³饭瓜	ve²²ko⁵³饭瓜
葵花子	ɕiã⁵³ko⁴⁴tsʅ⁴²香瓜子	ɕiã⁴⁴ko³³tsʅ³¹香瓜子

续表

普通话	宁波方言	上海方言
西红柿	fɛ⁵⁵ka⁵³番茄	fe⁴⁴ka⁵³番茄
胡萝卜	ɦiã²³ɦioŋ²³ləu²¹³boʔ²洋红萝卜	hu²²lɔ³³boʔ³胡萝卜
石榴	tɕiŋ⁵⁵mã²³金猛/zɐʔ²liɣ²³石榴	zɐʔ²li²³石榴
柚子	ɕiã⁴⁴pʰɔ⁴⁵香菢	vən²²te⁴⁵文旦
公猪(做种的)	ku⁴⁴tsɿ⁴⁵牯猪	tsɿ⁴⁴lã⁴²猪郎
猴子	ɦuɐʔ²sən⁴⁵猢狲	ɦuəʔ²sən³⁵猢狲
孵蛋鸡	la²¹³bu²³tɕi⁵⁵赖孵鸡	la²²bu³⁵tɕi⁴²赖孵鸡
乌鸦	lɔ²¹³o⁴⁴老鸹	lɔ²²o⁴⁴老鸹
麻雀	mo²³tɕiã⁴⁴麻将	mu²³tɕiɔ⁴⁵麻鸟/mo²²tɕiã⁴⁴麻将
蜈蚣	mən²³koŋ⁵³蜢蚣	ɦiu²²koŋ⁴²蜈蚣
蝉	tso⁴⁴li³⁵蚱蛎	tsɿ⁴⁴liɔ³¹知了
鲫鱼	ɦəu²¹³tɕi⁵⁵n̩²³河鲫鱼	tɕi⁴⁴n̩³¹鲫鱼
墨鱼	u⁴⁴zɐʔ²乌贼	u⁴⁴zəʔ²n̩³¹乌贼鱼
淡水蟹	mɔ²³ha⁴⁵毛蟹	ɦiu²²ha⁴⁴河蟹/mɔ³³ha³¹毛蟹
梭子蟹	biɐʔ²ha³²⁴白蟹	biɐʔ² ha³¹白蟹/su³³tsɿ⁴⁴ha³¹梭子蟹
咸蟹	tɕʰiã⁴⁴hɐʔ²⁵䲘蟹	tɕʰiã⁴⁴ha⁴⁵䲘蟹
癞蛤蟆	la²³sɿ⁵³癞斯/la²³kəʔ²⁵poʔ⁵³癞蛤蚆	la²²sɿ⁴²癞斯/la²²kəʔ⁵po⁴²癞蛤蚆
蚯蚓	tɕʰyʔ²⁴zø²³蛐蟮	tɕʰyɪʔ³zø³³蛐蟮
夜宵	ɦia²³ti⁴⁴ɕiŋ⁵³夜点心/puʔ⁴⁴ɦia³³tsʰɛ⁴²半夜餐	pø⁴⁴ɦia³³vɛ³¹半夜饭
剩饭	lã²³vɛ²³dɐɣ⁴⁵冷饭头/lã²³vɛ²³niã⁴⁴冷饭酿	lã²³ve³³dɤ³¹冷饭头/ve²³uø⁴⁴dɤ³¹饭碗头
锅巴	ɦoʔ²tɕiɔ³²⁴镬焦/ɦoʔ²dzɿ²³镬瓷	ɦoʔ²tɕiɔ⁴⁴镬焦/ve⁴⁵zɿ²³焦饭米是

续表

普通话	宁波方言	上海方言
馒头(没馅的)	dɛ²³pɔ⁴²淡包	de²²mø⁴⁴dɤ³¹淡馒头
饺子	sʮ⁴⁴tɕiɔ⁵³水饺	sʅ⁴⁴tɕiɔ⁴⁵水饺
油条	ɦiɤ²²zɐʔ³kue³⁵油煤烩	ɦi²²zɐʔ²²kue³¹油煤烩
菜肴	ɦo³³vɛ²¹³下饭	ɕiɔ⁴⁴tsʰe³¹小菜
鸡爪	tɕi⁴⁴tɕiɐʔ²⁵tsɔ⁴²鸡脚爪	tɕi³³tɕiɐʔ²⁴tsɔ³¹鸡脚爪
猪舌头	dʑɛ²³dəu³¹赚头	ze²²dɤ³¹赚头
白煮蛋(清水里连壳煮)	bɐʔ²²za²²dɛ²³白煤蛋	bɐʔ²²za²²de²¹³白煤蛋
豆腐乳	me²¹³dœɤ³³vu³¹霉豆腐	zʅ²²ɦiu³⁵乳腐
茶水	dzo²²ɦiɪʔ²dzo²³茶叶茶	dzo²²ɦiɪʔ³dzo³¹茶叶茶
白酒	ɕiɔ⁴⁴tɕiɤ⁵³烧酒	ɕiɔ⁴⁴tɕi³²⁴烧酒
房子	vɔ̃²³oʔ⁵房屋	vã²³oʔ⁵房屋
洗澡间	dʑiã²¹³ȵiŋ²³kɛ⁴⁴溏人间	da²³ɦioʔ³ke⁴²汰浴间
厨房	tsɔ⁵³kəŋ⁴⁴kɛ⁴²灶跟间	tsɔ⁴⁴pʰi⁴⁵ke³¹灶披间
猪圈	tsʮ³³dʑi⁴⁴kɛ³³猪厩间	tsʅ⁴⁴lu³³bã³⁵猪猡棚
窗子；窗户	tsʰ⁴⁴mɛŋ³¹窗门	tsʰã⁴⁴mən³¹窗门/mən³³tsʰã⁴²门窗
家产	ko⁴⁴tɔ̃⁴²家当	ka⁴⁴tã³⁵家当
东西	məʔ²zʅ²³么事/toŋ⁴⁴ɕi⁵³东西	məʔ²zʅ²³么事/ka⁴⁴hu³¹家伙
桌子	tsoʔ⁵təŋ⁵³桌凳	de²²tsʅ⁴⁵台子
椅子(有靠背)	u⁴²tsʅ⁴⁴椅子	y⁴⁴tsʅ⁴⁵椅子
抽屉	tsʰəu⁵⁵təu⁵³抽斗	tsʰ⁴⁴dɤ³¹抽头
被窝儿	bi²³kʰəu⁴⁴被窠	bi²³dɤ⁴⁴doŋ³¹被头筒
枕巾	tɕiŋ⁴⁴dəu²³mɔ³³tɕiŋ⁵³枕头毛巾	tsən⁴⁴dɤ⁴⁵mɔ³³tɕin⁴²枕头毛巾
棉花胎	mi²³huo⁴⁴ɕi⁴²棉花絮	mie²³ho³³tʰe⁴⁴棉花胎

续表

普通话	宁波方言	上海方言
马桶	mo²³ doŋ⁴⁴ 马桶	bie²³ doŋ⁵³ 便桶
眼镜	tsʰɐʔ⁵ ŋɛ²¹³ 擦眼	ŋe²² tɕin⁴⁴ 眼镜
毛巾	ɕiɣ³²⁴ tɕiŋ⁵³ 手巾	sɤ³³ tɕin⁴⁴ 手巾
扫帚	diɔ²³ tɕiɣ⁵³ 笤帚	diɔ²² ts⁴⁴ 笤帚
被子	bi²² dəu²³ 被头	bi²² dɤ³⁵ 被头
火钳	həu³⁵ dʑi²³ 火钳	hu³³ dʑie²³ 火钳
锅子	fioʔ² ɿ 镬	fioʔ² tsɿ³⁵ 镬子
炊帚（刷锅用具）	ɕi⁵⁵ tɕiy⁵³ 筅帚	ɕi³³ ts⁴² 洗帚
菜刀	boʔ² tɔ⁴⁴ 鐴刀	boʔ² tɔ⁴² 鐴刀
筷筒	kʰua⁴⁴ dzɿ²³ loŋ⁵³ 筷箸笼	kʰue⁴⁴ zɿ²³ loŋ³¹ 筷箸笼
泔水	ki⁵³ tɕiɐʔ⁵ sɿ⁵⁵ 泔脚水	kø³³ tɕiɐʔ²⁴ 泔脚/kø⁴⁴ sɿ³¹ 泔水
抹布	kʰa⁴⁴ tsoʔ⁵ pu⁵³ 揩桌布	kʰa⁴⁴ de³³ pu³¹ 揩台布
拖把	tʰəu⁴⁴ fɛŋ⁵³ 拖畚	tʰu⁴⁴ fən³¹ 拖畚
洗脸水	dʑiaŋ²³ mi³³ sɿ⁵³ 漾面水	mi³³ tʰã⁴⁴ sɿ³¹ 面汤水/kʰa⁴⁴ mi³³ sɿ³¹ 揩面水
澡盆	dəu²³ tɕiɐʔ⁵ doŋ²³ 大脚桶	du²³ ɦiyøʔ² bən³¹ 大浴盆
男人	nɐɪ²² ȵiŋ³³ ko⁵⁵ 男人家	ne²² ȵin²³ ka⁴⁴ 男人家
女人	ȵy²¹³ ȵiŋ²³ ko⁴⁴ 女人家	ȵy²² ȵin²³ ka⁴² 女人家
婴儿	ɕiɔ³²⁴ na²³ hø⁴² 小奶欢/ɕiɔ⁴⁴ mɔ³³ dɐɪ⁴⁵ 小毛头	ɕiɔ⁴⁴ mɔ³³ dɤ³⁵ 小毛头/ɕiɔ³³ ɕiɔ⁴⁴ nø³³ 小小囡
自己人	zi²¹³ ko⁴⁴ ȵiŋ²³ 自家人	zɿ²² ka⁴⁴ ȵin²³ 自家人
富翁	kʰuɐʔ⁵ lɔ³⁵ 阔佬/ɦiɣ²² lɔ³⁵ 有佬	kʰuɐʔ⁵ lɔ⁴⁴ 阔佬/du²² lɔ⁴⁴ 大佬
城里人	dʑiŋ²¹³ li²³ ɕiã⁵⁵ ȵiŋ²³ 城里厢人	zən²¹³ li²³ ɕiã⁵⁵ ȵin²³ 城里厢人
乡下人	ɕiã⁵⁵ fio³³ dəu²³ niŋ³⁴ 乡下头人	ɕiã⁴⁴ fio²² dɤ²³ nin³⁴ 乡下人

续表

普通话	宁波方言	上海方言
邻居	liŋ²³so⁴²kɐʔ⁴pieʔ⁵邻舍隔壁	lin²²so⁴⁴kɐʔ³piɪʔ⁴邻舍隔壁/kɐʔ³piɪʔ⁴lin²²so⁴⁴隔壁邻舍
乞丐	kɔ⁵³ho⁴⁴tsʅ⁴⁵叫花子	kɔ⁴⁴ho⁴⁴tsʅ⁴²叫花子
寡妇	ku⁵⁵sɔ̃⁵³lɔ²³ȵyoŋ³¹孤孀老嬭	ku⁴⁴sã³¹孤孀
厨师	dzʮ²³koŋ⁵³sʅ⁵⁵vu²³厨工师傅	zʮ²³sʅ⁴⁴厨师
产妇	sã⁴⁴m̩³³ȵiã³⁵生姆娘	so³³m̩⁴⁴ȵiã³¹舍姆娘
亲戚	tɕʰin⁴⁴tɕyø⁵³亲眷	tɕʰin⁴⁴tɕyø³¹亲眷
文盲	liã²³ŋɛ³³hɐʔ⁴tsʅ⁴²亮眼瞎子	liã²²ŋe⁴⁴hɐʔ³tsʅ³¹亮眼瞎子
父亲	ɐʔ⁴pɐʔ⁵阿伯/ɐʔ⁴tia⁴²阿爹	pa⁴⁴pa⁴²爸爸/tia⁴⁴tia⁴²爹爹
母亲	m̩²³ma³¹姆妈/a⁴⁴m̩²¹³阿姆	m̩³³ma³¹姆妈/ma⁴⁴ma³¹妈妈
岳母	dʑiã²³m̩³⁵丈姆	zã²³m̩⁴⁴丈姆
公公	ɐʔ⁴koŋ⁵³阿公/koŋ⁴⁴koŋ⁴⁵公公	ɐʔ⁴koŋ⁴⁴阿公/koŋ⁴⁴koŋ⁴²公公
继父	mɛ²³tia⁵⁵晚爹	me²²ɦia⁴²晚爷
继母	mɛ²³niã⁵⁵晚娘	me²²ȵiã⁴⁴晚娘
伯父	pɐʔ⁴pɐʔ⁵伯伯	pɐʔ³pɐʔ⁴伯伯/pɐʔ⁴vu³⁴伯父
舅舅	a⁴⁴dʑiɤ²³阿舅/ȵiã²²dʑiɤ²³娘舅	ȵiã⁴⁴dʑi³⁴娘舅/dʑi²²dʑi³³舅舅
夫妻俩	liã²³koŋ⁵⁵bəu³⁵两公婆/liã²¹³fu³³tɕʰi⁵³两夫妻	liã²²koŋ⁴⁴bu²³两公婆/liã²³fu⁴⁴tɕʰi⁴²两夫妻
丈夫	lɔ²³koŋ⁵⁵老公	lɔ²³koŋ⁴⁴老公
哥哥	ɐʔ⁵kəu³²⁴阿哥	ɐʔ⁵ku⁵³阿哥/ku⁴⁴ku⁴⁵哥哥
弟媳	di²³ɕin⁴⁴vu²³弟新妇	di²²ɕin⁴⁴vu³¹弟新妇
姐夫	tɕia³⁵fu⁴⁴姐夫	tɕia³³fu⁴⁴姐夫
妯娌	soʔ⁴pɐʔ⁵m̩⁴⁵叔伯姆	soʔ³pɐʔ⁴m̩³⁵叔伯姆
男孩儿	ɕiɔ³³uɛ⁵⁵小玩(娃儿)	nø²²ɕiɔ³⁴ue⁴⁵男小玩(娃儿)/nø²²ɕiɔ⁴⁴nø²¹男小囡

续表

普通话	宁波方言	上海方言
女儿	nø⁵⁵囡	nø²²ŋ³⁵囡儿
女婿	n̠y²³ɕi²¹女婿	n̠y²³ɕi⁴⁴女婿
私生子	tʰəu⁴⁴sã⁴⁴bɛ²³偷生爿	sɿ⁴⁴nø³¹私囡/sɿ⁴⁴sã⁵⁵tsɿ⁴²私生子
侄女	dzieʔ²nø²³侄囡	zəʔ²nø²³侄囡/zəʔ²nø²³ŋ³⁵侄囡儿
本子	bu²³tsɿ⁴⁵簿子	bu²²tsɿ⁴⁴簿子
错别字	bɐʔ²zɿ³³ŋɛ³¹白字眼	baʔ²zɿ²³白字
毛笔	moʔ²pieʔ⁵墨笔	məʔ²piɪʔ⁴墨笔
信封	ɕiŋ⁴⁴kʰoʔ⁵信壳	ɕin³³kʰoʔ⁴信壳
放鞭炮	fɔ̃⁴⁴pʰɔ⁴⁴dziã²³放炮仗	fã³³pʰɔ⁴⁴zã³¹放炮仗
猜谜语	tsʰe⁴⁴mɛ³³tsɿ⁴⁵猜谜子	tsʰø⁴⁴me²²me⁴⁴tsɿ³¹猜谜谜子
放风筝	fɔ̃⁴⁴ɦiɔ²³tsɿ⁴⁵放鹞子	fã⁴⁴ɦiɔ²²tsɿ⁴⁴放鹞子
游泳	ɦiɤ²²sʮ³⁵游水	ɦi²²sɿ⁴⁴游水
倒立	zʮ²²tɕʰiŋ⁴⁴diŋ²³竖蜻蜓	zɿ²²tɕʰin⁴⁴din³¹竖蜻蜓/tin⁴⁴tɔ³³liɪʔ²丁倒立
事情	zɿ²³tʰi⁴⁵事体	zɿ²²tʰi⁴⁴事体
头	ku⁴⁴lu²²dəu²³骷颅头	ku⁴⁴lu³³dɤ³¹骷颅头/dɤ³³ku⁴⁴lu³¹头骷颅
额头	ŋɐʔ²koʔ⁵dəu²³额髁头	ŋɐʔ²koʔ³dɤ²³额髁头
脖子	dəu³³tɕiŋ³²⁴头颈	dɤ³³tɕiŋ⁴⁴头颈
肋骨	lɐʔ²baŋ²³kuɐʔ⁵肋棚骨	ləʔ²bã²³kuəʔ⁵肋棚骨
鼻子	bɐʔ²dəu²³kø⁵³鼻头管	bəʔ²dɤ²³鼻头
鼻涕	bɐʔ²dəu²³sʮ⁵⁵鼻头水	bəʔ²tʰi⁴⁵sɿ³¹鼻涕水
肩膀	tɕi⁴⁴kɐʔ⁵肩胛	tɕi⁴⁴kɐʔ⁴肩胛/tɕi⁴⁴pã³¹肩膀
脸	mi²²kʰoŋ⁴⁵面孔	mi²²kʰoŋ⁴⁴面孔/fe⁴⁴sɿ³¹番水（来自英语face）

续表

普通话	宁波方言	上海方言
眉毛	mi²³mɔ⁴⁴眉毛/ŋɛ²³mi²¹³mɔ³¹眼眉毛	mi²²mɔ⁴⁴眉毛
大腿	dəu²³tɕiɐʔ⁵pʰɜ⁵³大脚髈	du²²tɕiɐʔ⁵pʰã⁴²大脚髈
唾液	zɛ²³tʰu⁴²馋唾/zɛ²³tʰu⁴⁴sʅ⁵³馋唾水/lɛ²³tʰu⁴⁴sʅ⁵³烂唾水	ze²²tʰu⁴⁴馋唾/ze²²tʰu⁴⁴sʅ³¹馋唾水
手指	ɕiɤ³²⁴tsʅ⁴⁴maʔ²dei⁴⁵手指末头	sɤ⁴⁴tɕii⁵dɤ³¹手节头/sɤ⁴⁴tsʅ⁵⁵dɤ³¹手指头
膝盖	tɕiɐʔ⁵kʰəu³²⁴dəu²³脚𩩲头	tɕiɐʔ⁴mø³³dɤ³¹脚馒头
乳房	nɛ⁴⁴nɛ⁴⁴奶奶	na²³奶/na²²na⁴⁴奶奶
看病	kʰi³³i⁴⁴sã⁵³看医生/kʰi³³ɕi⁴⁴sã⁵³看先生	kʰø³³i⁴⁴sã⁵³看医生/kʰø⁴⁴mɔ²²bin⁴⁴看毛病
感冒	sɔ̃⁵⁵foŋ⁴⁴tɕʰi⁵³伤风气	sã⁴⁴foŋ³¹伤风
咳嗽	tɕʰiã⁴⁵呛/kʰəʔ⁵səu⁴⁵咳嗽	tɕʰiã⁴²呛/kʰəʔ⁴sɤ⁴⁴嗽咳
冻疮	toŋ⁴⁵tɕyʔ⁵冻瘃	toŋ³³tsoʔ⁴冻瘃/toŋ²²tsʰã⁴⁴冻疮
哮喘	hɔ⁴⁴duo²³齁驼	hɤ⁴⁴bin²³齁病
晕船	dzʅ²³lo³¹痐浪/dzʅ⁴⁴zø²³痐船	zʅ³³zø³⁵痐船
腮腺炎	dəu²¹³tsʅ⁵⁵bu²³大嘴巴	du²²tsʅ⁴⁴po³¹大嘴巴
狐臭	lɔ²¹³o⁵⁵tɕʰiɤ⁴²老鸦臭	tsɤ³¹kɤ³⁵tsʰ³¹猪狗臭
瘸子	tɕʰio⁵⁵tɕiɐʔ³跷脚/kua³³tɕiã⁴⁴拐脚儿	tɕʰio⁵⁵tɕiɐʔ³跷脚
聋子	loŋ²²baŋ²³聋聋	loŋ²²bã⁴⁴聋聋
哑巴	o⁴⁴tsʅ⁴⁵哑子	o³³tsʅ⁴⁴哑子
口吃；结巴	kaʔ⁵zieʔ²dəu²³疙舌头	kɐʔ³tsʅ⁴⁵疙嘴
豁唇	tɕʰyʔ⁵tsʅ⁴⁴loŋ⁴⁵缺嘴弄/tɕʰyʔ⁴tsʅ⁴⁵缺嘴	tɕʰioʔ⁴tsʅ⁴⁴缺嘴/huɐʔ³tsʅ⁴⁵豁嘴

续表

普通话	宁波方言	上海方言
输液	tiɔ⁴⁴fii²³sʮ⁴²吊盐水	tiɔ⁴⁴fii²²sʅ⁴⁴吊盐水
衣服	i⁴⁴zɔ̃²¹³衣裳	i⁴⁴zã³¹衣裳
背心；坎肩	pɛ⁴⁴tɐʔ⁵背褡/ pɛ⁴⁴ɕiŋ⁴²背心	mo²²kɐʔ⁴马夹/pɛ³³tɐʔ⁴背褡
毛衣	ȵyoŋ²³ɕie⁴⁴sɛ⁴²绒线衫	ȵioŋ²³ɕi⁴⁴sɛ³¹绒线衫
围裙	pu⁴⁴lã²³布襕	fiy²²sən⁴⁴围身/ve²²te⁴⁴饭单
手帕；手绢	tɕy⁴⁴dɐɹ⁴⁵绢头/ tɕy⁴⁴pʰɐʔ⁵绢帕	tɕyø³³dɤ⁴⁴绢头
内衣	tsʰɛŋ⁴⁴li̥³³pu⁴⁵sɛ⁴²衬里布衫	tsʰən³³li̥⁴⁴sɛ⁴⁵衬里衫
项链	li²³diɔ³⁵链条/ fiã²²tɕʰye⁴²项圈	li²²diɔ⁴⁴链条/fiã²²li⁴⁴项链
挖耳勺	ŋ̍²³to⁵³uɐʔ⁵耳朵挖	uɐʔ⁴ȵi²³挖耳
耳环	ȵi²³to⁴⁴sɛ⁴⁵耳朵伞/gue³¹tsʅ⁴⁴环子	ȵi²²tu⁴⁴gue³¹耳朵环/ȵi²²tu⁴⁴tɕʰyø⁴²耳朵圈
出嫁	ko⁴⁴lɔ²¹³koŋ⁵³嫁老公/ de³¹tɕʰi⁴⁴抬去	ka³³nø²²ȵin⁴⁴嫁男人/ ka³³nø⁴⁴ŋ³¹嫁囡儿
新郎	ɕiŋ⁴⁴lɔ̃³⁵kuø⁵³新郎官	ɕin⁴⁴lã²²kuø³¹新郎官
孕妇；怀孕	dəu²¹³du⁴⁴bi³⁴大肚皮/fiy²³sã⁵³有生	du²³du⁴⁴bi³¹大肚皮/fii²²ɕi⁴⁴有喜
生孩子	sã⁴⁴ɕiɔ³²⁴ȵiŋ²³生小人	fiiã²²ɕiɔ³²⁴nø⁴⁴养小囡
坐月子	tsəu⁵³sã⁴⁴m̩²³做生姆	tsu³³so⁴⁴m̩³¹做舍姆
死了	vɛ²³fɐʔ⁵tɕʰyɔʔ⁵lɛ³饭弗吃嘞/ lɔ²¹³lɛ³老嘞/tɕʰi⁵³lɛ³去嘞	ku⁴⁴lɤʔ³故嘞/m̩³³mɐʔ⁴lɤʔ³呒没嘞/dø³³tɕʰi⁴²断气
灵堂	hɔ⁴⁴dɔ̃³⁵孝堂	ɕiɔ³³dã⁴⁵孝堂/lin³³dã⁴⁵灵堂
提（~~桶水）	tɕʰieʔ⁵挈/liŋ⁴⁵拎	lin⁴²拎
端	toʔ⁵掇/pʰoŋ³²⁴捧	tɐʔ⁵掇/tø⁴²端
扔；摔	guɛ²¹³掼	gue²¹³掼

续表

普通话	宁波方言	上海方言
剁(~肉)	tsɛ⁵³劗	tse⁴²劗
掰(~成两半)	pʰɐʔ⁵範	pʰɐʔ⁵範
藏(~东西)	kʰɜ⁴²囥	kʰã³⁵囥
折(~断树枝)	ɔ³²⁴拗	ɔ³⁴拗
晒(~衣服)	lɜ²¹³晾	lã²³晾
挠(~痒)	tsɔ⁵³搔	tsɔ⁴²搔
跑(~过去)	pɛŋ⁴⁴奔	pən⁴²奔
蹲	gu²³跍	tən⁴²蹲
溅	dzɜ²³濺	ze²³濺
挤；拥挤	gɐʔ²轧	gɐʔ²轧
揉(~面)	nəu³²⁴挼	ȵiɔʔ²挏
按(~门铃)	tɕʰiŋ⁵³撳	tɕʰin³²⁵撳
拿	dəu²³扡	te⁵³担
逛街	dã²³mo³³lu³¹趤马路	dã²²mo⁴⁴lu³¹趤马路
玩儿	na³³fiu²³嬲和	bəʔ²ɕiã³⁴白相
喝酒	tɕʰyɔʔ⁵tɕiɤ⁵³吃酒/tɕʰyɔʔ⁵ɕi⁴⁵tɕiɤ⁵³吃喜酒	tɕʰiiʔ⁴lɔ²²tɕi⁴⁴吃老酒
闻(用鼻子~)	ɕyoŋ⁴⁴嗅	hoŋ⁴⁴嗅/mən²³闻
理发	tʰi⁵³dəu²³剃头	tʰi³³dɤ⁴⁴剃头
睡觉	kʰuəŋ⁴⁴kɔ⁵³睏觉	kʰuən⁴⁴kɔ³¹睏觉
大便；拉屎	dza²³əu⁴⁴屙屙	za²³u³⁵屙屙
打瞌睡	tã⁴⁴kʰɐʔ⁵tsʰoŋ⁵³打瞌盹	tã³³kʰɐʔ⁵tsʰoŋ⁴²打瞌盹
纳鞋底	tɕʰieʔ⁵fia²³ti⁴⁵缉鞋底	tseʔ⁴fia²²ti⁴⁴扎鞋底
打鼾	tã³²⁴mi²³hɛ³³打眠鼾	tã³³huən⁴⁴du³¹打昏涂
起床	bo²³tɕʰi³²⁴爬起	bo²²tɕʰi⁴⁴le³¹爬起来
回家	fiuɐi²³oʔ⁵lo³回窝落	fiue²²tsø³³le³回转来

续表

普通话	宁波方言	上海方言
知道	ɕiɔ⁴⁴təʔ⁵晓得	ɕiɔ⁴⁴təʔ³晓得
认识	n̠iŋ²³təʔ⁵认得	n̠in²³ təʔ³认得
说话	kɔ̃³⁵ɦiɛ²²ɦuo⁴⁵讲闲话	kã⁴⁴ɦiɛ²²ɦuo⁴⁴讲闲话
吵架	zɔ²³n̠ieʔ²造孽/ tsã⁵³ɕiã⁴⁴mo²³争相骂	ʑin²²ɕiã⁴⁴mo³¹寻相骂/tsʰɔ³³ɕiã⁴⁴mo³¹吵相骂
丢；遗失	tiɪʔ⁵loʔ²跌落	loʔ²tʰəʔ³落脱
喜欢	hu⁴⁴ɕi⁴⁵欢喜	huø⁴⁴ɕi³¹欢喜
窄(路很~)	ɦɐʔ²狭	ɦɐʔ²狭
高(个儿~)	tɕã²³长	zã²³长
稀(粥太~)	boʔ²薄	boʔ²薄
肥(~肉)	ɦiɣ²³油	ɦi²³油
斜；歪	tɕʰiɐ³⁵笡	tɕʰiɐ³⁵笡
肮脏	oʔ⁵tsʰøʔ⁵龌龊/n̠i²²ɕiŋ⁵³泥腥	oʔ³tsʰoʔ⁵龌龊/lɐʔ²tʰɐʔ⁴邋遢
干净	tɕʰiŋ⁴⁴sɔ̃⁴²清爽	tɕʰin⁴⁴sã⁴⁵清爽
舒服	ɕia⁵³i⁴⁵惬意/ hɔ³³ku⁴⁵好过	ɕia³³i⁴⁴惬意/hɔ³³ku⁴⁴好过
羡慕	ŋɛ²²ɦiã²³眼痒	ŋe²²ɦiã³³眼痒
合算	kɐʔ²sø³⁵格算	kəʔ⁵sø⁴²格算
热闹	nɔ²²n̠ieʔ²闹热	nɔ²²n̠iɪʔ⁴闹热/nɔ²²mã³¹闹猛
灵活	ɦiuɛʔ²loʔ³活络	ɦiueʔ²loʔ³活络
心疼	n̠yoʔ²tʰoŋ⁴²肉痛/ɕiŋ⁴⁴tʰoŋ³⁵心痛	n̠ioʔ²tʰoŋ³⁵肉痛/ɕin⁴⁴tʰoŋ³¹心痛
可怜	zɐɪ²³kəu⁴²罪过	ze²²ku⁴⁵罪过
最差	tiŋ⁴⁵tsʰo⁴²顶差	tɐʔ⁴ti⁴⁵搭底
差；差劲	bieʔ²tɕɐʔ⁴蹩脚/tʰe⁴⁴pɛ⁴⁵推板	biɪʔ²tɕiɐʔ³蹩脚/tʰe⁴⁴pe⁴²推板
勤快	dʑiŋ²³lieʔ²勤力	dʑin²³kʰua⁴⁴勤快

续表

普通话	宁波方言	上海方言
傻瓜	ŋe²²dəu²³呆头	ga²²du²³戆头
方便；容易	bi²³tɔ̃⁵³便当	bi²²tã⁴⁴便当
我	ŋo²³吾	ŋu²³吾
你	nəu²¹³侬/ŋ̍²³尔	noŋ²³侬
他	dʑi²³其	ɦi²³伊
我们	ɦɐʔ²lɐʔ²阿啦	ɐʔ⁵lɐʔ³阿啦
你们	na²³傉	na²³傉
他们	dʑi²³lɐʔ²¹其啦/dʑia²³茄	ɦi²³lɐʔ³伊啦/ɦia²³爷
我的	ŋo²¹³ɦoʔ²吾喔	ŋu²²gəʔ²吾个/ŋu²²əʔ⁴吾喔
别人	bəʔ²n̠iŋ²³ko⁴⁴别人家/n̠iŋ²³ko⁵³人家	biɪʔ²n̠in²²ka³⁵别人家/bã²³n̠in³³旁人
大家	do²³ko⁴⁵大家	da²¹³ka⁴⁴大家
自己	ʑi²³ko³²⁴自家	zɿ²²ka⁴⁴自家
谁	so⁴⁴n̠iŋ²³啥人	sa²²n̠in⁴⁴啥人
这个	kieʔ⁵ɦoʔ²该个	gəʔ²gəʔ⁴葛个
那个	kieʔ⁵ɦoʔ²该个	ɛ⁴⁴gəʔ²艾个/i⁴⁴gəʔ²伊个
哪个	ɦia²³li²³ɦoʔ²阿里喔	ɦia²³li²³ɦoʔ²阿里喔
这里；这边	dɔ̃²³dəu²³堂头	gəʔ²tɐʔ⁴葛搭
那里	kieʔ⁵dəu²³该头	i⁴⁴tɐʔ⁵伊搭/gəʔ²mi²²葛面
怎么样	dza²³ɦo³¹咋话	na²²nən⁴⁴哪能
什么	soʔ⁵ɕi⁵³啥西/soʔ⁵啥	sa⁴⁴gəʔ²啥个/sa⁴⁵啥
多少	təu⁴⁴ɕio³²⁴多少/dza²³ku⁴⁴咋管	tɕi³³ho⁴⁴几化/tu⁴⁴sɔ⁴²多少
二十	n̠e²³廿	n̠e²³廿
五十	ŋ̍²³zo²²五十	ŋ̍²³səʔ²五十
第二	di²²n̠i²¹³第二	di²²n̠i⁴⁴第二

续表

普通话	宁波方言	上海方言
一点儿	iɪʔ⁵ŋe³³ŋɛ²³一眼眼	iɪʔ⁵ŋe⁴⁴ŋe²¹一眼眼/iɪʔ⁵tiɪʔ⁵tiɪʔ³一滴滴
一百多个	pɐʔ⁵po⁴⁴kə ʔ⁵百把个	pɐʔ⁵po⁴⁴gəʔ²百把个
（一）家(店铺)	bɛ²³爿	be²³爿
（一）座(房子)	dzɔ̃²³幢	zã²³幢
（一）点(事)	ŋɛ²³眼	ŋe²³眼
（一）辆(车)	bu²³部	bu²³部
（一）元(钱)	kʰuɛ³⁵块	kʰue³⁵块
（一）只(鸡)	tsɐʔ⁵只	tsɐʔ⁵只
（一）枝(笔)	tsʮ⁴⁴枝	tsʅ⁵³枝
（一）条(鱼)	kuã³²⁴根	kən⁵³根
（一）棵(树)	kʰu⁵³棵	kʰu⁵³棵
（一）口(痰)	kʰœɤ³⁵口	kʰɤ³⁴口
（一）窝(蛋)	kʰəu³²⁴窠	kʰu⁵³窠
对面	tɛ⁴⁴kəu⁴⁵对过	tɛ³³ku⁴⁴对过
上面	zɔ̃²²dəu²⁴上头	kɔ⁴⁴dɤ³¹高头
傍边	pi⁴⁴dɐɪ⁴⁵边头/ bɔ̃³³pi⁴⁴dəu²³旁边头	pi⁴⁴dɤ³¹边头/ bã²²pi⁴⁴dɤ³¹旁边头
跟前儿	ŋɛ²³mi³³zi²³眼面前/ɕiɤ³²⁴tɕiɐʔ⁴kəŋ³¹手脚跟	ŋe²²mən⁴⁴zi³¹眼门前/sɤ³³tɕiɐʔ²⁴kən³¹手脚跟
一共；总共	iʔ⁵tʰɐʔ⁵kuɐʔ⁵tsʅ⁴⁵一塌刮子/loŋ³³tsoŋ⁵³拢总	iɪʔ³tʰɐʔ²⁵kuɐʔ²⁴tsʅ³¹一塌刮子/loŋ³³tsoŋ⁴⁴拢统
两半儿	liã²³kua⁴⁵sã⁴⁵两挂生	liã²²be²³sã³¹两爿生
肯定，一定	ɦɛ³³pe³⁵限板/diŋ²³kue⁴²定规/tsʮɛŋ⁴⁴diŋ²³准定	ŋe²²pe⁴⁴呆板/diŋ²²kue⁴⁴定规/tsən⁴⁴din³⁴准定
也许；可能	tsoʔ⁵ɕin⁴⁵作兴/m̩²²su⁴⁵吪数	tsoʔ³ɕin⁴⁵作兴
刚刚	ɦua²³tɕie ʔ⁵还即	kã⁴⁴tsən³¹刚正

续表

普通话	宁波方言	上海方言
很；非常	tɕiɔ⁴⁴kuɛ³⁵交关/ tsʰɥo ʔ³kɐʔ⁵出格	tɕiɔ⁴⁴kue⁴²交关/lɔ³³lɔ³⁴佬佬/lɔ³⁴佬
马上；立刻	tɔ̃⁴⁴mɔ̃³⁵当忙	zø²²tɕiI ʔ⁵随即
等一会儿	ɛ⁴⁴ŋɜ²³晏眼	e³³ɕiI ʔ⁴晏歇
宁可	nɜŋ²³kʰəu⁴⁵能可	ȵin²²kʰən⁴⁴宁肯
赶紧	ɦɔ³³sɔ⁴⁵豪搔	ɦɔ²²sɔ⁴⁴豪搔
更加；越发	ɦyʔ²kɔ⁴⁵越加	ɦyøʔ²ka³⁵越加/ ɦyøʔ²fɐʔ⁴越发
故意	dɛʔ²ɦuɛ²³特为/dɛʔ²i³⁵特意	dəʔ²ɦue²³特为/ dəʔ²i³⁴特意/diIʔ²ɦue²³迭为
起初	bɔ²²zɿ²³暴时/tɕʰi⁴⁴dəu²³起头	dɤ²²tɕʰi⁴⁴dɤ²³头起头/ɕi³³tɕʰi⁴⁴dɤ²³先起头
最后	ɐʔ⁵mɐʔ²压末	ɐʔ³mɐʔ⁴压末
不要；别	fɛ⁵³覅	viɔ²³覅
如果；假如	zɿ²³ɦuo³¹如话	tʰã³³sɿ⁴⁴倘使/tɕia⁴⁴sɿ³³假使

二 日常词汇计量统计分析

将1612个词①作为两地词汇接近率计量统计的材料，从词的音形义以及结构形式方面作对比并统计出占比率。以词为基本单位，采用构词法分项统计的方法，在词义相同的前提下，通过对其音节数量、构词形式的对比，得出两地词不同、相同或部分相同的占比数，揭示两地方言的亲疏程度。其中，"词形不同"，是指音节数量，构词类型不同，下表简称"不同"；"词形相同或部分相同"，是指音节数量和构词类型相同或部分相同，下表简称"相似"。统计结果详见表6-5（按照"相似""不同"占比高低列表）

---

① 词语比较作计量统计时，凡是一词存在多种词形的，在比较异同占比率时一律选取一个高频使用的词形。

（一）日常词汇计量统计表

表 6-5　　　　　　　　　日常词汇计量统计表

词类	数量（个）	"相似"百分比	"不同"百分比
数字等	30	100%	0%
商业	44	93%（41个）	7%（3个）
衣服穿着	62	92%（57个）	8%（5个）
动物	62	90%（56个）	10%（6个）
时令时间	37	89%（33个）	11%（4个）
红白大事	75	89%（67个）	11%（8个）
植物	84	89%（75个）	11%（9个）
器具用品	98	89%（87个）	11%（11个）
疾病医疗	60	88%（53个）	12%（7个）
形容词	123	88%（109个）	12%（15个）
讼事	16	87.5%（14个）	12.5%（2个）
亲属	83	87%（72个）	13%（11个）
地理	28	86%（24个）	14%（4个）
日常生活	52	85%（44个）	15%（8个）
身体	97	84%（81个）	16%（16个）
饮食	82	84%（69个）	16%（13个）
农业	26	84%（22个）	16%（4个）
称谓	65	83%（54个）	17%（11个）
文化教育	35	83%（29个）	17%（6个）
文体活动	41	83%（34个）	17%（7个）
量词	60	83%（50个）	17%（10个）
房舍	33	82%（27个）	18%（6个）
交际	41	80.5%（33个）	19.5%（8个）
副词介词等	50	80%（40个）	20%（10个）

续表

词类	数量（个）	"相似"百分比	"不同"百分比
位置	19	79%（15个）	21%（4个）
天文	31	78%（23个）	22%（7个）
交通	19	73%（16个）	27%（3个）
动作	122	64%（78个）	36%（44个）
代词	36	61%（25个）	39%（14个）

（二）音形义关系比较

在比较统计时，存在两个及其以上词形的，计入多方统计。例如普通话"故意"一词，宁波话与上海话都存在"特为和特意"两个词形，字音基本相同，计入"词义词形相同，字音基本相同"；上海话中还有一个"迭为"的称说，宁波话没有，则计入"词义相同，字音词形部分相同"。又如普通话"很；非常"，宁波话与上海话都存在"交关"，计入"词义词形相同，字音基本相同"；宁波话又称"出格"，上海话称"佬佬"，则计入"词义相同，字音词形不同"，以此类推。

1. 词义词形相同，字音基本相同

两地1612个词语中，有758个词义词形相同，字音基本相同，占比47%。举例如表6-6。

表 6-6

普通话	晚上	二十	葵花子	睡觉	晒	挠
宁波话	夜到 ɦia^{23}tɔ^{44}	廿 ȵe^{23}	香瓜子 ɕiã^{53}ko^{44}tsɿ^{42}	瞌觉 k^{h}uəŋ^{44}kɔ^{53}	眼 lɔ̃^{23}	搔 tsɔ^{53}
上海话	夜到 ɦia^{22}tɤ^{53}	廿 ȵe^{23}	香瓜子 ɕiã^{44}ko^{33}tsɿ^{31}	瞌觉 k^{h}uən^{44}kɔ^{31}	眼 lã^{23}	搔 tsɔ^{42}

2. 词义相同，词形字音部分相同

两地1612个词语中，有561个词义相同，词形字音部分相同，占比34.8%。举例如表6-7。

表 6-7

普通话	不要；别	上面	丢；遗失	莲子	生孩子
宁波话	勿要 fɛ^{53}	上头 zɔ̃^{23}dei^{35}	跌落 tiɪʔ^{5}loʔ^2	莲蓬 li^{33}boŋ^{23}	生小人 sã^{44}ɕiɔ^{324}ȵiŋ^{23}
上海话	勿要 viɔ^{23}	高头 kɔ^{44}dɤ^{31}	落脱 loʔ^{2}tʰəʔ^3	莲心 lie^{23}sin^{44}	养小囡 ɦiã^{22}ɕiɔ^{324}nø^{44}

3. 词义相同，字音词形不同

两地 1612 个词语中，有 410 个词义相同，字音词形完全不同，占比 25.4%。举例如表 6-8。

表 6-8

普通话	他	玩儿	玉米	蹲	刚刚	拿
宁波话	其 dʑi^{23}	嬲和 na^{33}ɦu^{23}	六谷 loʔ^{2}koʔ^5	跍 gu^{23}	还即 ɦua^{23}tɕiɪʔ^5	拕 dəu^{23}
上海话	伊 fii^{23}	白相 bəʔ^{2}ɕiã^{34}	珍珠米 tsən^{33}tsɿ^{44}mi^{31}	蹲 tən^{42}	刚正 kã^{44}tsən^{31}	担 tɛ^{53}

（三）构词形式比较

两地词义相同的情况下，在词的结构形式上存在以下三个差异：（举例斜杠前为宁波话，后为上海话）

1. 音节数量方面

有单音节、双音节和多音节。例如：

其/伊；下饭/小菜；生小人/养小囡；天狗吃日头/野日头吃家日头

2. 词序方面

例如：窗门/门窗；响雷/雷响；被单/单被；鞋拖/拖鞋

3. 形容词词缀方面

ABB 式上，例如：

瘦怯怯/瘦呱呱；红稀稀/红衬衬；热拔拔/热烘烘；苦得得/苦搭搭；冷刮刮/冷飕飕

BBA 式上，例如：松松黄/蜡蜡黄；漆漆黑/墨墨黑；冷冰冰/冰冰冷

4. 形容词生动形式方面

例如：石骨铁硬/石骨挺硬；透骨新鲜/佬新鲜；红猛日头/大日头

小结：在比较两地词语时，我们发现，宁波话与上海话词汇普遍存在一词多称的叠置现象，如果从相同或者相近角度选择比较词形的话，那么相似程度比语音更高。词汇就像会走路的脚，流动性较强，过去宁波和上海两地之间较其他各地接触更频繁，词语的融合程度也相对较高。但是就像把酱油和醋掺和在一起，时间久了，难以分清一样，哪些是原来的酱油，哪些是原来的醋，不太好分辨。以上的对比分析，只是为探究新上海话的形成提供些微参考。

第三节 宁波话与上海话相近的历史原因

从上两节语音词汇比较后，我们可以看出宁波上海两地方言面貌相似程度较高。语音是七分相似，词汇则可达到八九分，除了代词和动作词语的差异率分别为39%和36%外，其余词类则在7%—27%。我们认为造成两地方言相近的历史原因，大致有以下三个方面。

一 历史渊源深厚

宁波和上海是两个渊源关系很深的城市。从清末到19世纪中叶，上海开埠之初，就成为甬商商铺聚集之地，大量的宁波人闯荡上海滩，其中一部分成为商人，大批的是手工业者和小市民，为整个上海的市民成分注入了新的生机，并逐渐成为上海市民的一个重要组成部分。据统计，20世纪30年代，在上海工商界名人中，宁波人士占1/4。1948年时，上海市共有宁波籍108万人，占当时上海市460万人口的23.5%。统计显示，现今每三个上海人当中就有一个祖籍是宁波的，难怪民间有一个流传已久的说法："宁波是上海的老娘舅。"特别是在沪宁波帮的产生，更凸显出甬商的商业潜力。宁波人从上海开埠以来都积极地参与沪的商业活动，为沪的发展起了很大的推动作用。商务官报曾写道："要之上海本国商人之势力，当以宁波商人居王位。"庄晓天先生为《创业沪滩》一书所作的序言中有这样一段话："宁波人，抓住沪开埠的发展机遇，捷足先登，抢滩沪，先在商业，后在金融、工业、交通、房地产、医药等各业以至文化、教育、科技等领域，全面进军，艰苦创业，大显身手，对上海的社会、经济、文化的发展，作出了不凡的业绩。"

可见宁波人在上海，不仅在工商界从业者众，而且势力强盛，尤其在商贸、航运、金融更是独占鳌头。有数据显示，1903 年，沪南北市钱庄共 82 家，其中甬籍 22 家，占 26.8%，秦润卿（慈溪人）被誉为在沪的钱业领袖。此外，上海市民日常生活特别是饮食习惯，诸如咸菜过泡饭、吃宁波年糕、汤圆、黄泥螺、咸鱼鲞都成了上海市民日常生活的习惯之一。上海有城隍庙，宁波也有城隍庙，上海有外滩，宁波也有外滩。

宁波人"门槛①精"，精打细算、锱铢必较，进入上海后，宁波人的精明特别表现在会算账、算细账方面，在金融业总是胜人一筹。宁波人的精明，无论是经商，还是从事其他职业，都精于计算、注意细节、讲求实惠，这点上海人深受宁波人的影响，如今"门槛精"却成了上海人的代名词。

二 宁波人在沪富商多

上海以商兴市，宁波人经商的天赋，与沪商相契合。有一句民间俗语叫"无宁不成市"，就是说商场上如果没有宁波人，就成不了气候。宁波人擅长经商，闯荡上海滩后，出现像包玉刚、邵逸夫、应昌期、叶澄忠、林炳荣、赵安中等富商，社会地位较高，在上海商界是主流群体，属于上层人士。19 世纪 40 年代，在上海的宁波帮已成为颇具实力的帮会，有较强的势力，是上海商界的主流群体，他们控制了上海的钱庄，参与了新式银行，以洋布、五金、医药为主要经商业，属于上层人士。此外，他们涉足中国最早的重工业，在上海近代的机器和船舶业中，也具有重要地位。苏北人从 19 世纪初也不断涌入上海，数量上并不亚于宁波人，由于他们从事的行业主要是餐饮、理发等服务性行业，社会地位自然比宁波人从事的行业要低。经济地位决定着社会地位，其方言自然就像一座方向标，影响着新上海话的形成和发展。20 世纪 30 年代，在上海专门有宁波人办的、用宁波方言写的《宁波白话报》。1860 年编著出版的《英话注解》，是国内较早出现用宁波方言注音的英语教材。该书的作者都是宁波帮商人，第一作者冯泽夫，系"勾章慈水镇"即现今宁波江北慈城人，是晚清上海钱业界领袖；第二作者张宝楚也是上海钱业公会的董事，第三作者郑久也是镇海十七房人氏。宁波人用宁波方言注音《英话注解》刊行后，一版再版，广泛流传，成为上海人或在沪经商人氏学习英语的主要教科

---

① 门槛，指找窍门或占便宜的本领。

书。上海的洋泾浜一般用宁波方言来读，就很接近。如英语"shop"，上海话音"沙"近[so^{44}]，宁波话音近[ɕiɔ^{44}]，用宁波话念"沙浦"更接近英语的发音。

宁波方言与上海方言本身存在一定的差异，但随着宁波人社会地位的提高，宁波方言注释《英话注解》速成本的流行以及《宁波白话报》发行的影响，宁波官话与上海官话的发音日益靠近，尤其单个字音的读音更是相差无几，词汇语法方面相似度更高。而往返于苏北与上海两地的苏北人，一向被上海人称之为带有贬义的"苏北佬"，其苏北方言较之宁波方言对新上海话的形成却没有构成较大影响。

三　两地水路交通便捷

水上航运业是经济的命根子，宁波和上海一样都是早在1842年就被辟为五口通商的沿海城市，相似的地理位置优势，使得宁波舍省会城市杭州，主动接轨作为大金融中心的上海，从而获得了更大的实惠和利益。

当年宁波境内有北仑、镇海、海曙三江口等渔港，水陆交通比较发达，而陆路交通相对落后，从宁波到杭州，路上要走上好几天。对宁波人来说，走陆路不如水路方便，到上海，在家门口码头上船，睡一觉，一天一夜就到了上海的十六浦码头，这也是为什么宁波人不去杭州而喜欢去上海闯荡的主要原因。最早被辟为通商海口岸的宁波，航海业比较发达，海上风浪的磨砺，使得宁波人说话的语气腔调刚硬，爽直的性格也使得宁波人饮酒成风，做事雷厉风行，有"赛东北"之称。正如方言学家钱乃荣所言："上海经济发达，吸引了众多移民群体，这就需要统一的语言交流；而移民文化的集聚与碰撞，又促进了当地经济的更加发达，同时带动了当地文化（包括方言）的兴盛与外溢。"

如今宁波交通便捷，形成了以港口为龙头，公路、铁路、水运、航空协调发展的交通体系。在海洋运输方面承接以往的优势，作为东方大港——北仑港，不但担负起宁波水路运输的重任，而且成为浙江省乃至华东区域海运的重要集散地，宁波也是上海发展对外贸易的最佳伙伴。

第七章

宁波方言地理分布格局及其成因

宁波方言境内比较复杂，不仅有地域和年龄的差异，而且还有"慈溪燕话""象山爵溪军话"等方言岛的存在。内部通话程度虽然较高，但各县市方言仍然存在一定的差异性，当地人感知灵敏，外地非语言专业人士对此一般无所感知。宁波方言属于吴方言太湖片区，既有吴语的共性，又有自己鲜明的个性。

因此宁波境内方言，总体呈现出"内部大致统一，略有差异"的地理分布特点。依据前几章的调查研究以及分析阐述，宁波方言地理上可以划为三个小片：一是甬江小片，分布在同言线1和同言线2之间的区块，与宁波六区以及奉化市行政区域基本相当，慈溪市的龙山、三北、范市、掌起，余姚市的大隐、鹿亭甬江小片特征明显，可划归甬江小片；二是临绍小片，分布在同言线1的西北区块，除上述六个乡镇外与慈溪余姚行政区域大致相当；三是宁象小片，分布在同言线2的东南部，与宁海象山行政区域大体相当，宁海岔路、桑洲、一市语音词汇呈现宁象小片与台州片混合型特点，宁海西店、深畈语音词汇呈现甬江小片与宁象小片混合型特点；基本厘清了甬江小片、临绍片、台州片的分界线。如地图7-1所示。

第一节　影响宁波方言地理分布格局的非言语因素

与其他方言一样，宁波方言地理格局的形成并不是一蹴而就的，影响其因素也非唯一。除了方言本体的内在因素外，非语言因素也起了至关重要的作用。宁波历史悠久，新石器时代就出现了河姆渡文化，如今这般方言格局的形成必然受到自然地理、地域文化、人文社会等因素的影响。宁波位于浙东沿海，是我国最早的通商口岸之一，海洋渔业、北仑良港、河

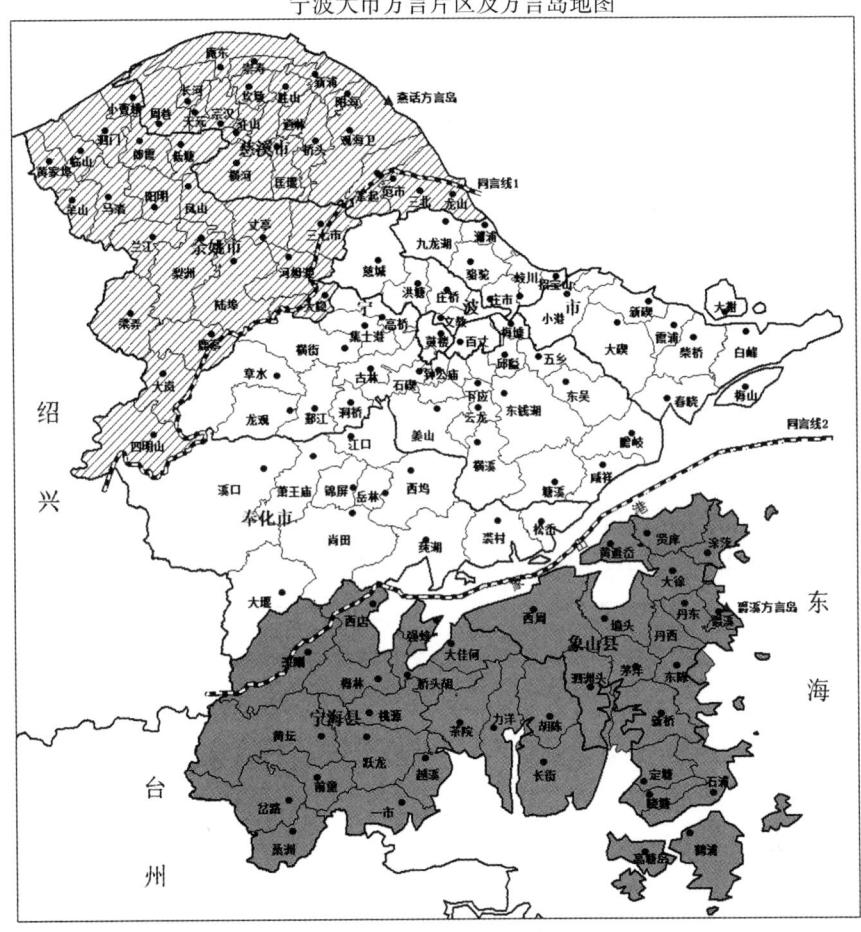

宁波大市方言片区及方言岛地图

地图 7-1

姆渡遗址、传教士方言传教、"无宁不成市"的商业气息、西方文化的较早介入、副省级城市辐射力等诸多非语言因素，是形成宁波方言地理分布现状及其历史演变的重要因素。本章将从自然地理、行政区划、人口迁移、商贸文化、海洋文化、浙东学术文化等六个方面的影响因素进行探讨。

一　自然地理环境

宁波位于我国东海之滨的经济发达的长江三角洲的南翼，毗邻上海、杭州，背依秀峻的四明山麓，两面环海，舟山群岛为其天然屏障，奉化江，余姚江在宁波三江口汇聚为甬江流入东海。地处宁绍平原东端，地势总体表现为西南高，东北低。市区平均海拔约 4—5.8 米，郊区平均海拔约 3.6—4 米。地形地貌可分为四种：山脉、丘陵、盆地和平原。其中山脉面积占总面积的 24.9%，丘陵占 25.2%，盆地占 8.1%，平原占 40.3%。由此可见宁波地形中平原占了大部分面积，宁波六区基本都处于这片区域内。宁波境内主要有天台和四明山两支山脉，除了鄞州区西部有四明山横跨，其余都在四明山以东。一山之隔，使得有的词语在鄞州区东西两地叫法有差异，如"聊天儿"，西部叫"讲料天"，东部与宁波老三区相同叫"讲大道"；又如"捉迷藏"，西部叫"盘幽猫"，中部叫"寻幽猫"，靠近象山港的东面则叫"掖老鼠猫"。

瑞典著名语言学家 B. 马尔姆贝格（Malmberg）曾说过："高山和密林往往是方言的分界线，而且大多分界线是泾渭分明的，因为要穿过高山和密林交往倒不是不可能，只是特别困难。"[①] 司徒尚纪在研究广东的文化地理时也指出："在历史的早期，自然地理环境的作用是各种格局的文化类型得以产生的基础"。[②]

北仑区和鄞州区东部也有丘陵阻隔，主要是天台山的余脉。因而在方言的统一性上，这两个区与其他地区相比显得不强，常出现不同的说法。如"我们"这一叫法，其他五区均称为"阿拉 [aʔ⁵laʔ²]"，唯独北仑区东部 7 个点称"俄啦 [ŋə²²laʔ²]"；地处鄞州区西部的龙观乡也常出现与其他区不同的说法。如"姑妈"，鄞州 21 个点都称为"阿姑"，唯独该地称为"幺姑"。而江东、海曙、江北、镇海、鄞州中北部，处于相对平坦的地形环境，因此方言较为统一。作为浙江七大水系之一，宁波境内主要流经了奉化江和姚江，两江汇合为甬江，形成著名的三江口，受其影响最大的主要是江北、鄞州和北仑三区，虽然从总体上看宁波六区方言相似度较高，但密集调查后便会发现这三个区，在方言的发音、语调、语气和叫法上均有不小差异。如：江北区尤其是它的西北部乡镇街道，把"阿"音发成"幺 [au⁴⁴]"音；"婶"的发音，鄞州区许多乡镇街道发成"西 [ɕi⁴⁴]"音，鼻音完全脱落；而北仑区在发音上，与其他五区相比显得较为生硬，语调的抑扬顿挫更为明显。还有象山"三面环海，一线穿陆"

[①] B. 马尔姆贝格（B. Malmberg）：《方言学与语言地理学》，黄长著译，载《语言学》第一辑，中国社会科学出版社 1979 年版，第 163 页。

[②] 司徒尚纪：《广东文化地理》，广东人民出版社 1993 年版，第 3 页。

的地理特征，位置相对封闭，至今声母系统中没有浊擦音［z］声母，仍保留宁波方言百年前没有 z 声母的特点，成为吴语甬江小片六区五县代表点中的唯一。据胡方论文所述："宁波方言百年前也是没有 z 声母的，尖团合流中产生。"①

方言地理格局的形成往往都是以他们自己的方言作为其文化标志的。尤其是在古代社会，由于受到高山阻隔、交通不便，若不是出现战乱或天灾，不同区域之间的人肯定很少有来往，《老子》第十八章："邻国相望，鸡犬之声相闻，民至老死不相往来。"正是自给自足的小农经济的写照。从而也就造成了不同人群在空间上的一个隔离，换言之，地形、地势、高山、河流、森林、沙漠、沼泽等各式地形，无疑都是影响不同方言形成的原因。虽然宁波市境内没有特别高的山脉，但四明山和丘陵的存在，无疑也使宁波方言内部产生分化，这是宁波方言地理格局形成的两大重要因素。

二　行政地理文化

周振鹤指出："中国传统文化历来讲究实际、重视管理。我国的历史行政地理无疑对我国方言的演化与发展会产生重要的影响。"② 的确，一个区域行政地理中心，总是对其管辖区域具有向心力，它们的密切联系也会日渐消除彼此间语言的差异，逐步向行政中心地趋同。而省市区之内文化因素的一体化也会促进方言一体化的形成。

宁波拥有距今约七千年的河姆渡文化，人类文明的足迹早已踏上了这片土地。夏朝时，宁波地域称为"鄞"，"鄞"字沿用至今，如今宁波市就有下属行政区"鄞州区"。根据《尚书》中《夏书·禹贡》记载的古九州，宁波属于扬州，自那时起宁波方言就已属于吴语。到了春秋划为越国境地，勾践建立句章城；秦时属于会稽郡，分为鄞、鄮、句章三县，当时宁波与绍兴一带同为越地。因此宁波方言尤其是所辖慈溪和余姚两市中，有不少与绍兴方言相似的词语，如否定词"嗯纽(没有)"，语气词"唥哉(句末语气词)"，称谓词"嗯娘(姑姑)"，"小老倌(男孩)"等。至今，海曙区作为宁波老城区的中心，仍保留"老倌"的说法来称呼丈夫。现归属于宁

---

① 胡方：《试论历年宁波方言声母系统的演变》，《语言研究》2001 年第 3 期。
② 周振鹤：《中国历史政治地理十六讲》，中华书局 2013 年版，第 50 页。

波江北区的慈城镇，古代为慈溪县衙所在地，至今语音带有慈溪方言特色，如古开口三等字流摄的"周"字，宁波读［tɕiɣ］，慈溪读［tsəu］，慈城也读［tsəu］；深摄的"沉"字、臻摄的"镇"字，宁波读［tɕʮɛŋ］，慈溪读［tsəŋ］，慈城也读［tsəŋ］；深摄的"湿"字，宁波读［ɕieʔ］，慈溪读［səʔ］，慈城也读［səʔ］；山摄的"扇"字，宁波读［ɕi］，慈溪读［sẽ］，慈城也读［sẽ］；宕摄的"张"字，宁波读［tɕiã］，慈溪读［tsaŋ］，慈城也读［tsaŋ］。

隋开皇九年，沿袭春秋地名称句章城，置县治于小溪，宁波城市开始自成一片，区域特色逐渐显现。唐开元二十六年，设明州，下辖奉化、慈溪、镇海、象山、定海五个县，并置州治于鄞县，属浙江东道，此时宁波大致区域格局呈现雏形。唐长庆元年间，明州治迁至三江口，并建立子城，为今后发展打下了基础。唐灭亡后，五代十国时期属于吴越国地界，浙江江苏地区融为一体，交流密切。宁波方言，自然在很多方面与吴语区的方言有许多相似之处，如人称代词"你"称为"侬"，其发音便是承袭了古吴语。宋朝时属于两浙东路。元朝大德七年，设浙东道都元帅府，属于江浙行省。这种省、府、县的设置，也一定程度上促进了宁波本地方言的一体化。从明洪武十四年，为避国讳，朱元璋把明州府名改称为宁波，直至今日，宁波市共有6个区、2个县、3个县级市、77个镇、11个乡及64个街道办事处。从宁波简要的历史沿革中，我们发现，宁波的区域开发是由西向东进展的，前期行政区划并不明显，隋朝时将其与会稽（今绍兴地区）分离，从唐朝开始区域形态逐渐明朗，与今相差无几，此后变动不大，保持了相对的稳定性，这使得方言地理格局也处于相对稳定的状态。

三 人口迁徙的影响

语言演变的一个宏观原因可以说是人口的迁移，移民的迁徙路线、时间、来源也同样会影响着方言内部差异。周振鹤指出："移民活动是形成方言地理的基本因素。""历代的移民史汉语各南方方言的历史渊源，也是汉语方言地理格局形成的主要原因。"[①] 游汝杰先生认为，方言形成的

---

① 周振鹤：《现代汉语方言地理的历史背景》，载《历史地理》第九辑，上海人民出版社1990年版，第37页。

最直接最重要的原因是人口迁徙。有关资料显示，晋朝前人口多集中于黄河流域，宁波本地区域的人口相当稀少，考古学家和史学家曾研究发现并证实当时句章县的所有人口只有几千人。直到东晋，我国古代发生了人口大迁移，大量的北方人为躲避压迫不远万里迁移到江南地区。随着女真人入侵，北宋灭亡，南宋政权转移到临安（今杭州），南渡人口主要集中到了江浙地区。随着朝代的更迭，大量人口从中原地区流入长江流域，加之北方人口为躲避压迫迁移南下，使得原本人迹稀少的宁波区域渐渐繁荣兴旺起来，各个区域的语言与本土语言的交融汇合，才逐渐发展成了今日的宁波方言。从这一角度看，当时的宁波方言还受到了北方方言的影响，毕竟北方的大量移民在此地生产生活，与本土语言交接，两者互相吸收、相互影响，开始融合，因而宁波方言的文读系统比较发达。如古"奉微日见"的"肥味人交"等声母字，古山遇止的"集刊锯鼠耳儿吹贵"等摄韵母字，都存在文读音。随着吴语区境内交流的日益频繁，各地居民的互相迁移，方言之间的借鉴交融，使得宁波方言中不少词语受到苏州、绍兴等地方言的影响。例如，苏州话中对"父亲"的旧称有"爹爹"，在宁波方言各代表点中仍保留着"爹"的说法，宁波海曙、奉化、宁海、象山都有"阿爹"之称；慈溪余姚仍保留"爹爹"的称说；宁波海曙西门街道有将"父亲""母亲"分别称作"老倌""老孃"的，这显然是受到了绍兴话的影响。

四 浓厚的商贸文化氛围

宁波是一个商业气息比较浓厚的城市。宁波方言中有一个叫"临市面"的词语很有特色，意思是指"及时了解和掌握市场信息"。宁波人善于经商，闯荡上海滩后社会地位较高。在上海商界是主流群体，属于上层人士。宁波人经商讲究信誉，历史上就有"赊销码头"和"过账码头"之称，商品买卖多凭信用放账。宁波人很精明，在算账、算细账方面，总是胜人一筹，创到上海滩后，无论是经商，还是从事其他职业，都是精打细算、注意小节、讲究实效。宁波商人生活和处事比较低调，不事张扬，即使腰缠万贯，衣着也不奢华。只要有生意可做一概涉足，大钱要赚，小钱也要赚；别人不屑去做的，宁波人也愿去做。这些都营造出宁波浓厚的商贸文化氛围。有句俗话叫"天下之主，不如买主"，宁波人把买主视作衣食父母和上帝，待之以诚，服务相当周到：顾客上门，不管新老，笑脸相迎,端凳请坐,敬烟献茶;货款不足,派人跟取,携带不便,送货上门;远道顾客,招待食宿,买错货物,允许调换等。如普通话一个"买"词在宁波话里说法很丰富。买的东西不一样,买的词也不一样。"买油"叫"打油","买布"叫"扯布","买米"叫"籴米"、"买肉"叫"劗肉",体现出宁波深厚的商贸文化积淀。

五 海洋文化的浸润

宁波北仑港是中国货物吞吐量第一大港,也是古代的海上"丝绸之路"和"陶瓷之路"的出发港,重要的对外贸易口岸。反映在方言里,产生出了一大批具有浓厚海洋文化气息的方言俗语。因其与海洋、港口以及生活在海港城市的人们关系密切,被称为"蓝色俗语"。宁波人深受海洋文化的熏陶,"三句话不离本行",即使是一些说教类的俗语,也常带有海洋色彩的修辞手法。"再臭总是鱼,再孬总是儿"(再臭的鱼也总是鱼,能够卖钱,再坏的儿子仍然是自己亲生的儿子)。"河里呒鱼虾也好,呒没儿子囡也好"。(河里捕不到鱼,抓点虾也好;生不出儿子,养一个女儿也好)。这两句俗语,以"鱼虾"作比喻,反映了朴素的"养儿防老"的思想。"带鱼吃肚皮,闲话讲道理。"这种借物起兴,寄物于理的表达手法,类似于中国古诗中常用的"比兴"手法。为了表达"闲话讲道理"这个意思,借"带鱼吃肚皮"来作"引子",带有浓厚的海鲜味。这句把美食与哲理结合起来的俗语,至今仍被宁波人奉为信条。

"民以食为天",山里人崇尚山珍,海港人则崇尚海味。宁波一年四季都能吃到生猛海鲜。"吃饭大囡陪,下饭鳓鱼苔",鳓鱼是一种海鱼。这句俗语的意思是,人生中最快乐的事,莫过于吃饭时有大女儿陪,有鳓鱼做下饭的菜。鳓鱼在宁波人心目中,其美味程度绝对不亚于鲍鱼燕窝。"清炖小黄鱼,好比白斩鸡"和"八月青蟹抵只鸡"以及"红壳虾(即海虾),肉鳎鱼(比目鱼),配配冬至汤圆顶惬意"的俗语。在隆冬季节,桌前放一盘新鲜明艳的海虾和肉多味美的肉鳎鱼,再来一小碗热乎乎的汤圆,应该是宁波人再惬意不过的乐惠生活了。这些俗语把宁波人喜吃海鲜味的海洋人习性表达得淋漓尽致。"清明螺壮如鹅,八月鳗壮如鸭"以及"春鳊、秋鲤、冬鲫、夏鲍"等,则是宁波人从餐桌上领悟到的品尝鱼鲜的美食要领,并总结出不同海鱼各有不同的最美味部位,如"黄鱼吃嘴唇,鲳鱼吃下巴,鳓鱼吃尾巴,带鱼吃肚皮""鲫鱼吃鳞,甲鱼吃裙"

等,把宁波人特有的海鲜饮食文化特色,表现得淋漓尽致。

六 浙东文化观念的影响

文化观念是文化系统的核心要素,它是人们对于外部世界、自身以及人同外部世界关系的基本理解和看法。一方面看,这是对活动方式的符号化(形式化)和理论化;另一方面看,它又是活动方式得以运作(与人结合)的基础。以河姆渡为代表的宁波文化历史源头,代代相传,从态度、行为、风俗等各方面发展而成的文化观念因素,影响到了文化的重要组成部分——方言的地理分布格局。

宁波方言区人通过各类地域文化因素的浸染熏陶积淀而成的文化观念,自然而然地影响着方言格局的养成。以王阳明为代表的浙东学术文化,讲究"诚信礼义",经商做生意从来都是"仁"字当头,讲究积德行善。反映在方言中就有"脚踏路中央,不怕论短长""积德百年,丧德一日"等俗语。"诚"与"信"自古就是中华民族传统美德,"诚之者,人之道也"。宁波人"立身处事,诚信为本"像"人靠良心树靠根,走路纯靠脚后跟","天地良心,到处通行","勿是侬格财,勿落侬格袋"等俗语,体现出宁波深厚的传统文化沉淀。人们长期生活在同一个文化环境中,逐渐融合、影响,从而形成了对自然、社会较为一致的观念与信仰,"信用经商"得到了宁波人文化观念的广泛认同。历史上宁波就有"赊销码头"和"过账码头"之称,商品买卖多凭信用放账。

综上所述,从方言的起源而言,宁波方言从春秋战国时便作为吴语的一分子有了记载,经历了千余年的发展形成了如今方言分布格局。每个词语都蕴含着地域特色、价值取向和文化观念。除了方言本体的性质、词源、使用频率、传播速度以及路径等内因潜移默化外,上述阐述的六大非语言因素的外因也是重要因素,如今,还受到普通话的冲击。

大体上看,宁波六区的文化观念统一性还是比较强的,反映在人称代词上,各区大多数调查点的称法都是"你、我、他"——"侬、吾、其","你们、我们、他们"——"㑚(拉)、阿拉、其拉"。其中宁波老三区(海曙、江北、江东)相对其他区而言,受历史影响成为一个紧密的整体,作为中心居民文化认同感更强,因此许多词语的叫法上统一性更高。而江北区的慈城镇(古代系慈溪县衙所在地),因西北部大部分区域与余姚的三七市、河姆渡镇接壤,两地交流密切,文化观念更偏向于该市，在方言词语的称说上更接近。如将伯母叫作"姆嬷"，将"姑妈、婶婶、叔叔"分别叫作"嫩姑、嫩婶、嫩宋"，发音上均与六区其他乡镇街道有所不同而偏向余姚口音。同理，与奉化市溪口接壤的鄞州龙观乡，文化观念的偏向性影响了方言的发音甚至是称说，从而使整个方言的地理分布呈现出不规则性。

第二节　慈溪"燕话"语音词汇特点简述

　　浙江慈溪行政上隶属于宁波市。它位于东海之滨，东离宁波 60 公里，北距上海 148 公里，西至杭州 138 公里，是长江三角洲经济圈南翼环杭州湾地区上海、杭州、宁波三大都市经济金三角的中心，区位和交通优势十分明显。全市行政区域面积 1154 平方公里，耕地面积 65.28 万亩，户籍总人口 101.54 万。慈溪市现辖 3 个街道、17 个镇。从地理上看，整个慈溪呈长带状，东西跨度较大（约 130 公里），境内方言存在差异，东部接近宁波话，西部接近余姚话，北部边缘接近绍兴话。燕话所在地观海卫镇处在宁波与余姚之间，方言语音更接近宁波话。在观海卫镇内尚有一小部分人，至今家族内部仍说闽东方言，成为处在吴语包围之中的方言岛，当地人俗称"燕[ε^{44}]话"。

一　燕话语音对比考察

　　燕话是慈溪观海卫城内早期的方言，它是明朝政府为抗击倭寇，初建观海卫时，从福宁（今福建霞浦县，今属于闽东方言北片）调卫士来此地戍守的官兵、眷属及其后裔所说的话，迄今已经流传了 600 多年。据传当时卫军多住城内，燕话在城内占绝对优势，有"鸹舌声声话八闽"和"不懂燕话难进城"之传说。后来戒备渐废，四方居民陆续入城，城内士兵，才学讲"城外话"，即慈溪方言。至今说"燕话"的人越来越少，年轻人几乎都不会说了。

　　燕话语料来源于笔者 2008 年 5 月，带领研究生专程赴观海卫镇方言岛田野调查所得。从调查考察的情形看，会说这种话的人已不到 1000，主要是 70 岁以上的老年人。我们事先联系寻找到的两位发音人：（1）王乾岳，男，77 岁，观海卫镇卫北村医疗卫生服务站负责人；（2）郑建尧，男，73岁，观海卫镇卫北村医疗卫生服务站工作人员。我们拿着拟定的调查字词表，让他们俩马上用燕话语音发单字音比较困难，大多数读不出来，常常要用词语和句子启发，才能凭借记忆，慢慢地去寻找残留在大脑中的"燕话"词语，有时为了说出一个词语和句子，或者记起一个字的发音，往往要想上好一会儿。他们俩大多数场合都说慈溪方言，只有与长辈交流，才说燕话，说慈溪方言比说燕话要流畅得多，最后我们只调查到有限的部分字词和歌谣。

目前观海卫镇语言使用情况是"街面"上都使用慈溪方言，除了不太出门的老年人相遇寒暄外，燕话只是在家庭内部使用。慈溪话成了全镇及周边地区通用的优势方言，"燕话"则是劣势方言。会说"燕话"和愿意使用它的人日益减少，燕话面临即将消亡的状态。

燕话经过600多年的发展演变，从我们所调查记录的语音情况看，发音比较特别，乍一听像慈溪话，仔细听又夹杂着闽东语言，但与地道的闽东语音又明显不同。凭借笔者吴语区人的语感，听地道闽语感觉困难，但听燕话并不感到难懂。总体感觉，这个燕话基本上是用慈溪方言的语音腔调说闽语词句，是一种被慈溪方言改造了的吴语与闽语的杂交语。初步判断是一种闽东北方言与慈溪观海卫方言长期接触交融后形成的独特方言岛。

我们首先对燕话声韵调（游汝杰、徐波，1998）、闽东北片的福安和寿宁、宁德声韵调（林寒生，2002）以及慈溪观海卫方言声韵调进行对比考察：燕话声母26个，福安17个，寿宁15个，数量上比福安多9个，比寿宁多11个，主要是多了一组全浊声母和舌面前音：b、d、dz、dʑ、g、z、tɕ、tɕʰ、ɕ；而观海卫声母28个，比燕话只多了"ʐ、ɦ"2个浊声母，还有一组清浊音声母有区别，观海卫"夫"读"f"，"父"读"v"；燕话则"夫"读"ɸ"，"父"读"β"，可见，燕话声母数量上更接近慈溪话。

燕话韵母46个，福安45个，寿宁45个，观海卫44个，总体数量差别不大。但在单元音韵母、入声韵以及声化韵上的数量差异较大。燕话单元音韵母10个，存在舌尖前元音ɿ和撮口韵y，福安8个，无ɿ和y，寿宁7个，有y无ɿ，观海卫10个，也有ɿ和y；燕话入声韵8个，福安14个，寿宁12个，观海卫6个；燕话和观海卫都有3个声化韵m̩、n̩、ŋ̍，福安有1个，寿宁1个也没有。

燕话声调 6 个，平声和去声仍分阴阳，上声和入声不分阴阳，阳上归阳平，阳入大多归阴入，少数归阴平；福安、寿宁和观海卫声调都是 7 个，平、去、入仍以声母清浊分阴阳，阳上都已归并，福安和寿宁的调值比较接近，燕话声调自成一体，其调值与观海卫、福安和寿宁差别较大。对比如表 7-1 所示。

表 7-1　　　　　　　　燕话与慈溪方言、闽东声调对照

方言点＼调类	阴平 东边	阴上 冻变	阴去 懂扁	阴入 笃笔	阳平 铜桃	阳上 动道	阳去 洞盗	阳入 毒白	声调数
燕话	44	35	52	5	223		112	白44/毒5	6 个
观海卫	53	334	44	5	23		223	12	7 个
福安	33	42	35	5	11		23	2	7 个
寿宁	33	42	24	5	11		212	2	7 个

从以上对比情况看，燕话音系体现了吴语的三个特点：一是声母保留中古"帮滂并""端透定""见溪群"三分格局，既有送气与不送气之分，又有清浊音对立；二是存在 m̩、n̩、ŋ̍ 3 个鼻音声化韵；三是单元音韵母比较丰富。

二　燕话语音若干特点

燕话与闽东北方言有若干方面接近，而与慈溪方言差异较大的主要有以下六点：

（一）古非、敷、奉、微声母读 p、b、x（h）声母，比较典型地体现了上古"轻唇归重唇"的闽语特点。如古非组声母字，燕话一般读重唇音 p、b 或舌根音 x（h）声母，慈溪话则一般读轻唇音 f 和 v。对比如下：

	飞	风	肺	粉[1]	饭	缝	问[2]	尾[3]
燕话	pø44	xoŋ44	pø44	xuaŋ23	bø23	bəŋ23	muɔŋ23	mue21
慈溪话	fi53	foŋ44	fi53	fəŋ44	vɜ23	voŋ324	məŋ23	mi23

说明：慈溪话"粉[1]"字作形容词时，口语中尚遗留声母读重唇音［piŋ324］现象，"问[2]"、"尾[3]"二字的口语音声母读重唇"m"，也在一定程度上体现了重唇的特点。

（二）多数古知、彻、澄声母读 t、tʰ、d，体现了上古"舌上归舌

头"的闽语特点。古知组声母字，燕话一般读舌尖前音（古称"舌头音"）t、tʰ、d；慈溪话除个别字词外，一般读舌面前音 tɕ、tɕʰ、dʑ。对比如下：

	猪	账	桌	中	住	郑	茶
燕话	ty⁴⁴	tyɔ⁴²	to²³	tɛ⁴⁴	diŋ²³	daŋ²³	da²³
慈溪话	tɕy⁴⁴	tɕiã⁴⁴	tɕioʔ⁵	tɕyoŋ⁵³	dəŋ²³	dʑiŋ²³	dzo²³

（三）部分古匣母字，燕话一般读 k、g、0；慈溪话一般读带浊流的零声母或喉音 h，对比如下所示。

	寒	厚	含	汗	咸	蟹
燕话	ke³²⁴	kɔ²³	ge²³	ge²³	giɪ²³	e³¹
慈溪话	ɦiɛ²³	ɦiəu²³	ɦiɛ²³	ɦiɛ²³	ɦiɛ²³	ha³³⁴

（四）部分遇摄鱼、虞两韵字，燕话一般读 y 韵，慈溪话一般读 ʅ 韵；全浊声母却读成送气清音。对比如下所示。

	锄	书	处	去	厨	树
燕话	tʰy²³	tɕy⁴⁴	tɕʰy⁴²	kʰe⁴²	dy²³	tɕʰy⁴²
慈溪话	dzʅ²³	sʅ³²⁴	tɕʰʅ³²⁴	tɕʰi⁴⁴	dzʅ²³	zʅ²³

（五）古效摄二等帮组字，燕话一般读 a 韵，慈溪话一般读 ɔ 韵。对比如下所示。

	包	茅	炮	泡	豹
燕话	pa³³	ma³³	pʰa³¹	pʰa³³	pa³¹
慈溪话	pɔ³⁵	mɔ³⁵	pʰɔ⁴²	pʰɔ³⁵	pɔ⁴²

（六）古蟹摄灰韵字，燕话多读圆唇的 ø 韵，且读 ø 韵的字比较多；慈溪话一般读不圆唇的单元音或复韵母。对比如下所示。

	杯	妹	腿	罪	回	飞	睏	吹	门	袋	吞
燕话	pø⁴⁴	mø⁴⁴	tʰø³⁵	dzø¹¹²	fiø²²³	pø⁴⁴	kʰø⁵²	tsʰø⁴⁴	mø²²³	dø¹¹²	tʰø⁵²
慈溪话	pe⁵³	me⁴⁴	tʰe³³⁴	ze²³	fiuə²³	fi⁵³	kʰuəŋ⁴⁴	tɕʰy⁵³	meŋ²³	de²³	tʰeŋ⁵³

三 燕话调查词语若干特点

词汇是体现一个方言特点的重要因素，我们在有限的田野调查基础上挑选出若干有特色的燕话词语，与闽东方言和慈溪方言多个调查点的词语进行对比考察，发现燕话具有如下几个特点：

下表中所列举的词语标注，一是关于词语的构形，有音韵地位而写不出本字的，用同音字替代，用斜体标示，没有同音字的，用"◇"标示；二是词语的声调调值，按连读后的实际调值用数字标记，不标原调调值。

（一）存在不少闽东方言特色词

燕话中存在不少与慈溪方言发音和词形完全不同的闽东方言特色词，这些词语在词形和语音上与闽东方言词语相近，主要源自福建的福安、霞浦、宁德等地闽东北片①的词汇系统；也存在不少吴方言特色词，如庀 居住 [diŋ²³]、铜钿 钱 [dəŋ³¹ die²³]、姑爹 姑父 [ku⁴⁴ tia³¹]、即冒 现在 [tɕiʔ⁵ mɔ²¹]、牙须 胡子 [ŋa²³ su⁵³]、牙齿 [ŋa²² tsɿ³⁵] 等等。现将部分燕话与福安②、宁德③词形和发音基本相同的词语对照如表 7-2 所示。

表 7-2   燕语与闽东话特色词对照

普通话	燕话	福安	宁德
眼睛	mɐʔ⁵gu¹¹² 目轱	mik⁴eu³³ 目珠	miʔ⁵iu⁴⁴ 目珠
眼泪	moʔ⁵tse³⁴ 目汁	mi⁴tsek⁵ 目汁	mæk⁵ tsɛk⁵ 目汁
嘴	tsʰui³⁵ 喙	tsʰøi³⁵ 喙	tsʰoi³⁵ 喙

---

① 闽东北片是闽语的一个子方言。主要分南北两大片，北片包括福安、霞浦、宁德等七个县市。
② 语料来源于林寒生《闽东方言词汇语法研究》，云南大学出版社 2002 年版。
③ 语料来源于林寒生《闽东方言词汇语法研究》，云南大学出版社 2002 年版。

续表

普通话	燕话	福安	宁德
嘴唇	tsʰui⁴⁴bu¹¹²喙◇	tsʰøi⁵⁵βui¹¹喙◇	tsʰoi⁵⁵βui²²喙◇
舌头	tsʰui⁴⁴ɕiɪʔ⁵ 喙舌	tsʰɿ⁵⁵lik² 喙舌	tsʰy⁵⁵θɛk⁵ 喙舌
脚	kʰa⁴²骹	kʰa³³骹	kʰa⁴⁴骹
母亲/妈妈	n̩²²nɛ²³尔奶	nɛ⁴²奶	noŋ²²nɛ⁴²侬奶
丈夫	lɔ²³xəu⁴⁴老鲨	lau⁴⁴θeŋ³³老翁	lau⁴⁴θeŋ⁴⁴老翁
姐妹	tsɿ⁵⁵mø³³姊妹	tsɿ⁵⁵muoi³⁵姊妹	tsɿ⁵⁵mui³⁵姊妹
我	ɦuɛ²³/uɜ⁴⁴我①	ŋɔ⁵⁵我	ua⁴²我
你	ui²³汝	ui⁴²汝	uy⁴²汝
他	ɦi²³伊	i³³伊	i⁴⁴伊
房子	tsʰu²⁴厝	tsʰu³⁵厝	tsʰu³⁵厝
吃饭	siɪʔ²bø²³食饭	siek²maŋ³⁵食饭	θiaʔ⁵puŋ³¹食饭
走	kiaŋ³³行	kiaŋ¹¹行	kiɛŋ²²行
跑	tsau⁵³走	tsou⁴²走	tsau⁴²走
打	pʰaʔ³拍	pʰak⁵拍	pʰaʔ²拍
高	ge²³悬	kɛiŋ¹¹悬	kɛŋ²²悬
绳	sɔʔ²³索	sɔk⁵索	sɔʔ²索

表7-2所示，燕话与闽东方言词形和发音基本相同的词语，主要集中在身体部位、亲属称谓以及人称代词和日常动词、名词等常用词上。语音上，入声韵尾与吴语一样只保留喉塞韵尾，"脚"说"骹"，"房子"说"厝"，"跑"讲作"走"，"走"说"行"等保留了许多上古中州汉语的重要特点，是研究古汉语的活化石。

(二) 部分词语是闽语和慈溪话的杂糅

听燕话发音人读词语，语音很特别，基本上是用慈溪话语音腔调说闽东词语。主要表现在指示代词方面。如表7-3所示。

---

① "我"单独发音读［ɦuɛ²³］，明显的浊流成分，连续时发 uɜ⁴⁴，完全清化。

表 7-3　　　　　　燕话与慈溪话指示代词对照

普通话	燕话	慈溪观海卫话
这里	ŋ̍⁴⁴ȵiɛ²³ 尔捏	iɪʔ⁵də²³ 益头
那里	kʰoʔ⁴dʑio²³ ◇旧	haŋ⁴⁴də²³ 巷头
这个	tɕiəʔ⁵gɤʔ² 这个	iɪʔ⁵də²³kɔ⁴⁴ 益头个
那个	kʰo⁴⁴tɕʰio⁴⁴ ◇丘	hã⁴⁴kɔ⁴⁴ 巷个
这些	tɕiɪʔ⁵ȵiɛ²³ 只捏	iɪʔ⁵ȵiɪ⁴⁴ȵiɪ⁴⁴ 益捏捏
那些	kʰo⁴⁴ȵiɛ²³ ◇捏	hã³²⁴ȵiɪ⁴⁴ 巷捏
哪些	ȵiɛ³²⁴ 聂	ɦia²²⁴dø²²⁴ȵiɪ⁴⁴ 鞋头捏

（三）大部分词语是闽语词形，慈溪话语音

　　燕话这些词语，或者词形和声母是闽语的，韵母和声调是慈溪的；或者词形和韵母是闽语的，声母和声调是慈溪的；个别词语，词形和读音都是慈溪的。下面将燕话少量常用词语与慈溪方言东中西三片代表点①进行对照，如表 7-4 所示。（表格里加点字系同音替代的记音字）。

表 7-4　　　　　　燕话与慈溪三片代表点对照

普通话	燕话	庵东（东片）	坎墩（中片）	龙山（西片）
（一）代词				
我们	ɦuɛ²³laʔ²³ 我啦	ŋa³¹³laʔ²³ 额啦	aʔ⁴təʔ³ 阿嘚/ɦia²²laʔ²³ 鞋啦	aʔ⁵laʔ²³ 阿啦
你们	ȵi²³laʔ²³ 你啦	no²³ 佛	ŋ̍²³təʔ³ 尔嘚	ŋ̍²³laʔ²³ 尔啦
他们	ɦi²³laʔ²³ 伊啦	ɦi²³laʔ²³ 伊啦/ge²³laʔ²³ 渠啦	渠嘚 ge²³təʔ³	ɦi²³laʔ²³ 伊啦
人家	nəŋ³¹ka⁴⁴ 人家	ȵiŋ³¹ko⁴² 人家	ȵiŋ²³ko³²⁴ 人家	ȵiŋ³²⁴kɔ⁴² 人家
外面	ȵiɛ²³tʰɔ²³ 捏头	ŋa³²⁴də²³ 外头	ŋa²³dø²³ 外头	ŋa³²⁴dø²⁴ 外头
里面	ti⁴⁴tʰɔu²³ 里头	li³²⁴də²⁴ 里头	li³²⁴dø²³ 里头	li³²⁴do²³ 里头

---

①　慈溪方言东中西三片代表点，分别为庵东、坎墩、龙山。语料来源于笔者为撰写《慈溪市志·方言卷》而作的田野调查。

续表

普通话	燕话	庵东（东片）	坎墩（中片）	龙山（西片）
多少	n̠iɪʔ²³ɦuɛ²³ 尼外	do⁴²sɔ⁴² 多少	do³²⁴sɔ³²⁴ 多少	dɔ³²⁴ɕio²⁴ 多少
一个	xɐʔ⁵gɐʔ²³ 虾个	iɪʔ⁵ko⁴² 一个	iɪʔ⁵kɔu⁴⁴ 一个	iɪʔ⁵ɦo²⁴ 一咬
这时候	tɕiɛʔ⁵mɔ²³ 甲冒	mɔ²⁴tɕi⁴⁴dø²⁴ 毛几头	kəʔ⁵səŋ³¹kɑ̃⁴⁴ 格辰光	kəʔ⁵ɕiŋ²⁴kɔ⁴⁴ 格辰光

（二）数词

一	xɐʔ⁵ 一	iɪʔ⁵ 一	iɪʔ⁵ 一	iɪʔ⁵ 一
二/两	n̠əŋ²³ 两	n̠i²³ 二	n̠i²³ 二	liã²²⁴ 两
三	sɛ⁴⁴ 三	sẽ⁴²⁴ 三	sẽ³²⁴ 三	sẽ³³ 三
四	sɿ³¹ 四	sɿ⁴² 四	sɿ⁴⁴ 四	sɿ³¹ 四
五	ŋ̍³²⁴ 五	ŋ̍²³ 五	ŋ̍²³ 五	ŋ̍²¹ 五
六	laʔ⁵ 六	loʔ² 六	loʔ² 六	loʔ² 六
七	tɕi³¹ 七	tɕʰiɪʔ⁵ 七	tɕʰiɪʔ⁵³ 七	tɕʰiɪʔ⁵ 七
八	paʔ⁵ 八	paʔ⁵ 八	poʔ⁵³ 八	paʔ⁵ 八
九	kɔ³⁵ 九	tɕiə⁴²⁴ 九	tɕiɤ³²⁴ 九	tɕiɤ²²⁴ 九
十	saʔ⁵ 十	zeʔ² 十	ziɪʔ²³ 十	ɕyøʔ⁵ 十

（三）称谓

长辈	tiɛ⁴²pø³²⁴ 大辈	ɦia²²ɦia²³ 爷爷	da²³pe³²⁴ 大辈	tɕiaŋ⁵⁵pe⁴² 长辈
爷爷/外公	ɐʔ⁵koŋ⁴⁴ 阿公	ŋa²²koŋ⁴⁴ 外公	ɔ³²⁴ɦia²³ 阿爷/ŋa²²koŋ³²⁴ 外公	koŋ⁴⁴koŋ⁴² 公公/ŋa²²⁴koŋ⁴⁴ 外公
奶奶/外婆	ɐʔ⁵bu⁴⁴ 阿婆	niã²²niã²³ 娘娘/ŋa²²⁴bɔ²³ 外婆	n̠iã²²iã²³ 娘娘/ŋa²²bɔu²³ 外婆	a³²⁴bɔ³²⁴ 阿婆/ŋa²²bɔ²⁴ 外婆
父亲/爸爸	ɐʔ⁵tia⁴² 阿爹	tia³²⁴tia³²⁴ 爹爹	ɔ³²⁴tia³²⁴ 阿爹	tia⁴⁴tia⁴² 爹爹
母亲/妈妈	n̩⁴⁴ne²³◇◇	m̩⁴⁴mɔ³²⁴ 姆妈	m̩⁴⁴mø⁴⁴ 姆妈	m̩⁴⁴mɔ³²⁴ 姆妈
岳父	tiɔ̃⁴⁴nəŋ²³ 丈人	dzã²²n̠iŋ³²⁴ 丈人	dzã²²n̠iŋ²³ 丈人	tɕiã²²⁴n̠iŋ³²⁴ 丈人
岳母	tiɔ̃⁴⁴m̩²³ 丈母	dzã²²m̩⁴⁴ 丈母	dzã²²m̩⁴⁴ 丈姆	tɕiã²²⁴m̩⁴⁴ 丈母

续表

普通话	燕话	庵东（东片）	坎墩（中片）	龙山（西片）
公公	ɐʔ⁵tia⁴²阿爹/ɐʔ⁵koŋ⁴⁴阿公	koŋ⁴⁴公	ŋ̍²²ɦia²³尔爷	koŋ⁴⁴koŋ⁴²公公
婆婆	bu²³婆	bɔ³²⁴婆	ŋ̍²²n̠ia²³尔娘	a³²⁴bɔ³²⁴阿婆
伯父	ɐʔ⁵paʔ⁵阿伯	do²²tia³²⁴大爹	ɔ³²⁴bɐʔ²kɔu³²⁴阿伯哥	paʔ⁵paʔ⁵伯伯
叔父	ɐʔ⁵dʑy²³阿舅	ɕiɔ³²⁴tia⁴⁴小爹	ɔ³²⁴soŋ³⁵阿宋	ɔ³²⁴ɕioŋ⁴⁴阿叔
舅舅	n̠ia²¹kieu⁴²娘舅	dʑiʏ²⁴dʑiʏ²³舅舅	n̠ia²¹dʑiʏ²³娘舅	dʑiʏ²³dʑiʏ⁴⁵舅舅
舅母	kieu⁴²n̠ia³³舅娘	dʑiʏ²⁴m̩⁴⁴舅姆	dʑiʏ²³m̩⁴⁴舅姆	dʑiʏ²³m̩⁴⁴舅母
姑妈	ɐʔ⁵n̠yoŋ⁴⁴阿娘	ɕiɔ³²⁴aʔ⁵paʔ⁵小阿伯	dɔ²³m̩⁴⁴大姆	nia⁴⁴nia⁴²娘娘
姑父/姨夫	ku⁴⁴tia⁴⁵姑爹	do²²aʔ⁵paʔ⁵大阿伯	dɔ²³tia³²⁴大爹	ku⁴⁴tɕia²²⁴姑丈/i²³tia³²⁴姨爹
姨妈	ɐʔ⁵n̠yoŋ²¹阿娘	ɕiɔ³²⁴aʔ⁵paʔ⁵小阿伯	ɕiɔ³²⁴ø³²⁴pa⁵³小阿伯	dɔ²³m̩⁴⁴mɔ³²⁴大姆妈/aʔ⁴i⁴⁴阿姨
继父	ɔ⁴²tia⁴²◇爹	ɦiø²²tia⁴⁵后爹	mɛ²³tia³²⁴soʔ⁵晚爹叔	ɦiəu²¹tia⁴⁴后爹
夫妻	n̠eɐ̃²³xu⁴⁴tsʰi⁴⁴两夫妻	lie³³lɔ²³mɯ⁴⁴俩佬嬷	lie²³lɔ²³m̩⁴⁴两佬姆	lie²²⁴koŋ⁴⁴bɔ³²⁴两公婆
丈夫	lɔ²³xəu⁴⁴老◇	lɔ²²koŋ⁴²老公	lɔ²²kuẽ³²⁴老公	lɔ²²koŋ⁴²老公
妻子	lɔ²³n̠yoŋ⁴²老娘	lɔ²³mɯ⁴²老嬷	lɔ²²n̠oŋ²³老娘	lɔ²²n̠yŋ⁴²老娘
小老婆	se⁴²lɔ²³n̠yoŋ⁴⁴细老娘	ɕiɔ³²⁴lɔ²²n̠yŋ³²⁴小老娘	ɕiɔ³²⁴lɔ²²⁴n̠oŋ²³小老娘	ɕiɔ³²⁴lɔ²²n̠yŋ³²⁴小老娘
兄弟	ɕia⁴⁴di²³兄弟	ɕioŋ³²⁴ti⁴²兄弟	ɕioŋ³²⁴di²³兄弟	tɕioŋ³²⁴ti⁴⁴kɔ⁴⁴兄弟哥
姐妹	tsʅ²³mø³³姐妹	tɕi⁴⁴me³²⁴姐妹	tsʅ²³me³³姐妹	tɕi⁴⁴me⁴²姐妹
妹妹	mø⁴⁴mø²³妹妹	me⁴⁴me⁴⁴妹妹	ø³²⁴məŋ³¹阿妹	aʔ⁵me⁴⁴阿妹
弟弟	iɪʔ⁵di²³◇弟	a³²⁴ti²⁴阿弟	ø³²⁴deŋ⁴⁴阿登	aʔ⁵ti⁴⁴阿弟

续表

普通话	燕话	庵东（东片）	坎墩（中片）	龙山（西片）
弟媳	ti⁴⁴ɕiŋ⁴⁴bu²³ 弟新妇	di²¹ɕiŋ³²⁴vu²⁴ 弟新妇	di²³ɕiŋ³²⁴vɯ²³ 弟新妇	ti⁴⁴ɕiŋ³²⁴vu⁴⁴ 弟新妇
姐姐	ʔɐ⁵tɕia³⁵ 阿姐	a⁵³tɕi³²⁴ 阿姐	ø³²⁴tɕia³²⁴ 阿姐/ø³²⁴tɕiŋ⁴² 阿金	aʔ⁵tɕia⁴² 阿姐
姐夫	tɕia³⁵hu²³ 姐夫	tɕi³²⁴fu⁴² 姐夫	tsɿ³²⁴fɯ⁴² 姐夫	tɕia³²⁴fu⁴² 姐夫
嫂子	soʔ⁵sɔ³⁵ 嫂嫂	a⁵³sɔ⁴²⁴ 阿嫂	a³⁵sɔ²³ 阿嫂	sɔ⁴⁴sɔ⁴² 嫂嫂
表嫂	piɔ⁴⁴sɔ³⁵ 表嫂	piɔ³²⁴a⁴⁴sɔ³²⁴ 表阿嫂	piɔ³²⁴a⁴⁴sɔ³²⁴ 表阿嫂	piɔ³²⁴sɔ³²⁴ 表嫂
堂兄弟	tɔ⁴⁴ɕia⁴²di² 堂兄弟	dɔ̃²²ɕioŋ³²⁴ti⁴⁴ 堂兄弟	dɔ̃²²⁴ø³²⁴kou³²⁴ 堂阿哥	dɔ̃²²⁴ɕioŋ⁴⁴ti⁴⁴ 堂兄弟
堂姐妹	tɔ⁴⁴tsɿ⁴²mø²³ 堂姐妹	dɔ̃²²ɕi⁴⁴me³²⁴ 堂姐妹	dɔ̃²²⁴tsɿ⁴⁴meŋ³²⁴ 堂姐妹	dɔ̃²²⁴ɕi⁴⁴me³²⁴ 堂姐妹
表姐妹	piɔ⁴⁴tsɿ⁴²mø²³ 表姐妹	piɔ³²⁴tɕi⁴⁴me³²⁴ 表姐妹	piɔ³²⁴tsɿ⁴⁴meŋ³²⁴ 表姐妹	piɔ³²⁴ɕi⁴⁴me³²⁴ 表姐妹
表兄弟	piɔ⁴⁴ɕia⁴²di²³ 表兄弟	piɔ⁴⁴ɕioŋ³²⁴ti⁴⁵ 表兄弟	piɔ⁴⁴ɕioŋ³²⁴ti⁴⁵ 表兄弟	piɔ⁴⁴ɕioŋ³²⁴ti⁴² 表兄弟
子女	tɕiɛ⁴⁴nie²³ 囝女	ŋ̍²³tsɿ⁴²nø³¹ 儿子囡	ŋ̍²³tsɿ⁴⁴nø̃²³ 儿子囡	ŋ̍²²tsɿ⁴⁴nø²² 儿子囡
儿子	køʔ⁵lø⁴⁴◇◇	ŋ̍²³tsɿ⁴⁴ 儿子	ŋ̍²³tsɿ⁴⁴ 儿子	ŋ̍²³tsɿ⁴⁴ 儿子
儿媳妇	ɕiŋ⁴⁴bu²³ 新妇	ɕiŋ³²⁴vu³¹ 新妇	ɕiŋ³²⁴vɯ³¹ 新妇	ɕiŋ⁴⁴³²⁴ 新妇
女儿	tɕyoŋ⁴⁴tɕiɛ⁴⁵◇◇	nø²³ 囡	nø²³ 囡	nø²³ 囡
女婿	n̠y⁴⁴se⁴² 女婿	n̠y²²ɕy⁴² 女婿	n̠y²³ɕi⁴² 女婿	n̠y²²⁴ɕi⁴² 女婿
孙子	sø⁴⁴ 孙	səŋ⁴⁴tsɿ³²⁴ 孙子	səŋ⁴⁴tsɿ³²⁴ 孙子	səŋ⁴⁴tsɿ³²⁴ 孙子
孙媳妇	sø⁴⁴ɕiŋ⁴⁴bu²³ 孙新妇	syŋ⁴²ɕiŋ³²⁴vu²²⁴ 孙新妇	səŋ⁴⁴ɕiŋ³²⁴vɯ²⁴ 孙新妇	sən⁴⁴ɕiŋ⁴⁴fu⁴² 孙新妇
孙女	tɕyoŋ⁴⁴sø⁴⁴◇孙	səŋ⁴²nø²³ 孙囡	səŋ⁴⁴nø²³ 孙囡	nuo²⁴su⁴⁴ 囡妹
外孙/外甥	n̠iɛ⁴⁴seŋ²³ 外甥	ŋa³³sã⁴² 外甥	ŋa²³sã³²⁴ 外甥	ŋa³²⁴sã⁴⁴ 外甥

续表

普通话	燕话	庵东（东片）	坎墩（中片）	龙山（西片）
外孙女/外甥女	ȵiɛ⁴⁴seŋ²³ȵy⁴⁴ 外甥女	ŋa³³sã⁴²nø⁴⁴ 外甥囡	ŋa²²sã³²⁴nø⁴⁴ 外甥囡	ŋa³²⁴sã⁴⁴nø⁴² 外甥囡

（四）身体部位

普通话	燕话	庵东（东片）	坎墩（中片）	龙山（西片）
脸	miŋ⁴⁴pʰe²³面盘	liɛ²²kʰoŋ³²⁴脸孔	miɛ²³kʰɔ̃⁴⁴面孔	miɛ³²⁴kʰoŋ⁴⁴面孔
眼	mɐʔ⁵gu²³◇轱	ŋẽ³³tɕiŋ⁴²眼睛	ȵiɛ²³tɕiŋ⁴²眼睛	ŋe²³tɕiŋ⁴²眼睛
眼珠	moʔ⁵tɕy²²目珠	ŋẽ³³ɯ⁴⁴tsʅ⁴⁴眼乌珠	ȵiɛ²²tsʅ³²⁴ɯ³²⁴tsʅ³²⁴眼珠乌珠	ȵiɛ²²⁴u⁴⁴tɕy⁴⁴眼乌珠
眼眶	moʔ⁵tɕy²²kuɔ³³⁴目珠眶	ŋẽ³³kʰɔ̃⁴⁴眼眶	ȵiɛ²³iŋ³²⁴piɛ⁴⁴眼影边	ȵiɛ²²⁴kʰɔ̃⁴²眼眶
白眼珠	moʔ⁵mɐʔ⁵pa²²³目◇白	bɐʔ²ŋẽ⁴²白眼	bɐʔ²ȵiɛ²³白眼	bɐʔ²ȵiɛ³²⁴白眼
眼角	moʔ⁵tɕy²²kɐʔ⁵目珠角	ŋẽ³³koʔ⁵眼角	ȵiɛ²³koʔ⁵眼角	ȵiɛ²²⁴koʔ⁵眼角
眼圈儿	moʔ⁵tɕy²²diɛ¹¹²目珠◇	ŋẽ³³tɕʰyø̃⁴²眼圈	ȵiɛ²³tɕʰyø³²⁴眼圈	ȵiɛ²²⁴tɕʰye⁴²眼圈
眼泪	moʔ⁵tse³³⁴目汁	ŋẽ³³le⁴⁴sʅ³²⁵眼泪水	ȵiɛ²³le²³sʅ³²⁴眼泪水	ȵiɛ²²⁴li⁴⁴ɕy⁴⁴眼泪水
眼睫毛	mɐʔ⁵mo²²³◇毛	ŋẽ³³tɕiʔ⁵mɔ³¹眼睫毛	ȵiɛ²³tɕiʔ⁵mɔ²³眼睫毛	ȵiɛ²³seʔ⁵mɔ⁴⁴眼塞毛
鼻子	pʰi⁵²tʰɔ⁴⁴kø⁴⁴鼻头管	bəʔ²də²²⁴鼻头	biɪʔ²dø²²liã³²⁴鼻头梁	biɪʔ²dø²³鼻头
干鼻涕	pʰi⁵²tʰɔ⁴⁴se³⁵鼻头◇	bəʔ²də³³tʰi⁴²鼻头涕	biɪʔ²dø²³tʰi⁴⁴鼻头涕	biɪʔ²dø²²⁴liã²²ɕy⁴²鼻头亮水
鼻孔	pʰi⁵²tʰɔ⁴⁴ŋe³⁵鼻头眼	bəʔ²də²²tsʅ⁴⁴kʰoŋ⁴⁴鼻头子孔	biɪʔ²dø²³tso⁵kø⁴⁴鼻头竹管	biɪʔ²dø²³kʰoŋ⁴⁴鼻头孔
鼻梁	pʰi⁵²tʰɔ⁴⁴liã²³鼻头梁	bəʔ²də²²liã²³鼻头梁	biɪʔ²dø²³liã²³鼻头梁	biɪʔ²dø²²⁴liã³²⁴鼻头梁
额	nɔ⁴⁴koʔ⁵tʰɔ⁴⁵脑骨头	nɔ²²kʰoʔ⁵də²³脑壳头	nɔ²²kʰoʔ⁵dø²³脑壳头	nɔ²²kʰoʔ⁵dø²³脑壳头
辫子	biɛ²³tsʅ⁴⁴辫子	biɛ²¹³tsʅ⁴⁴辫子	biɛ²³tsʅ⁴⁴辫子	bie²²tsʅ⁴⁴辫子

续表

普通话	燕话	庵东（东片）	坎墩（中片）	龙山（西片）
身材	mei⁴⁴◇	siŋ⁴² dze²³ 身材	səŋ³²⁴ dze²³ 身材	ɕiŋ⁴⁴ dze³¹ 身材
后脑勺	ɔ⁴⁴ ɕiŋ⁴⁴ tɕiŋ⁴⁵ ◇身颈	ɦəu³³ nɔ²³ kʰoʔ⁵ 后脑壳	ɦø²³ nɔ²² kʰoʔ⁵ dø²³ 后脑壳头	ɦø²³ nɔ²² kʰoʔ⁵ 后脑壳
颈	tʰɔ⁴⁴ pɐʔ⁵ 头◇	hã²² tɕiŋ³²⁵ 项颈	dø²² tɕiŋ³²⁴ 头颈	dø²² tɕiŋ⁴⁵ 头颈
髻	ŋio³³ tʰɔ⁴⁵ 绕头	ȵio²² ɕio³³ de²³ 绕绕头	ȵio²² ɕio³³ dø²³ 绕绕头	ȵio³³ ɕio³³ do²³ 绕绕头
嘴	tsʰui⁵² 喙	tsɿ²² pɔ⁴² 嘴巴	tɕi⁴⁴ pɔ⁴² 嘴巴	tɕy⁴⁴ pɔ⁴² 嘴巴
嘴唇	tsʰui⁵² bu¹¹² 喙◇	zɿ²³ dzeŋ⁴² 嘴唇	tɕi⁴⁴ dzeŋ²³ 嘴唇	tɕy⁴⁴ iŋ⁴⁴ bi²³ 嘴唇皮
唾沫	tsʰui⁵² le²³ 喙澜	lɛ̃²³ tʰu⁴⁴ sɿ⁴²⁴ 烂吐水	lɛ̃²³ tʰɯ⁴⁴ sɿ³²⁴ 烂吐水	ze²³ tʰɔ⁴⁴ ɕy⁴ 馋吐水
舌头	tsʰui⁵² ɕiɪʔ⁵ 喙舌	seʔ⁵ də²³ 舌头	ziɪʔ² dø²³ 舌头	ɕyeʔ⁵ dø³²⁴ 舌头
牙	ŋa¹¹ tsɿ³⁵ 牙齿	ŋo³¹ tsʰɿ⁴² 牙齿	ŋo²³ tsʰɿ³²⁴ 牙齿	ŋo²²⁴ tsɿ³² 牙齿
门牙	miŋ⁵² ziɛ²² ŋa²³ 门前牙	tɔ̃⁴² miɛ̃³¹³ ŋo²³ 当面牙	tɔ̃³²⁴ miɛ̃²⁴ ŋo²³ 当门牙	tɔ̃⁴⁴ məŋ²² ŋo²³ 当门牙
耳屎	ȵe³¹ təu⁴⁴ se³⁵ 耳朵◇	ȵi²² to⁴⁴ ɔ³²⁴ 耳朵屙	ȵi²² to⁴⁴ u³²⁴ 耳朵屙	ȵi²² to⁴⁴ ɔ³²⁴ 耳朵屙
下巴	a⁴⁴ pa²² ◇巴	ɦo²² pɔ⁴² 下巴	ɦo²³ pɔ⁴² 下巴	ɦo²² pɔ⁴² 下巴
胡子	ŋa³³ su⁴² 牙须	vu³¹ ɕy³²⁴ 胡须	vɯ³¹ ɕy³²⁴ 胡须	ŋɔ²² su⁴⁴ 牙须
喉咙	xo⁴⁴ ləŋ²³ 喉咙	ɦia²² loŋ²³ 喉咙	ɦia³³ loŋ²³ 喉咙	ɦiu³³ loŋ²³ 喉咙
肩膀	tɕi⁴⁴ pe⁴⁴ tʰɔ⁴⁵ 肩背头	tɕiɛ̃⁴² kɐʔ⁵ də²³ 肩胛头	tɕiɛ̃⁴⁴ kʰoʔ⁵ dø²³ 肩胛头	tɕiɛ̃³²⁴ kʰɐʔ⁵ 肩胛
胳膊	tɕʰy⁴⁴ tʰø²³ 手◇	sə⁴⁴ pʰaŋ³²⁴ 手膀	sə⁴⁴ pʰaŋ³²⁴ 手膀	ɕy³²⁴ pʰaŋ⁴⁴ bu²³ 手膀膊
胳肢窝	lɐʔ⁵ kɐʔ⁵ tsɿ⁴⁴ za²² 肋胳肢◇	le²² kə⁴⁴ tsɿ⁴⁴ ɔ⁴⁴ 来胳肢窝	kə⁴⁴ tsɿ⁴⁴ ɔ⁴⁴ 胳肢窝	laʔ² kaʔ⁵ tsɿ⁴⁴ ɔ⁴⁴ 肋胳肢窝

续表

普通话	燕话	庵东（东片）	坎墩（中片）	龙山（西片）
手指头	tɕʰʏ⁴⁴tɕiu⁴⁴tʰɔ⁴⁵ 手指头	sə³²⁴tsʅ⁴⁴də³¹ 手指头	sʏ³²⁴tsʅ³²⁴məʔ²dø²³ 手指末头	ɕy³²⁴tsʅ⁴⁴məʔ²dø²³ 手指末头
手指缝儿	tɕʰʏ⁴⁴tɕiu⁴⁴tʰɔ⁴⁴pəŋ⁵³ 手指头缝	sə⁴²⁴tsʅ⁴⁴kã³²⁴də³¹ 手指甲头	sʏ³²⁴kɐʔ⁵məʔ²deŋ³²⁴ 手甲末登	ɕy³²⁴tsʅ⁴⁴məʔ²dø²³voŋ²³dɔ³¹ 手指末头缝道
大拇指	tiɛ⁵²tɕʰʏ⁴⁴tɕiu⁴⁵ 大手指	da³¹sə⁴⁴tsʅ³²⁴məʔ²də³¹ 大手指末头	dɔ²³sə³²⁴tsʅ⁴⁴məʔ²dø³¹ 大手指末登	dɔ²²ɕy³²⁴tsʅ⁴⁴məʔ²dø²² 大手指末头
指甲	tɕʰʏ⁴⁴tɕiu⁴⁵kɐʔ⁵ 手指甲	sə³²⁴tsʅ⁴⁴kʰɐʔ⁵ 手指掐	sʏ³²⁴tsʅ⁴⁴kɐʔ⁵ 手指甲	tsʅ⁴⁴kʰɐʔ⁵ 指掐
拳头	kuaŋ⁴⁴tʰɔ⁴⁵◇头	dʑyõ³³də³¹ 拳头	dʑyõ³³dø²³ 拳头	dʑyõ³³dø³¹ 拳头
手掌	tɕʰʏ⁴⁴tø⁵³ɕiŋ⁴⁵ 手底心	sə³²⁴ti³²⁴pɛ̃⁴⁴ 手底板	sʏ³²⁴ti³²⁴pɛ̃⁴⁴ 手底板	ɕy³²⁴ti³²⁴pɛ̃⁴⁴ 手底板
大腿	tiɐʔ⁵kʰa⁴⁴tø³⁵◇骸腿	dɔ²³tɕiɐʔ⁵pʰaŋ⁴² 大脚髈	dɔ²³tɕiɐʔ²pʰaŋ³²⁴ 大脚髈	dɔ²²tɕiɐʔ⁵pʰaŋ⁴⁴ 大脚髈
小腿	se⁴²kʰa⁴⁴tø³⁵ 细骸腿	ɕiɔ³²⁴tɕiɐʔ⁵pʰaŋ⁴² 小脚髈	ɕiɔ³²⁴tɕiɐʔ²pʰaŋ⁴² 小脚髈	ɕiɔ³²⁴tɕiəʔ⁵pʰaŋ⁴⁴ 小脚髈
膝盖	kʰa⁴⁴koʔ⁵tʰɔ²³ 骸骨头	tɕiɐʔ⁵kʰoʔ⁵də³¹ 脚壳头	tɕiɐʔ⁵kʰoʔ⁵dø²³ 脚壳头	tɕiɐʔ⁵kʰoʔ⁵dø³²⁴ 脚壳头
屁股	pʰiː⁴⁴ku⁴⁵ 屁股	pʰiː⁴⁴ku⁴⁴də²³ 屁股头	pʰiː⁴⁴kɯ⁴⁵ 屁股	pʰiː⁴⁴ku⁴⁵ 屁股
肛门	pʰiː⁴⁴ŋe²³ 屁眼	pʰiː⁵⁵ŋẽ²³ 屁眼	pʰiː⁴⁴ȵiɛ²³ 屁眼	pʰiː⁴⁴ȵiɛ⁴⁴ 屁眼
脚	kʰa⁴² 骸	tɕiɐʔ⁵ 脚	tɕiɐʔ² 脚	tɕiəʔ⁵kuaʔ⁵ 脚骨
赤脚	tɕʰiŋ⁵²kʰa³⁵◇骸	tsʰaʔ⁵tɕiɐʔ⁵ 赤脚	tsʰeʔ⁵tɕiɐʔ⁵ 赤脚	tsʰeʔ⁵tɕiəʔ⁵ 赤脚
踝子骨	xoʔ⁵zɿ²³koʔ⁵ ◇◇骨	tɕiɐʔ⁵kuɐʔ⁵loʔ⁵də²³ 脚骨肋头	tɕiɐʔ²kuɐʔ⁵leʔ⁵deŋ³²⁴ 脚骨肋登	baŋ²³tɕiaŋ⁴⁴iẽ⁴⁴ 膨胀餍
脚背	kʰa⁴⁴miŋ⁴⁴骸◇	tɕiɐʔ⁵pe⁴⁵ 脚背	tɕiɐʔ⁵pe⁴⁵ 脚背	tɕiəʔ⁵pe³²⁴ 脚背
脚掌	kʰa⁴⁴tɕyoʔ⁵tiɛ⁴⁵ 骸足底	tɕiɐʔ⁵ti⁴⁴pɛ⁴⁵ 脚底板	tɕiɐʔ⁵ti⁴⁴pɛ̃³²⁴ 脚底板	tɕiəʔ⁵ti⁴⁴pɛ̃⁴⁴ 脚底板

续表

普通话	燕话	庵东（东片）	坎墩（中片）	龙山（西片）
脚趾头	kʰa⁴⁴tɕiu⁴⁵moʔ² tʰɔ²³骹指拇头	tɕiaʔ⁵tsʅ³²⁴də²³脚趾头	tɕiɐʔ²tsʅ³²⁴dø²²⁴脚趾末头	tɕiɐʔ⁵tsʅ⁴⁴məʔ² dø³²⁴脚趾末头
脚趾甲	kʰa⁴⁴tɕiu⁴⁵kəʔ⁵骹指甲	tɕiaʔ⁵tsʅ⁴²⁴kʰəʔ⁵脚趾甲	tɕiɐʔ⁵tsʅ³²⁴kʰəʔ⁵³脚趾甲	tɕiɐʔ⁵tsʅ⁴⁴kʰəʔ⁵脚趾甲
脚跟	kʰa⁴⁴ɔ⁴²kø⁴⁴骹后跟	tsʰaʔ⁵ɦø²²⁴kiŋ⁴²⁴脚后跟	tɕiɐʔ⁵ɦø²³kiŋ³²⁴脚后跟	tɕiɐʔ⁵ɦø²²⁴ke⁴⁴脚后跟
乳房/奶汁	ne³⁵奶	na²²⁴na²²⁴奶奶	na²³na²³奶奶	ne⁴⁴ne⁴⁴pu⁴⁴奶奶箅
肚子	poʔ⁵tʰəŋ³³⁴◇◇	du²²bi²³肚皮	dɯ²²bi²³肚皮	ne⁴⁴ne⁴⁴奶奶
肚脐眼儿	poʔ⁵ze²²ŋe²³◇◇眼	du²²bi²³ŋẽ²³肚皮眼	dɯ²²bi²³ȵiɛ̃²³肚皮眼	du²³tɕi⁴⁴ȵiɛ̃³²⁴肚脐眼
腰	io⁴⁴pa⁴⁵腰包	iɔ⁴²tsʅ⁴⁵腰子	iɔ⁴⁴tsʅ⁴⁵腰子	iɔ⁴⁴pɔ⁴⁵腰包
脊背	pø⁴⁴tɕia⁴⁵背脊	pe⁴⁴tɕiʔ⁵背脊	pe⁴⁴kʰo⁵dø²³背壳头	iɔ³²⁴kuaʔ⁵腰骨

（五）时间

普通话	燕话	庵东（东片）	坎墩（中片）	龙山（西片）
今天	tseʔ⁴⁴ne²³今日	tɕiŋ⁴⁴mi²³今密	tɕiŋ³²⁴mi²³今密	tɕəʔ⁵ma²³今么
明天	məʔ³ne²³明日	meŋ²²tsɔ⁴⁵明朝	meŋ²³tsɔ⁴⁵明朝	miŋ²³tɕiɔ⁴⁵明朝
后天	ɦɔ²²ne²³后日	ɦø²²ȵiIʔ²tsʅ⁴⁴后日子	ɦø²³ȵiIʔ²tsʅ⁴⁴后日子	ɦø²²⁴ȵiIʔ²后日
昨天	saʔ⁵maŋ³¹昨暝	zɔ̃³²⁴ŋɔ⁴⁴上我	zɔ̃³²⁴ŋo²³上我	zɔ³²⁴ȵiIʔ²上日
前天	so⁴⁴ne²³索日	ʑiɛ³¹³ȵiIʔ²tsʅ⁴⁴前日子	ʑiɛ²³ȵiIʔ²tsʅ⁴⁴前日子	ʑiɛ²³ȵiIʔ²前日
今年	tseʔ⁵ȵie³⁵今年	tɕiŋ⁴⁴ȵiɛ³³də²³今年头	tɕiŋ⁴⁴ȵiɛ²³今年	tɕiŋ⁴⁴ȵiɛ²³今年
明年	məʔ³ȵie³⁵明年	meŋ²³ȵiɛ³³də²³明年头	tɕiŋ⁴⁴ȵiɛ²³今年	miŋ²³ȵiɛ²³明年
后年	ɦɔ²²³ȵie³⁵后年	ɦø²²ȵiɛ²¹³后年	ɦø²³ȵiɛ²¹³后年	ɦø²²ȵiɛ²³后年
去年	tɕʰyo⁴²ȵie³⁵去年	dʑiɣ²²ȵiɛ²¹³旧年	dʑiɣ²²ȵiɛ²³tsʅ⁴⁴旧年子	dʑiɣ²²ȵiɛ²³旧年

续表

普通话	燕话	庵东（东片）	坎墩（中片）	龙山（西片）
前年	zø²³ȵie³⁵索年	ɦiɛ̃²³ȵiẽ³¹³də²³前年头	ɦiɪʳ²³ȵiẽ²²⁴前年	ɦiɛ̃²²⁴ȵiẽ⁴²前年
早晨	tɕʰiŋ⁴⁴tsaŋ⁵³清晨	tʰiɛ̃⁴⁴iẽ⁴⁴də²³天◇头	tɕiã⁴⁴deŋ²³枪登	tʰiɛ̃⁴⁴liã³²⁴天亮
白天	ȵie³¹ɕi⁴⁵日曦	ȵiɪʔ²li³²⁴日里	ȵiɪʔ²li²³ɕiã⁴⁴日里厢	ȵiɪʔ²la⁴⁴日拉
晚上	maŋ³¹ɕi²³暝曦	ɦia²²də²³夜头	ɦia²³tɔ⁴⁴dø²³夜到头	ɦia²²la⁴²夜拉
上午	dʑioŋ²³pe⁴²ȵie²³上半日	zɔ̃³²⁴tsɤ⁴⁴上昼	dʑiɛ̃²³pø̃⁴⁴ȵiɪʔ²前半日	zɔ̃²³po⁴⁴ȵiɪʔ²上半日
中午	ȵie²³tɔ⁴⁴日到	ẽ⁴⁴tsɤ⁴⁵晏昼	ẽ⁴⁴tsɤ³²⁴dø²³晏昼头	tɕiɤ⁴⁴kɔu⁴²昼过
下午	ɦiaŋ³³pe⁴²ȵie²³下半日	ɦio²²tsɤ³²⁴下昼	ɦiø²³pø̃⁴⁴ȵiɪʔ²后半日	ɦiɔ²³po⁴⁴ȵiɪʔ²下半日
傍晚	ɛʔ⁴ke⁴²暗去	ɦia²²kʰua⁴⁴də²³夜快头	ɦia²³kʰua⁴⁴dø²³夜快头	ɦia²²kʰua⁴⁴la⁴²夜快拉
现在	tɕiʔ⁵mɔ²¹即毛	mɔ²³tɔ⁴⁴毛到	kəʔ⁵mo⁴⁴格毛	koʔ⁵lɔ⁴⁴括唠
春天	tsʰen⁴⁴tʰiɪ⁴⁵春天	tsʰiŋ⁴⁴tʰiɛ̃⁴⁵kɔ⁴⁴春天家	tsʰəŋ³²⁴tʰiɛ̃⁴⁴kɔ⁴²春天家	tɕʰyn³²⁴tʰiɪ⁴²kɔ⁴⁴春天家
夏天	xa³²⁴tʰiɪ⁴⁴夏天	ȵiɪʔ²tʰiɛ̃⁴⁴kɔ⁴⁵热天家	hɔ²³tʰiɛ̃³²⁴kɔ²³夏天家	hɔ²²⁴tʰiɪ³¹kɔ⁴⁴夏天家
秋天	tɕʰiu⁴⁴tʰiɪ³³秋天	tɕʰiɤ³²⁴tʰiɛ̃³²⁴kɔ⁴⁴秋天家	tɕʰiɤ³²⁴tʰiɛ̃³²⁴kɔ⁴⁴秋天家	tɕʰiɤ³²⁴tʰiɪ³¹kɔ⁴⁴秋天家
冬天	təŋ⁴²tʰiɪ⁴⁴冬天	lã²³tʰiɛ̃⁴⁴kɔ⁴²冷天家	lã²²tʰiɛ̃⁴⁴kɔ⁴⁵冷天家	toŋ³²⁴tʰiɪ⁴⁴kɔ⁴⁵冬天家
吃中饭	siɪʔ²tɔu²³食昼	tɕʰyoʔ⁵ẽ⁴⁴vɛ̃²³吃晏饭	tɕʰyuʔ⁵ẽ⁴⁴vɛ̃²³吃晏饭	tɕʰiəʔ⁵tsø³²⁴vɛ̃²³吃昼饭
吃晚饭	siɪʔ²mã²³食暝	tɕʰyoʔ⁵ɦia²²⁴vɛ̃²³吃夜饭	tɕʰyuʔ⁵ɦia³³vɛ̃²³吃夜饭	tɕʰiəʔ⁵ɦia²²vɛ̃²³吃夜饭

（六）动词、名词等

| 快 | kin⁵³紧 | kʰua⁴²快 | kʰua⁴⁴快 | kʰua⁴⁴快 |

续表

普通话	燕话	庵东（东片）	坎墩（中片）	龙山（西片）
站	tɕie⁴²企	n̠iɪʔ² 蹽	n̠iɪ²³蹽	n̠ie²³蹽
晒	pʰo⁴⁴曝	sa⁴²晒	sa⁴⁴晒	sa⁴⁴晒
打	pʰaʔ²³拍	tã³²⁴打	kʰɔ³²⁴敲	kʰɔ⁴²敲
喝	tsʰuoʔ²³啜	tɕʰyoʔ⁵吃	tɕʰyuʔ⁵吃	tɕʰiəʔ⁵吃
下雨	tø⁵³y⁴⁴笃雨	loʔ²ɦiy²¹³落雨	loʔ²ɦiy²¹³落雨	loʔ²ɦiy²³落雨
洗脸	se⁴⁴min³¹洗面	fu⁴⁴liɛ̃³²⁴敷脸	ɦiŋ³³miɛ̃²³净面	tɕiã³²⁴miɛ̃²²⁴溻面
怕	tɕiã⁴⁴惊	pʰɔ⁴⁴怕	pʰo⁴⁴怕	pʰɔ⁴⁴怕
雁	tʰie⁴⁴ŋie³²⁴天鹅	dʑ²²⁴iɛ⁴⁴大雁	ŋa²³əu⁴⁴雁鹅	dʑ²²⁴iɛ⁴⁴大雁
菜肴	pʰue²¹³配	ɦo²²⁴vɛ³¹³下饭	ɦo²²⁴vɛ²³下饭	ɦo²²⁴vɛ⁴⁴下饭
铁锅	tiã⁴⁴鼎	tʰiɪʔ⁵ɦoʔ²铁镬	tʰieʔ⁵ɦoʔ²铁镬	tʰiɪʔ⁵ɦoʔ²铁镬
信	pʰie⁴⁴批	ɕin⁴²信	ɕin⁴⁴信	ɕin⁴⁴信
绳	sʔ²³索	zəŋ²³绳	zəŋ²³绳	dzin²³绳
蛋	lauŋ²³卵	dɛ²³蛋	dɛ²³蛋	dɛ²³蛋
树	tɕʰy⁴²tʰou⁴⁵树头	zɿ²³树	zɿ²³树	ɕy²³树
凉水	tɕʰiŋ⁴⁴tse⁴⁵清水	lã²²sɿ³²⁴冷水	lã²²sɿ³²⁴冷水	lã²²ɕy⁴⁴凉水
热水	n̠ie³¹tse⁴⁴热水	n̠iɪʔ²sɿ³²⁴热水	n̠iɪʔ²sɿ³²⁴热水	n̠iɪʔ²ɕy⁴⁴热水
飞机	pʰue⁴⁴luŋ⁵³飞船	fi³²⁴tɕi⁴²飞机	fi³²⁴tɕi⁴²飞机	fi⁴⁴tɕi⁴²飞机
稻谷	tsʰuoʔ²³粟	dɔ²³稻	dɔ²³稻	dɔ²²⁴稻
家里	tʰa⁴²ti³²⁴◇地	oʔ⁵li³²⁴屋里	oʔ⁵li³²⁴屋里	oʔ⁵loʔ²屋落
城里	ɕiaŋ⁴⁴ti³²⁴厢地	dzeŋ²²li²³城里	dzeŋ²³li²²dø²³城里头	dzeŋ²³li³²⁴城里
蜜蜂	mie³¹xoŋ⁴⁴蜜蜂	miʔ²foŋ³²⁴蜜蜂	miʔ²foŋ³²⁴蜜蜂	miɪʔ²foŋ⁴⁴蜜蜂
台风	xoŋ⁴⁴tse³²⁴风水	de²³foŋ³²⁴台风	de²³foŋ³²⁴台风	de²³foŋ⁴⁴台风

续表

普通话	燕话	庵东（东片）	坎墩（中片）	龙山（西片）
天空	tʰe⁴⁴zyɔ̃²³ 天上	tʰiɛ̃⁴⁴kɔ³²⁴ 天家	tʰiɛ̃⁴⁴kɔ³²⁴ 天家	tʰiɪ⁴⁴kɔ⁴² 天家
小	se⁴² 细	ɕiɔ³²⁴ 小	ɕiɔ³²⁴ 小	ɕiɔ³²⁴ 小

（四）燕话歌谣一则

两姐妹，看看山，　　　ȵaŋ³¹tsŋ²³mø³³，kʰɛ³³kʰɛ³³sɛ⁴⁴，
看了嘿个毛竹杆，　　　kʰɛ³³lə xɛ⁴⁴kə³³mɔ³³toʔ⁵kɛ⁴⁴，
两百铜钿买猪肝，　　　ȵaŋ³¹pa⁴⁴təŋ³¹die²³me³¹ty⁴⁴kɛ⁴⁴，
猪肝洗洗面，　　　　　ty⁴⁴kɛ⁴⁴se³³se³³miŋ³¹，
洗了嘿个红脸面，　　　se³³lə xɛ⁴⁴kə³³eŋ³³lo⁴⁴miŋ³¹，
红脸洗洗骸，　　　　　eŋ³³lo⁴⁴se³³se³³kʰaʔ³¹，
白醭擂冬瓜，　　　　　paʔ⁴bu³³le³³teŋ⁴⁴kua³¹，
喊我喊姑爹，　　　　　xɔ³¹uɛ³³xɔ³¹ku⁴⁴tia³¹，
我喊姑爹大卵泡。　　　uɛ³³xɔ³¹ku³³tia⁴⁴tie³²⁴luɛ³³pʰa³¹。

第三节　象山爵溪"所里话"语音词汇特点简述

爵溪是宁波象山县辖街道，位于县境东部，东南濒临大目洋，三面环山，一面濒临海，为海道要冲，是重要的海防要地。为了抵抗倭寇，明朝洪武二年（1369）置爵溪巡检司，二十一年该司迁至县西姜屿，设爵溪千户所，并建筑所城（爵溪至今仍留存有部分城墙和烽火台），归属昌国卫。2013 年末，面积 31.8 平方千米，人口 1.3 万人，辖 3 个社区和 6 个行政村，办事处驻十字西街 96 号。

爵溪千户所设置之初，驻守官兵多系北方和中原籍，其中河北大名府籍者尤众，更兼该地本是流徙之所，北方人常被流放或充军至此，因而所内盛行北方官话。清顺治十八年（1661）实行海禁，"沿海居民入内地"，原昌国卫及其下属的其他千户所军民均迁往内地，逐渐改说吴语。唯爵溪千户所留守原地未动，自称"所里人"，他们所说的话经与当地吴语长期接触和相互影响下，逐渐形成了一个独特的方言岛——所里话。

如今爵溪"所里话"，仅分布于爵溪街道，人口不到六千，北方籍官

兵后裔在此居住了六百余年，因常年同当地人接触交往，其方言必然受到当地吴语的影响而融合演变。而爵溪下属的其他3个社区和6个行政村，与象山其他乡镇一样，大多说的是象山方言（属吴语太湖片）。

"所里话"，是一种含有官话成分的军话，属于混合型汉语方言。由于分布范围小，使用人口少，且都处在周围其他优势方言的包围之中，但至今仍或多或少地保留了明代"通语"的特点，被语言学界称之为"军话方言岛"。由于受周围方言长时间的浸润和交融，使用人口越来越少，军话的语言结构不断发生蜕变，依据课题组调查以及参考学者的相关论文[1]，发现其北方官话特点已经比较模糊，而象山方言[2]的特征则比较明显。例如"家"在"家去(回家)"一词中读[tɕiaʔ⁵]，很有特色，声调与象山话完全不同，声母和元音韵母却与普通话相同，是一个典型的北方官话与当地方言杂糅词。下面作一个简要陈述。

一 "所里话"方音的几个特点

（一）声母存在一组全浊声母

所里话声母有28个（含零声母），与普通话相同的有18个声母 p、pʰ、m、f、t、tʰ、n、l、k、kʰ、x、tɕ、tɕʰ、ɕ、ts、tsʰ、s、0；而与吴语象山方言一样，没有舌尖后塞擦音声母（即普通话的翘舌音），存在10个古全浊声母，也没有舌面浊擦音[ʑ]声母。与象山话、普通话对照如表7-5所示。

表7-5　　　　　　　所里话与象山话、普通话声母对照

	拌白	田头	饭房	锄坐	涎是	丈厨	孃你	鹅硬	夹角	姨油
所里话	b	d	v	dz	z	dʑ	ɲ/n	ŋ	g	ɦ
象山话	b	d	v	dz	z	dʑ	ɲ/ŋ	ŋ	g	ɦ
普通话	p	tʰ	f	tʂʰ/tʂ	ɕ/ʂ	tʂ/tʂʰ	n	0	tɕ	0

说明：所里话浊声母除了人称代词"你"读舌尖前鼻音声母，与普通话相同外，其余浊声母均与象山话一样。

---

[1] 黄晓东：《浙江象山县爵溪"所里话"音系》，《吴语研究》（第4辑），上海教育出版社2008年版。

[2] 赵则玲：《浙江象山（丹城）方言音系》，《浙江外国语学院学报》2017年第1期。

（二）韵母留存古入声韵

所里话与象山话一样，韵母系统里保留了古入声韵，均带喉塞音韵尾[-ʔ]，但在数量和元音韵母上略有差别，所里话7个，象山话8个；而普通话的入声韵已经舒化。对照如表7-6所示。

表7-6　　所里话与象山话、普通话韵母对照

	百阿	脚家	角黑	纳答	笔节	骨挖	肉粥
所里话	aʔ	iaʔ	εʔ	əʔ	ieʔ	uaʔ	yoʔ
象山话	aʔ	ieʔ/o	oʔ/εʔ	aʔ	ieʔ	uaʔ	yoʔ
普通话	ai/a	iao/ia	iao/ei	a	i/ie	u/ua	əu

（三）存在 m̩、ŋ̍ 鼻音声化韵

所里话音系中存在两个与象山话相似的可以自成音节的声化韵 m̩、ŋ̍，除了"儿耳二"读[ɚ²³]，与普通话相似，声调不同外；"m̩、ŋ̍"与象山话读音相似，如"姆呒"读[m̩²³]，"芋"读[ŋ̍³⁵]，但个别字的归属不同，如"儿"，所里话读[ɚ²³]，象山话则读[ŋ̍²³]；"五午"，所里话读似北方官话"[u³²⁴]"，但声调不同，象山话则读[ŋ̍³¹]。

（四）单字声调7个（不包括轻声和连读变调）

所里话声调的调类、调值与象山话相似，平、去、入声按古声母清浊各分阴阳，阳平与阳上合流。但串调现象比较严重，规律性不强。阴上字也不稳定，时有35调出现，尤其是不送气阴上字更为复杂；阳调字时有混读现象，如件键（阳上字）＝虔（阳平字）＝健（阳去字），均读为213调。如下所示。

字例	高天	坐糖	手口	醋布	饭帽	急雪	毒袜
调类	阴平	阳平	阴上	阴去	阳去	阴入	阳入
调值	44	23	324	42	213	5	2

二　"所里话"三组词语的特色

我们从所里话声韵调的几个特点可以发现，所里话的北方中原官话语音特色逐渐被象山方言同化得消失殆尽，但在不少词语中仍残留着北方官话特色。

第七章 宁波方言地理分布格局及其成因

（一）三身代词

所里话中的三身代词的词形和读音很有特色，词形近似北方话，读音为北方话与象山话的杂糅。对照如表 7-7 所示。

表 7-7

	你	我	他	你们	我们	他们
所里话	呀你 ɦiã²¹³ȵi²³	呀吾 ɦiã²¹³ɦo²²	呀他 ɦiã²¹³tʰa⁴²	你们 ȵi²³moŋ³⁵	我们 o⁴⁴moŋ³⁵	他们 tʰa⁴²moŋ³⁵
象山话	尔 ŋ̍³¹	吾 ŋo³¹	其 dʑi³¹	尔㨂 ŋ̍²¹³na²³	阿拉 ɦia²²la²³	茄啦 dʑia²²la²³
普通话	你 ni²¹⁴	我 uo²¹⁴	他 tʰa⁵⁵	你们 ni²¹⁴mən	我们 uo²¹⁴mən	他们 tʰa⁵⁵mən

表 7-7 显示，所里话单数式的三身代词很有特色，都有一个前缀"呀"；复数式与普通话相近，都有一个后缀"们"，只是两者读音略有差异。

（二）亲属称谓词

所里话中有不少亲属称谓词的词形近似普通话，为重叠式复音节，但读音近似象山话，两个音节均读重音节，听上去，音调较当地方言要高一些，而普通话后一音节读为轻声。对照如表 7-8 所示。

表 7-8

	叔叔	婶婶	姑父	姐姐	弟弟
所里话	叔叔 ɕio⁴⁴ɕʯ⁴⁴	松松 soŋ⁴⁴soŋ³⁵	丈丈 dʑiã³¹dʑia²³	姊姊 tsʯ⁴⁴tsʯ³⁵	弟弟 di²³di²¹³
象山话	大大 da³³da²¹³	阿婶 aʔ⁵sʯ⁵³	姑丈 ku⁴⁴dʑiaŋ²³	阿姐 aʔ⁵tɕia⁵³	阿弟 aʔ⁵di²³
普通话	叔叔 ʂu⁵⁵ʂu	婶婶 ʂən²¹⁴ʂən	姑父 ku⁵⁵fu	姐姐 tɕie²¹⁴tɕie	弟弟 ti⁵¹ti

（三）一组不成类的词语

所里话中除了三身代词、少数亲属称谓词近似北方话外，还有少数零散不成类的词语，词形和读音上也带有北方话特色，有的接近北方话，有的与象山话杂糅，较有特色。如表 7-9 所示。

表 7-9

普通话	所里话	象山话
出嫁	嫁女 tɕia⁴²ny³⁵	嫁囡 ko⁴⁴nɛ²³
脸巾	脸布 liɛ²²pu⁴⁵	溅面布 dʑiaŋ²³mie²³pu⁵³
打更	打更 ta⁴²kaŋ⁴⁴	敲更 kɔ⁵⁵kaŋ³⁵
开水	开水 kʰai⁴⁴sui³²⁴	①滚水 kun⁴⁴sʅ⁵⁵②滚汤 kun⁴⁴tʰoŋ⁵³③茶 dzo²³
明天	天明 tʰiŋ³²⁴miŋ³⁵	明朝 miŋ³¹tɕiɔ⁴⁴
中午	中午头 tsoŋ⁴⁴u³²⁴dəu²³	日昼 ȵieʔ²dʑiu²³
中饭	中饭 tsoŋ⁴⁴vɛ²³	昼饭 dʑiu²²vɛ²³
玩儿	玩 uɛ⁴²	嬉 ɕi⁵⁵
下车	下车 ɦia²³tsʰo⁴²	落车 loʔ²tsʰo⁵⁵
地方	地方 di²¹³foŋ⁴²	坞垛 u⁵⁵tsʰɛ⁵³
谈天	讲白搭 tɕia³²⁴bəʔ²təʔ⁵	撮白搭 tsʰo⁴⁴baʔ²taʔ⁵
眼镜	眼镜 ie⁴⁴tɕiŋ³⁵/衬眼 tsʰən⁴²ie⁴⁴	擦眼 tsʰa⁵⁵ŋe²³

总之，爵溪所里话蜕变得比较严重，语音成分较复杂，受到了周边象山方言、台州方言、宁波方言以及普通话等诸多影响，很难归纳音系。猛一听语音面貌跟当地方言相差无几，再深入细听，语音词汇里还残存着官话成分，语法除了词法略有官话成分外，句法几乎与当地方言没什么差别。是一个北方官话特色即将消亡了的方言岛，如今所里人后裔除了会说与当地方言相近的"所里话"外，还会说比较标准的普通话。

附录一

上海话音系

(一) 声母 28 个

p 布帮百	pʰ 拍骗匹	b 婆病白	m 马门麦	f 飞粉福	v 妇饭服
t 胆鸟搭	tʰ 天听铁	d 地动达	n 男糯捺		l 来冷辣
ts 资醉桌	tsʰ 雌抄出			s 山选色	z 树柴十
tɕ 举精脚	tɕʰ 超称吃	dʑ 舅钳剧	ȵ 牛廿肉	ɕ 写心血	ʑ 齐前席
k 街公夹	kʰ 揩垦哭	g 葵共轧	ŋ 硬眼额	h 海荒黑	ɦ 夜胃合
0 衣碗屋					

(二) 韵母 42 个

ɿ 水自树	a 太柴鞋	o 花茶蛇	ɔ 宝爪高	ɤ 头手狗	e 罪饭眼	ø 看乱猜
i 鸡微面	ia 写野姐			iɤ 酒油流	ie 莲旋年	uø 官欢完
u 哥大朵	ua 娃拐快				ue 关回筷	
y 居围女						yø 软圆眷
ã 冷长硬	ɑ̃ 堂放忙	ən 准跟正	oŋ 风中翁	aʔ 只踏客	oʔ 北郭角	əʔ 出黑色
iã 相亮阳	iɑ̃ 旺	in 信人镜	ioŋ 荣穷浓	iaʔ 药脚狭	ioʔ 浴肉	iɪʔ 吃节热
uã 横	uɑ̃ 光汪况	uən 温暾昏		uaʔ 挖划		uəʔ 活阔骨
		yn 云均训				yɪʔ 雪蛐悦
m̩ 姆呒	ŋ̍ 鱼五	l̩ 饵儿				

(三) 声调

阴平	阴去	阴上	阴入	阳平	阳上	阳去	阳入	声调数
东边	冻变	懂扁	笃笔	铜桃	动道	洞盗	毒白	
53	34	5		23		2		5 个

附录二

甬沪方言记音字略举

宁波话特有的打★，上海话特有的打#

阿拉：我们　　　　　　★其，渠：他
侬：你们　　　　　　　★茄：他们
侬：你　　　　　　　　★介末介：这么
吾：我　　　　　　　　★啥屋堂：哪里
呒没：没有　　　　　　★咋话：怎么样
介：这么　　　　　　　★潏：洗
汏：洗　　　　　　　　★该，格，益，葛：这
啥人：谁　　　　　　　★上末（子）：昨天
啥：什么　　　　　　　★头冒：刚才
阿里个：哪个　　　　　★葛枪：现在
葛个：这个　　　　　　★和总：全部
一眼眼：一点儿　　　　★咋管：多少
事体：事情　　　　　　#佬：很；非常
㧒：抓；捕　　　　　　#艾个；伊个：那个
斫：砍；割　　　　　　#几化：多少
豪搔：赶紧　　　　　　#玩儿：白相
作兴：也许；可能　　　#哪能：怎么；怎么样

附录三

新派宁波人语言面貌特写

新派宁波人，专指土生土长的宁波人，不包括外来人。本节把20世纪80年代以后出生的宁波人，且称之为新派宁波人。主体人群是青年学生。他们中大多数都是"双语人"，会说宁波话，也会说普通话；他们通常很有场景意识，家庭生活中，他们和父母长辈交流时，会很自然地运用宁波话，但是和同学以及外地人沟通时，一般用的都是普通话。在家庭生活中使用方言自然与从小的生活习惯有关，首先习得的当然是母语方言，上了年纪的父母长辈往往不习惯讲普通话，在家里讲宁波话就显得自然、亲近，符合亲情维系关系。在很多场合，笔者所见所闻一些大学生或青年上班族，在用方言交谈中，都参杂着普通话，几乎没有听到自始至终都用方言交谈的场景语段。

1. 语言快速转换

在大学校园里，语言作为交际工具，当然要求通用。大学校园里的学生来自五湖四海，普通话自然是共同交际语。大学校址坐落在郊区农村城市结合部，大学校门自然成为成为方言与普通话的天然界限。校门外方言再如何畅行，进了大学校门，很多宁波大学生便会很自然地说起普通话。刚刚在校门口水果摊上问宁波阿姨："苹果便宜眼卖哦?"，踏入大学校门，语言便马上自动转换，立即进入普通话状态。

2. 两个宁波人也讲普通话

在大学校园里，哪怕两个同是宁波人的大学生，相互之间的交谈也往往讲普通话。一来是校园的普通话氛围带动了宁波学生自觉地说普通话。他们觉得有外地同学在场的话，两个宁波人自顾自地讲宁波话是很不礼貌的事，这样一来二去的也就成了习惯，真正做到了外地同学"在与不在一个样"，索性通通用普通话交流。二来则是教育的结果，宁波大学生成长的背景离不开普通话，从幼儿园开始，小学中学一路走来，只要是受教育的地方，都用书面语，都说普通话，而且电视和其他传媒也基本采用普通话机制，所以普通话已经成为当代大学生的思维语言。无论思考一个问题，还是写一篇文章，宁波大学生脑海里的语言机制自然就会转入普通话系统。

两个宁波籍同学说普通话，不仅仅局限在大学校园里，还常常衍生到校门外，只要有一个外地同学一起的场合，便自然形成了普通话氛围。在公交车上常常看到两个年纪相仿的学生，说着流利的普通话，从时事政治，谈到学校里的趣闻，从天气预报，聊到电视节目，一点也听不出他们母语方言痕迹，正当人们觉得这是两个外地学生的时候，忽然一个急刹车，其中一位忽然冒出一句："哎哟，要掼煞人嘞！"另一个呼应到"是哎，咋末个来该开啊？"众人恍然，原来两个都是宁波人。

3. 书面语无法用宁波话表达

公园内，两个宁波青年上班族下班后走在一起。"侬昨末子的电视剧看过哦？就是《拿什么拯救你，我的爱人》啊。"张艳红跟朋友说的这句话是一句双语表达的话，前半句用的是宁波话，后半句说电视剧名称的时候用的是普通话。这样的双语表达在当代青年当中是再普遍不过了。他们表达专有名词或是成语的时候，几乎用的都是普通话，如果要他们用宁波话来表达那无疑是太为难他们了。

宁波老一辈的读书人，或者是机关干部，或者是乡镇干部、中小学教师，常常喜欢拿了报纸来读，而且妙就妙在他们能用宁波书面语（又称宁波官话）来读，听上去很有韵味。现在的宁波青年学生是很难用宁波方言读完一张报纸的，而且他们也根本不会说宁波官话。因为现在的青年学生看到书面文字，肯定只会用普通话来读，用宁波话念像在做英文翻译，速度很慢，而且看到许多书面性强的字词，更是不知道宁波话的读音是什么。青年白领张艳红不相信，跃跃欲试，结果拿到报纸，看了标题，《全国人民团结一致，向新的目标迈进》，刚刚勉强用宁波话念完前半句，就傻了眼，只好问道："这个'迈进'的'迈'宁波话该怎么念？"在她的宁波话语音系统里，"迈"差不多发为"慢"。典型的宁波式普通话，是用方言的声调说普通话的词句。

4. 不少方言字音咬不准

"你我他"是语言中运用得最多的词汇，按理说每天都在用，而且频率高到五分钟里面就要出现数次。但是听听现在大学生说的宁波话，光一个"我"字,没有几个人能说得标准无误的。"我"字颇为难发,要在喉咙里酝酿片刻,才可以说出,而且舌根要顶着上颚。从前,大凡是不是正宗的宁波人,单凭一个"我"字就可以辨别。但现在大学生宁波话本来就说得少,并且往往发音时爱偷懒,音也不发足,"我"字随随便便地吐出,变成了"窝",变了味儿了。

其他的字就更不用说了,他们常常想当然地用普通话的读音渗入到宁波话中,于是弄得不伦不类。曾在大学生中试验,随机取了"免疫"和"洁癖"两个词让他们用宁波话说出,果不其然,他们往往念作"面一"、"洁批"(普通话的声韵,方言的声调),实际上应读作成"面浴[mi^{213} fiyeʔ^2]"和"洁撒[tɕieʔ^{5}pieʔ^5]"。

"该个词宁波闲话咋讲讲?"不少宁波大学生都会这样犯难。由于在学校里识说普通话,不说宁波话,宁波青年学生正面临着减弱,甚至是丧失宁波话能力的问题。作为未来宁波的支柱,这群大学生却正在远离他们的母语方言,具有特色的地方方言正在慢慢丢失。

5. 地道宁波老话听不懂

方言当中蕴含着浓厚的地方文化色彩。宁波话作为吴语方言的一种,历史悠远,具有很大的文化价值。但现在对于当今的宁波青年学生来说,许多很有特色的老宁波话运用得越来越少,比如宁波老话"出窠娘",现在的青年学生肯定不知道是什么意思了,老宁波人都知道,指的是"服侍产妇的女佣","窠",本意为鸟窠,引申为被窠,很生动、形象。还有像"塞饭榔头",也根本不知是什么意思,它是指味道咸而鲜美、很能下饭的菜肴。许多俗语更是很少听说,也听不懂,更不会使用。如"儿子像娘,银子打墙。""丈姆一声讴,蛋壳一畚斗。"等俗语,地道宁波人使用的时候,他们只有干瞪眼的份,跟听外国话一样,不知其意。当代宁波大学生将成长为未来的宁波人,但知道宁波俗语的人越来越少,更不用说使用它们了。宁波老话正在隐退消失。

附录四

关于民间流传宁波话故事和俗语的阐释

（一）音乐性
民间广泛流传这样一则宁波话故事：

师傅：来发，咪啥西挖来！（来发，棉纱线拿来！）
来发：索西挖来？（什么拿来？）
师傅：来咪西挖来！（蓝棉纱线拿来！）
来发：来拉挖。（懒得拿。）
师傅：挖拉发？（拿来不？）
来发：发挖（不拿）
师傅：发挖，挖咪！（不拿，拿米去！）
来发：发挖。（不拿。）
师傅：来发，来挖来挖（来发，懒惰懒惰。）
来发：来发发来挖，来发来发索。（来发不懒惰，来发在发痧。）

这个故事是说从前宁波有个师傅，给他新来的徒弟取了个名字叫来发。一天，那个师傅叫来发去拿棉纱线，来发说不拿棉纱线；师傅又说让来发去拿米，来发还是说不拿米。然后师傅就说不拿棉纱线，不拿米，来发懒惰，来发辩解说，来发不懒惰，来发在发痧。

这段对话中的"挖、来、咪、发、索、拉、西"与音乐的 1、2、3、4、5、6、7 个音符相对应，组合在句子对话中，听起来节奏感强，富有音乐性，同时也揭示出宁波话语音的一个特点："棉"读"咪 [mi]"，"线"读"西 [ɕi]"古山开三鼻韵尾已完全脱落。其中"拿"说"挖"，是宁波话一个特色动词；"什么"说"啥西"，是宁波话一个特色疑问代词。此外是还有一个句末语气词"哦"，否定词"弗"，与"发"

谐音相近。

(二) 石骨铁硬

民间广泛流传一句俗语叫"宁可听苏州人吵相骂,勿可听宁波人讲闲话"。虽然同是吴语,苏州话"糯",即使吵架也好听;宁波话"硬",即使说话也像吵架。宁波人习惯用"石骨铁硬"来形容。

听人说话的"软"和"硬",实际上是对一个人说话"语调"的感知。"语调"一般由字音长短、语速、节奏、停连、轻重音、语气词、句调等因素构成。听觉上,宁波话语速比较快,入声短促,抑扬顿挫分明,语调生硬。尤其听七八十岁以上的老年人说话,张嘴说上一两分钟,就给人一种"气势汹汹、硬梆梆"的感觉。不像苏州话语调平和而不失抑扬,语速适中而不失顿挫,发音上前元音韵母多,声母分尖团,声调曲折柔和,颇有些低吟浅唱之感,较少铿锵,不大适合吵架,给人一种温软的感觉。苏州人爱用一个"糯"字来形容。但现在二三十岁的宁波年轻人,说话的语气语调有向上海话、苏州话靠拢的趋势,腔调温和柔软多了。

以上两个特点是当地人长期以来凭借母语听感形成的语感判断。如果再细分的话,第一个特点当属语音层面上的,第二个特点当属话语层面上的。

参考文献

曹志耘：《汉语方言的地理语言学研究》，商务印书馆2013年版。

曹志耘主编：《汉语方言地图集》，商务印书馆2008年版。

崔山佳：《宁波方言词语考释》，巴蜀书社2007年版。

丁邦新：《历史层次与方言研究》，上海教育出版社2007年版。

傅国通、郑张尚芳等：《浙江省语言志》，浙江人民出版社2015年版。

[比] 贺登崧（W. A. Grootaers）：《汉语方言地理学》，石汝杰、岩田礼译，上海教育出版社2003年版。

胡方等：《（宁波）北仑方言》，中国文史出版社2007年版。

林寒生：《闽东方言词汇语法研究》，云南大学出版社2002年版。

凌锋：《"最大对立"还是"充足对立"——苏州话与宁波话、北京话和英语元音系统的比较》，《中国语音学报》（第3辑），商务印书馆2012年版。

钱乃荣：《上海话大词典》，上海辞书出版社2007年版。

钱乃荣：《当代吴语研究》，上海教育出版社1992年版。

[日] 桥本万太郎：《语言地理类型学》，余志鸿译，北京大学出版社1985年版。

[美] 史皓元、石汝杰、顾黔：《淮官话与吴语边界的方言地理学研》，上海教育出版社2006年版。

汤珍珠、陈忠敏等：《宁波方言词典》，江苏教育出版社1997年版。

汪维辉：《宁波方言词语札记三则》，《吴语研究》（第2辑），上海教育出版社2003年版。

王福堂：《汉语方言语音的演变和层次》，语文出版社2005年版。

王力：《汉语语音史》，商务印书馆2008年版。

王文胜：《处州方言的地理语言学研究》，中国社会科学出版社2008

年版。

项梦冰、曹晖：《汉语方言地理学》，中国文史出版社 2005 年版。

肖萍：《余姚方言志》，浙江大学出版社 2011 年版。

肖萍、郑晓芳：《鄞州方言研究》，浙江大学出版社 2014 年版。

许宝华、[日]宫田一郎：《汉语方言大词典》(5 卷)，中华书局 1999 年版。

许宝华、陶寰：《上海方言词典》，江苏教育出版社 1997 年版。

薛才德：《上海话与苏州话、宁波话的音系比较——兼论方言接触对上海话的影响》，《中国方言学报》(第二期)，商务印书馆版 2010 年版。

[日] 岩田礼：《汉语方言解释地图》，白帝社 2009 年版。

颜逸明：《吴语概说》，上海教育出版社 1994 年版。

叶忠正：《象山方言志》，中华书局 2010 年版。

游汝杰：《汉语方言学教程》，上海教育出版社 2004 年版。

袁家骅：《汉语方言概要》，语文出版社 2001 年版。

赵元任：《现代吴语的研究》，科学出版社 1956 年版。

郑张尚芳：《上古音系》，上海教育出版社 2003 年版。

中国社会科学院和澳大利亚人文科学院合编：《中国语言地图集》，香港朗文出版社 1988 年版。

中国社会科学院语言研究所：《方言调查字表》(修订本)，商务印书馆 2000 年版。

周振鹤、游汝杰：《方言与中国文化》，上海人民出版社 1986 年版。

周志锋：《周志锋解说宁波话》，语文出版社 2012 年版。

朱彰年、薛恭穆等：《宁波方言词典》，汉语大词典出版社 1996 年版。

朱彰年、周志锋等：《阿拉宁波话》，华东师范大学出版社 1991 年版。

赵则玲：《宁波方言的语音特点及其内部差异》，《吴语研究》(第 5 辑)，上海教育出版社 2010 年版。

赵则玲：《宁波市江北区志·方言卷》，浙江人民出版社 2015 年版。

赵则玲：《宁海县志·方言卷》，方志出版社 2019 年版。

郑晓芳：《宁波方言中"动词重叠+结果补语+（有）+数量成分"句式研究》，《吴语研究》(第 4 辑)，上海教育出版社 2008 年版。

曹志耘：《汉语方言中的调值分韵现象》,《中国语文》2009 年第 2 期。

曹志耘：《南部吴语的小称》,《语言研究》2001 年第 3 期。

曹志耘：《南部吴语语音研究》,《方言》2003 年第 1 期。

曹志耘：《浙江省的汉语方言》,《方言》2006 年第 3 期。

陈宁萍：《宁波方言的变调现象》,《方言》1985 年第 1 期。

陈忠敏：《鄞县方言同音字汇》,《方言》1990 年第 1 期。

陈月明：《现代汉语称谓系统与称呼规则》,《宁波大学学报》（人文科学版）1990 年第 1 期。

傅国通、方松熹等：《浙江吴语分区》,浙江省语言学会：《语言学年刊》1985 年第 3 期。

顾黔：《江苏溧水方言地理学研究》,《南京社会科学》2006 年第 10 期。

顾黔、[美] 史皓元、石汝杰：《江苏境内长江两岸江淮官话与吴语边界的同言线》,《语言研究》2007 年第 3 期。

胡方：《试论百年宁波方言声母系统的演变》,《语言研究》2001 年第 3 期。

胡需恩、赵则玲：《浙江宁海方言词汇特点》,《现代语文》（语言研究）2011 年第 24 期。

李荣、丁声树：《汉语音韵讲义》,《方言》1981 年第 4 期。

李如龙：《论汉语方音异读》,《语言教学与研究》1999 年第 1 期。

刘晓海：《方言特征分布地图的分类及绘制》,《语言教学与研究》2014 年第 5 期。

钱乃荣：《吴语声调系统的类型及其变迁》,《语言研究》1988 年第 2 期。

阮桂君：《宁波方言语法研究》,华中师范大学出版社 2009 年 11 月版。

孙益民：《"姑母"称谓在湘东北及湘中部分地区的地理分布》,《中国语文》2009 年第 6 期。

施文涛：《宁波方言本字考》,《方言》1979 年第 3 期。

汤珍珠、游汝杰、陈忠敏：《宁波方言（老派）的单字调和两字组变调》,《语言研究》1990 年第 1 期。

王文胜：《鉴别词与吴语处州方言的动态地理分类》,《语言研究》

2007年第3期。

王淼、赵则玲：《奉化方言同音字汇》，《台州学院学报》2009年第2期。

徐丽华：《亲属称谓语中的性别歧视》，《语文学刊》2014年第2期。

徐波：《宁波方言中的合音词》，《浙江海洋学院学报》（人文科学版）1999年第4期。

徐通锵：《百年来宁波音系的演变》，《语言学丛论》1991年第16期。

许宝华、汤珍珠、游汝杰：《北片吴语内部的异同》，《方言》1984年第4期。

[日]岩田礼：《汉语方言"祖父""外祖父"称谓的地理分布》，《中国语文》1995年第3期。

游汝杰：《吴语地理在历史上的演变》，《中国语文研究》2001年第1期。

游汝杰、徐波：《浙江慈溪的一个闽语方言岛——燕话》，《语言研究》1998年第2期。

游汝杰、周振鹤：《方言地理和历史行政地理的密切关系——以浙江方言分区为例》，《复旦学报》（社会科学版）1984年第4期。

赵则玲：《宁波方言的三身代词》，《宁波大学学报》（人文科学版）2008年第6期。

赵则玲：《宁波话与上海话比较及其历史成因》，《浙江社会科学》2012年第12期。

赵则玲：《浙江象山（丹城）方言音系》，《浙江外国语学院学报》2017年第1期。

赵则玲：《浙江宁海方言人称代词说法的地理分布及其类型》，《台州学院学报》2015年第5期。

赵则玲：《慈溪濒危方言"燕话"的若干特点》，人大复印资料《语言文字学》2019年第5期。

郑伟、张晓勤：《汉语方言女性称谓词"伯"之来源考》，《广西民族学院学报》（哲学社会科学版）2004年第2期。

周志锋：《百年宁波方言研究综述》，《浙江学刊》2010年第1期。

周志锋：《江苏教育版〈宁波方言词典〉词目用字问题》，《方言》2008年第1期。

周志锋:《宁波方言的词汇特点》,《宁波大学学报》(人文科学版) 2010 年第 1 期。

Bernd Heine, Tania Kuteva. *World Lexicon of Grammaticalization* [M]. Cambridge University Press, 2002.

Comrie, B. *Language universals and linguistic typology* [M]. Beijing University Press, 2009.

Evans, N. *Semantic typology* [A]. In Song, J. J (ed.) *The Oxford Handbook of Linguistic Typology*. Oxford: Oxford University Press, 2010.

Koch, P. *Lexical typology from a cognitive and linguistic point of view* [A]. In Martin Haspelmath et al. (eds.) *Language Typology and Language Universals: An International Handbook*. Berlin and New York: Walter de Gruyter. Volume2, 2001.

后 记

在书稿即将付梓出版之际，看着镜子里的自己，眼角爬满了细纹，白发增添了些许，但神采依旧，真正体会到了古代诗句"衣带渐宽终不悔，为伊消得人憔悴"苦中作乐的意境。对于宁波方言的关注始于2002年，先从小课题和横向课题做起，2007年有了第一个研究生后，开始涉猎宁波下属县市方言，利用教学科研之余，冒着严寒酷暑到下属市县蹲点进行田野调查……后加盟新改制的本科院校后，在学校的积极鼓励下，我将前期积累的小成果，进行梳理综合后，申报了这个在我心目中无比神圣的国家社科基金项目，真是功夫不负有心人，项目果然中了。

回想起这么多年来为此项目成果，为书稿，所付出的艰辛，真是感慨万千。作为一名没有博士学位，靠自学勤奋投入到这门方言学科研究的女学者，第一次承担国家社科基金项目，既无得力的研究生协助，又无名校浓厚的学术氛围和厚重的文献资料的支撑，硬是凭着对学术的崇敬执着和一股子拼劲，还有丈夫倾心倾力的帮助和支持，给予我战胜困难的勇气和力量。我推掉了一切其他项目的参与，甚至浙江省的方言保护项目，专心致志攻坚克难，终于顺利完成了成果的结项审批，感谢国家社科规划办的匿名评审专家。

这个书稿也许并不完美，跟我的老脸比起来，也许还很稚嫩，但它不知包含了多少人的付出和心血啊！上百个有名不留名的发音人，几十个帮助整理调查语料的大学生们，十几个赴北京、上海、台湾、香港等地为本项目查阅资料的朋友、同行、亲戚，特别要感谢湖州学院信息技术部沈宏良副研究员，为本项目地图的制作，付出了很多心血。为你们真诚的帮助和付出，千言万语在此道一声感激感谢，并向你们深深鞠躬！

衷心感谢上海复旦大学著名语言学家陈忠敏教授赐序！

为浙江外国语学院申报硕士点所需，感谢学院提供一定的学科经费资助本成果出版。为了进一步完善书稿节省篇幅，笔者又花费了大半年时间，对书稿的语料、框架、地图等进行了修订，感谢中国社会科学出版社编审宫京蕾女士，对本书稿认真严谨地审校，使得本书能够顺利面市。

赵则玲于西西那堤花园寓所
2022 年 3 月